雑草たちの奇妙な声

現場ってなんだ?!

松田素二とゆかいな仲間たち

風響社

まえがき

私たちは松田さんを囲んで「現場に学ぶ」という営みについてあらためて考えることにした。私たちとは、松田さんと松田さんのフィールドワークに触発されて、つい現場に行ったり、うっかり研究を始めたり、そしてそこでまたあらたな出会いを得た人びとのことである。

松田さんにはフィールドが四つある。アフリカ（ケニア）、アジア（タイ、ネパール）、日本における社会運動、日本における環境問題だ。そうした四つのフィールドをとおして私たちは松田さんと出会った。私たちは、それぞれの持ち場（現場）で、つまずいたり、立ち止まったり、そしてまた歩み続けたりしてきた。そうした行為は時に、私的で孤独な営みにも感じられたが、実のところそれは松田さんとその周囲の人たちとの共同作業であった。こうした共同作業をとおして、私たちは、何を考え、何を育て、そして何に育てられてきたのだろう。本書は、松田さんと共に、「現場で学ぶこと、現場と学ぶこと、現場に学ぶこと」を自由に描き出すものである。

フィールドワークは、ポーランド出身の人類学者B・マリノフスキ（一八八四―一九四二）によって確立され、社会学や人類学における調査法として定着した。たとえば、マリノフスキはフィールドワークの四条件として、①現地における長期間の滞在、②現地語の習得、③現地社会の成員として認められること、④現地の人々とのラポールの確立、を提示した。しかし「マリノフスキ日記」における現地人への蔑視が明るみになることで、フィールドワークの根幹は大きく揺らぐことになった。また、そもそも現地社会の人びとは現地調査など望んでおらず（フィールドワークは、する側からの一方的なアプローチで突然始まる）、そのような状況で「ラポール」を構築した（と調査する側が確信した）としても、それはする側の独りよがりだという批判もある。

一方、一九七〇年代には、中野卓と似田貝香門がフィールドワークをめぐって激しい議論を繰り広げた。調査する側とされる側による「共同行為」としてフィールドワークを再定位しようとする似田貝に対して、中野が、する側とされる側は決して対等ではなく、「共同作業」などという言葉はする側の権力性を隠蔽する甘言にすぎないと厳しく批判したのである。

フィールドワークの困難をめぐる論議はさまざまに展開されてきた。たとえば、オリエンタリズム、フィールドワーカーの権力性、文化の翻訳可能性といったフィールドワークの実践をめぐる学問内部の課題や、学問の枠を超えたフィールドワークの可能性を探求する実践的民族誌、社会運動への人類学者の参加などがある。実はこれらの議論は、フィールドワーカーに限られたものではない。対象を捉え、分析考察し、その内容を記述する作業すべてに当てはまるのである。

本書では、これらの課題を乗り越える可能性を探るべく、松田さんが培ってきた学びの実践を再検討し、「現場」に関係する人びとを、多声的に記述することを試みる。松田門下生は、フィールドワークはデータの収集ではなく、地域からから何かを学ぶ営みであるという認識を共有している。そして、ある現場で出会った者同士が、研究という経験をどのように理解したのか、それは自身やコミュニティにとってどのような経験だったのか、それによって何が変わったのか、もしくは変わらなかったのかについて考えたい。かつて岩田慶治がフィールドワーク論で展開した「ともに自由になる」とは何なのかを考える本である。

本書の構成

本書は、「とびこむ」「であう」「たたずむ」「つなぐ」「ひらく」の五部構成となっており、磯部卓三の論考から始まる。磯部は、知を「情報」と捉え、人間存在と人間社会を成立させる最も重要な要素の一つを「情報の送受信」にあるとする。そして、生活世界の困難やコンフリクトを考察しながら、人間の「生き方」と人間社会の新しい可能性を展望する。現代社会においては、「情報の科学性」と「情報の合理性」こそが絶対的正義である。こうした知性や理性を最上級のものとする主知主義によって、今や、人間は宇宙空間で生きていけるようになった。

しかし、果たしてそれは絶対的真理だろうか。人間とは、実は、非科学的かつ非合理的で矛盾だらけの存在なのではないか。そして、脆くて永遠に未完成な存在としての人間だからこそ人生は苦しみながらも面白く、人間社会は闇があるがその漆黒を抜けた先に希望の光が輝いているのではないか。磯部の、ヒューマニズムに溢れたこの指摘こそが、本書に収められた、一見まったく関連性がないエッセイと論考を貫くテーマである。

〈第1部〉

個々人が、それぞれの人生の一場面を振り返りながら、もっとも自分らしい「生き方」を悪戦苦闘しながら模索し選択する、その瞬間を「とびこむ」と表現しているのが第一部である。

京都で青春を謳歌した学生時代の出会いとその後の生の軌跡（川西）、アジアの国々で国際協力の現場に没頭したあの時（林）、自転車で世界を放浪した末にたどり着いた人類学（大野）、インドア派がフィールドワーカーに変身するまでの葛藤（古村）、何のあてもなくウガンダの病院に突撃して目の前にいる患者のためにとにかくなんでもやってみた経験（川西）、ケニアで絶対的貧困に悪戦苦闘しながらもその中で発揮される自助と共助（オブド・オディンガ・

アンビチェ）、三重県熊野で自分らしい生き方を模索し続ける日常的実践（彌重）。

第一部の登場者は、人生の新しい地平に第一歩を踏み出すまさにそのとき、松田素二と一瞬交錯する。その瞬間、自己の内部で起きる「化学変化」を、オートバイオグラフィーの手法を用いながら分析している。（大野）

〈第2部〉

フィールドワーカーたちの「であい」は、同時に現場の人びとにとっての「であい」でもある。第二部「であう」には、ウガンダ、ケニア、タンザニア、熊野、ネパールにおける出会いを配した。偶然的に出会い、こわごわと知り合いになり、共に食べたり飲んだり、笑ったり、喧嘩したり、議論したり、連帯したり、そして時に訣別したりする。こうした現場における人びとが織りなす化学反応が描かれている。生の邂逅は奇跡でもある。長年のフィールドワークのなかで、たとえ旧知の仲となったとしても、「であい」に終わりはない。互いの自由や不自由をその都度ごとに認め合い、共感し、時に補完しあいながらも、不完全な主体として異なる生を生きていく。ここに今、共に生きているという実存に対峙することは、「であい」から始まる。（田原）

〈第3部〉

心をひかれたり、感動したり、茫然（ぼうぜん）としたりしながらある場所にしばらくとどまる。その場所、そこで暮らす人たちの雰囲気と一体となって融合しているような情緒的で継続的な営みが、フィールドワークであるといえるのかもしれない。立ち止まり、じっとその場所にて、そのあたりをうろつきながら、立ち去ることができない。目の前の広がる風景に編みこまれた問題をぼんやりとながめ、何か考えあぐねる。解決のためになにができるのか、それによってなにがもたらされるのかを思いフィールドにたたずむ。

第三部に収められた論考は、「理想」の学校像、移行期正義の見直し、カミングアウト、性とセクシュアリティ、ごみ問題、場の共有、ローカルがローカルである必要性をテーマに筆者がそれぞれのフィールドでたたずむ世界である。（土屋）

〈第4部〉

私たちは、「つなぐ」という言葉を見聞きすると何を想うだろう。本書のテーマから思いつきやすいとすれば、自分のいる場所と調査研究で出かける地域、調査する者とされる者の間を「つなぐ」と答えるだろう。それだけではない。学び始めたときの自分と今の自分、かつての調査地の反応と今の応対、当時の現場の様子と現在の姿。自と他、過去と現在、あちらとこちらといったあらゆる界面が変幻自在につながる。つながることで、時として感覚や感情が未分化な状態へと巻き込まれ、たたずむ。これぞフィールドワークの醍醐味である。もちろん、フィールドワークとは物理的に空間移動することだけを意味しない。自身を旅する術であってもよいのである。

多様多層な界面は、であうことでつながる。ただ、とびこんだ側に圧倒的アドバンテージがある。そこで求められるのは、つながることで得られた経験に居着くことなく次へ「ひらく」ことである。どのようにどちらへひらくのか。解の定まらない問いを携え、私たちは新たな界面をひらく一歩を踏み出すのである。（伊地知）

〈第5部〉

本書を締めくくる第5部は、「ひらく」である。

とびこんで、であって、ちょっとたたずんで、つながって、そしてその未来にひらかれるのはどんな世界だろう。ここで登場する四本の論考は社会的に周縁化され弱者の立場に置かれた人々の視点から、この世界について展望している。岩谷は「ゲイ」の人々、田多井は「トランスジェンダー」の人々、金は「在日コリアン」、そして阿形は競争原理が浸透・支配する学校で学ぶ「子ども」たちをとりあげる。いずれにも共通するのは、「周縁化された人々」の生きづらさをもたらしているのは、その人々を抑圧する構造や諸力だけではなく、それに「異議申し立て」をする側の思考や言説（「マイノリティに同一性を強要する（岩谷）」「トランスジェンダーを捉えるドグマ（田多井）」「あるべき在日コリアン像（金）」「大きな物語（阿形）」）であり、それらを直視することで、新たな世界がひらかれるというメッセージなのである。（松居）

伊地知紀子・大野哲也・田原範子・土屋雄一郎・林泰子・松居和子

〈付記〉本書の文中扉に登場してもらった方は、ベナード・オプド（目次）、グラディス・マレシ（巻頭言）、松田素二（第1部、あとがき、奥付）、ジェームズ・エブガ・オデニョ（第2部）、エラム・オディンガ（第3部）、モニウィル・アンヴィチェ（第4部）、郭貴勲（第5部）の皆さんです。執筆者以外の方を紹介しておきましょう。

ジェームズ・エブガ・オデニョさんは、第一部の「マツダ式フィールドワーク」に登場するオデニョ三兄弟（オプド、オディンガ、アンヴィチェ）の父親です。

郭貴勲さんは、徴兵され広島で被爆しました。一九六七年の韓国原爆被害者援護協会（のち韓国原爆被害者協会に改称）設立に関わりました。第4部「関わりあいからの人間学」「尊敬すべき先輩・松田素二さんのこと」、第5部「〝関わる〟意味を考える」で言及されている「韓国原爆被害者援護協会」名誉会長です。

●目次

●第2部　であう

●第3部　たたずむ

●第4部　つなぐ

●第5部　ひらく

装丁：オーバードライブ・泉原厚子
装丁画：坂部晶子、挿絵：梅屋　潔

● 巻頭言

知的な生きものの光と影――情報人間学的一考察

磯部卓三

本能を失った生きもの

人間は他の動物より優れた生きものだという考えは長い間支配的な考えであった。確かに、人間は素晴らしい。文学、音楽、絵画などの芸術、月までロケットを飛ばすことを可能にした科学技術など、これらは人間だけのものである。なぜか。それは、他の動物が本能によって生きるのに対して、人間は知性によって生きるからである。

しかし、生きものとして人間を考えれば、人間は必ずしも生き方上手とはいえない。地球に生息する生きものを、人間を含む動物と植物に分けるとすれば、植物が動物より生き方上手のように見える。植物は、動物がいなくても生きる点で自立しており、平和に長生きをする。そしてその姿が美しい。では植物を食する動物のなかで、人間は生き方上手だろうか。人間は、食と性という生の基本を他の動物と共有している。しかし、人間にとって食べ物は単なる餌ではない。食事は文化的行動である。その人間には他の動物にはみられない過激な拒食、過食など身体を害する行動がしばしばみられる。性行動についても、同じことがいえる。人間においては、性行動は、単なる生殖的行動ではない。それは、生殖を含めて文化的行動である。その人間においては性暴力をはじめ、性行動の逸脱は過激である。

食や性という共通点以外のことになると、人間の固有性はより顕著である。代表的なものとして嘘を挙げることができるだろう。詐欺、隠蔽、自己欺瞞など嘘に関連した人間現象は多い。人間はフィクションの世界をつくり、それを楽しむと同時に、フィクションまがいの壮大な陰謀を仕掛け「実利」を得たりする。動物たちの擬態とは比較にならない巧妙さとスケールである。

人類レベルで見れば、人間は「同類に対する大量殺戮」をする唯一の生きものだといわれる。近代においては、国家が国民を動員して国家間の戦争をする。使用された兵器は核爆弾におよぶ。今もＡＩ兵器などの兵器開発が進行中である。また経済成長のために自然を破壊し、そのことを通して自己の生を傷つけ脅かす。このような状況に直面するようになって、人間優越説は下火になった。代わって、人間を、本能を失った生きものとみなす考えが登場し、受け入れられはじめた。人間は危ない動物だという見方である。二つの説は、どちらも人間の特徴をよく捉えている。重点の置き方が違うだけである。問題は、本能の代わりになったとされる「知」がどのようなものか、である。ここでは、「知」を情報とみる立場から、このことを考えてみたい。副題に「情報人間学的」という耳慣れない言葉を用いたのは、最も広い意味での情報（ただし生物レベルの情報は除く）を同等に取り扱うことで、その単純化と内容の検討が可能に思えたからである。

人間の赤ん坊は、母親の股間からこの世に放り出される。まったく馴染みのない世界へと。もちろん、本人が望んだことではない。地球上のどこであれ同じような泣き声を上げて生み出された赤ん坊は、成長し、長くて一〇〇年余りの生涯を閉じる。善人も悪人も、偉い人も偉くない人も同じである。その間、知によって生きる。

未知の世界に放り出された赤ん坊は一人では到底生きていけない。母親など世話をする人を必要とする。そして長い時間をかけて成長する。犬や猿らの動物も同じように生み出され、母親の世話になる。しかし、学ばなくてはならないことは少なく、すぐ自立する。人間の子どもは、多くのことを学ばなくてはならない。大人になっても同じである。変わりゆく世界について、自分自身について学び続けなければならない。

遺伝による繋がり

C・H・クーリーは、人類は遺伝とコミュニケーションによって繋がっていると考えた。その通りであろう。今地球上には、おおよそ七七億の人が生存しているといわれる。そのなかに、遺伝子のネットワークに繋がっていない人は一人もいない。一人一人が、世代を遡れば、膨大な数の人々の遺伝子と繋がっている。祖父母まで考えると、私たちが遺伝子で繋がっているのは八人である。祖先の数を二のN（世代）乗だとすると、それは世代が増えると急速に増える。三三世代になると、八六憶弱に達する。現在の総人口を上回る。三三世代というのは、かりに一世代を三〇年とすると、一〇〇〇年足らずである。

千年まえまで遡ると、私は、少なくとも八六憶の人々の遺伝子があって今がある。そのなかの一人でもいなければ、今の私はない。また、遺伝子の固有性のゆえに、私たちはみな「オンリーワン」になる。偶然性の高い男女の出会いと交わりから生まれた私たちは、名前を付けられ、呼び掛けられ、それに応えるようになり、社会的責任を担うようになる。

コミュニケーションによる繋がり

人類は、コミュニケーションによっても繋がっている。人類には巨大なネットワークが張り巡らされている。このネットワークから完全に外れている人はいない。遺伝子による繋がりが世代間の繋がり、縦の繋がりだとすれば、コミュニケーションによる繋がりは、縦にも横にも繋がる繋がりである。

赤ん坊としてこの世に生み出された人間は、このネットワークのどこかに繋がれる。一人一人が「結節点」である。母親や身近にいて世話する人は、子どもに声をかける。名前を呼ぶ。姉や兄も声をかける。子どもが大きくなり、遊ぶようになると、遊び仲間ができる。子どもはさらに広い社会にでて、様々な人々、様々な集団と出会う。その過程で人は学ぶ、すなわち、情報を取り入れる。

人間の生の二つのプロセス

生きものである人は、まず食べ、食べたものを消化し、そのことによって命を保ち、エネルギーを得て活動する。活動の中心は、第一に次の食物の調達であり、第二に生殖活動である。同じように、人は情報を取り入れ、それを組織し、それによって活動する。

二つの過程は次のようになる。

インプット＝食→消化→アウトプット＝活動（食べ物の入手、生殖活動）

インプット＝情報の取入れ→組織化→アウトプット＝活動（多種多様な文化的行動）

先に触れたように、第一のプロセスは、生物学的プロセスであるが、第二のプロセスの主役者である情報によって導かれている。第二のプロセスのなかの「組織化」については後に触れる

情報の種類

本能を失った人間は、知によって生きる。知は、学ぶことによって得られるものである。ここでは学ぶことを情報を取り入れること、と言い換えることにしたい。私たちが食事をし、衣服を整え、働き、遊び、またその他さまざまな活動をするのは、それらについての情報を取り入れるからである。私たちは、排泄の「作法」、直立二本足歩行の仕方、箸の使い方、そして芭蕉の俳句やバッハの音楽に至るまで、多種多様な情報を取り入れる。これらの

うち、二本足歩行など初期のものは、「学ぶ」というよりは「教え込まれる」あるいは「しつけられる」と言う方が妥当かもしれないが、ここでは「学ぶ」に含めて考えたい。

情報は、取り入れられると分類される。種類別のファイルに入れられているといってもよいだろう。もちろん、私たちの行う分類は「分類学者」あるいは「資料組織論」の専門家のそれのように厳密なものではなく、「なんとなく」というレベルのものである。私たちのファイルは、たとえば食べ物のファイル、衣服のファイル、住宅のファイル、交通のファイル、家族のファイル、友人のファイル、尊敬する人のファイル、困っている人のファイル、政治のファイル、経済のファイル、趣味のファイルなど——一人一人に独自の、多くのファイルがあるだろう。また、分類することができずに「その他」に入れられる情報もあるだろう。どのファイルの情報が多いかが、その持ち主の関心のあり方を示す指標となるだろう。

情報は、このように内容によって分類できるが、加えて、それを直接性—間接性のレベルで区別することができる。

〈体験情報〉 幼児のとき母から乳をのませてもらったこと、母親にあやされたことなどの体験の多くは記憶される。また、地震の体験、病気の体験、外傷体験（トラウマ）など、人が出会う体験も情報としてストックされる。

〈感覚情報〉 感覚器官を通して取り入れられる情報である。子どもは、まず親や兄姉の振る舞いを見る。「人の振り」を見ることは生涯つづく重要な学習である。

〈メディア情報一〉 身近な人々からの情報（メッセージ）である。ここで、子どもは、親のいうことと親のしていること（〈感覚情報〉）との間にギャップを感じ、とまどうかもしれない。

〈メディア情報二〉 本、新聞、テレビなどなどによるもの。

〈メタメッセージ〉 上記の情報についての情報

情報の取入れ

人は、生まれたらすぐ学び始める。すなわち、情報を取り入れる。赤ん坊がまず取り入れるのは自分が接する身近な人々の情報であろう。母親の愛撫、授乳、声のかけ方、表情など母親や身近な人々を、身体の接触、視覚・聴覚、あるいは嗅覚を通して知ることは第一の学習である。

成長するとともに、子どもは他の多くの人に接し、それらの人々を知ると同時に、彼らを通して情報を受け取る。しかし、人は接する人からくる情報をすべて取り入れるのではない。そこには選択がある。何がその選択を左右するのか。もっとも重要なのは、クーリーのいうように、相性がよい（congenial）か、どうかであろう。すなわち、新しい情報の、すでに取り入れられた情報との相性である。母親によく似た人形、好きになった食べ物にかけるソースなど、これらを子どもは喜んで受け入れる。

私たちは、まず直接接触する身近な人たちから情報を受け取る。それらは、運命的に出会う人たちであり、その数は多くはない。それでもその限られた人々の持つ情報のかなりの部分は前の世代の人々のもっていた情報である。遺伝子の場合と同じように、情報の受け渡しを遡っていくことができる。この場合には情報源は、二のN乗ではなく、たとえば一〇のN乗かもしれない。哲学者カントを読んだことがなくても、私の受け取る情報にはカントの考えが入っているかもしれない。また、情報の横の流れを考えると、一〇人の人がそれぞれ一〇人の人から情報を受け取っているとすると、遺伝の場合とは比べられないほど膨大な人々からの情報を私たちは受け取っていることが分かる。これらに加えて、現代の私たちは、マスメディアの情報を受け取る。

どのような情報を取り入れるかは、まず「相性」による。しかし、他の要因の影響をも受ける。ミルグラムが「アイヒマン実験」と呼ばれる実験を通して示したように、私たちは、権威からのメッセージには敏感であり、権威のない、弱い人々からのメッセージには鈍感である。一般化していえば、「上の」人は、「下の」人からの情報には鈍感である。

情報を受け入れる人、あるいは受け入れているように見える人が多数であることも、私たちの取り入れを促進する要因である。そこから、「自分は賛成ではないが、ほかのみなが賛成のようなので」賛成したと「みな」が思うような状態――「多元的無知」あるいは「衆愚」(pluralistic-ignorance) の状態――が結果するかもしれない。民主主義社会においては、このような想像上のものを含めて多数が大きな力をもつ(もっとも、慣習の力も多くは、多数の同調者がいることに依存している)。

多種多様な存在の発信

情報の受け手から、送り手に目を移そう。社会科学では、送り手は人間に限られるのが普通である。しかし、地球に生息する生きものとして人間を考えるには、人間以外の存在をも送り手に含める必要がある。動物は、もちろん発信する。その発信する情報の多くは同類に向けてのものである。しかし、人との「対話」も可能である。植物も同様に、発信する。バラが花を咲かせるのは、虫たちに向けてである。しかし、人はそれを見て感動する。それを見て、人は水や肥料をやるようになるかもしれない。

無生物は、それ自体としては自発的には何も発信しない。しかし河や海、湖、雲、月などの無生物は見るものを慰める。太陽や月、そして地球、どれも美しい。そればかりか、これらの「もの」は、人間を含めて生きもの生存を支える土台である――人間は地球のためになにもしないのに。「もの」が発信するのは、「ある」という「存在情報」である。存在情報は、人にとって重要な情報である。人間のなかにも、いるだけで回りを安心させるような人がいる。

映画「サウンドオブミュージック」は、山々、湖、そこに写る雲、高原の光、鳥のさえずり、そして「高原の歌に合わせて」歌うマリアの歌声がつくりだす美しい世界――戦争を背景にしながら展開する平和な世界――が、観るものを慰め、励ます。山や海に向かって語り掛けるのは、坂本龍馬だけではない。

「もの」のなかで、人間にとってとくに重要なものがある。記念碑、慰霊碑、墓などである。それらを普通「もの」とはみなされない。実際、それらは「記憶実践」と呼ばれる行為に含まれる事物とみるのが妥当かもしれない。形見、贈り物なども人にとって重要な記憶の事物である。

「心の豊かさ」ということがよく言われる。しばしば、それは「ものの豊かさ」と対比される。しかし、「もの」と別に心があるわけではない。「心の豊かさ」は、わたしたちを取り囲み、私たちが出会う存在、すなわち人、様々の生きもの、様々な「もの」との豊かな情報のやり取りそのものである。

人は、多くの存在から発せられる情報に囲まれている。私たちが取り入れるのはそのうちのごく限られた部分である。同時には、私たちはみな小さな発信者である。人間に限っていえば、一人一人が七七億分の一の発信者である。

情報の組織化

人間の取り入れる膨大な情報は、先にふれたように、ファイルに分類されるだろう。しかし、情報は、分類されるだけでなく、繋ぎ合わされる。情報と情報とが繋がり、情報群を形成し、その情報群ともう一つの情報あるいは情報群と繋がるように。繋がりは、ファイルの枠を超える（ファイルもまた「似たもの同士」の繋がりあいであろう）。クーリーは、大工仕事が好きだったらしい。その大工作業と自分の社会学の考えとはどこかで関係があるようだ、とクーリー自身が述べている。研究者が研究するなかで参考にしているのは、参考文献に挙げられているものだけではない。実に広い領域のものである。おばあちゃんの一言がマルクスの階級論の一節と結びつき、大事な点を教えてくれるかもしれない。

先に、情報の取入れのところでふれた「相性」は、ここでも適用される。相性のよい情報は繋がりやすい情報である。そのような情報は互いに接近する。「認知的不協和の理論」という研究がある。著者のL. フェスティンガーのいう「不協和」は言い換えれば、「相性の悪いこと」である。「A車を買った」人は、そうでないひとよりもA社の宣伝をよく見る。A社の宣伝は「A社の車はいい車だ」というメッセージが中心である。「私はA社の車を買った」という情報と「A社の車はいい車だ」と言う情報とは相性がよい。無意識的かもしれないが、人は自分の取り入れた情報と相性のよい情報に近づこうとする。

新しい情報はそれまであった情報と繋がるだけではない。それは、古い情報のそれまでの繋がりに変化をもたらす。これまであった繋がりが切れるかもしれない。小さな再組織化は不断に起こる。

情報がすべて相性によって繋がることができれば、見事な調和の世界ができるだろう。実際はそうではない。相性の悪い情報がある。相性がよいので取り入れたが、あとでそうでないことが分かることはよくあることである。そのような情報間の関係をコンフリクト（葛藤）と呼ぼう。A社の車を買った人がA社の宣伝の情報を取り入れたとしよう。ここまでは「よし」である。ところが、A社にスキャンダラスな人がいて、よくしらべてみると学生時代のライバルだったことが判明する。その結果A社に対する好感度が下がり、さらにマイナスになるという事態が生じるかもしれない。

コンフリクトにどう対応するか。不都合な情報を捨てるのが一つの方法である。しかし、その情報が他のすべての情報と仲が悪いわけではない。その情報がストックから消えると困る情報たちもあるかもしれない。コンフリクトをすぐ解決できないことも多い。私たちがじっくり「考える」のは、そのためである。人は、外部からの情報をいったん遮断する時をもつことがよくある（「瞑想」など）。

ところがそもそもコンフリクトは、組織化から生じる。繋ごうとするから、うまく繋がらないことが分かるのである。高度の組織化を好む人（厳密な「思考実験」派）は、コンフリクトに直面することが多いだろう。そのような人は、コンフリクト解決のために新しい情報（媒介してくれるような第三の情報）を求めるだろう（「研究意欲旺盛」な人）。

それによってコンフリクトを克服できるかもしれない。しかし、新しい情報による解決は、新たなコンフリクトを生じさせることが多い。組織化は、終りのないプロセスである。他方、コンフリクトに鈍感な人もいる。このタイプの人は、考えるよりまず行動する人（「実験派」あるいは「実行派」）である。

情報の組織化によってできる情報の全体は、円形をなすと考えることができる。大きな情報群は、他の情報・情報群との繋がりの糸が多い。さらに、大きな情報は、外部の情報と繋がりやすい。この点を考慮すると、人のもつ情報群の姿としては、円錐形が相応しいかもしれない。ある人においては、「人のファイル」に分類された情報と、「仕事のファイル」に分類された情報とが繋がり、「対人支援」という情報群ができ、その情報群が中心的な情報群であるかもしれない。そのような人は、高いアンテナのおかげで「困っているひと」にすぐ気づく。そして行動を起こす。

組織化の過程は日常的なものである。変化も小さい。しかし、ときに大きな変化が起こる。回心といわれるものが代表例である。新しい情報が入り、ストックのなかのある情報たちと繋がることで、さらに他の情報間の繋がりが変化し、それが全体にひろがるような場合である。そのような再組織化は、中心の入れ替わりを含むことが多いであろう。

情報のストックと動員

組織化された情報のストックは、普通「人」と言われるものにほぼ相当する。人間とは、身体に住み着いた情報の集合である、と言えるかもしれない。取り入れられた情報は、下から第一の層＝「人格」（パーソナリティー）、第二の層＝「関心・思い」、第三の層＝「思想」「意見」「目的」など、という三つの層に分けることができよう。建物になぞらえるなら下層は一階である。そこは体験情報に代表される重い情報の沈むところである。それを土台にして二階、三階がある。第一層、第二層の多くは「非言語」的あるいは「前言語」的情報であり、第三層は言語情報である。

これらの層を縦に繋ぐ糸がしっかりとしている人の意見は揺るぎにくい。逆に、意見が下の層とよくつながっていない三階、あるいはその上に立てられた「旗」であるような場合、強風がくれば、簡単に吹き飛ばされる。縦の繋がりもまた、「相性」によるだろう。このことは、個人の場合だけでなく、集団においても起こる。E・フロムの示した、「権威主義的性格」とナチズムとの親和性あるいは「相性」のよさは、その代表であろう。二つの情報群は引き合うのである。

情報のストックは、人の貯金のようなものである。私たちが人と出会うとき、関連する情報を自分のストックのなかから動員する。記憶が、会っている人とその出会いの状況を理解するコンテキストを提供する。その人が以前から知り合いであれば、その時までのその人に関する記憶が重要である。また、初めて会う人であれば、その場とその人の身分、外見、表情などの情報を取り入れるが、同時にそれらを理解するためにはそれまで貯めた情報を動員する。このような場合、類推がもっともよくつかわれる方法である。

出会ったふたりが会話し、お互いに情報を交換するなかで、新しい情報は常に記憶となり、次の新しい情報の理解を助ける。記憶は使われることで新鮮味を取り戻す。

私たちの日常生活において動員される情報は、場面によって異なるだろう。野球ファンが観戦するとき、野球ファイルの情報を動員するだろう。しかし、そもそもなぜ野球観戦に行くのか。それは、友だちに誘われて、甲子園球場へいったのがきっかけとなり、野球観戦が好きになったからである。それは「嗜癖」のレベルまで進むかもしれない。「好み」は自己増殖する傾向がある。

しかし、のめり込みすぎると普通は「反省」が生じる。反省するようになるのは、他者からの示唆や注意による場合が多いだろう。それでも、示唆を無視する人もいる。ある種の「学習拒否」である。他方、示唆を受け入れる人は、どうするだろうか。一番の近道は自分に問うことであろう。問いかけられた自分は、情報ストックの中から関係すると思われる情報を検索し、それらを繋ぎ合わせるなかで、答えを探す。答えがでない場合には、決断は先延ばしされるかもしれない。そのうち問を忘れてしまうかもしれない。嗜癖の場合、災いがすぐにふってくるわけではない。どちらにしても、真剣に自問自答を繰り返すなら、情報の繋がりが確認され、その結果繋がりがよりしっかりとしたものになるだろう。

関心や思いは外部から変えにくいものである。ギャンブルや勝負事をやめられない人は多い。これを「命令形」の情報によってのみ制御しようとする努力は、成功しないことが多い。成功する確率が高いのは、新しい関心の対象を見つけることであろう。ギャンブルから囲碁や将棋などのゲームへと移行するする人はすくなくない。好きな対象は変わるが、好きなことは残る。人にとって、「好き」なこと、「関心」をもつことがあることは元気の素、生きる力である。

逆境に置かれたとき、ストックされた情報が動員されることが多い。母親の笑顔、故郷の風景などが自分を支えてくれたと語る人は多い。

人は、本能ではなく情報によって生きる。それゆえに、豊かな生を営むことができる。取り込む情報が選択的であるために、人は一人一人個性的な存在になる。また、それゆえに、人は部分的にしか物事をしらない存在でもある。個性的であることは、よいことであるとされる現代である。しかし、人が望んでそうなるのではない。個性的であるほかないのである。個性的であるということは、世界を部分的にしか知らない、ということでもある。人は、このことをしばしば忘れる。

情報によって行動するということは、考えてから行動するということである。思考と行動はすくなくともいったん分離する。思考が自律することも多い。本能が行動と直結しているのと対照的である。組織化の過程においては、言語が重要な働きをする。思考が自律的になるのは、言語の導入によるところが大である。言語を使う人間の特徴は、「考えること」、「言うこと」、「すること」が別々のものになることである。そのことから、「わかっているけれど、できない」ことも多くなる。ここでは立ち入りえないが、人間の素晴らしさも、欠陥も多くはこの「分化」（正確にいえば「分化」に「統合」がついていかないこと）から生じる。

ストックのなかの特定情報の勝手な動き

以上、情報の組織化と動員について考えてきた。しかし、情報が出てくるのは、課題を前に動員されるからだけではない。情報は勝手に（他の情報と相談することなく）浮上するものでもある。町で焼きリンゴを目にし、思わず手を出して買ってしまう、ということがあるかもしれない。亡くなった母の好物だったのである。川で溺れている子どもを見て、「無我夢中」で川にとびこみ、救おうとする人は多い。振り返って、本人が自分のしたことに驚く場合もある。目にしたことと、その人のストックにあるある特定の情報とが引き合ったと考えられる。

本人も普段はそれに気づかないが、それが外部の特定の情報と出会うとき、突然浮上し、その人を動かす。人は、そのような普通は「思考」に上ってこない情報分子を抱えているように思われる。小さいけれども、「強い」情報である。

このような特定の「強い」の情報・情報群が結びつくべき情報に出会わない場合はどうなるのか。外傷体験に代表される深い苦しみや痛みの記憶がその例かもしれない。フロイトが診察した患者たちにみられるのは、苦悩の体験記憶に行き場がなく、暴れまわっている状態かもしれない。フロイトの粘り強い努力は、患者の体験の記憶のなかに、釣り糸を垂らし、引っかかった情報の記憶から「芋ずる式」に糸をたどり、苦悩のもととなった体験にたどり着くことに向けられたといえるかもしれない。フロイトは、患者がそのような体験の記憶を引き出し、それを確認し、そこから新しい歩みを始めるよう導いた。新しい歩みとは、呼び出された苦悩体験（「現実」）を患者自身の未来志向の情報に繋ぐことで始まる歩みである。

人生は、人との出会い、出来事との出会いの連続である。不幸な出来事が新しい生き方のきっかけになることも多い。たとえば日野原重明の「よど号ハイジャック事件」との遭遇、佐藤優の「獄中生活」などがそうであろう。出会いは、私たちの誕生とおなじく、偶然によるところが大である。しかし、偶然あるいは運命がすべてをきめてしまうのではない。出会いのなかに、よきことへのきっかけを見出すかどうかが運命の分かれ目かもしれない。

社会的コンフリクト

人は、どのような情報を取り入れるか、またそれらをどのように組織するかによって固有の存在になる。しかし、人は固有の存在であるだけでない、それを主張する。クーリーのいうように、自己の大きな特徴は自己主張である。強い、弱い、の違いはあっても、自己主張」をまったくしない人はいないということである。広くいえば、個性的な存在がその個性を押し出すということである。この点は、自己主張をやめるように圧力を加えられたとき人は普通反発するのを見ればわかりやすいかもしれない。人には他人の思い通りにはならないところがある（「一寸のむしにも五分の魂」）。

社会的コンフリクトは意見の違いをめぐるものが代表的である。しかし論争するということは、関心は共有していることが多いであろう。関心に関する二人の情報群のなかには、互いに引き合う「相性の良い」情報があるかもしれない。相手がどのようにしてそのことに関心をもつようになったかを知り、自分と比べるかもしれない。さらに進めば、相手の人格の一部を知るようになるかもしれない。このように上層でコンフリクトがあっても、中層、下層では「相性よし」の部分がある場合があるだろう。相互の関心が、「意見」のレベルから「人格」のレベルに移動し、また逆に移動する過程を通して、お互いに意見は変わらないにしても、それぞれに意見が深まる可能性がある。

いうまでもなく、意見は言語の習得によって生まれるものである。言語は情報をまとめ、名をつけ、編集する有力な媒体である。言語によってまとめられ、輪郭を鮮明にされる意見は、それらの違いが焦点化され、しばしば誇張される。口論、論争は過激になりがちである。しかし、「癇癪」を起こさずに、論争を辛抱強くつづけるなら、非言語的な情報の交換が加わることで、相互の理解が深まる可能性がある。

人の人との間のコンフリクトに加えて、人の集合同士のコンフリクトがある。小さな集団間のコンフリクト、国家間のコンフリクト、「同盟国」同士のコンフリクト、等等。

社会的コンフリクトについては、多くの理論研究、歴史研究の蓄積があり、ここでは立ち入らない。基本的な認識は、コンフリクトのない社会関係はない、ということ、ただし、それをどう処理するかは多様である、ということである。コンフリクトから逃げる、あるいは敵対する他者を切り捨てる（「理解するに値しない」他者として）のは、学習放棄である。

「我以外みなわが師」（吉川英治）の精神、あるいは「何でも見てやろう」（小田実）の精神は、知ることの楽しみを知り、自分が知らないことの多いことを知り、また高慢の危険をよく知った人の抱くものであろう。そこにまでいたらない凡人にとっては、コンフリクトが、学習の絶好の機会かもしれない。

すでに見たように、人はみな個性的である。個性は、第一に人は「相性のよい」情報を選択しがちなこと、第二にその組織化の仕方も一人一人違うことによる。人の知っていること、考え方はみな偏ったものだということである。コンフリクトは、このことを忘れるとき過激になる。過激になれば学ぶ機会を失う。「敵もまた師」とし、辛抱強くコンフリクトを続ければ、コンフリクトは多くを学ぶ機会である。

知的生きものの危なさ

先に触れた様に、月までロケットを飛ばす科学技術はすばらしい。しかし、人工物には事故がつきものである。事故なしで、天空を上下左右に飛び回るすずめを見ると、驚嘆せざるをえない。科学技術には大きな限界がある。また、科学技術の進歩は、「諸刃の刃」といわれる。その通りであろう。人類は、すでに自己を消滅させる破壊能力を手にいれている。

聖書には、有名な「失楽園」の物語がある。神は、エデンの園の中央に「命の木」と「善悪の知識の木」を生えさせた。そして神は「知識の木」から取って食べてはならない、食べれば死ぬと人に告げた。ところが蛇が「決して死ぬことはない。それを食べると目が開け、神のように善悪を知るものになることを、神はご存じなのだ」といってエバを誘惑した。エバはその誘惑に負け、禁断の実をアダムにも渡し、二人で食べた。

アダムとエバとは「知」に惹かれた。「知」が偉くなる道だと考えた。知識と偉さは、今も結びつけられている。とくに現代社会では、文字化・記号化された知識が権威に結びつく。また、科学技術を代表として知識は生産力、武力の増強に役立つ。それらは、知識の生む文化的産物と相まって国家的な優劣を示す指標となる傾向がある。しかし、武力と権威とはどちらも、知識の発展を阻害する。権威をもつことは、学習停止をもたらしやすい。武力は他者を自分の思うようにする力である。武力と権威とが合わさると他者を「理解する必要のない人」「理解するに値しない人」と見なすようになりがちである。視野狭窄の人間が、力と権威をもつと、無知の部分がますます増える。

知的生きものである人間にとってもっとも難しい問いは、「自分たちが何をしているか」という問いである。だれも、よくわからないというのが事実である。それでも、私たちがいくらかでも自分たちを知ることができるとすれば、それは、私たちを取り囲む様々な存在があるからである。とくに自分と同じように人間である他者がいるからである。「鏡に映った自己」（クーリー）という言葉が示唆するように、私たちは自分を直接みることはできない。他者を鏡とすることではじめて自己（正確には「自己らしきもの」）を見ることができる。その他者とは、自分とおなじように「思い通りにできない」他者である。ところが私たちは、これまで他者、すなわち「思い通りにできない」存在を「思い通りにできる」存在にしようとする方向に進んできた。それは、人間以外の存在からはじまり人間存在にまで及ぶ。人間の間では「取り残される」恐れから優位に立つことを求め、前のめりになる。そこでは他の存在と正面から向き合うことが少なく鏡を横から見ることが多くなる。しかし他者なくして自己がないとすれば、「他者」が自己にとっていかに大切かが分かる。「思い通りに変えることのできない」人間どうしが粘り強くコンフリクトを続けるなかで、私たちは、「自分が何をしてきたか、今何をしているか」をすこしでも知ることができる。今も、私たちは知を力と権威に変換するのに忙しすぎる。しかし、このような学習停止を卒業し、コンフリクトのなから、とくに敵から学ぼうとするのが、知的生きものに相応しい。そこには、知る楽しみ――苦みのきいた楽しみ――を味わう機会がたくさんある。

ゲーレンがいうように、人間が「未完成の生物」であるなら、この「未完成」であるところに難点も、希望もあるように思われる。

参考文献

アーノルド・ゲーレン『人間――その性質と世界の中の位置』池井望訳、世界思想社、二〇〇八年。

磯部卓三「意図のパラドックス――行為の意図せざる結果の分析に向けて」『現代社会学部』三号、広島国際学院大学現代社会学部、一一九―一二九、二〇〇二年。

磯部卓三「組織あるいは組織化について」『ソシオロジ』六二―一、社会学研究会、八五―八七、二〇一七年。

雲海空理編『自己と社会――クーリー先生に学ぶ基礎社会学セミナー』私家版（磯部卓三）、二〇一四年。

エーリッヒ・フロム『自由からの逃走』日高六郎訳、東京創元社、一九五一年。

小田実「何でも見てやろう」『小田実全集　評論一』講談社、二〇一〇年。

小田実「古今東西人間みなチョボチョボや」『小田実記念碑』芦屋喜楽苑、二〇一六年。

グレゴリー・ベイトソン『精神の生態学　上』『同　下』佐藤良明訳、思索社、一九八六、一九八七年。

ジグムント・フロイト『自らを語る（フロイト選集一七）』懸田克御訳、日本教文社、二〇一四年。

ジグムント・フロイト『フロイト全集二　ヒステリー研究』芝伸太郎訳、岩波書店、二〇〇八年。

スタンリー・ミルグラム『服従の心理』岸田秀訳、河出書房新社、一九八〇年。

『聖書』（聖書協会共同訳）、日本聖書協会、二〇一八年。

Charles Horton Cooley, Human Nature and Social Order, Transaction Publishers,1984.

C・H・クーリー『社会組織論』大橋幸・菊池美代志訳、青木書店、一九七〇年。

松田素二『呪医の末裔――東アフリカ・オディニョ一族の二十世紀』講談社、二〇〇三年。

茂木健一郎『感動する能』ＰＨＰ文庫、二〇〇九年。

大和裕美子『長生炭鉱水没事故をめぐる記憶実践』花書院、二〇一五年。

吉田民人『情報と自己組織性の理論』東京大学出版会、一九九〇年。

ルネ・ジラール『欲望の現象学――ロマンティックの虚偽とロマネスクの真実』古田幸男訳、法政大学出版局、二〇一〇年。

レオン・フェスティンガー『認知的不協和の理論』末永敏郎監訳、誠信書房、一九六五年。

〈謝辞〉　拙文は、これまで松田素二さんをはじめ、みなさまから教えていただいたことをまとめたものである。深くお礼申し上げるとともに、勝手な選択をしたこと、内容を脚色したこと、繋ぐ糸にもつれや切れの多い稚拙なまとめに終わったことをお詫びしたい。

●第1部　とびこむ

モトジのこと

川西史子

1　卵とプリンのこと

私がモトジと出会ったのは大学のクラスが同じＬ１（エルワン、文学部一組）だったからで、お互い一八才（！）。恐ろしいことにあれからもう五〇年が経とうとしている。語学の選択が同じというだけで組まれたクラスだったが、必修である語学と体育の授業でほぼ毎日顔を合わせるうちに何となく気の合うグループができ、その中に私もモトジもいて大学時代を共に過ごしたわけである。混沌の学生時代であるから当然のように皆あだ名で呼び合っていた名残で、今でもやっぱりモトジはモトジ以外の名前ではピンと来ない。ちなみに私はココである。

その頃のモトジの印象は『ちょっと変わった面白い子』であった。極めて優秀なんだけれど、どこか浮世離れしている。とても賢いのにツッコミどころ満載。その典型がプリン問題である。

モトジは卵を食べないと言った。

「アレルギーなん？」

「違う。ただ食べないんや」

「ふーん」

1974年入学文学部1組クラス写真。1974年5月、吉田キャンパス旧A号館中庭にて。最後列、左から4人目、顔は上半分しか見えず、指を立てているのが松田素二、後から2列目、左から5人目が筆者、前から2列目、右から2人目が阿形恒秀（本書の執筆者）、最前列、左から6人目、後ろにもたれかかっているのが寺口瑞生（熊野調査のコーディネーター）

ところが後日、実はプリンが大好物であるということがわかった。

「プリンて卵と牛乳で作るんやで。卵、食べてるやん」

「そうなんか？　いや、プリンって美味いよなあ。初めて食べた時は世の中にこんな美味いもんあるんかとびっくりしたわ。いいや、俺は卵は食わん」

アレルギーや好き嫌いは許せても、こんな理論の破綻は許せない私は、プリンを食べることは卵を食べていることだとムキになるのだがモトジは何処吹く風。実際に作ってみせても美味い、美味いと食べるばかりなので諦めたけれど、その後も自分がいかに不条理な人間かを忘れないようにモトジには何度かプリンを作って食べさせたりしたものである。

まあそんなこんなで一緒にワイワイ学生生活を楽しんでいたわけだけれども、お互い専門に進み院に進むにつれ、会うことは少なくなったと思う。しかしこっそりレポート試験を手伝いあった覚えはある。私は社会学のをモトジに頼み、もしモトジが『旧約聖書のヘブライ語』なんておかしな単位を取っていたら、それは私の手助けによるものである。また卒業式後の時計台前のスナップ写真には、きちんと四年で卒業したＬ１の女子達の振袖にまじって留年組のモトジ達もネクタイ姿で写っているし、初めてモトジがアフリカに行った時にはお土産も貰ったから仲の良い友達ではあったはずだ。（お土産は大きなアフリカンな柄の布で、モトジは私が洋裁が趣味なのを覚えていて選んでくれたのだが、残念だがそんな柄の服を着る自信がなく、ハサミを入れないまま今も我が家の押し入れにある。）

その後私は修士を終えて田舎に帰って教師になり、結婚してまた京都に移ったけれども四人の子どもの子育てに追われ、モトジのことは風の便りに聞く程度で、もはや学生時代の良き思い出となっていた。

2　アフリカで運転免許を取ること

一九九六年に私は夫の留学に伴う四年間のアメリカ生活を終えて日本に戻り、大阪の豊中市に住むことになった。日本語の怪しくなった小中学生四人を抱えててんてこ舞いだったある日、たまたま寄った郵便局の隣の窓口にえらく背の高い男がいると思ったら……

「モトジ？　あんたこんなとこで何しとん」

「ココ、おまえこそアメリカ行ったんとちゃうんか」

実に一〇年ぶりの再会であった。

モトジは車で来ているので家まで送ってくれると言う。

「モトジ、免許持ってたんや」

「おう、アフリカで取ったんや」

「へー、アフリカで」

するとここでモトジ節が炸裂する。アフリカで免許を取る方法を教えてやろうと言うのである。

「免許が欲しいと思ったらな、まず車買うんや」

「いきなり?」

「うん、それで役所行って、免許取りたいんで仮免許くださいって役人に頼む。そうするとすぐ仮免許くれるから、それを持って町外れの邪魔にならんとこ行って一人で運転の練習をするわけや。ほんでもう十分上手くなったと思うたらまた役所行って、運転免許くださいって役人にもう一度頼んだら免許が貰えるんや」

「教習所とか行かずに? 検定試験も無しで?」

「そんなもんなかったからなぁ。アフリカやで? ほんでも俺、日本に帰ってから日本の交通標識、なーんもわからんでなあ。困ったわ」

というモトジの話を聞いて私は大正時代に免許を取った祖父の話を思い出した。関東大震災以前に銀座で修行した仕立て屋でハイカラ好きだった祖父は、香川県ではごく初期に免許を取った(10番台の免許番号だったという)が、やはり車を買ってから警察に行き、ちょっと運転してみせたら免許が貰えたという。私には昔話だったことが、いまだにアフリカではリアルなんだと面白かった。しかしそれももう三〇年前のことなので、現在ではそこまでのんびりしていないかもしれない。

余談だが祖父はその後、近くの川の土手道から河川敷に車ごと転落する事故を起こし、同乗していた弟子が車の下敷きになって亡くなってしまった。それでこんな恐ろしいものは金輪際いらん、と港の岸壁から免許証を海に捨ててしまったそうだ。

「思いっきり遠くへ投げたんや。しばらく浮いてたけどそのうち沈んで見えんようなった」

と子供の頃に何度か聞かされたものである。

驚いたことにモトジと私の家は同じ中学校区で、しかもモトジの二人のお子さんは私の二番目と三番目の子と同じ学年。というわけでこの後数年は入学式や卒業式、運動会などで保護者として顔を合わせることになった。といっても、会えば共通の友人達の情報を交換する程度であったが。一度PTA役員にもっと父親が欲しいというので、時間のたっぷりある父親になら心当たりがあるわ、と声をかけてみたのだが

「今年は秋から半年アフリカなんや。いやースマン、実に残念だなあ」

とあっさり逃げられたこともあった。やがて子供達は卒業しそれぞれ違う高校に進んだのでモトジとの付き合いも今度こそ終わると思われた。

ここでPTAと聞いて顔をしかめる人もいると思うので言い訳させてもらうと、PTAもきちんと機能すれば結構面白いことができるのである。実際その中学では一九九五年に生徒会と協力して校則と制服の廃止を成し遂げていたし、私の代では公立中学は地域みんなの中学であるべきだとして『オープンスクール』つまり保護者向けの参観授業の代わりに一週間いつでも地域の誰でも学校を参観できるという期間を作った。授業でも放課後の部活でも、掃除の様子でも何でもどうぞ、と。しかしこれは翌年に隣の池田市で起きた小学校襲撃事件によって一回きりで終わり、市内の全ての小中学校の校門には鍵がかかり警備員までおかれることになってしまった。また学校図書館には司書が必要だとPTA新聞で取り上げたら豊中市は当初の五年計画を前倒しして翌年市内全校一斉に司書を配置したということもあった。そのPTA新聞では某新聞社大阪本社のコンクールで三年連続最優秀賞だったたし、別のコンクールでは全国第二位の賞をもらったこともあるというのはちょっと自慢。

3　採れたての葉付き大根のこと

二〇〇六年、大阪市内の病院で勤務医をしていた夫が仕事を辞めてアフリカへ行くと言い出した。数年前から知人がキリスト教系の団体からの派遣という形でウガンダで医療支援をしていて、自分も興味があったらしい。しか

もそういう団体からの派遣（つまりは有給）だと数年は拘束されるし、自分の好きなことだけをやれるわけではないから全くのフリー、無給で行くという。当時我が家の子供たちの一番上は大学を卒業してまた専門学校に入り直していたし、二番目と三番目は大学生、末っ子は高三受験生。それで無給？　アフリカ？　とんでもないと反対したが結局、絶対に一年限りという条件で行って良いということにした。

するとと出発も近づいた頃、さすがに不安もあったのか

「そういえば友達にアフリカの専門家おったやろ。話、聞かせてもらえんかな」

と言い出した。連絡してみるとモトジは快諾してくれ、色々相談に乗ってくれるという。さらにウガンダのことならとウガンダをフィールドにしている田原範子さんと一緒に近くのホテルの喫茶室まで来てくれた。葉付きの大根をぶら下げて。

「これウチの庭で採れたやつ。ココに土産や」

もちろん後で美味しくいただいたが、それはさておき本題のアフリカのことに関しては実に頼りになるモトジであった。

大体が全くのシロートが正式な受け入れ先もないまま一年間もアフリカへ行こうというのに、批判するわけでもなく前向きに話を聞き質問にも答えてくれ、無茶ではと思える計画も否定せず、でもとにかく事故に合わないよう、死なないようにポイントを押さえたアドバイスを与えて。さすが教育者、人を育てるってこうじゃなくちゃねえと感心して聞いていたが、モトジが日本からの送金に便利な海外の銀行口座の開き方の話を始めた時には、そういう事に全く疎かった大学時代のことを思い出して

「モトジ、成長したなあ」

と思わず言ってしまったけれども。

こういうわけでモトジとその学者仲間の皆さんとの関係が始まったのである。夫はアフリカでは田原さん始め多くの皆さんにお世話になって、有意義な活動ができたようで実にありがたかった。

4　会長行方不明事件のこと

おかげさまで無事アフリカから戻った夫は、今度はハンセン病療養所へ勤務し、岡山の邑久光明園から青森の松丘保養園へ移ったが、そこへ田原さん達も調査研究に訪れるなど交流は続いた。二〇一八年に弘前大学で文化人類学の学会が開かれた時はハンセンに関する分科会に松丘保養園の入所者自治会長さんや師長さん達と一緒に園長の夫も参加することになり、私もおまけでついてゆく事に。モトジと久しぶりに会うのも楽しみであった。

ところが当日、会場に着いてみると入り口で師長さん達が会長さんがいなくなったとおろおろしている。

「会長さんに待ってもらって受付している間にいなくなったんです」

「トイレかなあ」

「先に分科会の部屋に行ったんでは?」

「会長さんはまだ入館証持ってないから入れないし、部屋も知らないですよ」

でも念のため、と分科会の教室に行ってみると会長さんはもう席についている。どうやってそこに行けたのか、謎は残ったがまず一安心であった。

無事に分科会が終わった後でモトジに会長さんがいなくなって困った話をすると

「あ、すまん、それ俺や」

「え、どういうこと?　モトジ、会長さんの顔、知らんやろ」

「いや、入り口に絶対に学会員でない、なんかええ雰囲気のおじさんがおってな。ひょっとしてと思うて『松丘保養園の方ですか』て声かけたらそうやて言うから、大当たりと思うて嬉しゅうて、お待ちしてました、どうぞどうぞこちらです、て案内したったんや」

そういうことなら会長さんが入館証なしで入れたのも迷わず分科会場に行けたのにも説明がつく。会長行方不明事件の犯人はお前か、という相変わらずの一幕であった。

とまあバカな話ばかりを書いてきたけれども、松田素二の優秀さについては私が語るまでもないと思う。弘前での学会と、翌日松丘保養園を訪問してくれた僅かの時間だけでも、彼の世界の広さの片鱗を垣間見ることができ、たくさんの人に紹介してもらって豊かな時間を持つことができた。退官後は会議やペーパーワークから開放されてますます自身の研究に専念し、活躍することを期待している。

田舎生まれの私がどう海外の開発協力の現場を見てきたか

林　泰子

1　はじめに

この章では、松田先生の薫陶を受けた筆者が、「国際協力」や「途上国援助」等と呼ばれる海外における開発協力（以下「開発協力」とする）の業界でキャリアを積んでいくことになった経緯と、筆者の視点を通して見えてきた現場の様々な事象を記載する。なお、開発協力に従事している関係者は多く、またその関わり方も千差万別である。本章で記載するのはあくまで筆者の個人的体験であり、開発援助やＯＤＡ（政府開発援助）を代表するものではない。しかしながら、ここに記載する個人的経験は現場で実際におきたことであり、類似の経験を持つ人や、共感を覚える人も少なくないと推察する。

また、本書の他の多くの執筆者と違い、筆者は研究者ではなく実務者である。よって記載内容も方法も、若干異なるかもしれないが、本書の目的である、松田先生の薫陶を受けた者が、どの様にフィールドや現場において、悪戦苦闘したかの軌跡を披露するという趣旨にはかなったものであろうと思料する。

一方、学生時代に先生の語りの中からどのような点が印象に残っているかについては、当時の私の「網の目」が粗く、先生の言葉をかならずしも全て的確にキャッチできていたわけではないであろう。本書を見て、当時同じ授業を受けていた人はまた違った印象や記憶があるかもしれないし、先生ががっかりされるのではと危惧している。また細かな言葉使いに若干の記憶違いがあるかもしれないが、意図するところは損なっていないことを願う。

２　松田先生に出会うまで――「マツダイズム」にハマる素地

私は京都府内の田舎町に生まれた。小学校は全学年一クラスずつで、私の学年は三四名であった。三四名の内約半数は同じ保育園もしくは幼稚園出身で、三四名の内ほとんどが地域の同じ中学校に進学するという、かなり小規模な世界となっていた。そんな中私は子供の頃から周囲との間に何かしっくりこない感触をもっていた。暗黙の了解や予定調和的な物事の進行や意思決定に疑問を感じていたのである。また詳細は割愛するが、小学校から社会人になって数年経過するまで、周囲からいじめを受け、ある種社会への不信感や懐疑心を抱くこととなった。

当時の違和感を如実に表しているエピソードを紹介する。昭和四〇年代から五〇年代にかけて放送された子供向け番組の多くは勧善懲悪を表現したヒーロー／ヒロインや戦隊番組が多く、私も含め小学生達は往々にして単純化された思考に支配されていた。理不尽ないじめに苦しんでいた私にとっては、積極的にいじめに加担する者やその状況を容認する社会集団は「悪」なのは自明であったのだが、ある時いじめっ子が私に暴言を浴びせ暴力を奮った後、「正義は勝つ！」と言い放った。その時の衝撃は今も強烈に残っている。また中学生時代には、いじめられる私に責があると言ってのける担任や、いじめに加担する担任もいた。

当時はなかなか状況を整理して理解することはできなかったが、今となっては、「当事者の視点」や「排除の構造」、社会の仕組みのようなものに対する関心は、その頃から醸成されつつあったのかもしれない。その後紆余曲折を経て、世の中に社会学という学問領域があると知り、大学受験の際に譲れない選択肢となった。

さらには、受験勉強の際に『受験の世界史』という雑誌を購読するようになったが、同誌内の北沢洋子氏のコラムで、多国籍企業の問題をはじめ、途上国の置かれている構造的な状況等が記載されており、強烈な印象が残った。正直なところ、途上国は受験対策としてはあまり重要視されない領域だったが、いつしかこのコラムが楽しみで次号を心待ちするようになった。

かなり大胆な表現をすると、松田先生に出会う前に、明確な整理や言語化ができないまま、社会の構造や自らの立ち位置、地球規模での力関係や社会の歪みの様なモノに対して、何かしらモヤモヤした意識を持っていたと言えよう。

3　松田先生との出会い――社会学やフィールドワークとの出会い

私は一九八九年四月に大阪市立大学の夜間コース(1)に入学し、昼間は自治体の職員として勤務する傍ら夜間に大学に通うという「二足の草鞋を履く」こととなった。夜間コースの学生数は昼間コースの五分の一程度しかおらず、場合によっては少人数の学生と教員がとても密な関係で授業が運営されることがあったが、松田ゼミはその最たるものだった。

私は一般教養課程の「社会学」を皮切りに、松田先生が担当されるいくつかの専門課程を受講することとなった。一般教養課程の授業では、毎回「子供と大人の違いは何か?」「男性性と女性性の違いは?」「どうしてアフリカは遅れているとされるのか?」などといった御題が出され、その場で簡単な文章を書き、その内容を踏まえて先生が社会学や人類学の理論を紹介しながら講義をされた。毎回私を含め学生は、如何に自分達の頭に決まったパターンが刷り込まれていることを痛感し、その刷り込まれた考え方がどのようにして社会に取り込まれ定着して来たのか、そして他にどのような考え方があるのかを、先生の講義によって知ることになった。毎回眩暈がする思いで、夜道を帰ったのを思い出す。しかし一方で、私が子供の頃から感じていた社会の息苦しさがどこからきているのか、少しずつカラクリが見えてくるようでもあり、大袈裟な言い方かもしれないが、私は大学の中で水を得た魚のように感じた。

専門課程に入りゼミ形式の授業になると、松田先生は私を含め各学生のまだ形にならない様々な思いをまるで魔法でも使ったように整理し、的確な助言を下さった。また指導の際には、一環として大所高所からの価値観の押し付けを批判し、当事者の思いや価値観を大切にし、当事者のしなやかさや力強さに着目することの重要さを伝えて下さった。また昼間に仕事をして夜間に大学生生活を送る夜間コースの学生には、杓子定規に昼間の学生と同じ講義や指導をするのではなく、夜間学生の現実を踏まえ、優先事項を絞って臨機応変にご指導下さった。例えば、夜間コースの学生はフルタイムで仕事をしている者が多いため、なかなか読書時間を確保できない傾向にあることから、外書購読に割くはずの時間を、卒業論文に必要な準備と文献の読み込みに当てることとなった。よくも悪くも大らかな時代だったからこそ、可能だったのかもしれないが、先生の当事者のニーズに即した対応や現場主義には大きな影響を受けた。

三回生の時に人生初めての海外旅行に行くことになった。出発日や帰国日に多少の違いはあったものの、同学年の友人達と同時期に、インドを経由してアフリカのケニアとタンザニアを訪問した。出発に先立ち、松田先生は予め簡単なスワヒリ語会話を教えて下さった。おっかなびっくりで旅立ったのだが、事前に様々な紀行を読み漁って頭でっかちになっていた私にとっては、何もかもが衝撃的な旅行となったと共に、考え込む前に直接体験し実感することの重要さを学んだ。

残念なことに、私の学年が卒業論文を書く時期に先生は京都大学へ移られたが、私を含め先生の薫陶を受けた学生の多くは、卒業論文執筆のために、夫々の現場に飛び込んで行った。私はある社会問題に取り組む市民団体にてボランティア活動を行いながら、参与観察の真似事をして、様々なアクターについて分析を試みた。しかしある時団体スタッフから「林さんが調べたいとか、話を聞きたいとかって、当事者にとっては関係ないし、何の役にも立たへんよな。」と切り返された。正論である。当時の私は大変なショックを受けたことを記憶いているが、それと同時に松田先生の講義で、「調査する側とされる側」や「外部者」、「当事者の視点」などというトピックで議論がされていたことを、知識としてではなく初めて実感できた瞬間だったかもしれない。

4　開発協力の世界へ

詳細は後述するが、私はその後、青年海外協力隊[2]に参加したことをきっかけに、途上国に対する開発援助での世界でキャリアを積むことになった。開発援助の世界において、草の根の活動から政策の一端となる活動まで、様々な立場で経験を積む機会に恵まれたが、この経験は開発協力の現場を様々な角度から観察することにもなり、さらには「現場」とは何か、誰のための支援なのか、について考え続けることとなった。些か大胆な解釈をすれば、現場での実践自体が、私にとってのフィールドワークであった。①で記載する青年海外協力隊（以下「協力隊」とする）での活動は、異文化での初めての長期滞在であり、現地の言葉や風習を学び、人々との付き合いや折り合い方を学んだ。また協力隊での経験は、その後の開発協力業界の中で様々な事象を観察考察する際の基軸となるような位置づけとなった。②のカンボジア農村開発プロジェクトでは、途上国での開発の実践の渦中に身を置く中で、援助する側とされる側の関係性や、開発業界のトレンド、社会組織や様々なアクターについて観察し考察する機会を得た。③の英国留学の際には、大阪市立大学の学部生時代に、松田先生の講義で聞いた様々なキーワードを反芻し実感することとなった。④で記載するＦＡＳＩＤ[3]では、業界の中で軸となる考え方であるＰＣＭ手法[4]について研鑽を積むことととなった。⑤の大使館と共に、障がい者支援関係者との協働の中で、周辺化される人々のリアリティーを学ぶこととなった。⑤の大使館での経済協力担当書記官での経験では、①から④にかけて経験してきたことを、より構造的に俯瞰することとなった。

①青年海外協力隊――初めての長期滞在による異文化体験

大学入学と同時に地方公務員として勤務を初めていた私は、就職活動はせず、そのまま勤務を続けていたが、高校生の時から関心があった開発協力の現場に行ってみたいという気持ちが次第に大きくなっていた。当時、日本の援助が果たして現地の役に立っているのかという議論がマスコミ等において活発になりつつあったが、まずは現地に行って自分の目で見、自分で動いてみる方が性に合っていると思い、協力隊に参加することにした。協力隊を所管するＪＩＣＡ(5)によると、協力隊の主な目的は「（1）開発途上国の経済・社会の発展、復興への寄与（2）異文化社会における相互理解の深化と共生（3）ボランティア経験の社会還元」とされているが(6)、「（1）」と「（2）」を目指して協力隊員になった私は、結論から言えば、「（1）」には程遠く、「（2）」に関しては自身の成長には効果的だったもののどこまで胸を張れるかは心許ないものとなった。

一九九六年四月から約二年間、村落開発普及員としてマレーシア・ボルネオ島に赴任することになった。海外旅行の経験はあっても一年以上も現地に住み仕事をするのは私にとって全く初めての経験であった。イスラム教を国教とする国で、慣れない言語、日本と異なる職場環境の中、周囲の人々と話し、行動を共にし、衣食住を観察しながら真似をして、如何に現地に溶け込むか悪戦苦闘をした二年弱となった。マレーシアに関する情報は、一般的に首都がある半島地域の情報が語られるが、私が赴任したボルネオ島は趣を異なっていた。半島に多いマレー系、中国系、インド系だけでなく、数多くの先住民と共存し、宗教もイスラム教、キリスト教、仏教、土着の伝統的な信仰等々多様であった。言語も様々で、公用語のマレー語の他に、夫々の民族が使用する言語、さらには英語を使用し、ビジネスや親戚づきあい等必要に応じて異なる民族の言葉も操った。松田先生が講義中にケニアの状況について解説された際、母語と共通語のスワヒリ語に加え、人によっては必要に応じて英語も操る三言語が話せると聞いたが、知識として知っていた状況が若干の差はあれど初めて目の前で展開され実感できた。

一般的に日本の報道では紛争地についての状況を「イスラム教の～～」とか、「異なる宗教間や異なる民族間での争い」といった論調で解説されることが多いが、マレーシアでは、異なる宗教や民族が平和に共存しているように見えた。もちろん日常生活ではちょっとした悪口や蔭口を言うことはあるものの、互いの信条や習慣を尊重し、穏やかにゆるやかに折り合いを付けていた。例えば、イスラム教徒と中華系のスタッフと私がチームで出張した際には、食事に制限のあるイスラム教徒に合わせた飲食店で一緒に食卓を囲んだが、イスラム教徒が席を立った際に中華系スタッフに「後で美味しいものを食べに行こう」と耳打ちされた。また、かなりの飲酒が求められる先住民の集合住宅を訪問した際には、イスラム教徒の参加者の代理として、周囲の飲酒可能な者が杯を空けていた。イスラム教徒の断食の時期には、非イスラム教徒が食事することを禁止はしなかったが、非イスラム教徒は気遣ってイスラム教徒の前では飲食しなかった。また言うまでもないが、私が出会ったイスラム教徒のマレーシア人は皆平和を愛する穏やかな人々であった。このような状況で生活する中で、日本でのイスラムに関する報道が偏ったものであることを痛感した。

協力隊に参加したきっかけは、前述したとおり開発協力の現場に行きたかったからだが、結果として得たのは、日本や自らの価値観を見直す機会であった。前述したような多民族国家の中で、「多様な価値観」や「多文化共生」といった概念を、実感を持って理解する良い機会となった。また日本から見えている世界と途上国から見えている世界は違うことを痛感した。「国際協力」や「開発」の観点からは目に見える成果を何ら結実することはできなかったが、協力隊での経験は、後々様々な現場で直面する課題と向き合う際に、大きな礎となった。

協力隊のトピックを終える前に帰国後の話を記載する。私が協力隊員として活動していた時期は、日本への一時帰国が制限されていたことに加え、インターネットが普及していなかったため、日本の情報や日本的なものに触れる機会は極端に少なかった。よって日本に帰国した際には、あたかも浦島太郎になったような気がした。敬語を使いこなすことができず、電話での会話に苦心した。海外で適応する際の「カルチャーショック」と同様な違和感や戸惑いがあり、我々は日本社会に適応する際は「逆カルチャーショック」と呼んでいた。途上国で活動中には、ややもすると美化しがちだった日本の印象と、現実のギャップに戸惑いながらも、途上国とされる国となんら変わりなく、むしろ途上国とされている国の方がより良い環境である場合も多いことなどを痛感した。こうして日本や日本の地域社会をある程度客観視する姿勢が養われたかもしれない。

②カンボジア――「開発援助」の世界へ

マレーシアから帰国後、約二年半の日本での生活を経て、二〇〇〇年九月から二年間カンボジア難民再定住・農村開発プロジェクト[7]で活動することとなった。マレーシアでは海外で生活し活動するというフィールドワーク的な経験をすることが大きな収穫だったが、カンボジアでは、開発や援助に正面から対峙する二年間となった。

当該プロジェクトは、日本では初の試みである「三角協力」というスタイルでデザインされており、現地日本人の間では「三角協力プロジェクト」と呼ばれていた。日本と経済成長著しいASEAN諸国[8]が協力しながら紛争が終結しつつあるカンボジアを支援するという、三者が協力する立て付けが着目されたプロジェクトであった。日本からは、UNDP[9]を経由する形で資金が提供されると共に、JICAから専門家と協力隊員が派遣された。ASEANからは、インドネシアとフィリピンから農業の専門家、タイからは公衆衛生と生計向上活動の専門家、マレーシアからは自動車整備等の生計向上につながる技術指導の専門家が派遣された。これら日本とASEANからの赴任した関係者から、カンボジア農村開発省職員をはじめプロジェクトで雇用されたスタッフ等々のカンボジア人関係者に技術移転をしながら、農業・教育・公衆衛生・生計向上を同時進行で取り組む総合的農村開発を行うという内容であった。私は複数配属された協力隊員のリーダーとして派遣され、協力隊員の支援を行うと共に、日本チームリーダーとしてＡＳＥＡＮから派遣された専門家との調整を行うことに期待されていた。

一九九一年一〇月のパリ和平協定締結後に一九九二年から始まった本プロジェクトは、途中治安上の問題から外国人が引き上げた時期もあったが、結果として二〇〇三年まで約一〇年間継続された。私は二〇〇〇年九月から二年間従事したが、その間様々な課題に直面した。課題の中には、属人的なものがある一方で、援助の世界における構造的な問題もあった。

当時開発援助関係者の間でよく読まれていた本がある。ロバート・チェンバース著『第三世界の農村開発　貧困の解決―私たちにできること』と『参加型開発と国際協力　変わるのはわたしたち』[10]である。前者の中では、開発援助に関する様々なバイアスや矛盾について具体例を挙げながら指摘されていた。例えば、何かの視察がある時は天候の良い時期にアクセスの良いところが選ばれる傾向にあることや、より権威があるとされる方(例：女性より男性)の意見や価値観が反映される傾向になる事など様々な点が言及されていた。その本に記載されている具体例は、まるで私がいたプロジェクトを誰かが観察したのかと思えることも多かった。一方後者では、途上国の人々を変えようとしている業界の固定観念を批判し、変えるべきは現地サイドではなく支援しようとしている側であることを言及している。開発の世界において、様々な研究がなされている一方で、そうした先行事例を踏まえないまま援助のスタイルや方法が固まっていることに、私は違和感を持つようになっていった。

古来開発援助は、援助する側のエリートが計画してきたが、真のニーズに合致していないのではという批判が大きくなってきた。この問題を緩和するために、援助を受ける側の意見を吸い上げる必要があるという考え方が大きくなり、計画立案に受益者の「参加」を担保しようという動きが出てきた。当時「参加型」が大流行りとなっていたが、理念とされる受益者や住民の「参加」は、形式的なものとなることが多く、会合に出席したことを確認するだけの「動員」ではないのかと懸念したこともあった。理念とはまた違った次元でドナー（支援する側）の都合が優先される現実を前に、援助は何のためにするのかという根本的な課題に悩む日が続いた。

さらには、開発援助にかかわる様々なアクターについても言及しておきたい。どの世界でも程度の差はあっても同じかもしれないが、現地で協働する各関係者のモチベーションは異なっている。初めて協力隊に参加する日本人の若者は、現地での生活自体に関心を持ち愛情を持って臨んでいる者が多い一方で、ＡＳＥＡＮから参加している専門家は母国の所属団体から派遣されていることから、中には祖国に手柄を持って帰らないといけないというプレッシャーを感じているのではと推察されることもあった。現地スタッフは、家族を支えるために収入を得る手段と割り切って参加している者もいれば、自らの能力を生かすチャンスとして取り組むものもいた。また都市部に居住する高学歴のカンボジア人と、農村で生活するカンボジア人とでは、価値観や思考も異なっており、「カンボジア人」をステレオタイプに表現することはできない。国外から支援に入った外国人メンバーと現地カンボジア人スタッフとの関係も多種多様で、友人として接する者や対等なパートナーとして接する者がいる一方、まるで主従関係を強いているように見えるケースもあった。さらには、現場の最前線で真摯に活動する者がいる一方で、首都にある事務所で勤務しているマネジメント要員の中には東京しか見えていないのではと訝しく思えることもあった。このように様々な思惑が混在する中では、何が重要で何を目指すのか、確固たる星印があるのが肝要だが、そうした議論がやっと始まったばかりだった。

こうした援助する側の取り組みを、「受益者」とされる援助を受ける側の村人や農民はどう考えているのかも、私の中で次第に大きな疑問となった。当時気の置けない関係者と言いあったエピソードを紹介する。アクセクと働く我々外国人及びプロジェクトのカンボジア人スタッフを、プロジェクトの「受益者」である仏教徒の農民からすれば、「きっと前世で散々悪いことにした違いない」と憐れんでいるのではと言いあったものである。勘繰りが過ぎるかもしれないが、外国から来た我々「お客さん」が行うプロジェクトの活動のために、現地住民が付き合ってくれているのではと、思うようなことが時々あった。こうした点からも、援助は誰のためにあるのか、何をどうすべきか、については大きな疑問として残り、引き続き考えていきたい課題となった。

こうして開発援助に関する様々な事象に直面し、日々発生するトラブルに振り回される毎日を過ごし、密度の濃い二年間の任期を終えた。

③英国留学――西洋世界に身を置いて

前述したカンボジアでの経験を冷静に整理し、今後開発援助の世界でキャリアを形成するために、大学院で学ぶことにした。国際協力や開発援助業界では修士号を持っているのが普通とされており、さらに英語も不自由なく使いこなすことが当然とされていることから、語学力の向上を兼ねて英国や米国に留学するのは珍しくない。私自身カンボジアで直面した参加型開発についてより理解を深めると共に、開発援助を支援する側ではなく受ける側からの視点で考察してみたいと考えるに至った。英国では開発について学ぶ大学院は複数あったが、私が学びたいことに最適なのはサセックス大学大学院の「開発と社会変容の社会人類学修士コース」と思われたので第一志望とした。カンボジア時代に感銘を受けたロバート・チェンバースが学内の他施設に勤務していることも大きかった。念のため複数の大学院に願書を送ることになったが、各大学院に二通必要な推薦状の内一通は松田先生に依頼した。面倒な作業のはずであったが、先生は快く引き受けて下さっただけでなく、身に余る内容をご記載くださった。

英国での学生生活はまた新たな挑戦となった。第一に私自身に大学院生として当然備わっているべき学術的知見が乏しいことが挙げられる。学部生時代はまさか英国の大学院に進学するとは想像しなかったこともあり、古典的な文献をあまり読み込んでおらず、大学院の授業について行くのに四苦八苦しながら文献を読み漁った。

第二に、排除される側の立ち位置になったことが挙げられる。これまで活動してきた東南アジアでは日本人ということだけで歓迎される対象であったが、個人差はあるものの英国では差別される立場におかれた。誤解の無いよう言及しておくが、もちろん良き友人も得たし心優しい人々にも恵まれたが、非常に失礼な扱いを受けたこともあった。しかしこの経験は途上国において今後不遜な態度や考えを自重するための大きな薬となったとも言える。

第三に、西洋式世界観や価値観での学び方である。私の記憶が正しければ、松田先生が講義で「アフリカの人々がアカデミアでアフリカを語る時、アフリカ的切り口ではなく、西洋式な型にはめて語ることになってしまう」というよう内容を語っておられた。英国での講義、課題の執筆、議論を戦わせる際にもどかしさを感じていたところ、先生のこの言葉を思い返した。一方でこうした葛藤から「議論をする」ことが鍛えられた。私自身の反省も含めてのことではあるが、一般的に日本社会では、おしゃべりはしても議論をする機会は乏しいのではと思う。良くも悪くも日本では予定調和的な行動様式が浸透しており、私も日本にいるだけでは意識や問題視していなかったかもしれない。

松田先生の影響に関するエピソードを一つ加えておく。ある授業の課題で日本の戦後の変遷を課題として小論文を執筆することになったのだが、学部生時の松田先生の授業でライフヒストリーという手法を学んだことを思い出し、父のライフヒストリーを絡めながら作成した。添削を快く引き受けてくれた英国人の友人と指導教官に関心を持ってもらえたと共に、長年わだかまりがあった父との関係性が期せずして変化するという効果があった。

英国での七転八倒の日々を経て、私は自分自身の経験と、開発現場を研究した文献を素に援助される側の視点で開発援助事業を読み解くという趣旨の修士論文を執筆した。

④ＦＡＳＩＤ――ＰＣＭと障害者に向き合う

英国から帰国後、開発分野における外務省のシンクタンク的存在であるＦＡＳＩＤに二〇〇五年四月から三年弱勤務し、主に開発実務者の育成に従事することになった。ここでも採用選考の際には、松田先生に過分なる内容の推薦状を頂戴した。

入構後は開発業界では運転免許証に例えられるような誰もが取得している資格や知見であるＰＣＭ手法研修に従事するようになった。入構して驚いたのだが、本手法はカンボジアにいた時に、ばらばらだったプロジェクト関係者の方向性を整理し確認する際に用いられた方法だった。ＰＣＭ手法とは、ロジカルフレームワーク(11)を用いてＰＤＣＡサイクルで事業管理運営を行う手法で、そのプロセスには多様な関係者とワークショップを通じて合意形成をしながら行われる。ロジカルフレームワークとは、事業の概要を目的と手段をロジックツリーで整理されたものを表に整理したもので、関係者が常にどういう目的のために何の活動をするのかを意識できるツールとなっている。私がそれまで経験してきた日本社会は「上」がやれということは理不尽でも服従しなければならないという価値観であったが、本手法は関係者の合意形成のプロセスに手間暇をかけ、実施者が高次の目的を共有し意識するということがとても新鮮で合理的に感じ魅力的に思えた。ＦＡＳＩＤに在職中には、ＰＣＭ手法研修の講師になる訓練を受け、教材開発にもかかわった。しかしＰＣＭ手法に関われば関わるほど、本手法の限界も見えてきた。参加型を実現するためには有効な選択肢の一つではあるものの、実際の運用には多くの課題と留意点があった。さらには、現場の頑張りだけではどうしようもない高次の意思決定部分での課題が多々あるように思われ、カンボジアで感じた複雑な思いが再びこみ上げてきた。

一方二〇〇七年には、ＡＳＥＡＮの低成長国とされるカンボジア、ラオス、ミャンマー、ベトナムの障害者支援担当行政官対象の研修事業の立ち上げに従事することになった。対象国だけでなく、日本国内の障害当事者や支援団体の皆さんの協力を仰ぎながら本事業を進めることになり、数多くの関係者を訪ね歩いた。関西に生まれ育った私は、人権問題にはある程度敏感と自負していたが、何もわかってなかったことを痛感した。また、当事者でない者は真の意味で当事者を代弁することはできないという当たり前のことも実感することができた。これらの経験も、その後の活動の中で大きな意味を持つこととなった。

⑤大使館での勤務――ＯＤＡ案件が形成されるプロセスに接して

開発援助の現場を複数経験してきたものの、何らかの困難に直面している当事者にとってより良い開発援助を実施するのは、現場の努力だけでは限界があるのではと思うに至った頃、調度外務省改革の一環として開発援助経験者を職員として登用する制度が出来た。早速挑戦したところ、二〇〇八年一月から外務省の任期付き職員として採用され、三か月弱東京の本省で勤務し、二〇〇八年四月から二〇一〇年一月までアジアの某小国の日本国大使館に配属され、二国間協力に関する案件管理を行うことになった。それまで現場重視で仕事をしてきたが、今度は「現場」が形成されるまでの仕事や、毛色の違う仕事に向き合うこととなった。業界のある知人は「林さんはそこでは開発の仕事をするのではなく、政治の仕事をするんだよ。」と諭した。この例え方が正しいかどうかは置いておくとして、開発や援助や支援に関し、これまでとは違った角度から関わることになった。大使館では現地のＪＩＣＡ事務所と連携して、新規の案件を取りまとめたり、実施中の事業のモニタリングをする他、現地で活動する日本のＮＧＯ[12]の取り組みを支援したり、現地の市民団体の小規模な事業を支援したり、また様々な援助関係の来訪者の対応をするなどした。

現地で様々な事例に接する中で、時には残念な事象にも接することがあった。現地のニーズとは異なる次元で、ドナー側の都合が押し付けられることや、特定の権力者の自己顕示欲を誇示もしくは満足させるだけのものではないかという印象を受けることもあった。こうした残念な傾向はＯＤＡに限らず、一部の市民団体や個人でも観察された。現場の状況は千差万別で、ＯＤＡだから悪いとかＮＧＯだから良いというような単純な判断はできないということを痛感した。また開発援助が当事者にとってより良いものになりにくい背景には、根深い問題があるのではと考えさせられた。

一方、個人的な印象としてのエピソードを紹介しておく。仕事柄多くの開発援助関係者と接する機会に恵まれたが、職業や専門は多種多様であった。国家公務員、民間コンサルタント、ＮＧＯ、ＪＩＣＡ専門家、等々。そんな中ある時ふと気付いたことがある。決して良し悪しの問題ではないのだが、過去に協力隊を経験している人独特の「現場」に対する思い入れや現地の人々との接し方や密着度である。過去にどこかで協力隊を経験している者は、現場に対する思い入れが強く、また周囲の現地の人々に対する観察が細かいように感じた。私個人としてはそういう姿勢を好ましいものと受け止めていたが、場合によっては「上」の人々に対する配慮や気配りが乏しいという理解をされることもあるようで、世の中のカラクリの難しさを痛感した。

⑥余談――みな友達の友達？

海外での長期滞在を伴う活動の中で気づいたこととして、同じ時期に同じ国にいた者同士はある種独特な連帯感を持つようになる傾向があると思える。例えば、協力隊員は派遣前に国内で訓練所を共にするが、その時点で横のつながりを持ち、任国に赴任後は現地で知り合った隊員仲間やその他の知人と縦の繋がりを持つことになる。もちろん協力隊に限らず、同時期に同じ国や地域で活動や生活をしていると、所属団体が異なっても何かと顔を合わせることが多く、コミュニティーが形成される。同時期に同じ国で喜怒哀楽を共有した仲間たちとしての結束に加え、他国で再会することも珍しくない。業界内でもよく言われることだが、業界人は初対面で会っても、必ず共通の知人が複数名いるとされる。何年にどの国にいたかを辿ると、たやすく共通の知人がみつかる。これを世間が狭いと揶揄することはたやすいが、業界全体が立場の違いを超えた仲間意識を持ち、連帯感をもって途上国の課題解決に取り組んでいるというのは言い過ぎだろうか。とはいえ、時代の波を受け経費節減が推し進められ、今では現地で長期滞在するような働き方をする人はかなり減ってきている。業界の先輩が近年嘆かれているが、立場の違いを超えることは少なくなっており、業界全体の一体感は薄れつつあるのかもしれない。

5　日本の地方社会の中で――足元から

二〇一〇年一月に大使館での任期を終え外務省との雇用契約が終了すると、生まれ故郷の京都府に戻ってきた。通常であればまた途上国での仕事を続けるところであるが、当時の私は心身共に疲労困憊し著しく健康を害していたので、しばらく田舎生活を送りながら活力が戻るのを待つことにした。長期の海外生活を終えて帰国すると毎回感じることだが、以前は気にも留めなかったことが実に新鮮に感じられる。例えば、季節によって日照時間や日が差し込む角度が異なること。また旬の時期に旬の農産物を美味しく食することが、非常に尊く贅沢に思えるのである。

私は以前から伝統的織物に関心があって赴任先や出張先で収集していたのだが、人々の生活が近代化するにつれて伝統的織物に従事する者が減ってきていると聞いて大変残念に思っていた。しかし当の私自身が日本の伝統的手工芸に関してなんら知見を持っていないということに気付き愕然とした。その後糸を作ることや染織を学ぶことになるのだが、現代で「雑草」と呼ばれたり駆除対象とされる植物は、その多くが昔繊維をとって糸にしたり染料に使用する「資源」だったことを知り衝撃を受けた。途端に周囲の風景が違って見えるようになった。また、海外の伝統的な染織の展示がされている博物館に行った際に、近代化につれて伝統的技術が消えつつある中、精巧な伝統技術が残っているのは、隔絶されたどうしようもなく貧困な地域だという旨の解説を聞いた。日本では伝統的な染織の技術継承者や、そうした継承者が使う道具を製作する技術者がどんどん減ってきているが、「豊かになる」ことどのトレードオフのような状況にも複雑な思いが込み上げてきた。

先に記載したロバート・チェンバースの著書にある変わるべきなのは先進国とされる私達なのだという考え方が思い出される。この頃から日々の生活を大切にすることや、手仕事や農作物等周囲のモノの生産過程に思いを馳せることと等々を大切にすることが、途上国の人々の生活や手仕事や命を尊重することに繋がるのではと思うに至った。そして例え非力で数は少なくとも、自ら実践することでこうした価値観に共感してもらえる人を増やしていこうと考えるようになった。

①これから海外に行く人の支援

私が協力隊に参加した頃は、国際協力や開発援助に従事する人は、ある種特殊なグループもしくは「変わった人」とされ、一般社会からは隔絶された感があったが、今では一般市民やビジネスの世界にまで広がっている。このこと自体は喜ばしいことと考えているが、なかなかハードルも高いようである。そこで、これまで培ってきた途上国での経験とＰＣＭ手法の知見を活かし、大学で指導する他、これから海外で事業を展開したい人や団体の事業計画を支援している。日本から乗り込む側の「～したい」「～すべき」という気持ちや、「自社の製品を売りたい」という事情が優先されることが多いが、その前に、まず現地の人々を知ること、そして彼ら彼女らのお困りごとに肉薄することから始めることを強調している。さらに「誰の何のための事業なのか」「どんなお困りごとがどう解決するのか」を明確化することを訴えている。そして、「助けてやる」「教えてやる」という考え方や態度ではなく、「共に困りごとを解決する」という対応なパートナーとして取り組むことを念押ししている。その際に情報を整理するツールとしてポストイットを利用したりホワイトボードに書き出して見える化するお手伝いをしている。参加者にはすっきりしたと喜んで貰っているが、ひょっとしたら学生時代に接した松田先生の真似事をしているのかもしれない。

②国内の社会課題

日本に帰国して大阪市内のＮＰＯで勤務した際には、外国人女性とその子供を支援している団体や人々向けの事業に関わった。在留外国人が抱える課題を、日本人が語るのではなく、当事者の意見を当事者に語っていただくことを大切にしながら活動した。日本における多文化共生は今後のライフワークの一つとして取り組みたいと考えている。また、地域社会の様々課題解決に貢献するような活動に参加していければと考えている。これらはひょっとしたら前述した協力隊の目的の「(三) ボランティア経験の社会還元」を実践することになっているのかもしれない。

③一周回って昔の暮らし

前述したとおり、元々任地や出張先の様々な伝統織物に関心があったが、私自身が何もできない事を不甲斐なく思い、学んでいる。京都市内で「自分で染めて自分で織る」をコンセプトにした短期集中の教室に通った他、葛や藤や苧麻から繊維を採取して糸を績む方法を学んだ。現在では藍や綿を自宅で植えるようになった。綿を植えてみて、真っ白な綿布を得るのがどれほど大変な作業が必要かを実感し、昔なぜ産業革命が起こったか、なぜアメリカ大陸の綿産業で奴隷をはじめとする多くの労働者を必要としたのかに思いを馳せることとなった。収穫した藍の生葉で糸や布を染める際には、関心のある友人知人に声をかけ、一緒に行っている。

また、私の出生地のような地方社会では、生業として農業に従事していなくとも、自家消費用の米と野菜は自ら栽培するのが常である。大豆を植えて自家製味噌を仕込んだり、父が育てた野菜で漬物を付けたりその他加工するのも楽しみになっている。田植えや稲刈りには、関心のある友人知人に声をかけ、参加していただいている。

こうして一年の農業の営みを通して見ると、持続可能な暮らしとはこういうことかと思えてくる。例えば、稲作によって確保できる藁は、正月のしめ縄、野草のあく抜き、野菜作りの際や、織りの際にも活躍する。農業は百姓と呼ばれるように多岐に渡る知識技術が必要で、私自身まだまだ習得には程遠いが、目下の課題はなかなか話が通じない父から如何に技術移転してもらうかである。

6　おわりに

本項を記載するにあたり、大学生時代のノートを読み返してみた。己の愚かさに眩暈がしそうだったが、必死に何をつかみ取ろうとしていことがうかがえる。昨今の日本社会で生きるには、ひょっとしたら先生との出会いと影響によって、ややもすると生きづらくなってしまっている側面もあるのかもしれないが、それを上回る違った次元の価値観と力を得られたと言えよう。

これからも試行錯誤しながら、何が大切なのかを見極め、行動できるよう努力していきたい。

注

（1）正式には「二部生」と称されるが、わかりやすいように「夜間コース」と記載する。当時の大阪市立大学夜間コースでは、月曜から金曜は二コマ、土曜は一コマの講義が行われており、昼間学生が四年で卒業とされるところを五年かけて卒業する制度となっていた。

（2）アメリカのボランティア制度である平和部隊を参考に一九六五年に設立されたボランティア制度。ＯＤＡ（政府開発援助）の元、ＪＩＣＡ（独立行政法人国際協力機構）が運営する。選考後合格者は約二か月半の語学訓練を経て、途上国とされる国に原則二年間派遣される。現地では、公的機関に配属され、カウンターパートと呼ばれる同僚に技術移転する活動を行う。二〇一九年九月三〇日時点で累計四万五二九四名。

（3）一般財団法人国際開発機構 Foundation for Advanced Studies on International Development

（4）Project Cycle Management の略。紙やカードを利用して論点を明らかにし、論理的に整理して計画作りと評価に繋げる手法。
（5）独立行政法人国際協力機構 Japan International Cooperation Agency
（6）https://www.jica.go.jp/volunteer/outline/
（7）後に「カンボジア王国農村開発プロジェクト」と改称。
（8）当該プロジェクトに実際に参加したのは、インドネシア、フィリピン、マレーシア、タイの四か国。
（9）国際連合開発計画 United Nations Development Programme
（10）Chambers R, 1983, "Rural Development: Putting the Last First" 穂積智夫、甲斐万智子監訳『第三世界の農村開発　貧困の解決——私たちにできること』明石書店、一九九五年。
（11）Chambers R, 1997, "Whose Reality Counts?: Putting the first last" 野田直人、白鳥清志監訳『参加型開発と国際協力——変わるのはわたしたち』明石書店、二〇〇〇年。
（12）日本の援助関係者の間ではＰＤＭ（Project Design Matrix）と呼ばれる。
（12）非政府組織

「未知なる日常」漂流記

大野哲也

海外をぶらぶらする

二〇歳を過ぎた頃だっただろうか。大学生活も後半戦となり、就職のことを本気で考えなければならなくなったとき、漠然とだが、海外で暮らしたいと思うようになった。その後、紆余曲折はあったものの二六歳のときに念願が叶う。青年海外協力隊（国際ボランティア）の一員として、パプアニューギニアに二年間、派遣されることになったのだ。

僕が暮らした一九八八年当時、「地球最後の秘境」と形容されていたパプアニューギニアでは、たとえ首都のポートモレスビーであっても靴を履いている人がほとんどいなかった。ほぼ全員が裸足で生活していたのだ。彼らの、五本の指が大きく開き、驚くほど太い指でしっかり大地を掴みながら歩く姿は圧巻だった。

ブタがなにより貴重な存在で「もしも協力隊員が交通事故で死んだとしたら、賠償金は子ブタ二匹くらい」とも言われていた。「一人の人間と子ブタ二匹の価値が同等という文化がこの世に存在するのか」という驚きは相当なものだった。また当時は、貝殻に穴を開けて糸を通して数珠つなぎにしたものが通貨としてまだ流通しており、その貝殻を持ってマーケットに行けば、普通に商品が買えもした。こうした日本では考えられない文化を目の当たりにした僕は「世界は自分の知らないことで満ちている」と痛感した。

マラリアに罹ったり、バスジャックに遭ったりと危険なことが多く、快適な生活が営めたわけではないが「パプアニューギニア一国だけでもこんなに面白いのだから、世界をぶらぶらすれば、もっと面白い経験ができるに違いない」と思うようになった。そして派遣終了後、自転車で世界をぶらぶらすることにした。

そして僕の予想どおり、世界は面白いことで満ちていた。

たとえば南極点に建つアムンゼン・スコット南極点基地を訪れたときのこと。この時は夏だったので、一五〇名ほどのアメリカ人がこの基地で暮らしていた。彼らが利用するレストランは二四時間営業でコーヒーはいつでも飲み放題、大きなクッキーはいつでも食べ放題だった。さらに驚いたのは、トイレが水洗だったことだ。夏でも氷点下四〇度を下回ることが珍しくない氷の世界で、どうすれば一五〇人分のトイレの洗浄水を作り続けることができるのだろうか。そして一五〇人分の汚水はどこに行くのだろうか。南極点は謎だらけだ。

別のブロックには郵便局、ビリヤード室、アスレチックジム、コンビニなどがあった。つまり彼らは南極点に、そのまんまのアメリカをつくっていたのだ。

偶然、ラマダン中に走ったモロッコでは、東の空に太陽がのぞいてから西の地平に陽が沈むまで飲食することができず、自転車旅行にはハードだった。そんな僕を見かねたのだろうか、道路ぶちに建つ食堂に入っていくと、店主のおじさんが僕を店の裏側に連れていってこっそりコーラを飲ませてくれたりした。

首都ラバトには多くの外国人が住んでいるからだろう、パン屋やカフェが外国人向けに通常営業をしていた。面白かったのは、モロッコの人たちもそれらの店を利用していたことだ。店は二階建になっていて、僕のような普通の旅行者は、ラマダン中でも一階のカフェで誰彼を気にすることなく、普通にカフェオレを飲みクロワッサンを食べることができた。一方、ラマダン中のモロッコ人――僕がみたのは、ビジネスパーソンとおぼしき頭にスカーフを巻いた若い女性だった――は、何気ない顔で二階に上がっていっていき、しばらくすると、口元をナフキンで入念に拭きながら階段を降りてくるのだった。腹ぺこのイスラム教の人が、人目につかない二階でこっそりと燃料補給をしているのは明らかだった。「モロッコ社会にはこういう安全弁があるのだな」と伝統文化と近代生活の折り合いを目の当たりにした僕は、「社会はよくできている」とつくづく思ったものだった。

こうした海外をぶらぶらすることは自分の性に合っていた。誰からも、何からも制約を受けない自由な毎日は気楽で楽しく、一時は「一生このままでいくか」と思って旅の人生に満足していた。しかし自転車旅行が四年を過ぎた頃から、少しずつ考え方が変わってきた。というのも、毎日、人生で初めて見る風景であるにもかかわらず、そこに感動や感嘆はなく、どのような有名観光地に到着しようとも「なるほど」と思うだけの不感症になってきたからだ。旅を面白がれないというのは旅人にとって致命的だ。

「いったん旅を切り上げて、文化の勉強をしてみよう」、旅生活五年を過ぎて僕はそう決めた。旅の途中のいつからか、「文化のことをもっと知りたい」と思うようになってもいたのだ。

文化人類学にとびこむ

日本に帰国した僕は、文化人類学を学ぶために大学院を受験することにした。パプアニューギニアの山奥で暮らしているときに「人類学者が調査にきている」という噂をたびたび聞いたことがあったので、どのような学問かは知らなかったが、なんとなく文化人類学が面白そうだと思ったのだ。

そして山路勝彦先生（文化人類学）の存在を偶然知って、先生が勤務する関西学院大学大学院社会学研究科を受験した。山路先生は非常にユニークな人で、僕を合格させてくれたのに入学前に僕を呼んで「私はこれから一年間、中国に調査に行くので君の指導はできない。ただ、京大の松田先生に君のことは頼んでおいたから」と言い残して姿を消した。こうして、松田さんが僕の面倒をみるためだけに、一年間、関学に非常勤としてくることになった。それが出会いだったのである。

松田さんの授業は、地獄の一〇〇〇本ノックだった。カルチュラルスタディーズの英語の論文を毎週完訳していかなければならなかったのだが、パソコンも使えない、ましてや「カルチュラルスタディーズ」という言葉も知らない僕は、チンプンカンプンだった。いったい何が問題なのか、なぜそれが問題なのかという大前提がそもそも理解できなかった。

今から振り返れば、僕の困惑は当然かもしれない。生まれてこのかた勉強を一切したことがなく、それで何も不自由を感じていなかった人間が、いきなり専門の勉強を始めたのだから。人生ではじめてつくった稚拙なレジュメは手書きで、それを見た松田さんは「おー、手書きのレジュメ、久しぶりに見たわー」と喜んでいたが、パソコンとは無縁の人生を歩んできた僕は、それ以外の方法を知らなかった。

しかし「松田ゼミ」はとても面白かった。人種、民族、ジェンダー、権力、メディア、環境などについて、社会学や人類学の基礎から最先端の議論までを解説していく松田さんのマシンガントークは、今まで考えもしなかったこと、いままで知ろうとも思わなかったことだらけで、まさに眼から鱗がボロボロ落ちた。ただ松田さんはさぞたいへんだったと思う。山路先生に頼まれてきてみたら、文化人類学の「ぶ」の字も知らない三九歳のど素人が大口を開けてポカンと座っていたのだから。

だが関西学院大学という場所は、僕にはしっくりこなかった。大学の正門を入ると雄大な芝生の広場があるのだが、学生たちがそこでフリスビーやバドミントンをして遊んだり、男女が座って語り合ったりしている。そういうおしゃれな関学文化にまったく馴染めず、場違い感が半端なかったのだ。

入学して一ヶ月ほど過ぎたころだったと思うが、ゼミを終えた松田さんに「関学を辞めて京大を受験するのは無理ですか」と聞いてみた。すると松田さんは、「受験するのは自由だけど、合格するのは無理だよ」と直裁的には言わず、「せっかく入ったのだから、修士課程は最後まで行った方がいい」と、地球三周分くらいの婉曲さでアドバイスをくれた。

ただそれだけでなく、僕のことを慮って、松田さんの京大ゼミの開講日も教えてくれた。勉強はさっぱりできないが、やる気だけはある僕に救いの手を差し伸べてくれたのだろう。こうして僕は関学に所属しながら、京大の松田ゼミにも通うようになった。

京大の松田ゼミは、山路ゼミとは違った意味でユニークだった。松田ゼミに、僕のような正規学生ではない者がたくさん出入りしていたからだ。松田さんは「来る者は拒まず、去る者は追わず」を地でいく人で、誰でも自由に出席することができた。そして京大の学生であろうがなかろうが、授業でも飲み会でも、皆を平等に扱った。

在外被爆者支援にとびこむ

松田さんは、自身の学生時代から在外被爆者を支援する活動をしている。僕がそれを知ったのは、二〇〇〇年、京人の松田ゼミに通いだした頃だった。ゼミが終わって、京都で飲んだあと大阪まで帰る道中、在外被爆者裁判のことを聞き、その手伝いをするようになったのだ。

ちなみに京都の行きつけの店は、JR京都駅近くの酒屋だった。店の一角に電気ケーブルを巻き取る巨大な木製ドラムのテーブルと丸椅子が置いてあり、やる気のないおじさんが切り盛りしている店は場末感満点だった。ビールや酒は客が勝手に冷蔵庫から取ってくる方式で、壁にぶらさがっているメニュー板には堂々と「UFO」とか「鯖缶」などと書かれてあった。そこで飲んだ帰りの電車内で、「会報の発送の手伝いに来てくれないか」と誘われたのだった。

松田さんが支援しているのは主に在韓被爆者である。彼らは一九一〇年に日本によって植民地にされて以来、苦難の生を生きてきた。強制連行されたりして日本にやってきて、広島や長崎の軍需工場で働かされた挙句に被爆。今となっては正確な数字はわからないが、広島の場合、三〇万人とも言われる被爆死した人たちの一割は朝鮮半島出身だと言われている。被爆しながらも生き延びた人たちはいったい何人いるのだろうか。ともあれ日本の敗戦は彼らにとっては植民地からの解放を意味したので、多くの人たちは、放射能とケロイドに苦しみながらも命からがら故郷の朝鮮半島を目指した。そして戦後、日本政府は日本に在住する被爆者に対しては被爆者援護法で救済の手を差し伸べたが、日本国外で生活する被爆者については法の範囲外ということで放置した。朝鮮半島で生きる被爆者にとってみれば、日本の戦争史は「強制連行、被爆、放置」という歴史だった。

こうした歴史を生きる人たちを支援するための「市民の会」の活動に、松田さんは長年従事してきた。日本ではない国で暮らす被爆者が起こす裁判の支援をしたり、全国にいる支援者に会報を送ったりすることが主な活動だ。

会の作業は毎回松田さんの自宅でおこなう。六人程度の固定メンバーはいるのだが、多い時には一〇数名集まる。皆が軽食やおやつを持ち寄るので、まるで宴会だ。悲惨な歴史を有する被爆者の支援をしているのだが、集まりには悲壮感はない。毎回、喋りながら楽しくおやつを食べているうちにいつの間にか作業が終了している。きっと僕が作業そっちのけで食べるのに夢中になっているあいだに、誰かが一所懸命手を動かしているのだろう。

在外被爆者支援の中で、個人的に思い出深いできごとは、なんといってもコピー機搬入事故だろう。会でつかう資料等を印刷するために松田さんが巨大なコピー機を買ったのだ。二〇〇〇年ごろのコピー機は今ほど小型化されておらず、厳重すぎるほど厳重な木箱に入った精密機械は、とてもじゃないが、一人では持てないほど重い超本格的な巨大マシンだった。

かなりの雨が降りそそぐ日、僕の車で、その巨漢を松田さんの自宅に運んだ。道中、僕がちょっとでも雑な運転をすると「壊れるやないかー」と注意するほど、松田さんは慎重だった。家の前に車を止めて巨漢をそーっと車から降ろし、松田さんが前、僕が後ろを担当して、巨漢を揺らさないように、濡らさないように、抜き足差し足で自宅まで歩いた。家の庇の下までできて、あとはドアを開けるだけだった。家に入ったら一度廊下に巨漢を下ろし、少し休憩してから二階に上げよう、そういう段取りだった。

しかし話はそううまくいかない。玄関ドアを開けようとしたまさにその時、僕の網膜から、一瞬で松田さんの姿が消え、かわりに手から巨漢が滑り落ちていく映像が映った。玄関の庭に散水するためのホース、しかも雨で濡れてツルッツルになっているホースが横たわっており、それを松田さんが踏んづけて滑って転んだのだ。大雨の中、まるで吉本新喜劇のような勢いですってんころりと転んだ松田さんは地面に大の字になり、その上に巨漢が落下した。

僕は慌てて、下敷きになった松田さんを救出するべく精密機械を持ち上げようとするのだが、なにせ重たいのでびくともしない。一方、強大な圧によって「ぐふっ！」という声にならない声を絞り出した松田さんは、びしょびしょになりながら、雨が降り注ぐ天に向かって「大野！　俺のことはどうでもいいから、はやく機械を家の中に入れろ」と絶叫した。

こうなったら精密機械でも仕方ない。松田さんが立ち上がれるように、僕は、木箱を地面に向かってゴロリと回転させた。急いで立ち上がった松田さんは、幸いなことに怪我はしていないようだった。

とにかく二人で巨漢を二階にあげて、二人ともドブネズミのように濡れたまま、損傷の有無を確認するべく木箱を解体してみた。するとコピー機のプラスティックの外装が見事に割れていた。生身の人間がクッションがわりになったとはいえ、一m近い高さから落下したのだから、相当な衝撃があったはずだ。きっと機械の内部にも大きな影響があったに違いない。

それ以来、定期的に松田さんの家に会の作業で行くのだが、精密機械は見当たらない。巨漢の末路は永遠の謎だ。

人生初の就職活動にとびこむ

関西学院大学大学院の修士二年目は、山路先生が中国から帰国したので本来の山路ゼミとなった。山路先生は、「この本を読んで、来週発表しなさい」と言いながら、マンツーマンで僕を鍛えてくれた。ただ、ぶ厚い本の時は「これを読むのは二週間ほどかかるな。よし、来週は休講にするから二週間後に発表するように」と言ってくれた。

ただしその後、別の話をしていると、先ほどの本のことをすっかり忘れてしまったのだろう、「来週は休みか。ということは二週間あるからたくさん本が読めるな。ここに二冊、ちょうどいい本があるから、二週間後は三冊分発表するように」と新たな指示を出すのだ。もちろん僕は「一週間に一冊よりも、はるかに量が多いです」とは言えず、大急ぎで三冊読んで、レジュメを書いて、発表するのだった。

だが山路先生の反応はいつも鈍かった。「これ、どういう意味？」と簡単な質問をするか、絶句して無言を貫くかのどちらか、という場合が多かった。僕の理解力に「困ったなあ」と困惑していることがありありと伝わってくる。その本を理解するために前提となる知識量が不足しているのは明白だったが、学力のない僕はどうすることもできなかった。

そんなことを繰り返しながら、アルゼンチンの日系移民についての修士論文を書いて、無事に関西学院大学大学院を修了することができた。

その後、僕は別の大学院に入り、松田ゼミに通いながら博士号を取得した。二〇一〇年のことだった。一つの「習い事」をこれほど長い間続けることは初めてだった。しかもそれが大嫌いで今まで一度もやったことがない勉強だったことに自分自身、驚いてしまった。人間、どこでどんなスイッチが入ってしまうのか、わからないものだ。

自転車旅行を終えて大学院に入った頃、僕には相変わらず、労働意欲がまったくなかった。仕事をしたくないという理由も大学院の志望動機の一つだった。しかし四五歳を過ぎた頃に、うっすらではあるが「そろそろ働かねば」という気持ちが芽生えてきた。おそらく結婚したことが一因だったのだろう。働かなくても、一人だったらなんとかなる（なんとかしてきた）が、二人だと、どうにもならない。

自分にはどのような仕事ができるのか、自分はどのような仕事がしたいのか、僕は今まで考えたことがないことを考えるようになった。仕事を選べる立場ではなかったが、「熱帯魚を飼う水槽に入れる藻を売る商売を一緒にしないか」という知り合いからの熱心な誘いにはどうしても気乗りしなかった。そして五〇歳にして特別な才能や輝く経歴があるわけでもない僕が就職できる可能性は、もう大学の教員しか残されてはいないと思うようになった。

そこから僕の猛烈な、人生で初めての就職活動が始まった。大学の教員募集サイトを見て、片っぱしから応募した。もちろん毎回書類審査で落とされた。研究業績も教育歴もない五〇歳のおっさんを採用する学校などあるはずがない。自分が置かれた状況はよく理解していたのだが、応募し続けるしか、仕方なかった。たとえ応募をするのをやめたとしても、他の道はないのだから。

諦めるとか諦めないとか、別の道を探すとか、深く考えることをやめて、非常勤講師というその日暮らしを続けていたある日、幸運が舞い降りた。九州のある大学から教授として、横浜のある大学から准教授として内定をもらったのだ。

すぐに松田さんに報告すると「横浜に行け。関東の平定はお前に任せた」と戦国武将のような言い方で横浜行きを勧めてくれた。内定をくれた二校は知名度、偏差値、大学の規模というような尺度でいえば、同じくらいの大学だった。なので「教授」という職階をくれる九州に行くとばかり思っていたのだが、松田さんは断然横浜推しだった。その理由は、いまだにわからない。今聞いたところで、松田さんは当時のことなどきれいさっぱり忘れていることだろう。

ただ横浜でもらった給料はべらぼうに良かった。なにせこの道三五年の松田さんとほぼ同額だったのだから。松田さんに「年収は〇円だそうです」と大喜びで連絡すると「俺の給料とかわらないじゃないか。俺の三五年間はなんだったんだ」と嘆息していた。

「横浜に行け」と命じた松田さんには先見の明があった。横浜生活が三年ほど過ぎたころ、市民の会が「朝鮮女子勤労挺身隊」だった人たちを支援する会がおこなう東京での社会運動を手伝うようになった。挺身隊とは、第二次世界大戦末期に朝鮮半島から、国民学校（現在の小学校）を出たばかりの少女たちを「日本に行けば女学校に通える」「お腹いっぱいご飯を食べられる」「もらった給料で親孝行ができる」という甘言で日本に連れて行き、軍需産業に就かされた人たちのことを言う。しかし、粗末な食事で働くだけ働かされた彼女たちは、終戦後は着の身着のまま朝鮮半島に帰らされた。もちろん「あとから送る」と約束した給料は待てど暮らせど送られてこなかった。こうした苦難の経験をした女性たちを支援しているのである。

毎週金曜日の早朝に東京都内で抗議行動をするのだが、大阪から行くのは遠い。しかし横浜在住の僕ならば、一時間ほどで集会場所まで行けるのだ。挺身隊支援の会も、松田さんがやっている市民の会と同様で高齢化が激しい。しかもメンバーはごく少数だ。僕を入れて四人しかいないということもあった。新しい支援者はほとんど入ってこないだろうし、そもそも若い人は関心もないだろう。

こういう社会運動の面白さの一つは、自分の知らない世界を見ることができるところにある。もしもこの活動に関与しなかったら、絶対に出会わなかった人たちは僕の視野を広げてくれた。

「ぶらぶら」を研究する

僕が大学院に入って以来、研究の対象としているのは僕と同じような行動をとる人、つまり「ぶらぶら」する人である。おそらく多くの研究者がそうだと思うが、自分となんらかの共通点があるものに惹かれるようだ。僕の場合はまさしく「ぶらぶら」で、自分のテリトリーからあえて離れて生きる人に興味がある。

最初に調査させてもらったのは、前述した、アルゼンチンに移住した日本人だった。自転車旅行をしているときに偶然知り合って、非常識なくらい長期間居候をさせてもらったときにたくさん話を聞いた榎本家のおじいちゃんとおばあちゃんの生き方がとても面白かったのだ。二人は、日本では、貧困に苦しんでいたというわけではなく、むしろ裕福なイエの人だった。だが、どうしたことか、一九五〇年代に二人は、榎本家が所有していた家と田畑を売り、三人のこどもを連れて、アルゼンチンの田舎へと移住してしまうのだ。その破天荒な決断がとても面白く、僕は二人から昔話を何度も聞かせてもらった。日本から持ってきたオートバイがアルゼンチンの税関を通過できず没収されたり、つくっていた野菜が雹で全滅してしまったりというような苦労もしたけれども、最後には大きな農場を手に入れる冒険譚は、何度聞いても胸が踊った。

その次に調査したのは、アジアを旅する日本人バックパッカーだった。彼らはまさしく僕の同業者といってもいいだろう。あまりにも自分に近いし、ただ単に海外を「ぶらぶら」しているだけなので研究として成立するのだろうかと危惧もしたが、松田さんが「バックパッカー研究は可能性がある」と後押ししてくれた。

この調査は理屈抜きで面白かった。なにせ、現地で知り合った日本人バックパッカーにひっついて旅をするのだから。大阪から船に乗って上海に行き、そこから陸路でラオスを経由してタイのバンコクまで行ったり、バンコクから船とバスを乗り継ぎながらラオス、ベトナム、カンボジア、そしてバンコクへ戻る周遊コースを旅したり、ネパールから陸路で標高五〇〇〇メートルの高原地帯を抜けてチベットのラサに行ったりした。

僕は、知り合ったバックパッカーに旅のエピソードや旅の目的を聞いたりした。ここでも榎本家の二人と同じく、旅人が日本社会から飛び出して、新たな生の可能性を追求するという冒険物語に心惹かれた。

現在関心を持っているのは、「ぶらぶら」の真打である冒険である。なかでも堀江謙一さんにインタビューさせてもらったことは貴重な経験だった。堀江さんは一九三八年生まれ。一九六二年、日本政府が一般人の海外旅行をまだ「禁止」していた時代に、兵庫県西宮市のヨットハーバーからパスポートも持たずにヨット、マーメード号で密出国して、人類史上初めてとなる単独無寄港での太平洋横断（着はサンフランシスコ）を成し遂げた。その後も、ヨットによる単独無寄港世界一周、足こぎボートによるハワイから沖縄までの航海、アルミ缶のリサイクルヨットでの太平洋横断など、驚くべき海洋冒険を次々に成し遂げた、まさに「ぶらぶら」界のスーパースターである。堀江さんの、命がけであるはずなのに、どこまでも明るい、そして肩の力が抜けた、「自己満足」に徹する冒険論は痛快だった。

こうした研究をする傍ら、僕は松田さんにアフリカ・ケニアを案内してもらったり、北タイの調査に同行したりした。ケニアではボートに乗って野生動物を見たり、陸上競技、特に長距離界を席巻しているケニアのトレーニング地を案内してもらったりした。

北タイの山奥では、ボートをチャーターして（それしか交通手段がない）、ツーリズムに「汚染」されていない首長族が住む村を目指した。ミャンマーとのボーダーに近い山あいを縫うように流れる川を小さなエンジン付きのボートで三〇分ほど遡行すると、そこが船頭がいうところの「観光地化されていない首長族の村」だった。

ところが「首長族の本当の姿を見ることができる」と喜び勇んで船を飛び降り、松田さんと小さな村を目指して歩き出すと、我々に気づいた村の人たちが、さーっと家の前に大きな布を敷いて土産物を陳列し始めた。なんだ、すごい観光地じゃないか。おおいにガッカリしつつ、「こんなところにまでツーリストはやってくるのか」とびっくりしたが、これが現代社会の現実なのだということを改めて実感した。なにせ戦争や紛争が起こると、それを見学しに行くツアーまで催行される世の中なのだから、ツーリストに「汚染」されていない聖域など地球上に存在しないのだ。

自分の「ぶらぶら」癖が、まさかメシのタネになろうとは思いもよらなかったが、これは、間違いなく松田さんのおかげである。松田さんの、まるで底なし沼のような懐の深さは、何度も僕を救ってくれた。もしもあのとき、山路先生が松田さんに僕の世話を頼まなければ、そして松田さんが気安くそれを引き受けなければ、今の僕はなかった。

自転車で旅をしているとき、友人に、「いつまでぶらぶらする気なんだよ？」と呆れられたことがある。その時は冗談で「五〇歳まではやるよ」と応えたが、五〇歳で就職したので、冗談のような本当の話になった。

フィールドにとびこむ・とびこませる

古村　学

1　松田先生との出会い

松田先生との出会いは、あまり覚えていない。大学は信州大学で、大学院も研究科が違っていたため、授業などで会う機会はなかった。きっかけは、社会学教室に所属する友人が、会ったほうがいいから、紹介するからと、言ってきたことである。会う直前に、『都市を飼いならす』を生協で買って、読んでいった。読みやすい本だと思ったが、当時、どこまで理解できていたかは疑問である。研究室へ挨拶に行ったが、気さくな人だなと感じたことぐらいしか覚えていない。

そのころのわたしは、思想史の研究をしており、フィールド・ワークに興味はなかった。そこから導き出される理論に関心はあったが、フィールド・ワークそのものは、どうでもよい、むしろやりたくないとさえ思っていた。そのこともあり、友人に誘われるまでは、訪問することを考えさえしなかったのである。

はじめのうちは、時たまゼミに出席するくらいであった。いつごろか、先生の部屋によくいるようになった。社会学教室所属ではないため、学生控室にいづらかったというのもあるが、居心地がよかったのである。飲みにも、よく連れて行ってもらった。そのうち、勝手に授業を手伝うようになり、「自主チューター」などと呼ばれるようになる。

先生からは「強面」と呼ばれていた。ぼさぼさの長髪で、目つきも悪く、背が高い、威圧感のある様から、ある漫画の登場人物を連想させたのだろう。もっとも、身長に関しては、松田先生のほうが高い。また、「コミュ障」ともいわれていた。人見知りで、どこか人を見下しており、人との接触を排除しているところのあるわたしを、的確に表した表現である。それなのに、なぜか知らないが、先生は受け入れてくれていた。

こうして、当時のことを思い出してみると、フィールド・ワーカーに向いている人間とはとても思えない。やりたくないと思っており、姿かたち、発する雰囲気、性格、すべてが人とのかかわりを重視するフィールド・ワークにはふさわしくないのである。それが、今では、ある程度の長期休みには、フィールドにいる。多くの人びとと触れ合い、日々の生活を楽しんでいる。当時の自分からすれば、考えられないことである。先生なら、「そんなもんや、そんな人間がやるんや」と、無責任なことをいうかもしれない。

本章では、わたし自身がいかにフィールドにとびこんできたか、また、教員として、いかに学生たちをとびこませてきたかについてみていきたい。また、それに際して、なにを松田先生から学んできたのか、それをいかに自分が解釈し、学生たちに伝えているのか、そのことを明らかにしていきたいと思う。

2　フィールドにとびこむ

①フィールド・ワーカーになる

「なにもしなくていいんや」

マラウィに行くことになったとき、なにを事前に学習したらよいか相談に行った時の松田先生の答えである。なにかあるでしょうと食いさがったが、求める答えは返ってこなかった。「そんなことは、言われんでもわかってるやろ、自分で考えろ」と言いたかったのか、それとも本当に何もしなくてもよいと思っていたのか。後者のような気もするが、その時は、もの足りなさを感じたものである。

マラウィへは、とある先生に誘われて、行くことにした。といっても、みたようにフィールド・ワークに興味のないものが、なぜ決めたのか。自分の家にいるのが好きで、どこかへ旅行に行きたいと思わない。人見知りのため、旅先での知らない人との出会いを楽しむこともできない。家が貧しく、家族旅行の経験がなかったことも原因かもしれない。

答えは簡単で、そのころ付きあっていた人が田舎でのフィールド・ワークに興味があり、よく一緒に連れ出されたからである。京都の山奥にある芦生には何度か通った。地元の方に栃の実を採りに連れて行ってもらったり、火祭りでは準備の段階から手伝わせてもらったりした。連れまわされていただけではあるが、人とのかかわりが、少しは楽しく思えるようになっていったのである。それとともに、文献だけの研究がもの足りなくも思えてきた。フィールド・ワークも悪くないと思い始めたのである。

マラウィは、はじめての海外であった。英語もろくろくしゃべることができない。それでも、「古村がすごいって言ってたで。英語もしゃべれんのに、コミュニケーションをとっとるって」といったようなことを紹介してくれた先生が言っていたと、帰国後に松田先生から言われた。伝えたい気持ちがあれば、なんとかなるものである。最初はゾンバに、しばらくしてチェンベ村に、ムラの若者たちとの交流が楽しかった。それよりも、そこで生活することが楽しかった。マラウィへ行っていなかったら、フィールド・ワーカーになっていなかったかもしれない。

マラウィから帰国後、大学院に入りなおした。松田先生の研究室も志願したが、落ちた。入学後の夏休みに、隠岐諸島西ノ島に一月ほど滞在することになる。予算がなかったため、インターネットで探した旅館での住み込みバイトをしながら、空いた時間に調査をしたのである。アフリカで研究をしたく思っていたこともあり、練習のつもりであった。

結果としては、あまりうまくいかなかったように思える。バイトとして時間が拘束されることは、多少あるが、それほどの問題ではない。問題は、調査をしなければいけないという意思にあった。データを集めなければという思いは、データを採るためのインフォーマントとしてしか相手を見ないという結果を生み出してしまう。まじめな学生が陥りやすい失敗である。相手を人として見ていないのである。そんなつもりはなかったし、気をつけていたが、その傾向があったのは否めない。

それよりも問題であったのは、無意味で、無責任な提言をしていたことにある。これは、知識があると思っている学生が陥りやすい。多少、勉強しているからといって、いい気になっていたのである。相手からすれば、そんなことはわかっているため、余計なおせっかいにすぎないのだ。なぜ、それをやらないのか、やれないのかまで考えなければいけない。そのためには、その地域への深い理解が必要である。そのことをわかっていながら、うまくできなかった。しかも、良かれと思っていたため、余計にたちが悪い。

「なにもやらなくていいんや」の意味は、こうした態度をいさめるものであったようにも思える。前もって準備をしすぎると、そのイメージに縛られてしまう。ひろく物事を見ることができないものには、その傾向が強く現れる。すでに頭の中でできているものを、現場で確認するのに過ぎない。現場で知ること、発見することの意味が重要なのである。

②フィールドで生活する

博士課程に進学したのち、南大東島へ行く機会に恵まれた。隠岐で調査をしてきたことを知り、離島つながりで、とある先生に誘われたのである。アフリカでの研究を志していたが、博士論文は日本でと指導をされていた。気が進んだわけではないが、することもなくなっていたため、行くことにしたのである。島では、できたばかりの「島まるごと館」のインターンのような活動をすることになる。

訪れた八月は、エーサーの時期であり、参加させてもらった。踊りを担当したのだが、一生懸命やっても、うまく踊れない。子供のころから体を思うように動かすことができなかったためである。しかし、それが青年会のメンバーに面白がられ、ナウィ・ダンスと呼ばれた。ちなみに、ナウィは大東での私のあだ名で、今でも呼ばれている。エーサーの後も、相撲など青年会の活動に参加し、ともに行動することも増えていった。宿主の社長にも、気に入られたのか、様々な場に誘ってもらうようになる。

隠岐でしたような失敗もしていた。まだ、幼すぎて、自分の行動や発言の意味を分かりかねていたのである。それでも、怒られていく中で、少しずつ成長できていたように思える。それも含めて、生活を楽しんでいた。隠岐では、このことができなかったのである。

伝統的に人類学では、その社会の全体像をつかむ包括的アプローチがとられる。なにかのテーマに沿って調査をするというよりも、その社会に起こるすべてのことを理解することが重要であり、そこからテーマに沿った現象を理解するということである。西ノ島に比べ、南大東では、この点がうまく進んだように思える。最大の要因は、日々の生活を楽しんでいたことにある。そのうえで、はじめて調査へと踏み出すことができるのであろう。調査の前にすべきことがある。

といってみたが、フィールド・ワーカーとして、順調であったわけではない。フィールドに行く直前に、行きたくないと思えてくるのである。当時、「フィールドに行きたくない病」と呼んでいた。もともと、どこかへ行くよりは、家にいたい性分であることもあり、いつもかかっていたように思う。結局、行かなかったこともあった。今になって考えると、学生時代にもっとフィールドに行っていればよかったと思える。

もっとも、行ってしまえばどうということはない。そこが家になるからである。むしろ、帰りたくないという思いが強くなる。これは昔から変わらない。移動するのが面倒くさいだけかもしれない。今では、フィールド先にいるのが本当で、宇都宮にいるときのほうが仮の生活のようにさえ思えるときもある。フィールド先のほうが、日々の生活はよほど充実している。

さまざまな偶然が重なり、フィールドに飛び込むことになったわけであるが、その中で少しは成長できたように思う。よく大学教員は、社会に出ていないため社会人ではないといわれることがある。フィールド先で、社会勉強をさせてもらった。今の自分は、フィールドという経験がなければ、存在していない。

3 フィールドにとびこませる

①実習を手伝う

「古道班をやってくれんか」

ある日、松田先生から頼まれた。京都大学では熊野で合同調査実習を行っていたが、その手伝いをしてくれというのである。二〇〇四年に熊野古道が世界文化遺産に登録されたこともあり、短期的なものであるが、自分自身でも熊野での調査をしていた。これが、フィールド・ワーク教育にかかわっていくきっかけである。

この実習は、その当時で七年の歴史を持つ。京都大学だけでなく、関西学院大学など複数の大学による合同調査実習であった。そのころ社会調査士制度が設けられ、その資格を得るために、参加者が五〇人ほどと増加していた。その分、現地調査をサポートする現地の人びとからなる世話人への負担が大きく、それを軽減するための独立班として、古道班を任されたのである。もっとも結果としては、軽減されたかどうかは怪しいのだが。

先生からの頼みということで、気合を入れて、実習に臨んだ。学生たちの調査したいことに合わせて、調査協力者を紹介し、調査自体にも同行した。また、授業にも参加し、指導にも積極的にかかわっていった。時には、「すまんがやっといてくれんか」といわれ、授業自体を任されたこともある。うまくいっていると、当時は思っていた。とくに二年目は、よい報告書を書かせることができたと思えた。

しかし、じょじょに、これでよいのだろうかと考えるようになる。調査相手を私が紹介していくこと、また調査に同行し、ともに聴き取りをすることで、私がさせたい調査をさせているのではないかと思えたのである。また、執筆の指導においても、私が書かせたいものを書かせているのではないかとも。用意された実習であり、小中学生の社会科見学とさして変わらないかと思えてきた。うまくいっていると思っているだけで、少しもうまくいってなかったのである。

先生の指導は、放任主義である。学生たちの自主性にまかせ、去る者は追わず、来る者は拒まない。それとは、異なる教育をしていることに気づくようになった。それが良いことなのか、迷うようになったのである。その後、しだいに離れ、紹介だけになり、あるトラブルがあって、実習からも離れてしまった。自分の博士論文が忙しくなったので、よい機会であったのかもしれない。

②学生をとびこませる

「君が、松田が言ってた奇跡を起こした古村か」

とある学会で、面識の薄い先生に挨拶したところ、そういわれた。その年、宇都宮大学国際学部に就職が決まったのだが、そのことを松田先生は、奇跡だと言いまわっていたのである。就職は難しいと考えていたのか、うれしかったのだろう。そう思ってくれたことは、ありがたいことである。

就職時の条件として、三回生前期向けの授業で調査実習を行うことが求められていたが、都合の良いものであった。教員として、フィールド・ワーカーを養成したいと考えていたためである。フィールドでの経験のおかげで、自分も少しは成長したように思える。その楽しさや、苦しみ、苦しみを乗り越えた先に得られるもの、それを学生たちにも経験してもらい、成長してもらいたい。それぐらいしか、自分が学生に伝えられるものはないように思えたのである。

実習では、座学ののちにフィールドに赴き、最終的に報告書を作成するものであり、熊野実習となんら変わらない。ただ、出口を設定した。実習終了後には、自分でフィールド・ワークができるようになるという出口である。単位のため、資格のためでは、つまらないし、もったいないと思えたからである。もっとも国際学部では社会調査士はとれないのだが。そのため、フィールド・ワークにもとづいた卒論を考えているものを対象とした。少なくとも、社会科見学のようなものにはしたくなかった。

この出口に向かい、はじめは先輩とともに調査を行い、次いで自分たちだけで、最後には一人でと、段階を踏んで慣れていく。その後のゼミに進むための条件としては、実習終了後の夏休みに、一か月以上のフィールド・ワークを行ってくることを課した。国際学部ということで、三回生後期から留学するものも多いため、留学先で行ってもよい。自分に合わないと思えば、実習だけで終えても構わない。

一年目は手探りで始めた。大学から車で三〇分程と通いやすい農村地帯ということで、参加者と調査地を高根沢に決めた。このぐらいの距離ならば、学生自身が、自転車でも行ける距離である。二年目以降は、すでに実習に参加し、フィールド・ワークも行っているゼミ生の先輩による協力もあり、順調に進んでいった。また調査先の人びととの関係性も、わたしというより、先輩たちと構築されていることも大きい。

先輩たちは、私などよりはるかに良いフィールド・ワーカーであり、年が近く身近なため、後輩たちのよい見本になっている。おじさんには、おじさんの、学生には学生の調査方法がある、どちらが優れているかはいえない。私はといえば、できるだけ、道を作らないように、自分たちで模索するように、気をつけている。参加者全員で作り上げていく、そのことが重要だからである。これは、熊野実習での失敗から学んだ。受講生が多い時でも五人と少ないのも、全員参加せざるをえないため、よいところである。

もっとも、かならずしも順調というわけではない。半期、四か月という短い期間での実習は、報告書作成までには短すぎ、授業期間内に完成させるのは困難である。ゼミに進んだ学生はよいのだが、そうでない学生は、報告書を書ききれずに、逃げてしまうものもいる。なによりも、調査に協力してくれた方に失礼であるが、逃げたということが心の重荷になり続けることは、かわいそうにも思う。

また、ほかの授業と比べると、やるべきことが多く、負担が大きい。週末に現地調査を数回、そのフィールド・ノーツの作成。調査法についての文献、農村社会に関する文献、調査テーマに関する文献も読まなければならない。ほかの授業と比べると負担が大きいことから、参加する学生が少ない、年度によっては開講できないこともある。継続性という点で、問題がある。

それでも、実習を終え、フィールドにとびこんでいった学生は、大きく成長して帰ってくる。なによりの喜びである。休学をして、半年、一年と、とびこんでいく学生もいる。なお、フィールド先は、原則として紹介していない。そこを探すことから、勉強だからである。自治体などのインターン募集、親や親戚などのつてを頼って、住み込みバイトを探して、とりあえずアパートを借りて、さまざまな方法でとびこんでいっている。適当にボラバイトなどで探して、こき使われるばかりで、調査などできないという失敗もあるが、それも経験である。

４　批判精神をもってとびこむ

「フィールド・ワークはしてはいけません」

社会調査法入門という授業の終盤での言葉である。さらに「とんでもない迷惑行為で、犯罪行為といってもいいでしょう」と続ける。今まで社会調査、とくに田舎での調査について教えてきたのに、フィールド・ワークは楽しいと勧めてきたのに、なんでという顔を学生たちはする。

やるのならば、いいかげんな気持ちではなく、覚悟をもってやってもらいたいからである。不十分な社会経験は、学生であるため、ある程度は仕方がない。しかし、不十分な勉強による知識不足、不十分な調査による対象地域への無理解、これでは自分の中にあるステレオタイプとしての地域社会しか描くことができない。調査をする必要はないだろう。調査の協力をしてくれる人に対して、失礼である。それであるならば、人を対象にした調査はやめて、観光旅行程度のかかわりにとどめておいたほうがよい。

さらに、学生たちと接していると、地域調査をすることは、その地域のためになることだと思っている学生が多い。調査結果としての自分なりの提言によって、その地域が良くなると信じているのである。たとえ不十分な勉強と調査であったとしても、それをしなければ結果が出ない。自分のしたことは、役に立つものであって、無駄ではないと思いたいのであろう。昔の自分を見ているようだ。

国際学部ということもあり、「かわいそうな途上国の人を助けてあげたい」と思っている学生は多い。さらに、善意からのもので、「正しい」ことだと思っている。そのためもあって、国際ボランティア・サークルに所属するものも多い。しかし、留学したいのは欧米である。いまだに社会進化論にとらわれている。無意識のうちに、途上国の人よりも、先進国の大学生である自分のほうが優れていると思っているのである。この考えが、そのまま日本の地方の人にも向けられている。「かわいそうな田舎の人を助けてあげたい」。

調査をするものと、調査をされるものと間には、権力関係がある。先進国の人が途上国の人を調査するのであって、その逆はない。途上国の人は先進国に学びに行くのである。人類学には、植民地支配と同じ構造があることは、昔から指摘されてきた。経済力、科学力、軍事力、それらの力を背景にして、支配をする。まったく平等な関係ではない。さらに、ライティング・カルチャー・ショックが示したことも重要であろう[1]。日本での地域調査にも同じことがいえる。同じ構造が、都会と「田舎」にもある。

この構造の問題を理解しなければならない。これは、「正しい」と思われていることを疑ってみることへとつながる。わたしの研究してきた自然保護、エコツーリズム、世界自然遺産、これらのものは、一般的に「正しい」ものととらえられており、学生たちもそう考えている。そのような前提で、地域社会を見ると、本当の姿は見えてこない。「正しい」ということにとらわれ、そこだけしか見えてこないからである。「正しさ」を疑う批判精神が要求される。

一方で、地域調査において、構造にとらわれすぎてしまうことには問題がある。松田先生のいう「平板な二項対立」に陥ってしまう危険性である[2]。悪い先進国・かわいそうな途上国、日本であっても、悪い行政、悪い企業、悪い都会の人、それに翻弄されるかわいそうな田舎の人たち、という二項対立が容易に設定される。たしかにそのような面はあるが、すべての地域で同じことがいえる。構造が同じだからである。これならば、容易に「正しさ」を疑える。もっとも、それであれば、地域で調査をする必要はない。

そこで、フィールドから考えることが重要となる。同じ現象であっても、それぞれの社会によって、現れ方は異なる。わたしの研究してきた自然保護などは、グローバルな価値観に基づくものとしてあり、ローカルな現場の価値観とは異なっている。そのせいもあり、少なくともわたしの調査地域では、外部から押し付けられたものとして、地域の人びとは、反対したり、無関心であったりすることがほとんどである。「平板な二項対立」としてみれば、グローバルな価値観を押し付ける悪い都会の人・押し付けられるかわいそうなローカルの人びととみることになるだろう。どこでも一緒である。しかし、反対であっても、その理由はローカルな場ごとに大きく異なる。その価値観同士の対立、受け入れ、葛藤などを現地社会からみななければいけないのである。

しかし、みたように不十分な調査で、フィールド先の知識が希薄であれば、相手の行動の意味も、言葉の意味も、表面的にしか知ることができない。自分の中にあるイメージにも縛られてしまう。そのため、フィールド先のことを広く深く知る包括的アプローチが必要とされる。フィールド先のことは、何でも知ろう、とくに、人びとの生活にかかわるもの、それをできるだけ広く知ろうとすることである。そこではじめて、日常生活に埋め込まれたものを知ることができる(3)。

そのためには、短期的な調査では不十分であり、ある程度長期的な住み込み調査が要求される。しかし、効率的に結果を求めるものには、無駄の多いものと思えるだろう。また、今どきの学生の忙しさは、その思いを強めるかもしれない。それでもやってみたい、その中で学んでみたいと思うのであれば、フィールド・ワークにもとづく地域調査を考えてみるとよい。そうでないならば、文献調査など、人と関わらない調査がよいだろう。

また、調査結果がフィールド先のためになるとは思ってはいけない。あくまでも自分がやりたいから、自分が知りたいから、やっていることなのである。申し訳ありませんが、調査をさせていただけませんか。ご迷惑でしょうが、お願いします。そう思ってさせていただくものである。あくまでも、自分のためでしかない。相手にしてみれば、なにも得るものはないにもかかわらず、調査に協力していただいているのである。どうしてもやりたいという気持ち、感謝の気持ちが持てないのなら、やめておいたほうがよい。

このように、松田先生から教わってきたことを、自分なりに消化して、学生たちに伝えてきている。批判精神を失うことなく、またそれに縛られることなく、フィールドを深く知ること、そこから考えること、これが自分の研究と学生への教育の指針としている。「そんなに真剣に考えなくていいんや」と、先生なら言うかもしれないが。

5　フィールド・バカ

「フィールド・バカ」という言葉が、松田先生の周囲の学生の間で使われていた。自分のフィールドを愛していて、しょっちゅう行くけれども、ちっとも勉強をしない、勉強できないものを揶揄する言葉である。訪問者、応援者としてならば問題はない。そのうち移住して、重要な役割を果たすかもしれない。しかし、研究するものとしては問題がある。フィールドに愛がないものは論外であるが、勉強をしない学生も問題である。みてきたような構造的な事柄にも、日常生活の中に埋め込まれたものにも気づけず、表面的なものしか見られないからである。

しかし、学生をフィールドにとびこませてきて思うのは、フィールド・バカでよいのではないかということである。感謝の気持ちを持って、フィールドと真剣に向き合えれば、それでよい。そこで成長していく中で、気づいていけばいいのである。みてきたように、わたし自身、失敗の連続であり、反省ばかりである。いまだにうまくできていない。批判精神をもってとびこむに書いたことは、自身に向けた言葉である。それでも、自分がやりたいから、それしかできないから、とびこみ続けているのである。

「こっちに住んだら」。この文章を構成し、書き始めたのは、南大東島であるが、何人かの人にいわれた。シマには仕事もあるし、いっそのこと大学を辞めて、と思うこともある。大東をはじめとして、フィールド先で生きていくのは、それほど難しくなく、充実した生活が送れるだろう。少なくとも、定年を迎えたら、世話になったフィールドに二、三年ずつ住んで、エスノグラフィーを書きたいと思っている。人生の最期は、どこかのフィールド先で迎えられれば、しあわせかな。

注

（1）松田［一九九一］に詳しい。

（2）松田・古川［二〇〇三］参照。
（3）松田［二〇〇九］参照。

参考文献

松田素二「方法としてのフィールドワーク」米山俊直・谷泰編『文化人類学を学ぶ人のために』世界思想社、一九九一年。

松田素二『日常人類学宣言！』世界思想社、二〇〇九年。

松田素二・古川彰「観光と環境の社会理論」古川彰・松田素二編『観光と環境の社会学』新曜社、二〇〇三年。

まず行って、そこでなんとかする

川西健登

二〇〇七年の一年間、ボランティア医師としてウガンダに滞在する機会があった。それまで勤務していた一般病院を辞し、個人的なサバティカルのつもりで、特定の組織に属さず身分保障もないかわりに拘束もされない自由な立場での活動であった。行き先がウガンダになったのは、そこで小児科医として数年間働かれた友人、北川恵以子先生の導きがあったからである。渡航の直前になって私の受け入れ先になっていた病院から断りの連絡があった。些か動揺していた時、松田素二先生は直ぐ、「それくらいのことは問題でもなんでもない。アフリカでの原則は、まず行ってそこでなんとかする、です。たいていの場合はなんとかなります。もしなんとかならなくても、それはそれでいい経験をしたと考えればいいのです」という手紙を下さった。私はこのことばに励まされてウガンダに飛び込んでいくことができたのだった。

ただ「まず行って」はともかく、「そこでなんとかする」のは容易なことではなかった。現地の人々の寛容のおかげで「なんとかなった」こともあったが、迷惑をかけただけに終わったことの方が多かったと思う。あれから一四年が経過した今、記録を手掛かりに当時を思い起こすと、今更ながら反省させられることは多い。あらためて「現場に学ぶ」ということについて考えさせられる。

ムラゴ病院

カンパラに着いてあちこちの施設を見学しているうちに、ゲストハウスで出会った北米の研究者にマケレレ大学医学部付属ムラゴ病院を勧められた。いろいろ聞いていたこともあって正直あまり気は進まなかったが、せっかくの勧めなので恩師の紹介状を持って病院長に会いに行った。病院長の Dr. Ddumba は専門が私と同じ Neurology（脳神経内科学）で、いいところに来たという感じで即そこで働くことになった。ムラゴ病院はウガンダ最大の病院で二四時間休みなく患者が運び込まれていた。私が働いたのは脳神経疾患を扱う Neurology 病棟で、男女合わせて数十人ほどの患者が常に入院していた。疾患はマラリア脳症をはじめ各種髄膜脳炎、特にＨＩＶ感染に伴うトキソプラズマ脳症、クリプトコッカス髄膜炎、結核性髄膜炎、それから脳血管障害、原因不明の脊髄症、ギラン・バレ症候群、重症筋無力症等々、多様であった。脳梗塞を併発した高安病の十歳代の女性もいた。

私に与えられた役割は病棟回診で、若い医師や医学生といっしょに入院中の患者を診察して診断と治療を決定し経過をみていくことであった。私は日曜を除く週六日のうち三回を担当した。すべての入院患者を診るには午前九時頃から休みなく続けて午後二—三時頃までかかった。それから何人かのルンバール（腰椎穿刺）検査をしたり、合間にスタッフといっしょにアフリカンティーにチャパティ、サモサ、バナナなどで一息いれているうちに、また新しい患者が入院してくるという毎日だった。それなりの臨床経験はあったが大学病院で回診するには力不足で、しかも熱帯医学の経験が皆無の私にとっては分不相応に過重な役回りであった。多くの医学生や医師に囲まれてＨＩＶ感染患者も少なくない病棟を廻るのは毎回緊張した。私は覚悟を決め、回診を共に患者から学ぶ場だと考え、知らないことは知らないと言い、他の医師の意見を求めた。時にとんでもなく間違ったことがさも正しいことのように言われる場合や、これは患者のためになると思うことは、自分の考えを強く主張するようにした。言うまでもなくベットサイドは医療の現場である。「臨床医学では問題も答えもすべて患者の中にある。わからなければ患者のところへ行きなさい」と言われる。私にとってムラゴ病院での回診はまたとない学びの機会、まさに on-the-job training であった。

ある時、ベッドに横たわる患者の上で長々と議論する医師たちに "Concentrate to this patient. We are here primarily to see and care the patients." と言ったことがある。一瞬病室が静まり返った。これは気をつけないと自分にも結構あることだし、特にここは大学病院だからそういう傾向があった。今考えるとよく言ったと思うが、私がそこで身をもって示したかったのはそういうことだったと思う。私の言うことがどこまで尊重されたかは定かでないが、たまに回診の後で医師や学生から私の回診は楽しいと言ってくれるのを聞くと意外でもあり、うれしかった。いろいろしんどいこともあったが、この病院のスタッフになっているロシア人の neurologist Dr.Olga にはよく励まされ、助けられた。彼女はソ連時代のキエフで教育を受けた人で、その診察振りにどこかヨーロッパの classical neurology の流れを汲んだロシアの忍耐強い intelligence が感じられた。

家族によるケア

病棟はいつも患者と家族らで溢れていた。休日ともなれば親族友人など見舞客で病棟はますます賑やかになる。カーテンで仕切られたベッドに患者が寝かされ閑散としていることも多い日本の病院とは対照的だった。ここでは家族が患者に付き添い、ベッド横の床に茣蓙のようなものを敷いてその上で寝泊りして食事や排泄など基本的な介護するのが一般的だった。病院からは食事もほとんど提供されず、家族がそこで調理するかどこかで調達していた。家族の付き添いがなければ入院は成り立たなかった。

嚥下障害があり座位の保持もままならない高齢の男性を娘さんが座らせ、背後から抱きかかえるようにして食事介助している姿を見て、こういう介助法があるのかと感心した。回診に行くとほとんどの場合ベットサイドに家族がいて、必要に応じてレントゲンやCTのフィルムや、血液検査結果を取り出して医師に見せるのである。ここでは検査データは患者家族の所有物で、彼らが保管管理している。探すということがないし、本質的に理に適ったシステムかもしれないと思った。

その四〇歳の女性デボラは大量の脳出血（右被殻出血）による意識障害と左片麻痺で行き倒れになって病院に運ばれてきたらしい。最初は的確に診断されず発症後一ヶ月近くになってこの病棟に移されてきた。仙骨部の発赤が、あっという間に深い褥創になった。痩せて小柄な人で、既往に高血圧と躁うつ病とあった。最初、家族に連絡がつかない間はボランティアの人たちが寝泊りして介護し、そのうちに家族が来て、姪が付き添って熱心にケアしていた。デボラに限らず脳血管障害等で寝たきりになって褥創のある患者は少なくなかった。友人の藤原恵先生にメールで伺うとラップ療法を教えてくれ、早速、必要な物品をすべて揃え教育ビデオといっしょに送ってくれた。ありがたかった。いろいろな条件を考慮してデボラを第一例目に選び、姪が一日三回忠実に施行してくれ、経過は良好で喜ばれた。それから他の患者にも紹介し、結局五人の患者に実施していずれも有効だった。どの家族も熱心に治療を続けるのには感心した。

物的な医療資源は限られていた。日本で当たり前にできることができなかった。しかしラップ療法を例にしても、スタッフがマニュアル通り決められた時間に処置をしていくというのではない。付き添いの人々は処置と処置の間の長い時間も患者の傍にいて関心をもって患者を看ていたはずだ。彼らは医師やナースなどスタッフの言動をもよく観察していた。家族を含めて多くの付き添いの人々の眼差しが患者やスタッフに常に注がれていること、彼らが直接ケアに参加すること、それこそは豊かな医療資源に他ならないと思った。朝行くとしばしば病棟脇の小部屋に白い布で巻かれた遺体が置かれていた。死は日常的に身近にあった。しかし同時に生は生き生きとして活気があり、病棟には暖かい熱気があった。それはなによりも患者を取り巻く家族、友人を含めた人の存在と、物を介さない人と人との直接的なコンタクトによる圧倒的なケアの力によると思った。

病室の外に置かれる患者とボランティアの人たち

私が働いたNeurology病棟は詰め所の両側に大きな男性用と女性用病室があり、それぞれの病室の手前にかなり大きな前室のような空間があった。いろいろな理由で病室に入れず、前室に置かれる患者がいた。女性患者の場合は病室が満床で入りきらない患者が前室に並べたベッドに収容されていることが多かった。男性患者の場合は、街で行き倒れになっているところを警官が連れてきたり、身元不明で家族もいなかったり、酒を飲んでいたりするような患者である。転落の危険もあってか大体はベッドでなく床に敷いたマットの上に寝かされていた。いわば浮浪者のような患者で付き添いもいないので医療も何も進みようがなかった。スタッフもあまり本気で相手にせず、回診で素通りしたり、カルテが作られないこともあった。

四〇歳半かと思われる男性のバカ・リヴィングストンもそこに寝かされていた。何らかの脳神経疾患によると思われる失調性の歩行障害と構音障害があり、家族やコミューニティからはじき出された人かと想像した。週末になると普段は何とか世話をしてくれているボランティアも来ないので食事に困った。朝行って寝ている彼を起こして「ごはんを食べたか」と聞くと、もごもごと「お金がない」と言うのが聞き取れた。何とかベッドに端座位にさせて、持参した五〇〇㎖のパック入りの冷えた牛乳の半分をペットボトルに移して持たせると、息もつかずにごくごくと一気に飲んだ。バナナを一本渡すと、両手の失調でうまく皮をむけないのだが、何とか口で実をかじり出して食べた。カップケーキのようなパンも、こぼしながらあっという間に手のひらで口に押し込んだ。いつから食べていなかったのだろうか。ゆで卵を渡すと殻を剥けないので、殻ごと全部丸かじりで食べたことがあった。

しかしこうして誰かが入れ替わり立ち代り病床を訪れ介護しているうちに、入院時には寝返りも取れなかった彼が、二ヶ月ほどの間に自分で起き上がれるようになり、ついに介助歩行ができるようになったのは驚きだった。そして次第によくなってくると、ナースや医者も彼を診るようになるのが面白いと思った。要するに彼のような患者の場合は食事をどうやって摂らせるかが医療以前の大問題だった。世話をする家族のいない彼らがいったいどのようにして生き延びているのか、不思議に思いながら見ていた。ある時、一人の患者を抱き起こして食事をさせている人がいた。聞くと、その人は別の患者に付き添っている家族で、世話をする人のいない患者を見かねて食べさせているとのことだった。また別の時には三人のグループが来て患者の身体を洗い、洗濯した清潔な服に着替えさせていた。それはある教会の組織的なボランティアのグループで、ムラゴ病院に正式に認められて入院中の身寄りのない人たちの世話しているのだという。顧みられず打ち捨てられたような患者のところに誰かが行って世話をしていると、そこに他の人も集まってくる。このような人たちによる自発的なケアによって、その日その日を何とか生き延びているのだった。私はこのような人たちと連帯したいと思った。

化膿性髄膜炎の青年

その二五歳の青年も鼻から膿汁を出し意識不明で前室の床に転がっていた。事情は不明だがスダーンから送り返されてきた化膿性髄膜炎の患者で、身元不明でカルテの名前は"Unknown"とあった。尿も垂れ流しで汚かった。マットからずり落ちている大柄な彼を私がマットの上に戻そうとして手伝うように頼んだインターンに断られたことがあった。カルテ上では安価なクロラムフェニコールが処方されてはいたが、実際にどれだけ投与されているかは疑問であった。院内では基本的な薬剤も不足していて、処方された薬剤は家族が街の薬局に行って買ってこなければ実際には投与されないことも多かった。しかも意識障害のため転げまわるので、「点滴なんてとても無理です」とナースは言った。夜勤は一人のナースが男女あわせて数十人の患者を診るのだから無理には違いなかった。ふと息子のことが思い浮かび、もう無理かもしれないが自分自身でできるだけの治療をやってみようと思った。街の薬局でクロラムフェニコールと第一選択のペニシリン、それに輸液用の生食とブドウ糖を大量に買ってきて自分で溶解し、動き回るので点滴が漏れないように終わるまで一時間程付き添った。本来は六時間毎の投与だが、それはとても無理なので、早朝と夕方の一日二回にして、その代わり抗生剤は大量に投与した。夕方が夜になることもあった。実際やってみるとこれはなかなか大変だった。物品が不足しているので点滴ルートはもちろん溶解用のシリンジや針は何度も再使用した。清潔操作もまあそこそこという感じだった。

しかし彼の場合、治療の初日から効いているという手ごたえがあった。私が治療できたのはわずか五日間に過ぎない。その頃になると、点滴しようとする私を払いのけて何もできなかった。前室の壁は格子状の構造で外気と繋がっていて、雨季で雨が降ると赤道直下のウガンダでもかなり冷えた。朝夕点滴のために座り込んでいた私は風邪気味で体調を崩してもいた。できるだけのことはしたということで許してもらおうという気持ちで、それ以上の治療は断念した。それから二日後の朝のこと、彼が壁伝いに立ち上がろうとしているのを見て驚いた。一週間以上も飲まず食わずだから、何か飲むかと思って売店で冷えた牛乳を買ってきてストローで差し出すと彼はそれを飲んだ。それから日毎に少しずつ食べ物を食べるようになり、ぼそぼそと話すようになっていった。嬉しかった。自分がしたことを誇りたい気持ちも正直あった。「どうです、見てください」そんな風に言う私に、ナースのステラは "God intervenes" と言った。それに違いなかった。私はたまたま居合わせて用いられたに過ぎない。感謝のほかなかった。

それからはできるだけ食事を摂らせ体力回復のリハビリに努めた。他の医者は早く退院させたがったが、治療が不完全である可能性を考え、聞き訳が悪く嫌がる彼を何度もソーダを飲ませて説き伏せ、ルンバールを再検した。その結果、やはりまだ活動性の細菌感染を疑わせる所見を認めたので、抗生剤を変えて一週間ほど追加治療した。

その過程でさらに彼の精神活動の回復が認められ、何とかこれで大丈夫かなという気がした。彼は英語がしゃべれなかったがいろいろ聞きだしてみるとカンパラの西方の街の出身で、兄と共にスダーンに働きに行っていて髄膜炎になったらしい。弟の消息を聞きつけて病院に来た兄の話では、彼の知らないうちに強盗に襲われたのだという。退院の日、父親が迎えに来た。すっかり私になついた彼は私といっしょに撮った写真のコピーをくれといった。白黒でプリントしたその写真をうれしそうに受け取って行くのを見送った。彼の名前はマジブ・マウイといった。

カリモジョンの女性、HIV感染に合併した結核性髄膜炎

クリスティーヌ・ロムリア、咽頭痛を訴え知人を頼ってモロトからカンパラに出てきたカリモジョンの女性。年齢は三〇歳代半くらい。こちらで年齢は親も本人も正確に知らないことがある。知人という触れ込みの女性は実は患者の姉だったのだが、彼女がムラゴ病院に運び込んできたらしい。意識障害、発熱、脳神経麻痺徴候、髄膜刺激徴候、HIV陽性。病態と脳脊髄液検査の所見から、HIV／AIDSに合併した結核性髄膜炎を疑い抗結核剤を申請した。抗結核剤を出してもらうための書類手続きが二日後の回診の時にも進展していなかった。正式のルートでは薬が来るのに早くても一週間はかかるらしい。私がムラゴ病院に来て間もない頃、同様の病態で亡くなった、やはりカリモジョンのジョセフのことを思い出した。あの時は遺体をボランティアの人たちが刑務所の敷地に埋葬するのに同行したのだった。手をこまねいていても始まらない。とにかく自分で治療を初めようと、ワンデゲヤの薬局へ行ってとりあえず五日分の抗結核剤を買ってきた。

四種類の抗結核剤を水に溶かしてNGチューブから注入するには錠剤を粉砕する必要がある。これが簡単なようで実際どうしたらいいのかわからない。日本では確か乳鉢を使っているのを見たような気がするが、もちろんそんなものは見あたらない。ナースに聞くと「付き添いがいないとできない、付き添いがいたはずだ」という。付き添

いの姉は七人の子供の世話をするため既に夕方帰宅していた。「付き添いはいない、私が付き添いなのだ、私がやるからやり方を示せ」と詰め寄ると、表情も変えないで、何も言わずにぷいと行ってしまった。こうなったら意地でも自分でやらなければならない。詰め所の机に向かって指で錠剤を割って砕こうとするがはかばかしくない。何しろカプセルのリファンピシンを別として、大きな錠剤が八個ある。そのうちに薬局で薬を入れてくれた紙の袋に入れて、外からガラス瓶の底で叩けば簡単に粉砕できることがわかった。「なるほど、何でもやってみるもんやなあ、史子が自分でせーゆうとったのはこのことだな」などと思いながら、勇んで隣の患者の付き添いからコップを譲ってもらい、水で溶いた薬をＮＧチューブから入れようとしたが、今度はディスポの注射器がない。詰め所には二㎖の注射器が残っているが二㎖ではちょっと話にならない。髄膜炎の青年の抗生剤の注射に使った五㎖の注射器を残していたことを思い出して行ってみるとあったので、これでも小さいが他にないのでそれを使うことにした。しかし試しに水を注入しようとするが押しても引いても通らない。どうもチューブの先が詰まっているらしい。「あー、まいったな、これはＮＧチューブを入れ替えなければならない。」ＮＧチューブはここにはないから、もう一度ワンデゲヤの薬局に買いに行かねばならない。もう午後八時を過ぎている。薬局はまだ開いているが、それから帰ってきて夜一人で意識障害のある患者にＮＧチューブを入れるのはかなり難しい。先ほどのナースの助けは期待できないし、私もかなり疲れていた。申し訳ないが翌朝まで待つことにした。

ただ、最低限の輸液だけは入れておかねばならない。詰め所に何とか残っていた生食とブドウ糖に手持ちのビタミンを入れて点滴を始めようとした。点滴瓶をつるすスタンドは隣の患者と共用できるのだが、こんどは点滴瓶をのせる針金製の籠がない。病棟をめぐって点滴の終わった患者がいないかと見てみるが、どれも使用中である。また思案に暮れたが、そのうちスーパーマーケットでくれるビニール袋の底を少し破って瓶を入れたら吊るせることに気がついた。この作業は周りの患者の付き添いが手伝ってくれたので難なくできた。ありがたかった。彼らがみんな「ドクター、ジェヴァレ」（"Well done, thank you for your work." くらいの意味だと思う）と言ってくれた。こういうときは「どういたしまして」くらいの気持ちで「カーリ、カーリ」と言うのだと思うが、とてもそんな余裕はなかった。

こうして翌朝からようやく抗結核剤の投与を始めることができた。驚いたことにクリスティーヌはそれから日一日と回復していった。患者の姉は子供たちの世話もあり家と病院を往復しながら、毎日泊り込みで看病した。しかし一週間を過ぎるとさすがにしんどそうで、このままでは続かないことが明らかだった。ボランティアの援助を頼むため、以前から病棟で知り合っていたスペシオーザを彼女の教会に訪ねることにした。四月初めのイースターの日、マケレレの丘の向こう側のカスビという地区にあると聞いていたその教会にボダでかなり迷った末に行き着いた。目的を告げてロックコンサート会場のように騒々しい音楽の鳴り響く大きな教会堂の外で待つうちに、スペシオーザを連れてきてくれた。その教会はその頃盛んになっていた「ボーン・アゲイン」というグループに属する教会で、彼女はそこの教師格の人らしかった。突然の申し出にもかかわらず二時間後にはスペシオーザがもう一人の信徒といっしょに病院に来てくれて、翌日から泊り込みの介護に参加してくれた。こうしてクリスティーヌはさらに回復し、二週間後に退院した。

クリスティーヌは姉の家庭に引き取られた。姉の夫は警察官で、公務員用の宿舎が立ち並ぶ中にある家を訪ねた。その辺りでは比較的恵まれた家庭のように見えたが、狭い部屋に姉夫妻には七人の子供がいて、それだけでも容易でない生活状況だった。そこでＨＩＶ／ＡＩＤＳに合併した結核で長期間の治療を要するクリスティーヌのケアをすることは、姉の家族にとって負担が大きいことは明らかだった。姉によると夫はクリスティーヌをカラモジャへ送り返そうとしているとのことで、夫は暗に金銭的援助を要求した。私は本来ならクリスティーヌのためにいろいろな可能性を模索すべきであったのだが、そこで関りを断念してしまった。

前項のマジブにしてもこのクリスティーヌにしても、この二人の患者への私の関りは、いわば個人プレーに近かった。幸いマジブの化膿性髄膜炎は比較的短期間で治癒し、家族もしっかりしていたから一応完結した。だがクリスティーヌのように長期間にわたる治療とケアを要する慢性疾患の場合、患者とその家族をサポートする体制がなければ続かない。私の関りには明らかな限界があり、下手をすると自己満足に陥る危険もあった。

将来につながる信頼関係

ムラゴ病院のゲストハウスでアラスカからボランティアで来ている整形外科医、Dr. Byron McCord に出会った。もう六〇歳半ばくらいかと思われる寡黙な人で、毎朝早く大きなリュックサックを背負ってゲストハウスから病院に出かけて行った。もう八年も前から毎年一ヶ月ほどムラゴ病院に来ているのだという。開業医だったが、こちらに来るたびに自分のクリニックを一時閉じなければならないのが面倒で、最近そのクリニックをたたんだのだという。ウガンダ第一の国立マケレレ大学付属ムラゴ病院には、おそらく共同のプロジェクトや研究の目的で、欧米のいくつもの主要な大学や研究所から日常的に医師や医療関係者が派遣されて来ていた。彼や私のように個人の身分で来ているのは例外的であっただろう。私はなにか同じ道を歩く先達に出会ったような親近感を覚えた。ようやく話が聞けたのは彼が明日はマラウィへ発つという前の晩だった。彼はムラゴ病院に対する憤懣を静かに語った。"The patients in Mulago Hospital are not treated with dignity."「こんなところにいつまでいるのだ」とも言った。そして「何人の患者を治したとか、何人の命を救ったかということが問題ではない。将来にまで機能する信頼関係を築けたかどうかが問題なのだ」と。先に述べた化膿性髄膜炎や結核性髄膜炎の治療などで少し自己満足に陥っていた私は急所を突かれる思いがした。彼は信頼できる関係の構築を求めて、ある意味では米国での開業医としての安定した生活を犠牲にしながら八年もの間、ウガンダに通い続けているのだった。今も胸を衝かれる思いがする。彼のパソコンの表紙に次の言葉があった。

"Am I my brother's keeper? No, I am my brother's brother or sister. Human unity is not something we are called upon to create, only to recognize." William Sloane Coffin
"Gradually some of us realize that our fates and the future of our children are somehow linked to those born in a climate of less abundant resources." Stephen Tower

格差

ウガンダ国民一人当たりのＧＤＰは日本に比べて二桁低いから日本との格差はある程度予想できた。同時にウガンダ国内にも著しい格差があった。ムラゴ病院の中でも何度か依頼されて往診に行った高層階にある特別病室や、市内の高級住宅街にある邸宅で診た患者は、疾患も病態も日本の「上流階級」の患者のそれと変わらなかった。私がNeurology病棟で診ていたのは一般庶民の患者だった。ある時、こんな所もあるとボランティアの人に案内されて行った、バイクなどでの交通事故によると思われる外傷を負った若い男性患者が何人も詰め込まれた雑居病室の様子には思わず息をのんだ。ちょうどその年の二月に封切られモールの映画館で観た"The last king of Scotland"というイディ・アミンとスコットランド人医師を描いた映画の一舞台として描かれるムラゴ病院と生々しく重なるところがあった。

ムラゴ病院本館正面入り口のすぐ前に、おそらく製薬資本の援助によるのだろう、そこだけ欧米という感じの真新しいＨＩＶ／ＡＩＤＳセンターの建物があった。ＨＩＶ／ＡＩＤＳの化学療法などの診療や研究が活発に行われていた。もちろんそこは一定の方針によって運営されていて、一般の病棟から例えばクリスティーヌのようなＨＩＶ／ＡＩＤＳの患者がそのセンターに行くことは簡単でなさそうだった。また、その年の後半に訪れたルエロの農村の基幹病院ではＨＩＶ／ＡＩＤＳの治療はまだこれからという段階であったし、北部のさらに貧しいカラモジャの村ではＨＩＶ／ＡＩＤＳと思われる患者が診断もされずにいた。クリスティーヌはそんな辺境の村から首都カンパラに流れてきたと思われた。格差は至るところにあり、医療だけの問題でないことは明らかだった。

その年の八月から九月にかけて洪水によって陸路が遮断され孤立した北部の寒村に住む友人から物資が届かず困窮しているとの連絡を受けた。それで差し当たって最も必要としているという「蚊帳一張り、石鹸一本、塩五〇〇グラム」を各家庭に一セットずつ配布する算段で、計一，一五〇組をカンパラで調達し、総計約二トンの物資をチャーターした小型飛行機で二回に分けて届けたことがあった。洪水後の水たまりにはその地域で死因の第一位を占めるマラリアを媒介する蚊が大量に発生し、夜間、茅葺の小屋の中は蚊の襲来で寝られたものではないという。このプロジェクトの原則として手から手へ各家庭に直接配布して喜ばれた。因みに現地調達したこの一セットの価格は当時の換算で三四〇円程で、費用は日本の友人から何かの時に使うようにと託されていたカンパをかき集めて間に合った。このささやかな経験をとおして、格差は資源の不足によって生じるのではなく、不当に偏在している資源を最も必要としている一人一人の元に届ける人の手足の働きこそが不足しているのだと確信した。

瞋《いか》り

恥ずかしい話だがムラゴ病院で憤りを抑え切れなくて爆発したことが三―四回ある。いずれも夕方で疲れもあったと思うが言い訳にはならない。あの時は午後六時頃でインターンを含めて医師はみな帰り、私だけが残っていた。医師はともかくインターンが私より先に帰ることは普通ないのだが、二週間ごとにローテートしてくるその時のインターン二人は態度宜しからざる人たちだった。初めて会う家族が患者の診察を頼んできた。私に言ったら診てくれると他の家族から聞いてきたようだった。「どうして私にばかりに言うのか。ここにはウガンダ人の医師がたくさんいるじゃないか、何故彼らに頼まないのか。」ウガンダ人の医師は話しにくいということなのだが、「私はウガンダ人医師の尻拭いをするためにここにいるのか」とは言わないまでも、そんな気持ちの八つ当たりで、日本を発つ前に「雑巾がけのつもりで行ってきます」などと言ったこともすっかり忘れてきつく断ってしまった。こんな折は後味が悪く、落ち込んだ。黙って診るべきだった。「こちらが正しくても、怒ってもあまりいいことはないので、怒らないようになりました」とは当時、国際バナナ研究所におられた佐藤靖明さんの言で、彼は若いのに偉いと思った。

クリスティーヌの治療のはじめに興奮してまくし立てる私を平然と無視したナースのことを書いた。彼女に限らずウガンダには表情というものをあまり顔に出さない人が少なくないように感じた。何があっても動じない、森のように泰然とした人。それは植民地時代を含めた長く困難な歴史の中で、いろいろな悲惨な出来事を目撃し続けてきた民族の中に形成されたある人間の形なのだろうか。彼らを見て私は自分の底の浅さに恥じ入った。病院から宿舎に帰った黄昏に蝋燭を灯した部屋で暮れていくカンパラの街を眺めてぼんやりするひとときは豊かな時間だった。

瞋りたる我のこころのみじめさは冷えたる飯を噛みておもほゆ　斎藤史

松田素二先生に教えられた「まず行く」という態度は、今思えば、その二―三年前から私淑していた聖フランシスコ修道会の故根本昭雄神父が常に現地に行くことを優先していたことからも感じていた。おかげで私は素晴らしい出会いに恵まれた。ウガンダの人々は貧しさの中で慎みをわきまえた尊敬すべき人々であった。ウガンダでは田原範子さんをはじめ松田先生門下の多くの人類学者の方々との交流で導いていただいた。ウガンダに行った当初の一月、田原さんに同行してアルバート湖岸の村を訪れた時は気分が悪くなって一日でカンパラに逃げ帰ったのだったが、その秋には自ら北部の村に二週間程滞在することができるようになった。

「現場に学ぶ」、それは相手との出会いとかかわりの中で自分自身が変わることなしにはあり得ない。出会っただけでただ立ち去るというわけにはいかないものだ。一四年前にウガンダに飛び込み、その後ハンセン病療養所での九年余を経た今も、私は同じところを堂々巡りしているのかもしれない。少しはらせん状に深まっているだろうか。依然として学びの途上にある。

参考文献

松田素二「アフリカという毒」「学問はおもしろい」選書メチエ編集部編、講談社、二〇〇一年。

花崎皋平『静かな大地――松浦武四郎とアイヌ民族』岩波書店、一九八八年。

小野和子『あいたくて　ききたくて　旅にでる』パンプクエイクス、二〇一九年。

齋藤史『歌集　記憶の茂み』ジェイムズ・カーカップ、玉城周選歌・英訳、三輪書店、二〇〇二年。

マッダ式フィールドワーク

ベナード・オプド／グラディス・マレシ／エラム・オディンガ／モニウィル・アンビチェ

（構成：田原範子）

アフリカにおける松田素二のフィールドワークは、一九七九年のケニア留学に始まる。数多くの研究論文や著書に一貫するのは、アフリカの「普通」の人びとが自らの生活世界を立て直し、よりよい生へと向かうための戦術に光をあてること、その知恵を同時代に生きる者として学ぼうとする姿勢である。松田は、人びとの日常生活と口承による歴史を丹念に記述することで、植民地支配、世界大戦、独立、近代化、冷戦構造の崩壊、グローバル化という世界史を浮かびあがらせてきた。その活動の源にあるのは、西ケニアの小さな村ケロンゴの人びととの出会いである。日常を基点とする人類学は、そこでのフィールドワークから構想された。松田は、二一世紀の人類学について次のように展望している。

これからの人類学は、社会に対して積極的に関与し参加するものになる。そして不可視の拘束に対して、ときには対峙し抵抗するものになる。その過程でお互いが自由になり、自分自身と社会を変革していく契機が生まれる。言うならばフィールドは、日常性の共有を通して、自分（たち）を支配しようとする強力で巨大な力と向き合う術を学ぶ場なのである。こうして互いの違いを前提にしながら、ともに創造しともに自由になることが、二一世紀の人類学が切り拓くもっとも魅力的な世界となるだろう〔一九九九：二五六〕。

本章では、松田素二のフィールドワークの一端を、ケロンゴ村出身のベナード・オプド、エラム・オディンガ、モニウィル・アンビチェの三兄弟とオプドの妻グラディスの語り（二〇一九年八月、田原インタビュー）をとおして垣間見ることを試みる。(1) オプドは、『呪医の末裔』で描かれたオデニョ一族の末裔、オデニョの第一夫人の次男の長男であり、その弟たちがオディンガ、アンビチェである。一九七九年、オプドは働いていたホテルのバーで、同年同月生まれのムズング（白人）マツダと知り合った。『都市を飼い慣らす（以下、〔一九九六〕）』『抵抗する都市（以下、〔一九九九〕）』『呪医の末裔（以下、〔二〇〇三〕）』で松田素二が描いた彼らたちの姿、そして彼らが語る松田素二の姿を照らし合わせながら、マツダ式フィールドワークを描いてみよう。

1　出会う

一九七九年、京都大学大学院に入り、二年間の奨学金（講談社野間奨学金）をもらうことになった松田は、アフリカで好きなことができると浮かれ舞いあがった。そして一一月、ケニアに渡航したものの、「はて何をしたものかと思案にくれながら〔一九九六：一七〕」、「これから二年間、さてどうやってすごそうかと、当時ミュージアムヒルにあった小さいけれど雰囲気のいいホテルに滞在しながら、思案の毎日〔二〇〇三：二二〕」を送ることになる。(2)

当時、言語実習と自ら名づけて通うホテルのバーで、辛抱強くスワヒリ語の先生役を務めてくれた親切なバーテンが、オプドだった。オプドは、マツダとの出会いを次のように振りかえる。

一九七九年の後半、私はアインスワース（New Ainswirth）ホテルで働いていた。ナイロビに来たマツダはそこに泊まっていた。私は、そこのバーマンをしていて、カウンターにいた。マツダが来て毎日おしゃべりをしていた。二ヶ月後、マツダは、スワヒリ語と英語の学校に入った。マツダは、その学校の友人を連れてきて、私のことを「友人のベナードだ」と紹介してくれた。私たちは友人になったんだ。

松田は、知り合って一ヶ月がたった頃、オプドに誘われてカンゲミを訪問する。カンゲミは、ナイロビの中心地から西に一〇キロメートルほどのところにある出稼ぎ民の町だ。最初の訪問を松田は次のように記している。

初めて間近にしたアフリカ人の町は、白人の観光客が闊歩するナイロビの繁華街とはまったく別の空間だった。私は、もう一つのナイロビの顔を見た気にさせられた。赤茶けた土からまきあがるもうもうとした土埃と、走り回る子供や路上の物売り女たちとアルコールまじりの男たちの叫び声が一体となって生じるグワーンという騒音が、町全体を包み込んで、私を心地よく圧迫した。その日のことはそれ以外何も覚えていない［一九九六：一九］。

この日を境に、松田のカンゲミ通いが始まる。オプドの長屋のはす向かいの棟の一室へ引っ越したのは、一九八〇年七月だった。トタン屋根、薄い板で囲まれた四畳半ほどの電気も水道もない土間の部屋での暮らしにも、食べて寝ておしゃべりするという当たり前の日常生活があることに気づいた松田は、単身男性出稼ぎ民たちと暮らすなかで「通じ合った」と感じる自らを発見する。こうした人類学者の共鳴・共感は、人類学の権力性の議論において、独りよがりで陳腐な言説として批判されてきた。しかし松田は、日常生活を共にすることで得られた、共鳴・共感という自らの感覚を否定せず、その源について考え続ける。

もちろん同時代といっても、ジュンバたち（オプドたちのこと：編者注）が生きる都市生活と私たちのそれとは、置かれた位相が異なっている。……しかしながら自由と不自由さに包まれながら、それらと葛藤する生の営みにおいて、両者は同じ地平に立っている。……（ジュンバたちは）巨大な支配の力に押されながら、それと真っ正面から衝突することなく抗っていく創造性を編み出していたのである。こうした不自由さと向き合い、それを巧妙に突破して行く知恵と力こそが、私とジュンバたちの共鳴共感の原点であり、私が彼らから学びたいと思う生活の構えなのであった［一九九六：二四―五］。

人類学者の政治性、人類学的知識の権力性の指摘・批判は重要ではあるものの、そこには欠けているもの、それは、同じ時代を生きていく相手と対等に交わる視線であり、相手を自分たちと同じく自由かつ不自由な主体として見ることだと看破した松田は、圧倒的な優位な力に支配され押し付けられた生を生きる人びとの創造と抵抗の可能性、弱者の生を生きる人間の努力に対して、深い尊敬の念を抱いたのである(3)。

グラディスは、オプドに紹介されてナイロビで松田に初めて会った。当時二一歳だった彼女は、後にオプドと結婚し、家計簿を一二年間にわたって毎日つけることで松田の調査をサポートすることになった。彼女は当時を振返って言う。「彼は、（私たちが）貧乏であることに注目するのではなく、私たちを尊敬すべき人間として見ていた」。同時代に生きる者として、相手と対等に交わろうとする松田の思いは、グラディスやベナードらに伝わっていた。

2　共に学ぶ

一九八〇年、オプドは突然、職を失ってしまう。ホテルの経営者が、そのホテルを売却したため、従業員全員が解雇されたのだ。そもそもナイロビで職があること自体が希有なことで、次の仕事を探す術もなく、オプドは失意の日々を送っていた。

職を失って、私は家にいることしかできなかった。するとマツダが言った。「調査を手伝ってくれないか。私はマラゴリの人の調査をしたいと思っている。今、あなたが失職したことは、私にとってはアドバンテージだ。一緒に調査をしよう」。それから私たちは調査をすることになった。

こうして調査は始まった。最初の仕事は数えることだったという。

まず、マタツー乗り場で、七時、八時、九時、一〇時まで出ていく人を数え、そして昼の三時にまた戻ってきて、今度は帰ってくる人たちを数えた。人びとが、どのように暮らしているのかを調査したんだ。第一に交通手段、第二に日常生活だった。どのように暮らすのかは、聞き取り調査をした。朝は何を食べたのか、誰と食べたのか、昼は何を食べたのか、誰と食べたのか、夕食も。そのお金はどうやって調達しているのか。そして誰と住んでいるのか。

人の数を数えたり、人びとの部屋を訪問したり、地道に詳細な情報を集めていく作業を二人で続けた。そして、オプドの故郷ケロンゴへ松田が初めて旅したのは、一九八〇年のクリスマスだった。カンゲミから長距離バスで八時間かけて着いたのは、南マラゴリの玄関口マジェンゴである。マラゴリランドは「二五億年以上も昔の始生代に形成された巨大な花崗岩がごろごろころがる中に集落が点在する光景［九九六：一四五］」だった。さらに一〇数キロ西へ進み、山道を登り、「一九九七メートルのマラゴリ山脈の中腹に、へばりつくように人家が密集しているところ［一九九六：一四六］」が、ケロンゴである。オプドは、マツダと一緒に初めてケロンゴに帰った時のことを次のように話した。

一九八〇年、私はマツダと一緒にケロンゴに帰った。それは素晴らしい経験だった。村の人たちはみんなびっくりしたよ。私は、自分が急に偉い人になったような気がした。何しろ村にムズング（白人）を連れてきたんだから。だが、私の家は本当に貧乏だった。母は一人で私たちを育てていた。雨が降ると、雨漏りで家の中は洪水のようになるんだ。心配した村の人がうちに来て、マツダに言った。「こんなところで寝ていたら死んでしまうよ。うちへ来て寝れば良いよ」。しかし、マツダはこう答えた。「お母さんはここで寝ている。雨が降っても、お母さんは死なずにここにいる。お母さんがここで寝るのなら、僕がここで寝られないわけはないよ」。マツダは村の人たちの説得にもかかわらず、決して母の家から出なかった。それからもケロンゴでは必ず母の家に滞在していたんだ。彼は、家族・友人というだけではなく、私の兄弟なんだ。

オプドの父親エブガ（Ebuga Odenyo）は失踪中で、オプドの実家は経済的に苦しく、日々の食事にも事欠いていた。二人の弟オディンガとアンビチェは、小学校に支払う諸費用も払えないため、年齢があがっても小学生のままであった。松田に出会ったオディンガは、当時を振り返る。

その時私たちはまだ若くて、最初、彼が何をしようとしているのか、わからなかった。でもだんだん彼が調査をしようとしていることがわかってきた。というのは、彼は、本当に沢山の質問をしたからだ。その時は、若者たち、私は一五歳くらいだったので、私の年齢組（age mate）のこと、私たちの日常の活動のことを聞かれた。私たちが何をしているのかについて、たくさんの話をした。私たちは小さな動物の狩りをしていたので、そのことについても話した。鳥の話もした。この周辺にいる若者たちについて、若者たちの活動について話をした。

こうして松田のマラゴリの人びとの暮らしに対する尽きることのない興味は、マラゴリからルヒャへ、現在から過去へ、彼らと共に探求されていくことになる。

ケロンゴでは、葬送の方法、歴史のこと調べた。まず家で経済的なこと、父親と母親のこと。私たちが、マラゴリでどのように暮らしているのかを明らかにしていった。そして、その歴史についても聞き取り調査をした。（オプド）

マツダは、ケロンゴだけではなく、ルヒャの人たちのことを何もかも調査した。カカメガ、西部州（western province）、ブゴマ、ブシアに住む人たちのことを調べた。その人たちはみんな、何か聞き忘れたことがあったら、また来たらと良いと言って、マツダを歓迎した。（グラディス）

彼はどこもかも訪問し、話を聞いた。小学校の先生たちからも植民地期の時代についての聞き取りをした。彼はすべての人を知っている。すべての人も彼を知っている。（オディンガ）

それは遊びながら共に学び合う調査でもあった。アンビチェが松田と出会ったのは一三歳の時だった。彼は、マツダの調査によって時間を測るということを学んだ。

マツダが、私をマーケットで（車から）降ろした。ここから全速力で歩いたら何分で下まで行けるか、ここで降りて歩いてみろと言う。よし、降りてすぐに大股で歩いてみた。必死に歩いたよ。マツダは下で待っていた。たった八分で歩いたんだ。今度はゆっくり歩いてみろと言う。だからぶらぶらしながら歩いてみたよ。そしたら一七分だった。おもしろかったよ。そしてそれで、私も時間というものを知ることができたんだ。たとえば三時にあそこに行きたいと思えば、急ぎ足で行くなら一〇分前に出発すれば良いし、ゆっくり行きたいなら、二〇分前に出発すれば良いってことが、わかったんだ。こうして時間を測るということを学んだんだよ。

さらにアンビチェは、松田と共にケニア各地を訪れた。マツダと共にフィールドワークや旅をすることで、多くのことを知ることができたと彼は語り続けた。

私たちの最初の旅は、ケロンゴからカカメガだった。彼は私をケロンゴからカカメガに連れて行った。マツダは自分が着ていたTシャツを私にくれた。そしてそれを着て、モーターバイクで初めて旅をした。私は今までどこにも雇用されたことはない。けれども松田と一緒にケニア中を一緒に歩いた。モンバサへ行きたいといえば、モンバサへ行った。バリンゴへも。温泉も見たし、大きな山、国立公園にも行った。西ケニアに住むほとんどの人たちが知らないところへ行き、知らないものを見た。素晴らしい現実だった。本だけで知っていたものを、直接、知ることができた。ライオン、サル、ゾウ、虎、サイを見て、ナクル湖でボートの乗り、ナイバシャへ出た。普通のケニア人には起こりえないことを体験した。私はいつもマツダと一緒だった。

松田は、この地域の言葉、マラゴリ語を習得する。アンビチェは「ある援助団体が経営するセカンダリー・スクールで、マツダは流暢なマラゴリ語でスピーチして、人びとを驚かせた。すべてのスピーチを、スワヒリ語でもなく英語でもなく、マラゴリ語でしたんだ。今でも忘れられない」と、まるで自分のことのように誇らしげに話した。さらにオディンガは、彼の力を次のように表現した。

マツダは、文章を作れない人が話す言葉を聞き取り、言葉を辿って文章をつくり上げることができる。たとえば何かを考えていて、でも言葉にならないことがある。マツダが質問する、そして、スワヒリ語でも英語でもうまく表現できない場合、マツダは、その人が表現しようとしているものを、マラゴリ語で表現することができる。

語り手が発する不完全な言葉を繋ぎ合わせ、語り手と共に意味を模索しながら、表現したいものを顕現させる技は、松田の稀有な能力であろう。それは、ニャムンジョがアフリカの文化的な潜在力の核心として指摘するコンヴィヴィアルな力に限りなく近い。コンヴィヴィアリティとは、共同体と個人のあいだの社会的相互作用過程に成立する。それは不完全な主体同士が、異なるものを繋ぎ、混淆させ、補完しあう「異種結節装置」であり、包摂的で相互依存的なスタイルを磨き合うものでもある。異なる存在同士を対話によってつなぐことをとおして、多様性のなかに統一（秩序）を実現する［ニャムンジョ、一九九六］。マツダ式フィールドワークはコンヴィヴィアルな実践なのだ。

３　一員になる

松田が怒る姿を見た人は少ないだろう。彼らも一度しか見たことがない。一九八七年、松田と三兄弟は、モンバサからマリンディへと旅をする計画を立てた。旅の出発点は、ナイロビ・リバーサイドにあるバス停だった。ところが三兄弟は遅刻してしまう。オディンガとアンビチェは口々に語った。

マツダはリバーサイドで待っていた。とても危険な場所だった。二時間以上待っていた。それは私たちのせいではなかった。私たちが出ようとしたら雨が降って来たのだ。だから家から外に出るのが難しかったのだ。バスに乗って街へ出るのが難しかった。私たちが着くと、彼は「もうだめだ。このチケットをもって、あなたたちだけで行け。私は、あなたたちとは行かない」と言うと、黙ってしまった。何も言わなかった。彼の眼を見たら、もう今にも泣きだしそうだった。

私たち（オディンガとアンビチェ）は何も言えなかったので黙っていた。オプドだけがマツダに話をした。「本当にごめんなさい、出かけようとしたら雨が降ってきて遅れたのだ」と説明をした。でも、それで大丈夫だった。そして私たちは出発した。

モンバサでは、バスコダガマの柱などの歴史的な場所、橋も見学した。教科書でしか知らなかったところを見た。そして海の経験もした。海の中で写真も撮った。私たちは海が怖かった。水が私たちをどこかに連れて行くのではないかと思った。私たちみんなが海の中にいる写真がどこかにあるはずだ。みんな初めての経験だった。大きな水は、教科書では見たが、本物を見たのは初めてだった。

考えてみろ。朝はいらいらして、見たこともないくらい怒っていた。そして、昼にはその同一人物が海の中で一緒に遊んでいるんだ。これがたった一回、私たちが、彼の怒った姿をみたことだった。

アンビチェは松田のまねをしてみせた。鞄を肩にかけて空を見上げて、一言も発することができずに、ただ「う～ん、う～ん」とうなりながらぐるぐると歩きまわる姿だった。オディンガは、「あの時、マツダはモトサン、火さんだった」と言う。モトはスワヒリ語で「熱い」という意味だ。彼らは松田にいろんなあだ名をつけている。

彼は沢山の名前をもっている。子どもたちはかれをマトゥンダと呼ぶ。果物の意味だ。マラゴリではモトンジ（Motonji）。モトンジというのは、彼のマラゴリの名前だ。人びとは、マツダのことを話すとき、モトンジと呼ぶ。モトジと言わずに、モトンジと呼ぶ。モトサンは、ファイアーサンへと変わる。モトサンというのは、彼のシェング名（sheng name）だ。(4)

オディンガは「マツダのおかげで泥棒にならずにすんだ」という。かつてオディンガは、松田の紹介で日本人が経営するナイロビの映画製作会社に勤めていた。その社長は傍若無人なふるまいをする人で、オディンガは、その社長から「あほ」と「ばかやろう」という日本語を学ぶことになった。辛くなって松田に相談すると、「大丈夫だ、彼は妻にも同じ言葉を言ってるんだから、気にせずに働くんだ」と励まされた。そこでオディンガは辛抱して働き、社長から信頼を得るようになり、不在時にはオディンガに金庫管理をまかされるようになった。何年か辛抱したある日、社長がモンバサに出張した。

社長は、封筒に金を入れ、糊で封をしてつなぎ目に自分の名前を書いて金庫に入れて行った。そんなことしても無駄だよ。俺たちは、うまくあける方法を知っているんだから。彼が出て行ってすぐに、封筒を開けて確認した。きっちり二〇〇〇ドル入っていた。これを持って逃げようかなと思った。こんなに毎日「あほ」「ばかやろう」と怒鳴られているんだから。その金を見て迷った。これをもってすぐに出ていこうと思った。でも、考えた。もしそうしたら、マツダに迷惑がかかる。マツダをそんな目に遭わせることはできない。だから、金を封筒に戻し、つなぎ目がわからないようにきっちりと最新の注意を払って封をして、封筒に戻したんだ。

帰ってきた社長は、すぐに金庫を出せと言った。それを渡すと封筒を取り出し、封を確かめ、中を開けて札を数えた。とても喜んで、「これでチキンを買って帰れ」と二〇ドルをくれた。

松田は、たとえ彼がアフリカにいない時でも、オディンガたちの日常の生活世界に存在し、行動に影響を与え続けているのだ。そして松田もまた、オプドたち、オプドの家族、そしてオデニョ一族、ケロンゴのコミュニティのサポートを一貫して続ける。とりわけ子どもたちの教育に尽くし、ケロンゴ中等学校には、タイプライターや沢山の本を寄付した。松田は、ケロンゴというコミュニティのメンバーの一人として、ハランベー[5]に一番に呼ばれるメンバーだという。たとえば、オディンガの子どもへの学費の援助は次のように行われた。

私が子供たちを学校に入れたいというと、彼は子供を学校へ連れて行く。そして「お前は半分払え、そして私が半分払う」という方法でサポートしてくれた。だから私の最初の子に教育を受けさせることができ、その子は小学校の先生になり、下の子どもたちの学費の支払いを手伝うようになった。三人の娘たちも学校に行った。彼はとてもシンプルに助けてくれる。「あなたが学費の一部を払い、私が残りを払う」。おかげで私の子どもたちはみんな form 4 を終えることができた[6]。

オディンガとアンビチェの結婚の申し込みにも、松田は兄弟として同行した。アンビチェは「彼は友人ではなく、兄弟なんだ。私たちの兄だ」という。若い男が、結婚前にその家族を訪問することはとても危険なことだという。それは娘を結婚させたくない親族が、訪問してきた若い男に罰を与える可能性があるからだ。しかし松田の機転により、相手の親族たちは愉快な気分になり、話し合いの場を円満にもつことができたという。「彼はルヒャだ」とオプドたちは言う。

ケロンゴでは、すべての人がマツダを知っている。その一人も彼に敵対する人はいない。ルヒャは、ホームに戻ってきたら、必ず墓に行き亡くなった人に敬意を表すことになっている。彼は帰ってくると必ず墓を参り、敬意を表す。彼の不在の時期に亡くなった人の墓に参る。私たちの文化、ルヒャを知っている。ケロンゴでは彼はマラゴリ人なのだ。私はほかの人たちにこう言う。私は別の母から生まれた兄を日本にもっている。

ケロンゴの土地を相続したオディンガは言う。

彼が家を建てたいと望むなら、私たちのホームに、土地を与えたい。私たちは彼に来てほしいと言っている。彼は私たちの家族だから、友達ではないから。もし彼が望むなら、私たちは土地を与える。母の墓の横に、小さな畑を作ると良い。

4　見送り、見送られる

現在、松田は「アフリカの潜在力」という新たな認識枠組みをもとにして、フィールドワーカーたちと共に、国際共同プロジェクトにチャレンジ中である。「救済の対象」か「資源の供給源」かという従来のアフリカ理解の認識方法を乗り越えるために、アフリカ社会と向き合う「五つの学び」を提唱する〔松田、二〇一四〕。それは、①アフリカの多様性を知ること、②アフリカ社会の過去と向き合うこと、③アフリカ社会の同時代性に向き合うこと、④アフリカが呻吟してきた「困難を学ぶこと」、そして⑤その対処の営みのなかに見いだされる「希望を学ぶ」ことである。それは彼のフィールドワークそのものでもある。

オディンガは言う。

彼は、励ましてくれる人だ。私たちは、彼を「行動の人 man of action」と呼ぶことができる。もしも彼がケニアで政党を作るなら、私たちは彼の党を kufanya na kutenda と名づけるだろう。いろんなことを思い煩うのではなく行動する。決意し、約束し、そして決して失敗したり、事態を悪化させたりしない。それがマツダの行動だ。

三兄弟の母は二〇一四年に、父エブガは二〇一六年三月に亡くなった。その葬儀にも松田は貢献している。

母が亡くなった時、マツダに何かしてもらおうと思ったわけではなく、ただその情報を伝えたかった。母が亡くなったのだから。こちらの時間で夜中の三時、誰もが深く眠っている時間だった。日本ではもう朝が始まっている時間だったろう。私はマツダの携帯電話を一コールした。すぐに折り返し電話がかかってきて、「どうしたんだ、こんな時間に」と驚いていた。私は「母が逝った」と言った。しばらく黙り、それからとても暗い声で話し出した。彼が電話の向こうで彼が泣いているのがわかった。

その一時間後、また電話があった。彼は私に「いつ埋葬するのか」と聞いた。私はママの兄弟が来るので相談すると言った。すると彼らが来る前に、マツダはすでに私たちをサポートしてくれていた。母の埋葬の手続きや棺の手配を済ませていたんだ。（オディンガ）

父母の最後の葬儀マクンブショは、二〇一六年一〇月に行われた。「私たちだけでは絶対にできなかった。マツダのサポートがあったから実現できた」とオプドは言う。マクンブショでは、父には雄牛を、母には雌牛を、二頭の牛を買った。さらに鶏一〇羽以上に野菜とトウモロコシ粉を揃えた。村人たちはみんな来たという。父のギリシャ正教会（Orthodox Church）、母の救世軍教会（Salvation Army）は、それぞれ、牛の後ろ脚を丸ごと一本と二、三羽の鶏と、一〇キロの粉と三キロの砂糖と五リットルのミルクを要求した。オプドは、「マツダは、ほとんどのことをしてくれたのではなく、すべてのことを一つの家族として担ってくれた」と話した。

松田は、アフリカ滞在中、ケニアを基点として、アフリカ大陸を飛び回って、研究活動をしている。そうした彼の活動を、彼らはナイロビで見守っている。オディンガは言う。

もし松田が単なる友人だったら、昨日、空港で見送って、そのまま家に帰るところだ。でも彼は違うんだ。松田は今日ザンビアに行き、もう一度、ナイロビに戻ってくる。それから日本へ帰る。彼に会えるのは九月一日、たった一日だけだ。でもそのために俺たちはナイロビで彼が帰ってくるのを待っているんだ。彼を最後まで見送るんだ。

松田は、フィールドワークにおいて、調査する者と調査される者との関係性を考えることは、両者のあいだの政治力学の優劣や専門知識の大小の問題、あるいは表象の政治学の問題として還元できるようなものではないという。「社会調査の窮状をつきつめることは、近代社会において科学として公認され権威を獲得してきた、特定の人間観や認識論、あるいはいかに人は生きるのかという実存に関わる存在論そのものに対峙することと同義なのだ」［二〇〇九：三〇一］。

アンビチェは言う。

もし彼がケニアで死んだら、ここで埋葬する。私たちは焼いたりせずに、身体を土に戻すんだ。その時の葬送は、教会がすべて寄り集まって、それぞれのサービスをする形になる。ケロンゴには、救世軍教会、英国国教会、安息日再臨派（SDA）、アフリカ神聖教会、ペンテコスト、福音同盟（Assemblies of God）がある。彼は、ケロンゴの教会、そしてその周辺の教会すべてに貢献しているんだ。マツダは、多くの人にインタビューをし、その人たちが所属する教会へも貢献したのだ。だから、教会は彼をそのまま逝かせたりはしない。ケニアで彼の葬式をすることになったら、教会合同の葬儀（mongano wa Kanissa）になるだろう。その年が来たら、私たちはその年の種まきはしないだろう。もししたとしても、とても遅れてすることになるだろう。

アンビチェの話を聞きながらオディンガは「生きるのは偶然、死ぬのは必然」というスワヒリ語の格言を私に紹介した。そして、テーブルの上で人差し指と中指を前後に動かして歩かせるようにして「生きること」を、そしてその指がすっとテーブルの端から滑り落ちるさまで「死ぬこと」と表現してみせた。テーブルの上を歩いていること、つまり生きていること、出会うことは偶然であり、奇跡でもある。

マツダ式フィールドワークとは、生活における情動的なものも含めて、その違いをあるがままに、対象との交歓を試みることであった。観察し、記録し、分析し、考察するという科学的試みを越えて、心と生活感覚で対象に接近する回路を、感情論として切断するのではなく、認識論として位置づけようとする実践である。松田が出会った人びとから現れたのは、人びとに日陰と雨と果実をもたらす「不思議の木」としてフィールドワーカーの姿だった。

注

（1）私がオプドに出会ったのは一九九一年一〇月だった。修士論文（テーマは摂食障害）に行き詰まっていた私は、気分転換を兼ねてケニアにいるという松田さんに相談に行くことにした。当時のことで連絡手段もなく、アフリカを知らない私は、行けばどこかで会えるだろうと簡単に考えていた。深夜に着いたナイロビ空港のカウンターで見つけた電話帳に、日本学術振興会ナイロビオフィスの連絡先を捜しあてて、ほっと一息ついたが、もちろん宿泊場所など考えてもいなかった。そのまま空港のなかで立ちつくしていた私に、同じ飛行機だったという乗客の一人が声をかけてくれた。ここで一夜を過ごすのは危険だし、途中のホテルで空き部屋があるか聞いてあげるからと説得され、ナイロビ市内のホテルへタクシーで送ってもらった。

翌日、道を尋ねながら、迷いに迷って、途中で親切な人に車に乗せてもらって、やっと学振ナイロビオフィスに辿り着いた。その時、駐在員をしていた池谷和信さんが、松田さんはウガンダにいると教えてくれた。当時、ナイロビオフィスでアスカリをしていたのが、オプドだった。彼は、松田さんはウガンダからの帰り、ケロンゴに立ち寄るからそこで会えば良いと言って、ケロンゴへ行く手配を整えてくれた。三日後、ケロンゴに戻る老人に連れられて一緒に夜行バスに乗り、早朝、どこかのバス停に着いた。

良い天気だった。老人は、バス停の近くの小さな店で、揚げ菓子とチャイの朝食を食べさせてくれた。それから、楽しそうに「すぐ着くからね」とヒュッと口笛をふいて、運んできた自転車を片手で押しながら歩き始めた。途中から合流した子どもたちが「私たちは彼をマツンダって呼んでるよ。果物の名前なの」と教えてくれた。巨岩のころがる山道を二時間ばかり歩いた頃、やっとケロンゴに着いた。

すでに私の到着は知られていたようで、挨拶もそこそこに、オディンガの妻メリーが、水浴びをさせてくれた。青空の下での水浴びの気持ちよさは今も忘れられない。オディンガ、オディンガの母カニナや妻に優しくされ、大勢の子どもたちと一緒に大きな岩の上に寝ころがって遊び、初めて食べるウガリの美味しさに驚いて、ぶらぶらと楽しい時間を過ごすうちに、ずっとここにいたいなあと思うようになっていた。一週間ほどしたある日、オディンガと一緒に町に住む親戚の家で御馳走を呼ばれての帰り道、たまたま出会ったのが、岩石の調査をしている星野光雄さんだった。初対面の挨拶をして事情を話すと、そろそろ松田さんも戻ってくるだろうし、一度キスムに出てはどうか、岩石採集の途中でケロンゴに迎えに行こうと言ってくれた。確かにこのまま居候を続けていては迷惑かもしれないと思った私は、荷台に岩石がゴロゴロ積まれた星野さんの車に迎えにきてもらい、「マツダと一緒に戻るからね」とケロンゴを出た。

日本人が経営するキスムの漁網工場を見学させてもらい、sunset view hotel に着き、チェックインの手続きをし終わった時、松田さんがホテルの玄関から入ってきた。私も驚いたが、松田さんも「なんでお前こんなとこにおるんや」と驚いた。経緯を説明すると「お前、松田ネットワークをすべて使って来たんだなあ」とあきれられた。

（2）「本当のアフリカ」というのが遠くの奥地にあって、そこにはエキゾティックな習俗や思考が満ち溢れている、というロマンティックな信念への懐疑が膨らみ、「奥地へ奥地へ」という人類学者の習性への反発は強くなっていた。人類学的なフィールド調査をしたいと言うと、同じゼミの大学院生たちにTシャツを脱ぎ捨てたり、サルのまねをしたりして、「こんな事がしたいのかい」と挑発された。一方、ゼミのアフリカ人教師の親切な助言「人口問題とか開発計画といった現実のアフリカに貢献するテーマを選びなさい」には納得できなかった。普通の人々の現実の暮らしを「病理」とか「問題」扱いする態度には違和感があり、そうした調査が公式統計と図表の羅列に終わってしまうことへの危惧も感じていた（一九九六、二〇〇三）。

（3）共鳴・共感のような「実感」による異文化理解の可能性については、「二一世紀の人類学のために」（一九九九：二二〇―二六六）で論述されている。ターンブルの人類学的論考を、啓蒙主義とロマン主義のあいだでバランスをとる技芸であり、人類学を現実から剥離させず、同時に現実を無条件に賛美しないための技法として位置づける。そして、岩田慶治をひきながら、実感を「他者と交わりながら、自他界区分を超越して、両者の共同作業として達成される創造」と表現している（一九九九：二四二）。

（4）オディンガによれば、スワヒリ語と英語を混合させたものを sheng という。たとえば、私の名前「ノリコ」を「ノリ」と呼ぶのは sheng name だという。

（5）ハランベーは、ケニアにおける中等教育拡充のための地域主体の運動のことであるが、ここでは地域貢献のための取り組み一般を意味している。

（6）初等教育四年に続いて、中等教育四年（セカンダリー・スクール）を終えることができたということを意味している。アフリカの村落部では稀なことである。

参考文献

松田素二『都市を飼い慣らす――アフリカの都市人類学』河出書房新社、一九九六年。

松田素二『抵抗する都市――ナイロビ移民の世界から』岩波書店、一九九九年。

松田素二『呪医の末裔――東アフリカオデニョ一族の二十世紀』講談社、二〇〇三年。

松田素二『日常人類学宣言！――生活世界の深層へ／から』世界思想社、二〇〇九年。

松田素二「異なるものへの不寛容はいかにして乗り越えられるのか」渡辺公三・石田智恵・冨田敬大編『異貌の同時代――人類・学・の外へ』以文社、二〇一七年。

松田素二編『アフリカ社会を学ぶ人のために』世界思想社、二〇一四年。

ニャムンジョ・フランシス「フロンティアとしてのアフリカ、異種結節装置としてのコンヴィヴィアリティ――不完全性の社会理論に向けて」楠和樹・松田素二訳、松田素二・平野（野元）美佐編『紛争をおさめる文化――不完全性とブリコラージュの実践』京都大学学術出版会、三二一―三四七、二〇一六年。

熊野が好き、でも海は近くて遠い

彌重桃子

はじめに

彌重桃子さんは、京都大学大学院人間・環境学研究科前期博士課程を修了後、地域おこし協力隊として熊野市に赴任し、地域おこし協力隊のメンバーと結婚し、現在は熊野市甫母町で暮らしている。熊野移住は、松田さんが担当する社会調査実習（二〇〇五年度）がきっかけだったという。彼女は、他の学生たちと共に三重県熊野市五郷町湯の谷を訪問し、「健やかな体、天の心――笠置きくえさんを通して」というレポートを執筆した（『二〇〇五年度社会学合同実習調査報告書　地域にまなぶ第一〇集』掲載）。そのレポートは、次のような文章で始まる。

感覚が躍動した。はじめてきくえさんにお会いしたとき、私ははっとして、彼女に釘付けになった。たぶんそれは、きくえさんがきれいだからとか、着こなしが素敵だったからとか、そういう外見的なことだけではなくて、もっと、何かそれ以上に、きくえさんの放つ清いオーラのようなものを感じたからだと思う。

桃子さんは、湯の谷の女性、きくえさんとの出会いをとおして、食事、空気、水、歩くこと、心の状態という日常生活の細々したことへと考察を進め、現代文明のなかで健康に生きることの可能性を考察した。それから一四年が経過した今（二〇一九年一〇月）、彌重桃子さんを古村学・田原範子が訪問し、松田先生との出会い、熊野との出会いについて話を聞いた。

1　社会調査実習に参加して

田原：今日はすみません、インタビューさせていただき、桃子さんが書きたいなと思うことを教えてもらえたらと思います。

桃子：私、全然、松田先生とこの社会学じゃなくって、人環だったんです。人間環境学研究科っていうとこにおって、入ってもう三日で止めようと思ってたんです。担当の先生がちょっとあまりに政治とかやってはる人で。いやちょっと違うなと思って、辞めよと思てたんですけど。たまたま見つけた松田先生の授業、なんか面白そうやなあ思て。それで京大残った感じなんですよね。うんおもしろいし、もうちょっと在学しようかなみたいな。結局、修論も松田先生に見てもらいましたし。

田原：大学では何専攻して？

桃子：何でしたっけね。社会学？　もう忘れた。当時は研究者になろうと思って大学院受験したんですけど、でもなんかあの、九月に受験して、九月から春の入学までの間に、研究する側よりはされる側の当事者の方になりたいなっていう思いが強くなって。何か別に。いかんでもええけどみたいな感じで入学した。

田原：当初はどんなテーマをしたいって思った？

桃子：なんか、民間医療か。う〜ん、食事療法とか。なんというか、おばあちゃんの知恵袋的な、農業とか。あまり定まってなかったですかね。それで熊野って全然どこかも知らんかったんですけど、松田先生の授業で初めて訪れて、わあ〜めっちゃええとこや思って。もうそっからずっと毎年通い続けてる感じで。卒業してからも。そうですね、松田先生の授業とってへんかったらここに移住するということももちろんなかったっていうか。松田先生、きっかけで移住、いろいろ紆余曲折ありましたけど。
田原：生き方が変わった？
桃子：そうそう。左右されましたね。うーん、そうですね。大学院卒業するとき、いつか絶対熊野に住むぞって思ってて。ほんで、そこから一〇年は経ったんですけど。いろいろあって、地域おこし協力隊として熊野に来ました。
田原：桃子さんが熊野に行ったのは偶然だったんだと思ってたんですけど。
桃子：全然。狙いに狙って。そうなんですよね。あの、学生の時に、宿舎で夜になるとみんなめっちゃお酒飲むじゃないですか、リーダー室で。あれが、衝撃やった。大人が楽しそうにしてる。なんかこんな楽しそうな大人初めて見たーみたいな感じやったんです。だから、私、熊野が好きになったのは、飲んだくれて楽しそうな大人とセットのイメージ。周りが。田原さんも衝撃でしたね。あちこちに行って美味しいものを食べさせてもらって喜んでみんなに愛されているっていう。
田原：何しに来てるんやみたいな？
古村：チューターは誰ですか？
桃子：江南さん。毎日茶粥食べに行ってるみたいな。
古村：茶粥事件？　学生が誰も食べなくて、江南が死ぬほど食べてという。
桃子：うちらの時は、すごい食べて。ビールも進めてもらって。挙句の果てには昼寝したりとか。

2　地域おこし協力隊として熊野へ

田原：地域おこし協力隊に応募したのは？
桃子：二〇一五年から、二〇一五年五月からやったので。四年前ですか。
田原：この地域おこし協力隊に応募するきっかけは？　住んでみたいと思うのと、それを実際に行動に移すのはまた違うと思うんだけど。
桃子：なんかいろいろ行き詰ってて。修士終わって、就職らしい就職は一つもしてなくて。農業や調理とかいろんな職を転々としてて、どれも続かへんまま歳だけ取りました。そろそろちょっとまじめにしよかなと思って、最後はホテルのフロントやってたんです。普通に働きながら、遊ぶつもりやったんですけど、そんな大変な仕事でもないのに自律神経失調症になりました。体調くずしたついでに、熊野行くなら、もうこのタイミングしかないなって。三二歳だったんですね。もうぼちぼち結婚も考えたいし。どっか移るんならもう今や思て、友達に相談したら、地域おこし協力隊っていう制度があって、熊野も募集してるんちゃうんみたいな感じで、教えてもらって。捜したら、あーあったわって。で応募してですね。
田原：応募して赴任するまでは、どのくらいの期間が？
桃子：えっとですね、一月に応募して、で、五月着任ですね。いろいろバイトとかがあったり、母を説得したりとかで時間かかりました。
田原：お母さんはどうやって説得したんですか？
桃子：そうですね。近くにおってほしいし、まともな仕事してほしいって言うてたんですけど。私はどっちもいややし。うちの母、いわゆる毒親、みたいな感じの人なんですね。で、なんか、当時は私も完全に絡めとられてて、お母さんに泣かれたら身動きとれへん、フリーズしちゃうんですよね。そこまで母に猛反対されたらもう、あきらめんといかんて思ってたんですけど。でもここで母の言うとおりにしてあきらめたらもう一生、母をうらむなと思って。強行気味で決行しました。知らん間に、母、熊野市役所に電話したりしてましたけど。市役所の人が、安心させるように家はこんなんです、近所の人はこんなんです、写真撮って母に送ってくれてました。

田原：地域おこし協力隊に入って、熊野に着任する過程で、なんかあの友だちに相談してたりとかしてたけど、松田さんから何か言われたりはしなかったですか。

桃子：松田先生にも、久保さんにも一切言わずに。なぜなら落ちたらショックだから。一応、試験みたいなのがありましたんで。全部合格して、あっちに行ってから伝えようと思って。秘密裏に進めてました。

古村・田原：すごい。

桃子：落ちたらはずかしいじゃないですか。

3　彌重さんとの結婚

桃子：熊野に来て一年で結婚したんです。甫母と五郷で別々で住んでたんです。

田原：彌重さんも地域おこし協力隊で？

桃子：そうですね、量くんは二〇一四年の一二月着任。二〇一五年の七月に出会ってひと月ぐらいして、私からプロポーズして。で、船を買ったら、自分の船を買ったら、親に報告っていうのんで。船待ちで。

田原：プロポーズの決め手というのは？

桃子：そうですね。私の中での熊野、みたいなのが、量くんやったというか。割と何でも受け入れてくれるという感じやったのと。あと、生きていく方向性が一緒やった。量くんも熊野でずっと住んでいく、暮らしていくっていうの決めてはったし。私も熊野で、もうどんな形であれ、生きていこうって思ってましたし。

甫母港にて夫、娘と一緒に（2019 年 9 月）

（彌重さん、帰宅）
桃子：父ちゃん帰ってきたんだ。なんか密漁してる人がいたとかで、注意しに行ってたんです。ここ素もぐり禁止なんですけど、誰かもぐってるって。一番若いからね。
古村・田原：お邪魔してます、こんにちは。
彌重：もぐってたけど、悪いことはしてなかった。魚ついとっただけやった。耳の聞こえん人たちで。
桃子：どうやってしゃべったん？
彌重：なんとなく。ジェスチャーで。
田原：彌重さん、さっき出会って一ヶ月でプロポーズされたという話を聞いたんですけど。船が持てるようになったらということでしたが。
彌重：お母さんの性格を考えてっていうことでね。
桃子：うちの母が、まだ当時も、結婚するなら公務員か郵便局の人やって言うてたんですよ。だから、船もないのに漁師かよ、とか言われへんために船を所持してから報告しようっていう。
彌重：うちの親はまったくそんなことない。
桃子：ちっちゃいときからずっと母親の顔色をうかがって生きてきたから。それがベースにしっかり入っちゃってて。

田原：人の顔色を見る？

桃子：顔色見るんがめっちゃ得意になっちゃって。顔色見れるし、相手からの印象はいいんかもしれませんけど、自分お留守みたいな。

田原：そういう時、彌重さんはなんか話したりする？

桃子：量くんの船、一緒に乗せてもらって。自分の気の向くことだけさしてもらってました。そっからもずっと、今も、続いてるっていうか。母のために生きてるんじゃなくって、何か自分がおったんやっていう、その自分を育ちなおしてる最中。まだまだ。

田原：彌重さんが来られたのはいつ？

彌重：いつだ。もうちょっとで丸五年。一二月で丸五年になる。早いね。あっという間に。最初は不安だったけどね。（もとは）調査の仕事で漁船に乗ってた。調査員いう形で、漁師としてではなく。一般の漁船を、国がチャーターして、それに自分が調査員として。

田原：漁師さんになろうと思ったのは？

彌重：間近で、漁のその仕事で間近で漁見たりして、純粋におもしろそうだと思ったし。魚見るだけでも楽しいし、それを捕る、自分の手で捕るっていうのが楽しいんですね。なんて言えばいいのかな。うまく言えないけど、全部がもう直感的に楽しいね。何って言われたら困るね。あまり気にしてたことがないですね。どこが楽しいって言われても、言葉にしにくいですね、確かに。やってて楽しい。楽しいってのもなんか、やりたいな、もっとやりたいなって。まずは……その先にはお金っていうのもあるし。捕れたらやっぱりお金になるからっていうのもあるけど。やっぱり捕れたらうれしいですね。

4　地域おこし協力隊員としての困難

桃子：もうほんまに念願の熊野に来られたので、うはうはで。五郷の人ととにかく仲良くなりたいとか、嫌われたくないみたいなのが強かったと思うんですけど。あと地域おこし協力隊って人気商売みたいな感じなんですね。地域の人に好かれてなんぼみたいな。好かれんと、ちょっと仕事もしにくい、いうのもある。

田原：五郷ですごく好かれてたよね。

桃子：気に入られるために、あらゆる人に気に入られるために、それぞれの人に対応をする仮面をつけて、必死でした。そんだけするって、自分で気いついてなかったんですけど、とてつもない消耗なんですね。生きてるだけでしんどい。もう一年半で鬱になって、ほんで甫母に逃げてきました。

田原：ほんとにがんばってたよね。

桃子：そうですね、いつも全力で「おはようございますっ！」みたいな。「エ〜ッ！　そうなんですかー！?」みたいな過剰な感じ。

田原：五郷で会った時、背負子を背負って、可愛い長靴を履いてたのが印象的でした。

桃子：アイドルのつもりかよ、みたいな感じでしょうね。

田原：そうそう、アイドルだった。

桃子：アイドルを目指してたんやと思います。ほんまに。地域のアイドル。

田原：仕事としてはどんなものがあった？　こんにゃく作りも教えてもらったと思うんですけど。

桃子：そうですね、五郷の地域おこしグループがありまして、そこがお茶の生産と加工。それから、カブラ菜っていう特産の野菜を作ったりして、これの手伝いしてました。あとは自分で畑借りて、なんか作ってて。畑大好きやったんですけど、みんなはどんどん畑貸してくれるんですね。知らんまに大地主になってしまって。五郷の人綺麗好きやから、草刈りとかめっちゃうるさいんですよ。草に追われて、最後らへんは朝の五時からずっと一日草刈り。また朝五時からやってる姿を見られて評価高くなるんですよね。
田原：評判高まる。
桃子：そうそう。あの子はよう働く、みたいな。けどもうやってられなかったですよね。
田原：疲れたなって気づいたのはいつくらいやったんですか。
桃子：えーとね、二〇一六年の一一月ぐらい。あと五日がんばったら休める。あと三日やったら休めるとか、なんか、ゴール地点を、ずっと自分で延ばし延ばしして。でもどんどん用事入ってくるし、結局休まれへんし。そんな日が続いて休みが取れたときに、体は、目眩がするし、涙止まれへんし。人の声聞くだけでしんどいみたいな感じでした。
田原：彌重さんから見て、桃子さん五郷ですごくがんばってたと思うんですけど。
彌重：必要以上にね、真面目やけ。馬鹿真面目やから。
桃子：あれが自分のスタンダードだと思ってたから。
田原：こちらで一緒に暮らすようになったのが、二〇一六年一一月くらい？
桃子：その年末くらいから、ほぼこっちおって。
彌重：もうずっとおったね。もう戻らんかった。
桃子：病気やけど給料もらえるみたいな、あれで。
彌重：健康保険もあれで、六割くらいもらって、とりあえず任期満了までそれでやらしてもらったんよね。首きっても良い話やったんやけど、つなげてくれたよね。それからずっと一緒か。
古村：熊野の何がそんなに惹きつけられた？

桃子：今になってなんですけど、感覚的になんか絶対にここやって思ってたのは、またここで母が出てくるんですけど、京都嫌い、熊野が好き、みたいな対比があったんですね。京都はまさに母がシンボルで、抑圧的な母で、裏表があって、世間体をすっごい気にする母やったんですけど、それってこう、京都の特色とかなり一致する感じが私にはあって。京都、なんか陰湿で嫌いやわ～みたいに思ってたのは、それは母がしんどいわってことだったんかなって。一方で熊野って神仏習合やったり、カオスでオッケーみたいな、浄不浄を問わずとか、言いますよね、熊野古道の。そういうところの空気感が、たぶん安心しておれたのかなあって。

古村：私は京都では一軒家に住んでて、調査で南の島に行ってるんですけど。

桃子：沖縄に行くと堕落しちゃうみたいな。沖縄好きなんですけど、八重山民謡も、めっちゃはまって、やってましたけど。なんか遊びに行くところで、住むところではないみたいな感じ。熊野の観光観光してなくて、生活感そのままな感じがいいなと思いました。

5　甫母での子育て

桃子：甫母来てからなんですけど、甫母と五郷って全然人の性格違うんでしょうね。五郷は山で、あんまり直接はっきり物を言わんっていうか、ちょっと遠慮してくれるんですけど。こっちはもう直球で、もの言うてきてくれて。それが初めは裏表なくて気持ちのいいなあとか思ってたんですけれども。出産してからは、うちらはうちらで考えて子育てやってるのに、ほっといてくれよ、と思います。それまでは甫母に来てもなお、五郷の時と同じように、甫母の嫁で生きようみたいなのあったんです、私は。

田原：なるほどね。

桃子：私は、みんなに好かれたいとか。漁のことも興味あるし、何か教えてくださいみたいな。またなんか（五郷と）

同じ感じでやっちゃってたんですけど。出産をきっかけで、ちょっとやめてみたいな感じ。今はかなり距離もとりながら。
田原：距離とるの難しいよね、ここ、すごく地理的にも近いし。
桃子：でもちょっとずつ、嫌われることへの恐れみたいなんはなくなってきました。ありますけど。田舎で嫌われたらやっていけへんて思い込んでたんですね。自分で言いたいこと言わんとか、相手の言いなりで生きていかれへんし。ちょっとがんばって、言うてみたりしてます。何かそしたらおばちゃんがしゃーって引いて行ったりして。
彌重：悪気があって言うとったんじゃないね、おばちゃんたちも。普通に言うとって。それがちょっと嫌なんだなってわかったいうか。嫌われとるってわけじゃない。挨拶もするし。わかってくれたっていうか。
桃子：私が始めは、「エーッ！　そうなんですかー！？」とか、「教えて教えてー！」とかやったから、相手は「教えたろやないか」、みたいな感じで。たぶん相手は変わってない、私が変わった。
田原：自分だけのことじゃなくて、子育てしてたら、いろんな考え方があるしね。
桃子：そうですね。私は親に精神的虐待受けて育ったっていうのを、今すごい自覚してる分、この人（子どものせんちゃん）には絶対にしたくないし。周りの人も無意識にそういう感じにせんちゃんをコントロールしようとしてくるところもある。そっから守りたいし。ちょっと言いなりではおれん状況には、ありますかねえ。
田原：たとえば具体的に、ここは困ったとかってことは。
桃子：去年はせんちゃんすごい湿疹が出てて、もう顔ジュクジュクやったりしてって。病院で処方されたステロイドの副作用も恐いから、あんまり塗りたくなかったんですけど。そしたらちゃんと薬塗らんとあかんやないかみたいな。お医者さんの言うことを聞けよとか言われたりする。
田原：説明するのは難しいもんね。

桃子：うーん。言えへんから、もうとにかく人に会わないようにするとか。みんながご飯食べてる時間に外に出たりとか、してました、始めのときは。でもなんかそれはそれで、そういう親の態度ってせんちゃん一番見てるから。めんどうくさいから避けるって簡単やけど、そういう人との関係の作り方、あんまり学んで欲しくないなと思って。ちょっとずつ自分で何か言うようにはなってきました。でも何かせいぜい、「何かモヤモヤするんです」とか、それがせいいっぱいやったりしますけど。

6　これからの生活

田原：桃子さん、ここの生活はどうですか。

桃子：すごいいろいろその中で気持ち変化してきてるんで、なんか何とも一概に言えないんですけど。始めは、なんか感動してたんですね。たとえば楯ヶ崎。量くんの船乗って、間近で見れて、毎日クルーズ気分というか。ええとこや～て思てましたけど。私、畑の方が好きで海よりも。畑ってあんまり育たんのですよ、ここ。ちょっと大げさに言いましたけど。畑が宅地のあるもっと上の方にまとめてあるんですけど、そうなると獣害に会いやすいんですね、人の気配ないし。山の上なんで。ていうのんで、柵を、上も横もしてあるんですけど、それでもなお破って入ってきて。そうですね、今年も苗を植えた状態で鹿に食われて更地にされました。……肥料代と苗代だけ。そんで今、子育てでそんなさいさい畑も行かれへんから、もうやめました。ていう不満はあります。

彌重：（サルは）女の人にはなめてかかる。家に入って電子ジャーのあれ開けて食べてって。

桃子：ちょっと都市伝説みたいなところがあるし、ようわからん。

田原：ここの生活の楽しさ、苦しさ、いろいろあると思うんですけど。

桃子：畑ができない、なんかいうのんは、いややし。家が密集してて、いやだってとこもありますし。う～ん、最近はもう引っ越し、引っ越し、引っ越ししたいばっかり言ってるんです。
田原：たとえばどんなところに？
桃子：山とか、平地とか。作物を植えたらちゃんと育つようなところとか。あと焚火をして楽しめるようなところとか。こんなとこで火焚いて延焼したら、甫母じゅう燃えますから。
田原：確かに。
桃子：そんなこと言うてしもてますね。でも、いつでも魚が安く新鮮で手に入るのはやっぱりいいなあ～とは思うけど、どちらかというと引っ越したいです。なんか、せっかく田舎に来たのに、なんか、集合住宅みたいな。海、近くて良いんですけど、港ってコンクリで、浅瀬がなくていきなり深い海って、危ないじゃないですか。気軽に入れへんし。だから海近いようで遠いっていうか、なんか気軽に遊べる感じの海じゃあ、全くないんですよね。
田原：ちょっとつかって泳いでみるっていうんじゃないもんね。
桃子：そうですね。
彌重：遊ぶっていうんじゃない、仕事のできやすいような港っていうか。
桃子：子供も安全に遊べたら楽やのになあ～みたいな。
彌重：子供のことを考えると、ちょっと恐いですね。
桃子：やっぱり砂浜とかが良いですね。
田原：久保さんに連れられて瀞峡に行ったけど、綺麗ですね。あそこいいんじゃないですか。
桃子：この辺やったら、御浜町とか、金山町とか、平地でば～っとなってて。
田原：ハワイみたいなところありますね。

桃子：友達が結構住んでる。
彌重：ハワイイベントやっとる。ウクレレとか。
田原：仕事の海と遊びの海は違うね。
桃子：いきなり深い。港も砂浜やったらね。せんちゃんを港で散歩さすにも、なんかもうひやひやなんですよね「落ちる落ちる落ちるー！」みたいな。怖いから、町の方、熊野市の中の方のおっきい公園にわざわざ行って遊ばしたりとか。うーん、そういう大変さはありますね。遠いけど、そっちの方が私の精神状態がましっていうか。せんちゃんもコンクリで転ぶと痛いし。
田原：住んでみるといろんな発見がありますね。
彌重：ある程度、大きくなって、一人で泳げるようになれば、ね。それまでが大変だね。
田原：今の引っ越し願望も、熊野市内で引っ越したいんですか。
桃子：そうですね。熊野市、御浜町を含めてですね。
田原：船をつけれる場所ってどっかあるんですか？
彌重：いや、もう、船は甫母じゃないと。甫母じゃないとだめ。漁業権のこともある。
桃子：引っ越しは、宝くじが当たったらっていう、あれなんですけど。
彌重：三億円くらい。
桃子：あと海の状況がすごい変わっていってて、どんどん捕れなくきてて、海藻も死んでいってるから、ちょっとリアルに漁ではやっていけへん日が、遠からず来るかなっていうのもちょっと思った。
田原：厳しいんですね。
彌重：すごい厳しいね。

桃子：捕れても値段がね。伊勢エビの値段が

彌重：去年の一キロあたり二〇〇〇円切った。一昨年から比べたら二〇〇〇円以上、下がっとる。大暴落よね。

桃子：さらに今年下がるらしくって、ちょっと、どうしようかって。

おわりに

桃子さんは、地域おこし協力隊で出会った彌重さん、昨年生まれたせんちゃんという可愛い娘さん、文鳥と一緒に暮らしている。甫母の岸辺で収穫したヒジキを一年間そのまま熟成させたヒジキは絶品である。インタビューの最後に「松田さんを一言で言うと？」と聞くと、桃子さんは、次のように答えた。

楽しそうな大人の中心におる人。あの二三歳の時に、楽しそうな大人を見れたっていうのは、すごい良かったと思うんですよね。しんどそうな大人しか知らなかったんで。無理してる大人しか。

ぶっ飛んだ人はようけいましたけど、そのくずれてる姿っていうか、楽しそうに酒飲んでる姿とか、見たことがないっていうか、見てなかったから。ほんま楽しそうやな、この人みたいなんって、それまで思ったことなかったですね。

私が書き起こしたインタビューの草稿を読んだ桃子さんは、補足説明を加えて書き直し、送り返してくれた。その時のメール（二〇一九年一〇月二〇日）を紹介して、本章を終えることにしよう。

母からの呪縛から解けていくプロセスが、熊野移住→結婚→うつ病→甫母移住→出産のそれぞれをきっかけ

に進んで行ってるんやなと、草稿読みながら思いました。

あと、松田先生と仲間たちを、楽しそうな大人、と感じたのは先生役割を演じてないとこやったなと思いました。教師と学生やと上下関係が生じるけど、松田先生たちと学生の関係って、わりと対等で、ちゃんと一人の人として扱われてるのが嬉しかったんです。

役割演じてると、例えば母親だからこうしないといけない、子は親に逆らってはいけないとか生じてきて、両者とも怒り溜めることになります。わたしは大人とはそういう対等じゃない関係しか知りませんでした。役割から自由な（と私には見えた）松田先生たちは、気負いがなくて楽そうに見えました。

＊本章は、彌重桃子さんと彌重量さんへの聞き取り（二〇一九年九月一六日、甫母町の彌重さん宅）を元に田原範子が構成した。

●第2部　であう

水平線の白い光——飛び立つこと

田原範子

「どうしたら、松田先生みたいに好きなだけ海外に行きながら、生活できるんですか?」私は、ぶしつけに尋ねた。「ほうやな……大学院に行くことだな。大学院に行けば、海外に行く奨学金が山ほどあるぞ」松田素二先生は、遠くを眺めながら言った。そして紅茶の入った私のティーカップに、ブランデーをたっぷりそそいでくれた。

その答えは、私を驚かせた。彼は、私の学力、仕事、年齢、障害などまったく気にせず、ただ「遠くに行ってみたい」という私の思いだけを汲みとってくれていた。私は大学の夜間部に在籍する公務員で、そろそろ三〇歳になろうしていた。一歳半の子どもを育て、両足には義足をつけている。松田先生は、こうした事情を知りながらも一顧だにせず、私に飛び立つ方法を教えてくれたのだ。

研究室の窓の向こうに、新緑の葉につつまれた木が見えた。それは一九八九年五月のことだった。

＊　＊　＊

ところどころ岩が隆起する砂混じりの断崖を、ランドクルーザーはタイヤを滑らせながら降りていく。二〇一八年八月、アフリカ大地溝帯・北西部の底にあるアルバート湖へ、私たちはエスカープメントを下っていた。ここは、東アフリカのウガンダ共和国の西の端、アルバート湖の向こうはコンゴ民主共和国だ。

ドライバーはラバン、知り合って一〇年になる。ラバンはルワンダ出自の若者で、いつも優しい笑顔を浮かべている。ラバンの出身地域、ウガンダ南西端の町キソロを含む一帯は、一九一〇年五月一四日のブリュッセル会議で、ドイツ領東アフリカのルワンダから英領ウガンダに併合された。彼の母語はルワンダ語だ。

後ろの席にはバロレ。私が国際協力事業団ＪＩＣＡの貧困撲滅プロジェクトによって派遣された二〇〇一年当時から、フィールドワークを手伝ってくれている。ＪＩＣＡのプロジェクトは二〇〇二年に終わったが、ここの人びとに魅せられた私は、その後も日本学術振興会の科学研究費やトヨタ財団の研究助成で研究資金を調達し、勤務先の大学の研究休暇を使って年に二回のペースで湖岸のルンガ村を訪れ、移民や難民の日常生活にかかわるフィールドワークをしている。

ウガンダは、かつてチャーチルが「アフリカの真珠」と呼んだ緑溢れる美しい国で、一九六二年一〇月に英国保護領から完全独立を果たした。日本の本州とほぼ同じ面積の国土に三四〇〇万人が暮らしている。首都はカンパラ、「インパラの場所」という意味だ。アフリカ大陸最大の湖、ビクトリア湖を中心とする内陸部はアフリカ大湖地域と呼ばれ、豊かな地下資源を埋蔵している。

しかし、人びとがその富を享受することはなかった。独立前後から大湖地域では政治変動が激化し、動乱、紛争、内戦、虐殺のなかで大勢の難民が排出された。ここルンガ村も、住民の八割はウガンダの西側、コンゴ民主共和国（旧ザイール）から来た移民・難民である。

バロレは、アルバート湖岸地域で漁労と狩猟をして暮らしてきたニョロ系グング人の末裔で、二〇〇二年にルンガ村の村長になった。母語のグング語はもちろん、ニョロ語、アルル語、スワヒリ語も流暢に話す。彼の優しい物腰、思慮深い振る舞いは、とりわけ女性たちから支持された。しかし、毎日のように起きるけんか、盗難などの調停に疲れたちょうどその頃、夜中に強盗に押し入られて負傷し、二〇〇五年にルンガ村を去った。彼が四〇歳の時だった。しかし、私の調査のためにこうして毎回、フィールドへ同行してくれる。

この村を去ってから、バロレは父から相続した土地で農業する傍ら、穀物仲買業をしていた。ところが、ここ数年の穀物価格の下落で商売に行き詰まり、借金の返済が滞って貸し主に訴えられた。そして監獄に入れられ、出所したところだった。

さらに急な下りにさしかかった。ラバンはさらに慎重に車を進めるが、バロレは英語で滑舌良くしゃべり続けていた。

「プリズン（監獄）で何が一番大変か、わかるかな。水だよ。水。たとえば面会人がマンダジ（揚げ菓子）を持って来てくれたとするよ。そしたら、それを一つ看守にあげて水五リットルをもらうんだ。そうして水浴びする」

半年ぶりに再会したバロレは、もともと痩身だったが、さらに痩せて、ベルトをしていてもズボンがずり落ちそうだ。

「タハラ、ここで写真を撮るのだろう？」

私が訪問のたびに湖岸を眺望するこの地点から写真を撮ることを、バロレは覚えていた。

「すぐ戻ってくるね」と声をかけてドアを開けると、ラバンがフットブレーキを踏みしめ、ハンドブレーキを左手でつかんでうなずいた。私は砂利で滑り落ちないように気をつけながら前方の岩場に行く。足下にできる影は、小さく濃く丸い。赤道直下の太陽はまぶしく、その熱線は、帽子をかぶった頭を、UVカットシャツの下の肩を、じりじりと焦がしていく。

湖が広がる。湖の向こう正面には、ブルーマウンテンの山並みが見える。本当に青い。湖岸線は弧を描き、右の方には三角形に突き出した緑の岬が見える。保護領時代に中継港として栄えたブティアバの町だ。左の方へは波打つように湖岸線が伸びている。岸辺の赤土に、無数に散らばる点々は、茅葺きの屋根の家々だ。その中にところどころ銀色に光っているのはトタン屋根の家だ。来るたびにトタン屋根の家が増えてくる。

あそこにジェナロとバティスタがいると思うと、私はひとりでに笑顔になってしまう。二人ともバロレ同様、二〇〇一年から私のフィールドワークを手伝ってくれている。ジェナロは西ナイル地域出身のアルル人、しなやかな身のこなしで飛ぶように歩く。船大工だが、仕事が少ない昨今は、漁にも出る。バティスタはキトゥグン出身のアチョリ人で、小柄で力が強く、働き者だ。彼は、アルバート湖岸のボート・タクシーの仕事をしていて見つけたこの村で漁師になった。漁民が増えて漁では生活が立ち行かなくなった今は、綿花や野菜を栽培し、炭を焼いて暮らしを立てている。

車が村に入ると、子どもたちが私を見つけた。

「サアラ、サアラ、バイバーイ」

口々に叫びながら寄ってくる。タハラは発音しにくいのだろう、子どもたちは私をいつもサアラと呼ぶ。なぜ「バイバイ」なのか不思議なのだが、「帰って来たよ。元気だった?」とアルル語で挨拶を返して、思いっきり手をふる。「元気!」と口をいっぱい開けて笑いながら、車を追いかけてくる。覚えてもらえていたこと、再会できたことが、本当にうれしい。ここを訪問するたびに、人の命ははかないものだと教えられるできごとがある。ラバンは運転席の窓から手を振って、「危ないから向こうに行って!」と追い払おうとするが、子どもたちはなおも大笑いしながら、服に風をはらませて、細い手足で駆けてくる。

ふと私の子どもが六歳の頃を思い出した。私がアフリカから帰ると「お母ちゃん、ピョン」と腕の中に飛び込んできたものだった。

三〇〇〇人余が暮らすこの村にはロッジが一つだけある。ベッドだけの部屋が中庭を囲むように一五室あり、漁から無事に戻った若者が、その日のあがりで集うバーが併設されている。売春宿を兼ねているので、部屋の柱にはコンドームがはさんである。ここは、自由と自立を求めて若い男女が出稼ぎにくる村でもある。私たちはロッジの部屋の鍵をもらい、荷物を入れてから、警察署へ行く。車を夜間、安全に保管してもらうためだ。

ところが、半年前にあったはずの警察の建物が見当たらない。強い日差しのなか周囲を見渡すと、屋根だけ作られた小屋のようなものがあり、その影の中に、男たちが三人横になっていた。警官たちのようだ。私は帽子をとって挨拶し、しばらく村に滞在するので車の面倒をみて欲しいと頼む。そして「これでソーダでも」と二万シリング（現地の感覚だと五〇〇〇円くらい）を渡すと、にっこり笑い「ありがとう。車は安全に保管する」と敬礼してくれた。

ロッジにはジェナロとバティスタが到着していた。このロッジが建ったのは二〇一三年のことだ。中庭の小さかった苗木が、今は大きく成長し、樹上では鮮やかな黄色の小さな鳥が高い声でさえずっている。私たちは早速、木陰に椅子とテーブルを出してもらい、飲み物をオーダーする。バロレはコーラ、ジェナロはスプライト、バティスタはミリンダ・オレンジ、ラバンはショウガソーダ、私はクレスタ。冷えていたらなあ〜と思うのは私だけのようで、みんなボトルの蓋を歯であけ、美味しそうに飲み始める。私たちは半年ぶりの再会だった。

「警察署はどうしたの？　なくなってたよ」私はジェナロとバティスタの顔を見る。メガネの奥のジェナロの目が笑っている。バティスタは今にも吹き出しそうだ。

「焼かれたんだよ」二人は同時に答えた。

私はバロレと顔を見合わせる。ラバンは大きな目を更に大きくしている。

「誰に？」

「村人さ」

この村では夜の小魚漁が盛んだ。集魚のためにケロシン燃料によるプレッシャーランプが使われてきたが、二〇一四年以降、この村に参入したルワンダ系の漁民がLEDランプを導入した。LEDランプはケロシンランプに比べて高価だが、ソーラーパネルでバッテリーを充電できるので燃料がいらない。そして水上でも安定した光を灯すため、漁民たちの垂涎の的になっている。

ある若者が、ある女性漁師の気を引くためにバッテリーを盗んでプレゼントした。しかし、盗まれた側は湖岸のボートを調べて、すぐにバッテリーを発見した。話し合いの場がもたれ、女性漁師は盗まれた側にバッテリーを返還し、慰謝料を支払い、盗難事件は解決済みとなった。しかし、警察は盗んだ若者を逮捕し、留置所に入れた。若者は逃げようとしたところを警察につかまり、殴り殺された。LEDランプのバッテリーを盗んだのはアルル人、盗まれたのはルワンダ系住民だった。

ジェナロが続ける。「殺された若者の親戚や友人のアルル人たちみんなで警察署を襲った。手に手に長刀をもって押しかけて、焼き払ったんだよ。警察署も、中のファイルも全部。バイクもね」

「ファイルも全部？」私が聞くとジェナロは「そうだ」と笑う。この笑顔を見て、私はジェナロも襲撃に加わっていたと確信した。彼は第二次オボテ政権時代（一九八〇—一九八五年）、軍隊に加わり、北朝鮮の軍人による訓練を受けていた。彼から聞く当時の話はあまりに生々しかった。何気なく「人を殺したことがあるのか」と聞いた私を、ジェナロは「本当に知りたいのか」と見つめた。私は言葉を失い、そんな問いかけをした自分を呪ったことがあった。

「中に警官はいなかったのか」バロレが聞く。

「ほぼ全員、出払っていたよ。中に一人いたんだけれど、奴は、事件に直接関係なかったから、どうにか許してもらって逃げた。何もかも焼いた後、バッテリーを盗まれた男の家に押しかけたんだ。ルワンダ人さ。そいつはもう逃げて家にはいなかったけど、みんなで家を焼き、残されていたバッテリーもバイクもボートも漁網も、全部焼いたのさ」

ジャナロは満足そうだ。

その後、ホイマから派遣された警官たちが、アルル人たち数十人を逮捕し、ホイマのプリズンへと連れて行った。また県庁から来た役人たちは、混乱収拾のために村長選挙を実施し、アルル人の村長を選出させた。そして今、警察署の建てなおしは、ルワンダ人たちによって行われている。

「逃げたルワンダ人はどうしたの」同じルワンダ系のラバンが遠慮がちに聞く。

「もう別の村で暮らしているよ」ジャナロが答えた。

持たないものと持つものの境界が一人の若者の死を招き、その死がアルル人とルワンダ系住民の抗争をもたらした。この村では、二〇一一年にも綿花畑を荒らした牛をめぐり、アルル人とルワンダ系牧畜民とのあいだで抗争が起きて、アルル人三人が虐殺され、ルワンダ系牧畜民たちが焼き討ちにあった。


抗争や虐殺は他人事でもなく過去の出来事でもない。バティスタの出身地、ウガンダ北部は、一九八一年以降、現大統領ムセベニによるゲリラ活動の場となり、その後「神の抵抗軍」による内戦が一九八七年から二〇〇九年にかけて続き、村人たちの虐殺が繰り返された。バティスタたち一族は内戦を避けて湖岸地域やウガンダ最北部へと逃げ、一族は現在も離ればなれに暮らしている。

そうした強いられた移動の生活のなかでも、バティスタは女性と出会い、子どもをもうけてきた。彼はたんたんと語る。


私の第一妻は、北部の町グルで、教会が設立した病院で看護師として働いていた。ところが、ムセベニが反乱を起こした頃（一九八一〜一九八五年）、道路が閉鎖されてグルから出られなくなった。彼女と私は会えずじまいになり、二年間が過ぎた頃、やっと彼女は政府軍に救出されて戻って来た。その間に、私は第二妻に出会っていた。彼女は、前二回の結婚で子どもに恵まれず、産めない女だと思われていたが、私たちは幸いにも一人、子どもを得ることができた。二人の妻と子どもたち、母や弟たちのために私は必死で働いた。ボート・タクシーの車掌もしたし、湖岸の魚を北部へ売りに行く仕事もした。そして北部で行商していた頃、ルグバラ人の女に出会って妻にした。ほら一昨年、みんなでアルアに行った時、私に会いに来た息子の母親さ。

現在、バティスタは第四妻とこの村で暮らしながら、他の妻たちの住む町を定期的に訪問している。バティスタがさらりと言う。「アチョリ人は、そういう経験を忘れることで生きてきた民族だよ。そうしないと生きてはいけないんだ」

「バロレ、プリズンの生活はどうだったんだい？」ジェナロが聞く。バロレがプリズンに入れられたのを、最初に国際電話で私に伝えてくれたのは、ジェナロだった。

バロレが少し恥ずかしそうにまばたきをし、私たちを笑顔で眺めた後、いつもどおり歯切れ良く話し始めた。

プリズンの中の言葉はスワヒリ語だけだ。最初に部屋に入る前に、中にいる人たちにスワヒリ語で挨拶をしなければならなかった。名前、出身地、罪状を言う。もしスワヒリ語が話せなければ、ムチで打たれて放り込まれるだけだ。

スワヒリ語は、東アフリカ全体で使われる共通語で、英語に次ぐ第二公用語とされているが、ここウガンダではアミン政権の暗い記憶から、スワヒリ語に否定的な感情をもつ人が少なくない。一九九二年の政府白書でスワヒリ語を義務教育として導入することが提案され、二〇一六年には高等教育でのスワヒリ語教育導入が提唱され、政府主導でスワヒリ語の普及が試みられている。しかしスワヒリ語教育導入のためには、人びとのスワヒリ語に対する否定的感情を解決することが先決だといわれる。

バロレにとって、軍隊の言葉、アミンの言葉として嫌われているスワヒリ語を強要されるのは、屈辱的なことだったようだ。さらに、混み合ったプリズンでは、マットレスをそのまま使うこともできず、縦半分に切るか、二つ折りにして縫い合わせなければならなかったという。

さほど大きくない横長の部屋に五二人もが入れられた。寝る時は長い方の両端に頭を置いて、真ん中で足が重なるようにして、全員が同じ方向を向いて眠っていた。あまりにも詰め込まれているので、寝返りしたくても一人ではできない。だから、みんなで一斉に寝返るんだ。しかも夜は話してはいけない。シラミがひどかったね。南京虫もいたけれど、みんなで噛まれていたから、それほど沢山噛まれることはなくてよかった。

中庭を囲むように一号室から六号室まであり、食事は部屋ごとに中庭に順番に出されて食べたという。けんかにならないように、月曜日は一号室から、火曜日は二号室からという具合に配慮されていた。プリズン内の仕事も、部屋ごとに担当があり、バロレが最初に入った一号室は調理担当で、朝六時から働いたという。食事は豆とポーショ（トウモロコシ粉を練ったパン）二かけだが、若者たちにとっては少なすぎる上に、重罪を侵した人には半分しか与えられなかったとバロレが気の毒そうに言った。

プリズンには、逃亡を防止するための規則もいろいろあった。たとえば、中庭で空を見上げてはならない、監房内では立ち上がらず、ひざまずいて移動しなければならない、他の入所者たちと親しくしてはいけない。しかしバロレは、半年ほどの滞在中に、入所者たちの相談相手をするようになった。その人柄ゆえだろう、退所する人たちが、毛布やシャツなどのプレゼントを彼に残していったという。

プリズンでは、囚人や家族によってかけられる呪術への警戒も怠たられることはなかった。

妻が、揚げたティラピアを持って来たことがある。本来、調理した食品は持ち込んではいけないんだ。でも、一尾を看守に渡して三尾食べることができた。なぜ駄目かっていうと、そこにハーブが加えられている可能性があるからだ。ハーブを使って脱走させようとするんだ。つまり、それを食べると、その囚人、とりわけまだ刑が確定していない場合、その人が王様か何かのように見えるようになり、ついうっかり刑務所から解放してしまう危険性があるからだ。そんなハーブがあるかどうか知らないが。（「あるよ」とジェナロが言う。）特にお粥は、中に何が入っているかわからないので、差し入れは許されない。

自殺者もいたね。首つりさ。首はどうやってもつれるもんだよ。毒による自殺もあるから、ハーブは一切持ち込めない。

ハーブによる呪術は、アフリカでは一般的だ。呪術は、その社会における神話と人間の欲求が結びついてもたらされた宗教的実践である。どの社会においても人間は、不確かなもの、偶有的なものに対してさまざまなアプローチを試み、理論と行動体系を作り上げてきた。たとえば病気に対する医学・医療、スポーツ観戦における応援、日常生活における通過儀礼や農耕儀礼などだ。それらと同じく、呪術もまた、災厄や災難にたいしてその理由を明示する理論体系である。プリズンでは、誤って囚人を解放する、死なせてしまうなどという出来事に、ハーブによる呪術という説明が用意されているのだ。呪術は、近代社会における遺物ではなく、不確かなものを必然へと変換する仕掛けであり、日常生活のなかに埋め込まれた文化装置だ。

近代社会の「衛生」という観念は、プリズン生活をより過酷なものとしていた。欧州の人権団体がホイマのプリズンを訪問し、プリズン内のバケツトイレを不衛生だと指摘した。その結果、プリズン外に水洗トイレが作られたが、もともと水道はないので流せない。そこで囚人のトイレ使用は一日一回、五リットルの水を配給して流させることになった。

バロレは続けた。

トイレは、ナンバー五と呼ばれていた。ナンバー五は命令によってのみ実行できる。部屋ごとに呼び出されて、トイレに行かなければならない。呼び出されると四列にしゃがんで並び、ゆっくりと前進していくんだ。看守が「ヌスヌス、ヌスヌス」と声をかける。スワヒリ語で、半分、半分っていう意味さ。ゆっくり進む。やっとトイレにたどり着くと、ゆっくり座るまもなく、「トカトカ、トカトカ」と言われる。出て行けってことだよ。ところが不思議と、そのタイミングで出るようになるんだな。小の方はナンバー四だったね。ナンバー四は行きたい時に行けたから、良かったよ。

バロレは笑顔で話すが、私は、バロレがそんな暮らしをバロレが半年近くしていたと思うと胸が痛かった。二月にジェナロからバロレ逮捕の知らせを電話で受けて、私はすぐに返済金を用立てたのだが、こんな状況のまま七月まで解放してもらえなかったのだ。

バティスタがうなずきながら「プリズンに入ったことはないけれど、留置場も似たようなものだったよ」と言った。

「パニムールの留置所に入った時、二日間、トイレに行かせてもらえなかったよ。だから食べ物は出されたけれど、全部、拒否した。そしたら警官が来て『なんで食べないんだ』って怒るから、『出せないのに、食べられない』って言ってやった」

バティスタが留置所に入れられたのは、ある少女を妊娠させ、その姉に訴えられたためだった。彼は、警察に四万五〇〇〇シリング、少女と姉に二〇万シリングを支払って解放された。その少女は、今はパクワチで他の人と結婚している。

「さっきのハーブの話だが」とジェナロが話し始めた。「俺の腹違いの兄の娘は、片足が麻痺している。タハラも知ってるだろう」

「パモラ村にいる子だね。一〇歳くらいで、棒を使って歩いてる子」

「あの子は、レンドゥ人のハーブにやられたんだ」

土のなかにハーブなどを埋めるのは、一般的な呪術の方法だ。そこを踏むと、足が腫れたり、自転車のタイヤがバーストしたりする。それを避けるために、足首に黒いゴム輪をはめているアルル人もいる。バロレやラバンのようなバンツー系民族の呪術より、ジェナロやバティスタのようなルオ系民族の呪術のほうが強力だと彼らは主張する。

「ジェナロもハーブを持ってて、警察に捕まったことがあるよね」私は思い出す。

「あの時は、ナイル川を渡るフェリーに乗るためにパニムールで待っていたら、誰かが警察に通報したんだ。ハーブで殺人を企てている奴がいるって」

「なんでハーブを持ってるってばれたんだ?」バロレが聞く。

「あのハーブはひどい臭いがするんだ。それでばれた」とジェナロがにやにや笑う。

警察の留置所に一晩泊められたジェナロは、ハーブも金も取り上げられて解放された。そのハーブを使って、大切に隠していた金を盗んだ人に報復しようとしていたが、企みは失敗だった、とジェナロはすまして言った。

木陰にいた私たちに日が差してきた。太陽が湖の方へ移動したのだ。私たちもテーブルと椅子を少し長くなった木陰へ移動させて、同じ飲み物をもう一本ずつ注文した。

「しかし、バロレ、なぜ借金なんかしたんだ」バティスタが聞く。

「学費のためだ。やっと三人の教育が終わった。残りの借金はタハラが返金してくれたし、あと五人は、最初の三人が手伝ってくれるからもう大丈夫だ。でも、また最近、次男がちょっと困ったことになっててね」

次男の問題とは、就職のことだった。彼はムギサ Mugisa だが、小学校の卒業証明書にはムギシャ Mugisha と書かれていた。ニョロ系グング人は名前にHを入れないが、卒業証明書を書いた副校長がアンコレ人だったので、アンコレ流にHを入れてしまったのだ。出生証明書はムギサ、卒業証明書はムギシャで、就職先に同一人物であることを証明する手段がなく、困っているという。

「公証人のところに行って、ムギサとムギシャが同一人物だという証明書を書いてもらうと良いよ。僕も似たようなことを経験しているんだ」とラバンが言う。

ラバンも名前のトラブルを抱えていた。彼の父はウィリアム、自分がラバンで、出生証明書には「ラバン・ウィリアム」と記載されている。しかし彼は、小学校の卒業試験を受ける時、同級生たちには姓があるのに、自分にはそれらしいものがないことに気づいた。親に聞いても他の名前はないと言う。当時から敬虔なクリスチャンだったラバンは、「神とともにある」という言葉、ンディクエラを自分の姓にすることを決意した。そうして小学校、高等学校では「ンディクエラ・ウィリアム」という名で卒業証明書をもらった。ところが、就職の時に出生証明書と卒業証明書を提出したところ、「あなたは誰だ?」と問われて、初めて事の重大性に思い至った。

名前をつけてくれた親には言えず、兄一人だけに相談し、公証人に書類を書いてもらい困難を切り抜けたが、その後の転職時にまた同じ問題が起きた。今は弁護士に相談して、学校関係の書類の書き直しを試みているという。

「そういえば、バロレの甥も同じようなことがあっただろう」バティスタが問う。

バロレの兄は、息子の寄宿学校に行き、面会を希望したが、舎監にそんな生徒はいないと断られた。そんなはずはないと訴える兄の顔を見て、舎監はこう言った。「ひょっとしてあなたの息子は、スミスと呼ばれている生徒かもしれない」と。

はたして、呼ばれてきたスミスは、彼の息子だった。

「本当の名前はなんていうの？」私はバロレの兄の柔和な顔を思い出した。きっと息子も柔和な顔をしているのだろう。

「アガバ・ハピ」

「誰も知らなかったの？」スミスとのギャップに私は笑ってしまう。

「誰も。私の娘だって学校ではローズと名乗っていたんだよ。本当はサニタだけどね」とバロレも笑う。

若者は、ヨーロッパ的な名前に惹かれるのかもしれないと切なく思いながらも、私は感心した。ラバンも彼らも、一〇代の若さで、自分の判断で名前の変更をなしえた。名前を自分で選択するという意志が、すでに醸成されていたのだろう。

「実は私自身、自分の名前が二つあると小学校四年生まで知らなかったんだよ」とバロレが告白する。

彼はずっと自分がムウェシゲだと思っていた。ところがある日、母に呼ばれて「お前の名前はバロレだ」と言われた。いとこの義兄が大臣に選ばれた日に生まれたので、父がバロレとつけたという。バロレはグング語で「みんなに知らせなさい」という意味だった。それから彼はバロレと名乗るようになった。バロレの名前が、かつてムウェシゲだったということを知る人はほとんどいないだろう。

私は、すっかり忘れていた四〇年以上も前のことを思い出した。占いに依存していた母は、私が小学校四年生の時、家族全員の名前を占いによって変更させた。私が四歳の時の交通事故で両足を切断したのも、商売がうまくいかないのも、名前の画数が悪いからだという理由だった。私は、日常生活でも学校でも「紀余美」と名乗ることになった。母も「陽子」から「香保利」になった。

高校に入学した日、クラス別オリエンテーションで担任の左近弘治先生が「私たちは今日から君たちを大人として扱う。……君たちには、いくつか名前がある者もいるだろう。今から配る紙に、高校で自分が使いたい名前を書いて下さい」と言った。今にして思えば、先生は在日朝鮮人の生徒たちを念頭に置いていたのだろうが、私は自分のことだと思った。この時やっと、紀余美を範子へと戻すことができた。

「バティスタも名前を変えたよね」

私はウガンダ全土で行われた二〇一四年の国民ＩＤカード登録の時のことを思い出した。あの時、この村のコンゴ民主共和国出身の若者たちはＮＲＭ政党（現大統領ムセベニの政党）への賛意を表明することで、ウガンダの国民ＩＤカードを得ることができた。

「あの時は、アルル人が多いニョヤ県で畑を耕していたからね」

バティスタは二〇一〇年頃に遠い親戚からニョヤ県の土地を分けてもらい、食べていけるめどが立てば移住しようと考えていたのだった。

「奴らはアチョリ人を目の敵にしていた。土地を奪いにきたと思われていたんだ。良い機会だったから、キニャラ・バティスタを、アルル人っぽく、オニャラ・バティスタにしたんだ。父の名のアジョレはそのままにしておいたから問題ないさ」

「なるほど」アルル人のジェナロが納得する。

しかし、せっかく耕していたニョヤの土地のキャッサバも、メイズも、綿花も、全部牛に踏みつぶされて収穫できず、もう二度とニョヤには戻らないとバティスタは決意していた。そのうちニョヤを訪問しようと楽しみにしていた私は残念だった。

私は、松田先生の教えを思い出す。「アフリカにおける民族は、植民地化・国家形成という上からの『支配の必要』と、アフリカ人が日々生きるための『生活の必要』との間のせめぎあいの産物であり、時と所に応じて変幻自在に正体が変化するものだ」。民族の境界を固定的なものとしてイメージする私たち自身の幻想によって、アフリカにおけるさまざまな紛争は民族対立として表層的に解釈され続けてきた。

「ジェナロも名前のことで夫婦喧嘩してたよね」と私が言うと「もう、あいつとは別れたさ」とジェナロが笑った。ジェナロの名前は、ジェナロ・オネギウ・オウンギという。ジェナロは洗礼名、オウンギは父の名前、いわゆる姓である。オネギウは、アルル語で「おまえを殺す」という意味だ。彼の兄や姉が幼くして死んだので、この子も殺すなら殺してみよという つもりで母が名づけた。ジェナロの家族や親族は彼をオネギウと呼ぶ。ところがジェナロは、自分のアルル名がオネギウだということを第二妻（当時）に話していなかった。

ある時、第二妻がジェナロの生家に一人で帰省した時、みんなが口々に「オネギウはどうしていますか」と尋ねるが、彼女はオネギウが誰なのかわからず、答えあぐねた。その後、ジェナロから、オネギウが自分のことだと聞かされ、彼女は「なぜ教えてくれなかったの」とジェナロを責めた。しかしジェナロは「私の名前はオネギウだ。何か問題があるのか」と彼女を投げ飛ばしてしまったのだ。ジェナロは、軍隊時代に空手も学んだことがあり、腕が立つ。

「この前、故アミンの息子が名前をいつわってキリヤンドンゴ県の県議会選挙に出て当選してしまったよ」政情にくわしいバロレが言う。当選後、名前を偽っていることが判明し、当選を辞退させられたという。

「親はね、子どもに名前の意味を伝える必要があると思うよ」とラバンが静かに言う。

「僕は、ラバンという名前が厭だったんだ。でも大きくなってから、母に名前の意味を教えてもらった。母たちの言葉で『清らかなもの』を意味すると聞いて、好きになった」

「日本語でいうと、キヨシだね。良い名前だよ」私は、連れ合いの潔を思い出していた。

「日本にも同じ名前があるんだね」ラバンが笑った。

ロッジの外から人びとの声や足音が響き始めた。そろそろ出漁準備の時間だ。

「岸の様子を見に行かない？」私は彼らに声をかけた。

岸辺には木製のボートが並び、漁師たちがランプと漁網を積み込んでいる。黒いなだらかな影となったブルーマウンテンの向こうに日が沈み、空から光が消えていく。ボートの後ろに座った上半身裸の男が、勢いよくオールを漕ぐ。ＬＥＤランプの明かりに照らされた黒い半身が光っている。みるみるボートは岸を遠ざかり、暗い湖面が光に照らされていたかと思うと、間もなく白光色の点になる。

そして、水平線に一連の白い光が並び始めていた。

＊　＊　＊

あれから三一年――「現場へ」と促してくれた松田先生の助言は、私にいろいろな出会いをもたらしてくれた。数年前、松田先生はしみじみと言ったことがある。「みんなすくすく育っていくのに、お前は育たないなあ……」。確かに、なぜだか私は進化や深化に無縁だ。けれども、アフリカの人たちと日常を共にすることは、かけがえのない喜びを私にもたらしてくれる。アフリカの人たちにそう思ってもらえる日が、いつか来てほしい。

アドバイザーとその公共性――「目ん玉怪人」回想録

梅屋　潔

はじめに

松田さんは、即興的に人にあだ名をつけるのがうまい。

もちろん、「名づけ」は、支配の一形式に他ならないので、時にそれは反発を招く。また、うまいあだ名というのは、当人の特徴的な部分をデフォルメした形で表現されることが多いから、当人にとっては、不本意かつ、不愉快なことが少なくない。

松田さんの場合は、その他の言動が体制的でないためか（どころか「心は真っ赤」[1]といわれることもある反体制だった過去をもっているのは周知のことである）、支配的な空気が漂うことは少ない（例外はある）。人徳であろうか、多くの場合に当人も甘んじて受け入れている場合がほとんどだ（これも違うかもしれない）。

即興だから、その多くがその場で消えてしまって、いまここで全体像を描き出せないのが残念だ。はらわたがねじれるくらい笑ってしまう、面白かったものもあったはずだ。表現も平明で、「そこまで言ってええんかい」と思うようなものも少なくないし、目上の人間や権力者にも容赦ない。

たぶん尊敬してやまない先輩研究者であるはずの長島信弘さんのことはデーモン・ナガシマ（中林伸浩さんとの対

比では、デーモン・ノブヒロとセイント・ノブヒロ)。他にも、たとえば、「顔が畳十畳分ほどの広さを持つ」誰々、とか、「還暦マン」誰々、とか、「怒りん坊」など[2]。

クラスを混同したままがしがし使うスワヒリ語には「関西弁スワヒリ」。これも話者は、スワヒリ研究の大先達である。

筆者には、かつて「目ん玉怪人」というあだ名が付けられたことがある(が、現在は単に「梅」と呼ばれることが多く、めったにつかわれない。松田さん当人は、「目ん玉怪人」のことはすっかり忘れているかもしれない)。まあ直接当人にはそんなあだ名を使うことはない、ということもあるだろう。

意趣返しのつもりはないが、お孫さんができてからは、すっかり「おじいさん」が板についた松田さんに、私はモトジイのあだ名をつけてみたが、やっぱりセンスがいまひとつ。予想通り、まったく定着することはなかった。

この小論は、「目ん玉怪人」が、「モトジイ」について覚えている記憶をつづったものである。

1　邂逅　西ヶ原、池袋

「目ん玉怪人」こと筆者が、モトジイこと松田素二さんに最初に出会ったのは、まだ西ヶ原にあった東京外国語大学AA研の、懇親会の席だった。一九九一年ごろだっただろうか。

例によって、「畳十畳分ほどの」顔の大きさをもつ方も一緒だったと記憶する。

似たような文脈で、伝説の上田將さんにも初めて出会った。吉田禎吾先生が、「ほとんどカンバ人。インフォーマントとして通用する」と形容していた本格派だ。覚えている話だけ紹介すると、「あいつ、つまんないこと知ってんだよね。カンバ人は畑でゴキブリを、うっかり殺してしまうと、葬式をするんだよ。なんでだ？　と聞いたら、『先生、当たり前じゃないですか。人間もゴキブリも「ハンター」のカテゴリーに属するので、葬式の対象なんです』

ていうんだ。俺ならそれで論文一本書くけどなあ」

研究会は、日野瞬也さんが主宰ではなかっただろうか。部外者である私を手引きしてくれたのは和崎春日さんだろうと思う。

初めて会った「モトジイ」は、例のデニム姿で、学生と見間違うような若々しさと腰の低さだった。並んでいた栗本さんが、年齢不相応に落ち着いていた、ということもあるかもしれない。

その後、大塚駅近辺の中華料理屋かなんかで二次会によんでもらった覚えがある。かすかな記憶では、どこかの海外調査にお誘いいただいたような気がする。たぶん科研のプロジェクトだろう。パスポートも持っておらず、あまり事情がわからなかった私は即答できなかった。

松田さんと栗本さんの、「最近の若い奴はこうなんやな」というため息のようなコメントが印象的だった。「我々が学生のころは、一も二もなく、お願いします、やったけど」。

この点からも、松田さんのフィールドワーカーとしての立場が表れているようにも思う。まずはとにかく、行くのだと。行動派なのである。

当時の私は、吉田禎吾先生の影響で、ゆくゆくはアフリカで人類学の調査をしたいと考えていた。慶應義塾大学の学部学生だった。

その後大学院に入ってからも、同じAA研で開催された、アジア・アフリカニスト会議などで宴席では何度かお見かけした。

一度は池袋で、タバン・ロ・リヨン[3]やキマンボ、アモアなど、アフリカ人の研究者たちを交えて、結構朝方近くまで飲んでいたような記憶がある。

会計の段になって、モトジイは、「おれがまず一万出す」と颯爽と諭吉を一枚出したのだが、その時の会計はなぜか単純に人数で割っても一人一万円を超えていた。

「松田さん、割り算ができないんだから」と、ある研究者が笑っていたのが記憶に残る。

池袋を中心に何度か遭遇し、そのたびに明け方近くまで酒席を共にしたのだと思うが、二度とフィールドワークのお誘いはいただけなかった。「断ったやつ」というカテゴリーだったのかもしれない。

もう一つよく覚えているのは、同じAA研で行われた懇親会で、松田さん、栗本さん、そして真島一郎さんが、そろって、江口一久、原口武彦さんたちから逃げ回っていたことだ。

お酒が好きな方々がそろって逃げ出すとは、いったいどんな妖怪なのだろう、と私は驚いたものだった。

江口さんや原口さんにどんなあだ名をつけていたのか、聞いてみたいものである。

ただ、このあたりのことはモトジイは、たぶん確実に覚えていないだろうと確信している。人の顔と名前が一致しないことでは、人後に落ちないところがあるからだ。よく会場の隅に呼び出されて、「あの人、誰やっけ」と人の名前――それもモトジイの立場からして知らないわけがない、というか知っていなければならない人物――の名前を確認されたことがあるのは、私だけではないはずだ。

2　邂逅　ウガンダ、カンパラ、アチョワ

「目ん玉怪人」がアフリカ、ウガンダの地を踏んだのは、一九九七年のことだった。池袋の邂逅からは数年後のことだった。一橋大学の博士課程に進み、日本学術振興会の特別研究員に採用されたことで渡航に踏み切れたのだった。

いろいろあってその調査はあまりうまくいかず、そのまま採用期間は切れてしまった。

採用期間が切れる直前、長島信弘さんがウガンダに来る、というので、その調査団に同行したのだった。(4) その時

写真１　デーモンとモトジイ　マケレレゲストハウスの前で

は、河合香吏さん、波佐間逸博さん、田原範子さんが一緒だった（田原さんについては、これより前に、「酒の瓶」みたいなやつがおる、という噂をモトジイから聞いていた）。大使館とＪＩＣＡの人たちの車に便乗して、ウガンダ北東部のアチョワという村へ向かった。

放し飼いになっている村の鶏を追っかけながら「ここのどこに貧困があるんや」とモトジイは大声でさけんでいる。それでいてデーモンが「貧困」についてプロジェクトの概要をしゃべりだすと、すました顔で聞いている。不思議なもので、誰に対しても厳しいデーモンは、モトジイを目のなかに入れても痛くないくらい、可愛がっていたのだった。

何か説教めいたことを聞いたのは一度だけ。

「松田さん、子供と遊ばないでください」

デーモンはいらついた声ではっきり言った。確かに私もマケレレ大学で、子供と遊んでいて似たような注意をウガンダ人から受けたことがある。同じ東アフリカでも、モトジイのなじんでいたケニアとウガンダでは、社会規範は随分違っているのかもしれない。

その時のモトジイは、ＪＩＣＡのプロジェクトに着手したデーモン・ナガシマに義理だててウガンダに来ていたのだった。本来はアフリカの王国のあった地域の調査だったはずである。

のちにわかったのは、河合香吏さんか田原範子さんを、デーモンへのヴィクティムとして捧げるためだった。パストラリストにしか関心がない河合さんははっきり断ったので、田原さんがヴィクティムになった。「狂人には狂人を」ということで田原さんが選ばれたとのちに聞いた。

カンパラでの週末、波佐間逸博さんの運転で、タンザニアの国境まで足をのばした。私にとって初めてのカンパラから西方向への旅だった。途中の道路わきの茂みのなかに錆びた戦車がそびえていた。巨大な角を持つ長角牛、アンコレ牛の群れ。うっかり誰かが写真を撮ったら、牧童が弓矢をもって追いかけてきた。全員で一目散に逃げた。

国境では、私と田原さんが、「お前ら先週も来ただろう」と、会ったこともない誰かと間違えられる。わずか一日だったが、ちょっとした波乱があって、とても楽しい旅だった。

昼は、ハノーヴァー・ホテルというところで、スパゲッティを食べた。アフリカで食べるスパゲッティは、あまり感心しないものが多いが、ここのはおいしかった。

夕暮れ、暗くなったカンパラのタクシーパーク近辺で、蝋燭の明かりで露店が広げられているのを見てモトジイと河合さんは、「治安がいいんやなあ。ケニアも昔はこうやったんだけどいまはナイロビの夜は危なくてあかんな」と嘆息しているのが印象的だった。

「フィールド・フレンドというのはあるんや」

モトジイは繰り返し言った。デーモン・ナガシマとも河合さんとも、日本ではあまり会わないが、東アフリカでは会う、ということらしい（あとでわかったのだが、モトジイは日本では本当に社会学者だったのだ）。そう言っていろいろなフィールド・フレンドについて語った。

ちょうどそのころ第一回エヴァンズ＝プリチャード講演賞を受賞したばかりで、顔が私と「フォトコピー」だというデーモン・オカザキ、当時は神奈川大学に就職したばかりで教授会が楽しくてしょうがないと言っていたんだそうである。デーモン・オカザキは、ナイロビ事務所に遺棄してあった日本人研究者の下着をきれいに洗濯して再利用したというエピソードが印象的だ（そのときの話では、『王立人類学会雑誌』の巻頭をオカザキさんの論文が飾る、ということだったが、どうなっているのだろう）。

また電池を地面に埋めて回復を図り再利用しているというセイント・ノブヒロ（のちに聞いたら、それは間違いだとセイント・ノブヒロは言った）、その他思わず笑ってしまうような奇人変人がモトジイのフィールド・フレンドなのだった。ジュラシック・パークのようである。

なかでもデーモンは、猛獣のようだった。

当時、尊敬を集めていた福井勝義さんを、学会の壇上から引きずり下ろしたという武勇伝をもつデーモン。確かに福井さんは、時間を超過するのであちこちで有名だった。本人曰く「マツダは話を作りすぎだ。ただ、時間だよ、といって発表を終わらせただけだよ」。

ナイロビでは、上田夫妻や浜本満さん、慶田勝彦、小田昌教（マサノリ）など教え子たちに囲まれた席で、吉田禎吾先生に「吉田さん、吉田さんは一度もフィールドワークしたことないですよね」と恐ろしいことを言うデーモン。その席のワインは吉田先生のおごりだったそうだが、デーモンは遠慮なくワインをがんがん頼み、がんがん飲み、獰猛にもおそらくは人類学者としてはもっとも言われたくないような言葉を浴びせたのだそうだ。

写真2　最強の阿部年晴　シメオ・オンデト教祖と

3　最強の阿部年晴

ちょうど、私はモトジイのジュラシック・パーク的フィールド・フレンドのなかでも、ある分野では最強と言っていい、阿部年晴の洗礼を受けていた。阿部さんにつけられたあだ名を、私は知らない。阿部さんは、アベトシハルとしか言いようがない存在だった。

阿部さんといえば、酒の上での武勇伝が欠かせない。いわく、酔って服を脱ぎすて、裸なのにネクタイだけはしていた、とか、阿部さんに手を焼いた現地のルオ人たちが、阿部さんを小屋に放り込んで鍵をかけて軟禁した、とか。

慶應大学に出講していた時の阿部さんは、酒に関して第二の絶頂期であった。月曜日の二時間目だったと思うが、始業から三〇分経っても現れない。あきらめて受講生が大学院棟のエレベータを降りると、ベージュのステンカラーコートを着込んだ阿部さんが、たばこをくゆらしている。「先生、どうしたんですか？　私たち教室で、待ってたんですよ」と誰かがいうと「なあーに、俺はここで網を張ってたんだ」と刑事の張り込みみたいなことを言う。明らかに二日酔い（というか、三日酔いかもしれず、四日酔いかもしれない）の阿部さんに、誰かが「どうしますか？　教室戻りますか？　それとも今日はこのままお開きに？」と訊くと、門の外に『紙飛行機』という喫茶店があるだろう。そこへいこう」とのこと。「そこでちょっと、まあ、議論を」と言っていたのだが、注文を取りに来た店員にも、メニューにも一瞥もせず、やや斜め下を見つめ、煙草をくゆらしながら微動だにせず「ビール」の一言である。最初からビールを置いてない喫茶店は眼中にないが、一度ビールがあるとなると、リピーターとなってもう忘れない。精密なアベトシハル・マップが出来上がっているのである。

不思議なのは、酔いが進んでも、いや酔いが進むほど阿部先生の議論は、冴えにさえることである。

夕方、居酒屋があくころになると、「そこへいこう」という阿部先生の一言で、居酒屋に繰り出すことになる。店が閉店になっても、阿部先生は帰らない。最後は田町駅前の閉店間際の焼き肉屋で、焼き肉を食べずにビールだけ頼む、ということもあった。

電車がなくなると、当時鶴見にあった私の下宿に「よし、そこに行こう」と勝手に決めて数人で押しかけてくるのだ。阿部先生は寝ない。ずっと議論を吹っかけてくる。私と平川と田中（正隆）、山田慎也さん、宮下克也さんなどが交代で仮眠をとって夜通し相手をしていた。「格好つけやがって」とか言いながら、でも論理的に話が展開しているから不思議だ。酔いが進むと、議論の合間に「琵琶湖周航の歌」か「カスバの女」を口ずさむ。閉口したのは深夜の私の下宿から、仰ぎ見るような研究上の先達たちに電話をかけさせることだ。幸い（当然か）だれも出なかったと記憶しているが、迷惑な話である。

「葉っぱの入ったやつ、買ってこい。あれは間違いがない」ズブロッカのことである。ジンはいつも「ゴードン」。

そうして一晩私の下宿に泊まっても、翌日はいなくなってしまう。あとで聞くと、煙草を買いに行って道がわからなくなったのだそうである。

安心して、大学に行ってみると、研究室の前に怪しい男が立っている。もちろん阿部先生である。「ここで網を張ってたんだ」。

そうしてその場の電話から埼玉大学の事務室に電話をかけ、予定されていた論文指導の中止を指示している現場を何度も見た。当時指導を受けていた中野泰さんや小谷竜介さんなどは、「慶應にひどいやつがいる。そいつが阿部先生に酒を飲ませるから阿部先生が埼玉に帰ってこなくて私たちは指導を受けられない」とこぼしていたそうだ。

モトジイは、第一次の全盛期の犠牲者で、こういったエピソードにも共感的だった。おそらくは、似たような経験を十分にしているのだ。私はまだ、いい。慣れた日本で自分の下宿だったから。フィールドであれをやられたら実際たまったものではなかっただろう（阿部さんとフィールドでどの程度時間をともにしたのかは知らない。ことによるとモトジイも国内限定での犠牲者かもしれない）。

とまれ、ともに犠牲者、というバンジーとか吊り橋効果とかいうやつで？　で親しくなった部分もあるのだろうか。いや、今になって思えば、モトジイは手のかかる阿部さんという才能を重視していたような気がする（詳しくは別稿に譲るが、阿部さんは真の意味で天才的だった）。阿部さんという資源を手がかかるけど大切なものとみなし、その相手をしていた私たちをねぎらっていたようにも思うのだ。

しかし、私が知っているのは、モトジイのジュラシック・パークのフィールド・フレンドのごく一部であり、モトジイの知り合いは、みんな怪獣のような人ばかりだった。長島さんや阿部さんが平均、というほどではないにせよ、みんなキャラが立っていて、個性的だ。それらと日常的に付き合っているモトジイにかかっては、阿部さんなど、ワン・オブ・ゼムである。(5)

そんなモトジイのフィールド・フレンドの話を聞くにつけ、人間は自由に生きていいんだ、という気持ちになった。

写真３　縦転して逆さになったランドクルーザー

４　アクム——ヒヨコ踏み潰し事件

その後、モトジイの推薦もあって私はデーモンの私設助手になっていた。途中経過は省くが、田原さんと私は「ランドクルーザー縦転事件」を引き起こし、かなりの騒動になっていた。

事件の発端は、デーモンがマラリアに罹患したことだった。もうろうとする意識のなか運転して無理にソロティ・ホテルまでたどり着いたが、ついに、決定的な体調不良に陥る。

「ワインを車から降ろしてくれ。それが飲めるかどうかで俺の体の様子を見よう。」という名言を残して、気を失った。

うわごとのように荷物を搬入しないと、という長島さんを見て、国際免許を持っていた田原さんが、アチョワまでの運転を買って出た。日曜日は、アチョワのマーケットデー。無事荷物は搬入したのだが、帰り道で私たちは事故を起こしてしまう。

運転していたランドクルーザーが村の大通りで蟻塚に乗り上げて大破。大変な騒ぎになっていたのだ。

数日後、そこに颯爽とあらわれたかに見えたのが、モトジイだった。

「おまえら、大変やったなあ」というのが、第一声だった。

デーモン・ナガシマがモトジイを迎えに行って、カンパラで数

写真４　人力で引き起こし、運搬を試みる

日過ごしていた。事情を説明したかと思えば、ほとんど何も聞いていないという。今考えるとあれは嘘だ。たぶんモトジイは、「何も聞いていない」といって両方からの見解を聞こうと思っていたのだろうと思う。バランス感覚だともいえるし、策士であるともいえる。折衝の名人なのだ。

「右からは左、左からは右」と思われるような処世哲学を持っているとは、のちに聞いた話。

カンパラから田原さんが持って帰ってきた事故の現況写真を繰りながらも、デーモンは、「マツダ、彼女は一番ひどく車が損傷している写真を抜いている」そんな疑惑を持っていた。のちには「田原を憎んだことはない」との名言を残すことになるデーモンだったが、当初は疑心暗鬼になっていたのだ。

デーモンには、「もしそうなら重大な背任行為だから、僕が聞きますよ」といい、田原さんには「お前そんなことしてないよなあ」と田原さんのブーツでタバコの火を消しながら、事情聴取する。違う立場の人間の間を取り持つのはモトジイは得意なのだ。でないと、デーモンが常に批判する京都学派のなかにいて、デーモンと仲良くなれるわけがない。ただし公平を期すためにいうと、デーモンは東京の研究者のなかでは例外的に京都学派の人々とつきあっていた方である。『季刊人類学』にもかなり重要な論文を出している。私の知る限り関東の研究者には、京都の研究者と接触を避けるケースも少なくないのである。

モトジイが私淑していた米山俊直さんも、(6) デーモンの手にかかるとひどいことになる。「京都は、自由だなんて米山が言うが、それは、嘘っぱちだ。連中は群れで研究している」ということになる。「〇〇はウソツキです」「〇〇はインチキです」本当に口が悪い。

モトジイは、敵を作らない。そのことが、ハッピーな記憶であったかどうか別にして、日本文化人類学会会長などの要職に選ばれたポイントのひとつだろう。本人は人類学者を名乗ったことはないと思うのだが。

さて、アチョワ村での夜。キャンプの真っただ中にある私の小屋でモトジイは寝たのだが、ベッドの上に寝袋を広げて「昔ミノムシだった時のことを思い出しているんや」と言いながら寝ていたこと、テソ平原は夜でも暑いのに、デニムの下に股引をはいていたこと、それから、「まつだもよ」と娘さんの名前の書いたタオルを干していたことなどが印象に残っている。

私は、毎晩しゅぽっとビール瓶のふたを開けながら、モトジイにいかにデーモンが酷いか、訴えた。このことも今になって思えば、私はデーモンがデーモンです、と同語反復的な叙述を行っているにすぎず、愚痴にすらなっていなかったような気もする。デーモンの本性を私が理解するのはもっと後のことである。

モトジイは、早速、田原さんの後見人として田原さんの滞在していた村と事故の現場になった村を訪問した。事故を起こしたことに対するお詫びと事後処理を手伝ってくれたことに対するお礼、そして田原さんが今後も滞在することを認めてくれるか意見を求めるためである。この訪問は順風満帆ではなかった。村に到着し、颯爽と車を降りたと思われたモトジイは、歩いていたヒヨコを踏みつぶしてしまった。

ぎょっとするモトジイと村の人々。ヒヨコは村の財産の代表格である。謝りに来て損害を与える、というモトジイらしいオチがついた。しかも、皮肉なことに、モトジイ得意のスワヒリ語は、この地域では、アミン政権の記憶と結びついて嫌悪されている。

「スワヒリ語は嫌いな人がいるみたいだから、あんまり得意じゃない英語で話すね……」

この頼りになる巨人は、謝るときは、「まず土下座」との金言をもっている。こういった場面では、あくまで下手に出るのだった。

５　少年探偵団の結成とオルグ

モトジイが田原さんに入れ知恵したのが、少年探偵団の結成である。「心は真っ赤」で、運動の経験があるモトジイにとってオルグは得意なことの一つなはずだった。

いつも夕暮れになると、村のはずれで何か二人でひそひそ話をしている。なんだろうと思っていたが次第に事情が知れた。

ペンを子供たちに与え、「これが少年探偵団のマークなんだから」といってアイデンティティと特権意識を植え付けて地元の子供たちを即席の調査員に仕立て上げる。ライフイベントが少ない地域の子供たちは、大興奮で調査に熱中したようだ。

また、古典的な方法ではあるが、歩幅でおおざっぱな距離を測って田畑の面積を測量して資料にする。

こういった具体的なデータは、プロジェクトにとって貴重だった。後に「もうあんなには働けない」と田原さんに嘆息させたほどのデータを集めたアクムでの調査ツールの数々は、モトジイに伝授されたものだったのだ。

この方法のいくつかは、モトジイ自身が、ケニアで採用した方法だった。ナイロビに出稼ぎに出る人々の実数を把握するためにナイロビに続く橋で網を張り、行き来する人間を目視し、数値化する。(7) 人口一パーセントのマラゴリ人が五〇パーセントを占めるという、カンゲミの「出会いの橋」は、モトジイの名著『都市を飼いならす』のなかでも、人のモビリティの立体的理解、出稼ぎ民の生理、またモトジイ自身のフィールドワークの展開をうかがうことができる部分として重要な節である。

本人はのちに「学園祭ノリでやりだすと燃えるんだけど、大した結果は出ない」と述べていたが、数字があるのは、やはりどこか「社会学」ぽかった。『命題コレクション社会学』でその一端を知っていたつもりの京都大学の社会学は、すごくエレガントに見えた。

その場にいなかったはずの事故報告書もすらすらと当事者のように草稿をしたためる。しかもそこには、深い寛容の精神と政治学が潜んでいるようだった。

モトジイのアドバイスは、学位取得から離婚、復縁あるいは霊的なものまで、あらゆる分野にわたる（ただその効果はまちまちであるといわれている。後に見る例のように「呪い」ととる向きもある）。謝るときは、「まず、土下座」。モトジイ自身も、人のために頭を下げることを厭わないところがある。親切な人なのである。

6　狂人平川とライジング・サン平田

モトジイとたくさん話した内容の一つが、狂人平川のことである。冒頭に記載したＡＡ研の研究会にも、確か平川（智章）はいたはずである。

彼はもともとアフリカ研究をするために神奈川大学から移ってきた神大エスニシティのひとりである（当時かなりの数の院生が自分も慶應仏文の出身である和崎春日さんなどの手引きで慶應大の大学院に来ていた）。和崎さんや小馬徹さんなどの指導を受けてきたこのグループはめちゃめちゃ優秀で、メンバーのほとんどが研究者になっている（なかには、我々と仲間だった過去を隠している人もいる）。ミクロな基準だが、質量ともに宮家研究室の黄金時代といっていいだろう。

平川と私はちょうど同じ年に修士論文を書いて、別な大学の大学院に行くことになった。私は一橋大、彼は総研大（民博担当の大学院大学）に進学した。一橋には、デーモンと浜本満さんがいて、総研大には、栗本英世、吉田憲司など数多くのアフリカニストがいた。平川は南スーダン（当時はまだスーダン）のシルックにしか興味がないようだったから、栗本さんが最適の指導者だった。一度栗本さんと一緒に南スーダンに調査に赴いた平川のことを私たちは羨望の眼差しで見ていた。

二〇〇〇年のことだったか、平川に誘われて民博（総研大）の院生向けの研究会にでかけて行った。話者はモトジイだった。研究の仕方を、先輩研究者からビールでも飲みながら、フランクに語ってもらう、という主旨だった。

私の顔を見たモトジイはその場で笑いくずれた。

「なんでおまえがここにいるんや」

フィールド・フレンドと日本の制度のなかで会うとモトジイは極度の照れのような反応を見せる。私は例によって部屋の隅に呼び出され、出席者の名前を尋ねられる。あろうことか、その時は野元（平野）さんの名前を忘れていた。

モトジイの話は、フィールドワークで事実をあつめ、それを大切にするのは当然だが、そこには社会学的な議論の変遷を把握した理論的な背景がないといけないのだ、というものだった。具体的には、例えば、「子供」を対象にするとすれば、近代の子供というのは、労働とセックスから排除されて、というようなアリエス的な議論の背景を知っていなければならない、というのだった。さすが社会学者。

私はべつのところで、学生時代のモトジイが、寝る間も惜しんであらゆる分野の本を読み、勉強していた、というエピソードを知っている。言い方は難しいが、モトジイは自分の能力に自覚的で、その能力を公共目的に役立てたい、あるいは役立てねばならないという哲学を持っているのではないか、と思っている。

その後、何度か狂人平川とは、モトジイを交えて酒を飲んだはずである。ところが、狂人平川は、学術の世界からフェードアウトしていくことになる。通り一遍の説明ならできるが、究極的な原因は、今でもよくわからない。別に学術だけが人生じゃああるまいし、別の生き方を見つけて何も悪いことはないのだが、同じ時期に毎日のように議論した仲間が業界を去っていくのは寂しいものである。

まあ私も同じ時期、のちに述べる発狂事件があったりしたので、どう転んでもおかしくはなかったのだ。もうひとり、私がマケレレ大学にいたころ、モトジイが「ライジング・サン」と呼ぶ、平田浩司さんがウガンダに現れた。『アフリカ研究』と『ソシオロジ』に、フィールドワークする前に一本ずつ書いている、というから別格だった。輝かしい経歴とは無縁の私としては、それが、おそろしくうらやましかった。

ちょうど出ていく予定の私の代わりに「ダグ・ハマーショルド・ホール」というマケレレの大学院生寮に入ることになった。彼はニョロ王国の研究をしていたはずだが、なかなかカンパラを離れる気配がなかった。一度ホイマに行ったようだったが、あまり肌にあわなかったようで、その後、別なところにいいフィールドを見つけたようなことを言っていた。しばらくして帰国した後も一度会ったが、彼もフェードアウトしていった。

「狂人平川」「ライジング・サン平田」と言いながら、機会あるごとに気にかけていた。アドバイスも、かなりしていたはずである。

別な場合にも、デーモン・オカザキに、「おかちゃんのところで何とか学位の審査はできないのか」と、多分本人に頼まれたわけでもないのにネゴをしているのを見たこともある。

こうした、自分の学生でもない、自分に直接関係のない、この世界から出ていく後進たちについて、モトジイはいつも温かい目で見守り、数多くのアドバイスをしていたように思う。そのことも、こじつければ、次の世代の人間という公共の資源を、いかに育てていくかという公共性に由来しているようにも思われる。

7　「目ん玉怪人」発狂事件

二〇〇〇年を迎えた直後、私の人生のなかでももっともショッキングな出来事が、カンパラで起こった。いわゆる「発狂事件」である。

たぶん、三日間か、四日間かわからないが、非常に激しい幻覚を長い間見ていた。しかもしばらくはそのまま社会生活を行っていたので、独り言をいったりしていたはずである（当人には話し相手が見えているつもりになっているが、ほかの人には見えない）。

決定的なのは、休日の午前中のカンパラ市内を、「創造主」（かそれに類似したもの）の命令で、片足で跳び跳ねたり、寝っ転がったりしたりしたことである。警備の車に飛び乗ったり、休日の国会議事堂にも無理に入りこもうとした。今思えば危ないまねをしたものである。さんざんうろつきまわった挙句、アンバーハウスという、郵便局の入っている建物のわきの街路樹の下で、数時間立ち尽くす、という奇行をやってのけたのである。手元に現地語新聞の記事が残っている。

……直立不動で立ちつくす男（カンパラ）

アンバーハウス近く、ピルキントンロードで三時間以上姿勢を変えないで立ちつくす、おそらくは発狂したひとりの日本人の周りにカンパラ市民は集まった。写真の右に写るグレーのスーツ姿の男、名前は不明だが、彼はこの場所に午前中、九：三〇に誰とも一言も口を利かずにあらわれ、ずっと同じ姿勢でいたという。日本大使館に連絡した者がおり、大使館は（半袖シャツを着た）ノダ氏という日本人と写真には写っていないがもうひとりの日本人を派遣した。彼らは男を説得してＣＤ一九三のナンバー（外交官ナンバー）をつけた車に乗せ、正午頃その場を立ち去った。(8)……

Yeesimbye butengerera mu Kampala nga tanyega

KAMPALA

Bya Robert Masengere

BANNAKAMPALA beesombye okwerabira ku musajja Omujapani eyalabise ng'alabuse omutwe eyueesimbye ku luguudo Pilkington oluyita okumpi n'ekizimbe kya Amber House okumala essaawa ssatu nga taseguka .

Omusajja ono (ku ddyo) atastegerekese mannya ge yabadde mu ssuuti ya kivuuvu ng'asibye yatuuse mu kifo kino ku ssaawa nga 3.30 ez'enkya n'ayimirira mu luguudo nga talina gw'anyega..

Abantu baakubidde ab'ekitebe kya Japan essimu ne kisindika Omujapani Mw. Noda (mu mpale ennyimpi) ne munne omulala atali mu kifaananyi abamusenzesenze ne bamuggyawo ku ssaawa nga 6.00 ez'omu ttuntu .

Kyokka okumuyingizza mu mmotoka CD 193 04U yasoose kudduka.

写真５　現地新聞に報じられた「発狂事件」

公使の公邸に数日間、軟禁状態になっていたようだ。自殺を警戒し、トイレまで誰かついてくる毎日であったようだが、よく覚えていない。

ただ、いくつもの化け物が登場する、かなり激しい幻覚であった。帰国後一橋大のかかりつけ医は私の話を聞いて薬物摂取を疑っていた。当然、周囲もそれを疑っていたようで、留守宅に家探しが入ったようだった（が薬物はなかった）。

ちょうどケニアから来ていた医務官が私を診察し、日本のかかりつけ医などにも連絡して、最終的には私の意思で帰国を決めた（これは言わされた感はあるが、強制送還にしないために誘導的に言わせたものだろう）。信じられないほど、急に飛行機が決まり、ナイロビ、チューリッヒ経由で、日本に帰国することになった。医務官と二人の付き添いに伴われ、ＶＩＰ待遇での帰国である。公使と一緒の便だったので、なぜかＶＩＰラウンジに入った記憶がある。ＶＩＰラウンジは酒が無料だったはずだが、発狂の原因は「酒」とされていたので、二人の付き添いは私と酒の棚の間に立ってブロックしていたようだった。

途中ナイロビで一泊。その際にたまたま、電話連絡があったのだろうか、フィールド・フレンドであるモトジイが河合香吏さんと、私が軟禁（というほど厳しくはないが）されていたナイロビのホテルに会いに来てくれたのだ。運ばれている私には記憶はほとんどないが、古くからあるかつての高級ホテル、パン・アフリカンホテル。

私には、わからなかったが、異様な雰囲気だったそうだ。モトジイの証言によれば、

……高層階、と言っても五階か六階かでしたが、だったのでもちろん自殺予防のため窓は閉まっていました。ただ部屋を始終監視できるように、ドアはフルオープンで、同じくフルオープンの向かいの部屋から……目つきの悪いおっさんが見ていました……（電子メールによる私信）

「ウメ、いったいどうしたんや」

「いや、狂ったということで搬送される予定なのです」

「狂った」という一言がするっと出てきたが、言ってはいけないことをぽろりと口にしてしまったような、のど元に違和感を感じるような感覚を感じた。

「私、こうして話していて、何か変ですか？」「いやぜんぜん」

そりゃあそうだろう。当時は大いに勇気づけられたものだが、今思えば当然である。モトジイの周りはジュラシック・パークなんだから。現にそこにいた河合さんとだって、携帯電話をめぐる長い長い話をしていた、という証言がある。

「松田さん、私、携帯電話の使い方がわからないの」

「ほーか、ほーか、洗面台にコンセントにあるやろ、まずそこに差してやな……」

数十分後、

「あのー、松田さん、私、携帯電話の使い方がわからないんだけど」

「ほーかほーか、洗面台にコンセントがあるやろ、まずそこに差してやな……」そのやりとりが延々数十回も続いてもお互い平気らしい。

さて、パン・アフリカンホテルでは、その時ちょうど、博士論文の口頭試問を控えていた田原さんへのアドバイスを預かった。いわく「田原はすぐかっとなって食ってかかるからやなあ、まず、You are right といってから話始めるんや。そういうといて」。

田原さんによれば、これは「マツダの呪い」であり、前代未聞の再度の口頭試問となった遠因だそうだ。もっとも、「マツダに習ったことは何もない」と言い切る田原さんのことだから、かなり割り引いて考える必要があるだろう（最近は、習ったことも少しは思い出している、とは本人の弁）。念のためにことわっておくが、私に対するアドバイスはおおむね的確である。私は今でもかなりモトジイのアドバイスを相当程度あてにしている。

8　地球防衛軍

モトジイをご存じの方なら、この「発狂事件」のエピソードがいかなる脚色をされて流通したか、想像することはたやすいはずである。ことによるとそのバージョンを信じている人もいるかもしれない。なんにもなくても面白おかしくしてしまうのだから、今回の場合は、もとの話が面白い。

私は、カンパラで「地球防衛軍」を名乗り、鍋をヘルメット代わりにかぶって、「隊長は、ナガシマ・ノブヒロ！」と叫びながら、誰が相手かよくわからない戦争（どんな設定だろう？）を繰り広げたという、とんでもないバージョンが今でも各方面で流布しているのである。当然強制送還されたことになっている。今年カンパラで会った大門碧さんはこれを本気で信じていた。

ここに書いたように本当はモトジイは現場におらず、ナイロビで短時間会っただけである。尾ひれどころか完全な物語制作である。何でも見てきたように語るからおそろしい。こういうときは、民族誌家の現実再現叙述能力は害毒でしかない。

「夏目漱石だって、「ソウセキハッキョウス」という外務省外電でロンドンでの発狂が伝えられたんですよ」とえらくハイブロウな慰め方をしてくれたほかの知識人とはえらい違いである。

このように、必ずしも本人がよろこばないあだ名をつけ、効果があるかよくわからないアドバイスを繰り出し、話には尾ひれを山ほどつけて盛りまくるという、それだけとりあげるととんでもないようなところがある。しかし繰り返すが、モトジイを「憎んだ」（これはデーモンの語彙だ）人を見たことがない。人徳である。いや、もっと分析的に言えば、モトジイの行動はよくよくみると、広い意味での公共性からはぶれることがないのである。

その後、私はしばらく社会的に終わったかのような気がしていたが、駄目押しのような結核に見舞われて隔離生活を送ることになる。私が結核病棟で二カ月半隔離されていたときの言葉にも、モトジイの人となりがあらわれている。

「あいつ百年前やったら死んでるんやなあ。トホホな奴やなあ。」

幸いなことに、その後モトジイとは、栗本英世さん主催の民博の共同研究会や真島一郎さん主催のＡＡ研共同研究会でまた不定期的に再会することになった。幸い、これらの研究会は、社会復帰のためのすばらしいきっかけとなった。大げさに聞こえるかもしれないが、帰国後の私は、実際、何もかも失ったように感じていたのだ（現在ではもともと何も持ってなかったのだ、と考えることができる）。しばらくは幻覚のフラッシュバック？　のようなものにも悩まされた。もう記憶はあいまいな部分もあるが、判断に困った際にはその都度、モトジイにアドバイスをもらっていたのである。

例えば、次にいつアフリカに行くかが問題だった。確かにひどい体験だったので、発狂とはいかなくても精神的な問題が再燃する可能性は十分にあった。確かそのとき、モトジイのアイデアで、田原さんと南アに行くのを最初の一歩にする、という案もあった（実際には笹川の資金がもらえることになったので、ウガンダに行くことになった）。今南アで一年間の在外研究を過ごしていることを考えると不思議な気もする。

おわりに

「おじいさん《ムゼー》」なのだから当然だが、最近は、随分忘れっぽくなった。たびたびデーモンの年齢を尋ねて、「おお、いつでもオッケーやな」という会話を何度交わしたか。そりゃないやろ。まあ深い愛が背後にあるのはわかっているけれど。

阿部年晴先生や、その他先達のお葬式で会うことがめっきり増えてしまった。気づいてみれば、モトジイと一緒に話題にしたジュラシック・パークのメンバーの多くがすでに鬼籍に入っている。たから、ここに記した話も次第に遠い過去のものになりつつある。エピソードを実感をもってとらえてくれる人も減ってきた。私たちに残された時間もさほど多くないが、まだもうちょっとはあるはず。モトジイの定年退職後の活躍も今から楽しみである。

注

（1）竹沢尚一郎「書評　松田素二、『抵抗する都市』東京、岩波書店、一九九九」『民族學研究』六五巻二号、一九四―一九六頁、二〇〇〇年。

（2）松田素二「Once We were Together」（『アリーナ』四、三五五―三六〇、風媒社、二〇〇七年）は、モトジイのデーモン愛を余すところなく伝えている。

（３）タバンは二〇二〇年二月現在、トランプへの公開書簡でアメリカ批判をしたせいで（当局は説明していないが、そのように推測されている）、南スーダン、ジュバ大学に教授としての職務を停止されている。

（４）このあたりの経緯とランドクルーザー事件については、梅屋潔「アチョワ事件簿――あるいは『テソ民族誌』異聞」（『アリーナ』四、三二八―三四六、風媒社、二〇〇七年）に詳しい。

（５）この阿部年晴の息子さんの阿部利洋さんは、松田さんのところで学位を取得し、今では立派な社会学者となっているのも奇縁である（代表著作は『紛争後社会と向き合う――南アフリカ真実和解委員会』京都大学学術出版会、二〇〇七年、『真実委員会という選択――紛争後社会の再生のために』岩波書店、二〇〇八年、*Unintended Consequences in Transitional Justice: Social Recovery at the Local Level*, Kyoto University Press, 2018 など。ちょうど松田さんのところに行くことが決まったころ、阿部年晴先生の話題に上ったのをよく覚えている。

（６）モトジイが運動で「逮捕されたら保釈金を払う」約束をしていたらしい。

（７）松田素二『都市を飼いならす』（一二六―一三二頁、河出書房新社、一九九六年）。

（８）*Bukedde*, 二〇〇〇年二月二一日、五面。

しなやかな生き方
――マーケットで教わり、商人たちと経験し、彼女らの学ぶ姿勢から学んだこと

坂井紀公子

はじめに

編者からのお題は、「現場に学ぶ」であった。「現場に学ぶ」行為とはどういう行為なのだろうか。現場で学ぶというとき、現場で行われていることを教えてもらうことになるだろう。格助詞「で」は動作が行われる場所を表す。学ぶときの場所性が強調される。ある場所で展開されていたもしくはされていた行為や出来事をそこにいる人たちに教えてもらうということか。では、現場と学ぶというときは、現場にいる人たちとともに何かを学ぶことになるのだろう。格助詞「と」は共同の相手との並立を示している。学ぶ際の同時性が強調される。あるとき起こった出来事や変化への対応をそこにいる人たちとともに経験するということか。だとすると、動作の相手を指し示す格助詞「に」を持つ「現場に学ぶ」という行為は、現場という相手を学ぶことになる。現場という相手は具体的にはなんだろう。そこにいる人びと、そこで展開される行為、起こる出来事が想定される。それらからなにかを学ぶ。人びとの生き方、行為を支える考え方、出来事の背景となる歴史やその後の変化と人びとの対応過程などが考えられる。いずれにせよ「現場に学ぶ」行為は、現場という相手とある程度長く付き合うことが前提となった学びではないだろうか。

小論では、著者のフィールドでの学び、フィールドで出会った人たちとの学び、通い続けるあいだにフィールドから学んだ事柄について述べていきたい。

目を回わしながら、したたかさを教わる

最初の研究のフィールドは、ケニア共和国の地方都市マチャコス（Machakos）であった。博士論文用のデータを収集するために行った調査の対象は、カンバ（Kamba）という民族[1]のとくに公設マーケットで商う女性たちであった。マチャコスとの出会いは私が学部生だった頃に遡り、東アフリカ地域で卒業論文のテーマとフィールドを探すための旅をしていたときである。ケニア国内の複数の町を訪問しては市街地内の店舗立地や業種を記録していた私は、マチャコス市街地内の宿泊施設や飲食店で、そしてマーケットでも陽気で勝気な女性たちと出会い、気がつけば何度もそこへ足を運んでいた。それから数年後、マチャコス市の店舗立地の変化をテーマにした卒業論文を完成させた。そして、博士論文を書き終わるまでマチャコス通いが続いた。

市が立つ日の公設マーケットは街なかで最も賑わう場所である。ここが私のフィールドだ。一九九九年の市日に収集したデータを見ると、卸売区画で述べ一万人が、小売区画で述べ三万人が売り買いしていた。一九九九年当時のマチャコス市は、人口約一五万人を擁するケニアで一〇番目に大きい地方都市であり（Ministry of Finance and Planning 2001: part 1 p.62, part 3 p.1）、マチャコス県および周辺三県を含むウカンバニ（Ukambani）と呼ばれる地域の中心都市でもあった[2]。そのメインマーケットとして売り場では、朝六時から夕方七時まで売り手と買い手のあいだを年間一五〇品目以上の農産物を含むモノ、お金、情報がひっきりなしに行き交っている。調査を始めた当時の私は、目をグルグルさせてただ見ているしかなかった。商人たちは、あるときは面白がり、またあるときは面倒くさそうにこんな私の調査相手になってくれた。

商人たちの売り場や家に通うようになって約三年が経った頃、マーケット活動の全体像が掴めるようになっていた。そのあいだ、モノの売り方や仕入れ方、利益の回収や活用の方法など、マーケットで商い続ける術を記録させてもらっていたからだ。しかしいっこうに分かったという気持ちにはなれない。

それまで私が生きてきた世界では、あらゆるモノやサービスが、お金を媒介として市場交換でき、同じモノはほぼ同じ価格だった。したがって、価格を示す数字の足し算や引き算によって、交換を精算したり、複数の交換を調整したりできた。このマーケットも、お金を介した市場交換でモノが入手できる場所であるため、私は、数字の計算、すなわち諸々の交換によるお金の流れをスッキリ明瞭に記録し、把握できると考えていた。だが、実際の交換ではとても複雑で矛盾だらけの数字の計算を、すなわち不明瞭なお金の流れを記録しなければならなかったため、私は分かったという気持ちになれなかったのである。

たとえば、いわゆるツケで売る掛け売り一つとってしても、同じ場所で仕入れ、同じ日に同じ売り場で売るという「同じ」モノであるのにもかかわらず、商人たちのあいだで販売価格がかなり異なる。なかには現金取引で販売する価格に三〇〇%の利益を上乗せして売る者もいれば、現金取引と同じ利益率で売る者、さらにはマイナス一〇%の利益率という安値で売る者すらいた。また、ひとりの売り手のなかでも、買い手によっておまけ付の赤字売買を行ったり、逆に腐ったモノを紛れ込ませて売りつけたりと、販売方法に違いが生じた。すなわち、「同じ」モノの価格が、ひとりの商人の販売のなかでも、商人たちのあいだでも一定していないのだ。したがって、商人たちのモノの売買は、決して単純に計算し記録できる交換の積み重ねではなかった。

しかしながら各売買に注目すると、そのあいだで起こる交換は、スッキリ明瞭な把握が無理でも理解可能ではあった。ある価格で仕入れたモノが、長年売買関係があるという価値や、親族関係という価値、売り場の同僚との協力関係という価値といった社会関係が付加された価格に設定され、交換されていた。異なる表現をするならば、市場価値を反映した価格のみで交換されているのではなく、別の価値が加わった価格での交換も頻繁に見られたのである。こういった市場交換と互酬が同居するマーケットを目の当たりにした私は、交換の多様さや奥深さ、そして複雑さを感じずにはいられなかった。

市場交換と互酬が混ざり合う世界で生きる商人たちは、売り場でいったい何を優先して交換するのだろうか。もちろんモノを売ることを目指している。だが、モノの売買で「利益を最大にする」ことを目指しているというよりも、モノのやり取りで「関係の数を増やす」ことを目指しているように見える。

売り場には、同じモノを売る商人が多数いる。たとえばトマトはマーケットで最も扱われる品目で、卸売区画では二〇人から多い時期で一〇〇人程度の商人が、小売区画では一四〇人程度から多い時期で一〇〇〇人以上の売り手が一斉に販売する。そのなかでいかに買い手を呼び込むのか、買い手が自分のトマトに目を向けるのかは、商人の腕の見せどころであった。商人たちはトマトにあらゆる「違い」を追加していく。売買されるモノの属性に由来する違い、たとえば品種、サイズ、熟度といった違いのほかに、売買する人の属性からつくられる違い、たとえば売り手の販売方法や客あしらいのうまさ、売り手と買い手の売買の歴史、さらに両者の社会関係といった違いも加えていく。最終的には、あらゆる違いが幾重にも連なり、トマトは唯一無二の違いを持った売りモノになっていた［坂井　二〇〇四］。そのやり取りを通して多数の関係が生み出され、維持されていた。こういった関係性の積み重ねが、同じモノを扱うあまたの売り手に利益回収をもたらしていたのである。

首都ナイロビ周辺をホームランドとする諸民族のあいだには、マーケットでの商売は女性の仕事であるという社会通念が存在する［坂井　二〇一二b：五八—六八、Ndambuki and Robertson 2000］。実際にフィールドにいる商人の九割が女性であった［坂井　二〇一二a：二六九—二七一］。商人たちから就労形態・取扱品目・参入動機などを聞き取った結果、男女間で以下の違いが見られた。男性商人の大半が、いつでも終業・転業可能な営業態勢を取り、商売への一時的な関わり方を示唆していた一方で、女性商人はマーケット商への継続的な関わり方を想起させる就業形態や参入動機を持っていた［坂井　二〇一二b：六〇―六三］。

女性商人たちの多くは、一家の稼ぎ頭としてマチャコス市周辺の農村部から町まで働きに出てきていた。商人たちの生活が知りたくて、彼女たちについて回っていた頃、嫁として、娘として、一家の稼ぎ頭として、母親として、女として、妻としてなどの複数の顔を使い分ける女性たちの姿を見た。そんな生活を可能にしていたのが、町のマーケットという場所であった。たとえば、婚出した娘たちが実母の売り場へ週に一度訪ねてきては商売を手伝い、帰りにその日の稼ぎの一部をもらって買い物をしていた。また、商人たちが町から家に帰ると、子どもたちが一斉にお腹が空いたと騒ぎ出し、たちまち母親の顔になる。別の日には、子どもたちがあれもないこれも欲しいからお金を出してとねだり始めると、商人は一家の稼ぎ頭の顔になる。町や仕入れ先での彼女たちは、髪結いを呼んで身だしなみを整える女になったり、仕入れ先でちょっと贅沢な食事をとるビジネスパーソンになったり、売り場に訪ねてきたキョウダイやイトコと親族に関する情報を交換したり悩みを聞いたりする親族の結節点の役割を果たすなど、様々な顔を見せる。こういった彼女たちの生き方を通して、マーケットでのモノのやり取りは、単なるその場でのモノの売買ではなく、そこに関わる人びとの生活と人生につながっており、その一部をなしてさえいることが理解できる。女性商人たちは巧みに市場交換と互酬を取り混ぜて、数多の競争相手との共存や人生を豊かにするしたたかな生き方を私に教えてくれた。

商人たちとともに金融活動でエキサイト

商売には起業資金、運転資金、日々の利益などのまとまったお金が動く機会がたくさんある。私は、マーケットで行きかう貨幣や紙幣の流れを記録していたとき、売買同様にお金の動きが盛んな金融活動に気づいた。マー

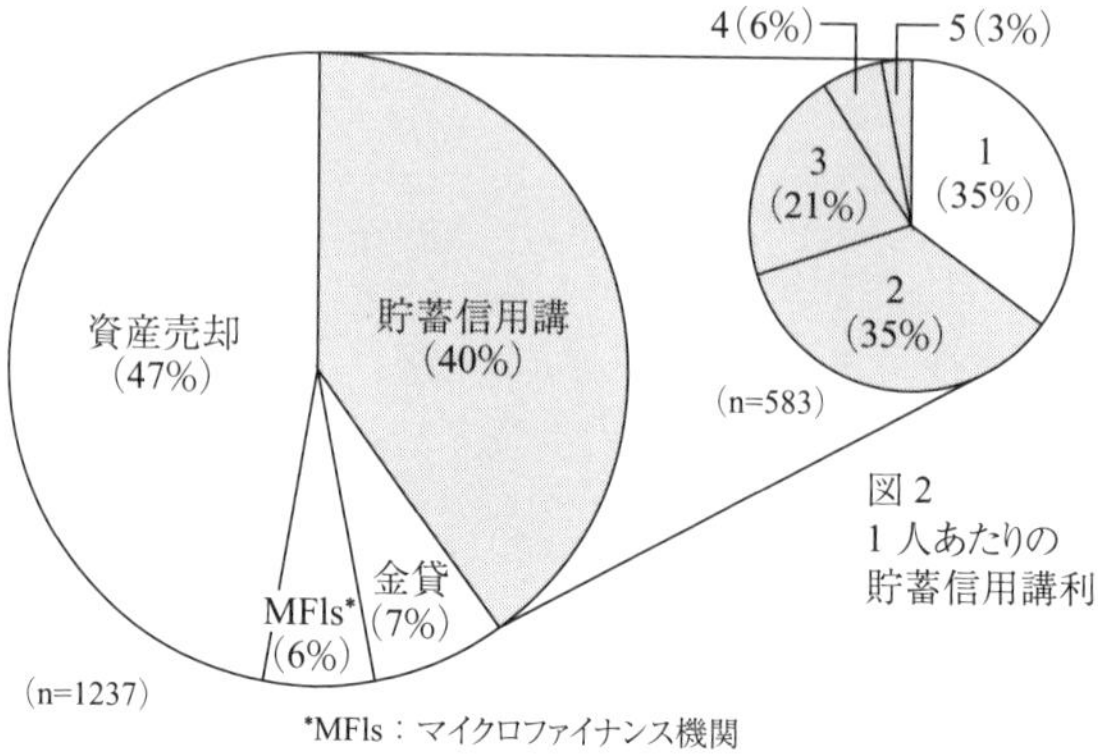

図2
1人あたりの
貯蓄信用講利用数

図1　運転資金の調達先（2003年）

ケット内でよく見かけたのは、大小様々な規模の講活動だ。二〇〇三年にマーケットで営業していた商人一六〇〇人中一二三七人に、金融活動に関する聞き取りを行った。その結果の一部を図1に示す。運転資金などのお金の調達先としておもに四つの方法が活用されており、最も多いのが土地や家畜・家禽などの資産売却による資金調達であったが、借金による資金調達では、カンバ語で *ĩelo*（a fee charged：以下、イェロ）と呼ばれる回転型貯蓄信用講や *kinandu*（a fund：以下、キナンドゥ）と呼ばれる蓄積型貯蓄信用講の利用が多かった[3]。続いて金貸しからの高利の借金、最後に一九九〇年代以降に調査地でサービスが始まったマイクロファイナンス機関からの融資の順番になる。

図1で示した全体の四〇％にあたる貯蓄信用講利用者の利用状況を詳しく見たのが図2である。貯蓄信用講利用者の六五％が二つ以上の講に参加しており、商人たちが盛んに利用している様子が見て取れる。いったい講利用のどこが商人たちに好まれているのであろうか。

二種類の貯蓄信用講がマーケット内でいくつ活動しているのかを調べた結果が表1である。二〇〇三年の調査時に合計三二八の講グループが活動していた。その内訳を見ると二六八グループがイェロとして、六〇グループがキナンドゥとして活動しており、全体の八二％がイェロであることがわかった。イェロがとくに好まれているということだ。イェロ

表1　マーケット内で活動する貯蓄信用講の数（2003年）

種　類	活動グループ総数	うち、追加機能[1]をもつグループ
イェロ*	268	19
キナンドゥ**	60	17
計	328	36

*イェロ：簡素な仕組みの回転型貯蓄信用講。詳細は本文参照。
**キナンドゥ：複雑な仕組みの蓄積型貯蓄信用講。詳細は本文参照。
1）追加機能については本文注釈5を参照。

の仕組みは簡素である。まず、複数人でグループをつくり、設定した曜日に定額の掛金を集金し、その日のうちにメンバーのなかのひとりに掛金の全額を渡すというプロセスを繰り返す。全額を受け取る順番がグループメンバー全員に回ったときにそのグループの講活動は終了可能となる。継続か終了かはグループ次第である。ちなみにマーケット内で最も多かったイェロの形態は、掛金を二〇〇シリングに、[4] 集金日を毎日に設定し、メンバーの人数を三〇人前後に抑える規模のものであった。すなわち、このイェロに参加していると毎日ひとりが六〇〇〇シリング（二〇〇シリング×三〇人）を受け取ることができ、一カ月以内に全員が一度は六〇〇〇シリングを入手できることになる。商人たちにとって二〇〇シリングは、どんな規模の商人でも一日の商いでなんとか稼げる金額に相当する。そして六〇〇〇シリングは、定期的に行なう運転資金への補充にちょうどよい金額であった。商人たちがイェロの利用を好むのは、簡素で効率的な資金調達方法であったからだ。

　他方のキナンドゥは少々複雑な運用ルールを持っている。図3を使って説明すると、複数人でグループをつくり、定額の掛金を設定日に集金するまではイェロと同じだが、毎回集めた掛金を当日メンバーもしくは他人に貸し出すところが異なっていた。借り手はそのとき受取る金額の二割に相当するお金を「利子」として支払う必要がある。キナンドゥはいわゆる融資をする／される金融活動といえよう。返済は一カ月後であるが、再度「利子」を払うと継続して借り続けることができる。キナンドゥの活動は半年後に終了するが、その際に融資金として貯められていた掛金が預金としてメンバーに払い戻され、「利子」として貯まったお金が利息として支払われる。運営方法にはバリエーションがあり、たとえば、利息とし

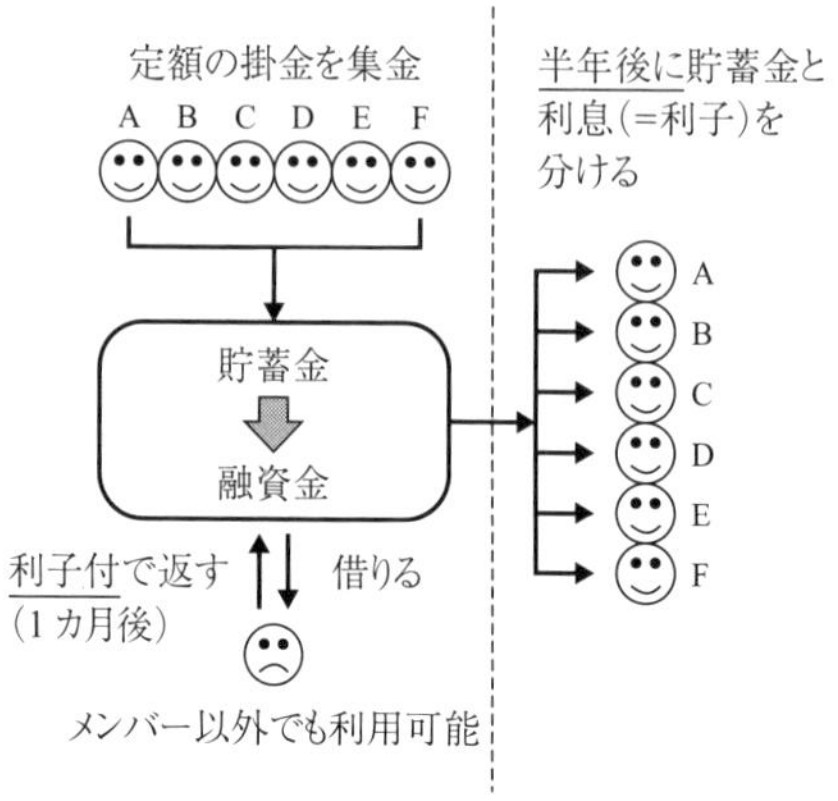

図3　キナンドゥ*の仕組み　*蓄積型貯蓄信用講

て支払わずにクリスマス用の食材や調味料の共同購入資金に充てるグループがいたり、所得創出活動[5]を始める資金に充てるグループがいたりする。キナンドゥの最大の特徴は、資金調達の機能だけではなく、各グループが創意工夫を凝らした福祉機能[6]や投資機能を持つ金融活動である点だ。商人たちは、運転資金の調達に特化したイェロと、様々な生活支援の機能を持たせたキナンドゥを併用することで、日々の利益を商売の継続・拡大に充てると同時に、生活の質の確保・向上にも活用しようとしていた。

一九九四年から二〇〇〇年代にかけて断続的にこの金融活動を見てきたが、そのあいだにイェロが徐々にキナンドゥへと変化していく事例をいくつも目にした。変化をもたらすのは、マイクロファイナンスの利用を経験した女性たちで、そのとき学んだ仕組みの一部を自分たちのイェロに取り入れていった。たとえば、掛金を融資金に見立て、二割の利子付きで貸し出すアイデアを導入し、それらを管理する帳簿のつけ方を覚え、議長・書記・会計という役職を設けて長期の運営体制を整え、集金の会合に遅刻したときのペナルティを設定し組織の規律を守ろうとする取り組みが見られた。この「進化」の過程で、半年後の解散時に貯蓄金や利息の総額が合わない事態や会計係によるお金の使い込みが発覚するなどのトラブルが尽きることなく発生し、その度にキナンドゥの仕組みも変わっていった。

お金のトラブルという点では、マイクロファイナンス機関でも同様の問題を抱えていたようだ。二〇〇三年の調査時に、マイクロファイナンス利用者へ利用期間を尋ねたところ、五年以上の長期利用は好まれない結果を得た。そして、利用者の六割がメンバーの借金返済のために自分の貯蓄金が利用された経験を持ち、この経験が利用停止のおもな理由にもなっていた。同時に利点についても聞き取ったところ、大半がビジネススキルの習得を挙げ、つぎに事業のための融資利用ではなく消費のための借金先という意見が続いた。消費用の借金はマイクロファイナンス機関から推奨されておらず、利用方法としては逸脱行為にあたる。以上の結果から、利用者は一定のビジネススキルを習得するとマイクロファイナンスの利用を継続する積極的な理由がなくなってしまい、当時のマイクロファイナンスが利用者の長期利用につながらないサービスを提供していたことがわかる。

つぎに、商人たちのお手製の融資組織といえるキナンドゥと、国外から開発・援助手法として導入されたマイクロファイナンスを比べてみよう。両者の間で最も異なる点は、借金返済が滞った際の対応である。その当時のマイクロファイナンス機関は、借り手が所属するグループの貯蓄金をその借り手の返済に充て、それでも完済できなければ借り手自身の動産売却金を返済に充てる方法を採用していた。しかしキナンドゥなどの多くの貯蓄信用講は、借り手による長期の返済を許していた。債務不履行者への無理な取り立てや、グループメンバーが補填するのではなく、何年かかってでも必ず当人に返済させようとした。借り手は、病に倒れたら回復後に返済を再開することができ、マーケットで商売を続けて日々の利益から返していくことも可能であった。

図1で提示した問いに戻ろう。なぜ商人たちは講利用を好むのか。それは、資金調達に特化したイェロと福祉機能などを有するキナンドゥが持つ以下の特徴が支持されているからではないだろうか。それらは、各自の資金調達計画や懐具合に合った講のサイズ・利用数・種類を選択し、また変更できる、いわば生活設計型の金融サービスと

して利用されうる。また、仕組みを利用者自身の手で使い易くカスタマイズできる自由度の高い組織形態を持つ。そしてなによりも、完全に利用者たちのお金で運営されている。この最後の特徴は、商人たちが誇らしげに語ったもので、私に強い印象を与えた。

フィールドでは様々な開発・支援プロジェクトが行われている。とくにアフリカ大陸のどこに居ても、行われたことのない場などないであろう。上記の出来事を経験するまでは、長くて五年短くて一～二回のみの講習で終わる各種プロジェクトの存在や効果、そして影響力について、私は非常に懐疑的に見ていた。しかし、彼女たちがマイクロファイナンスの利用と講づくりの過程で何度も失敗しながら、より自由度の高い金融活動の仕組みを作り上げていった様子を見て、私は興奮を覚えた。彼女たちの外部からの働きかけに対する主体的な関わり方から、開発・支援の存在や効果をもっと広い視野と長いスパンで見ることの重要性と、成功か失敗かで判断することの浅はかさを学んだ。また、無意識のうちに彼女たちの問題解決能力を侮っていたことにも気づかされた。

ともにしなやかな生き方を模索する

二〇一四年から私は新たなフィールドで調査と支援を始めた。ウガンダ共和国の北部にある紛争後社会で暮らすうなづき症候群（Nodding syndrome）、最近ではオンコセルカ関連てんかん[7]（Onchocerciasis-associated Epilepsy）とも呼ばれる脳神経障害を持つ人びととその家族のもとに通っている。自分が興味のある研究テーマのために訪問調査するこれまでの関わり方とは異なり、支援内容の検討とその実施、その後の検証を主眼とした訪問調査である。

現在のフィールドはグル（Gulu）県内にあり、この一帯は、ウガンダ政府軍と反政府勢力とのあいだで一九八七年から二〇〇七年頃まで続いた国内紛争地であったために、社会基盤も医療設備も貧弱な地域である。そのなかで発症の機序が解明されていない疾患を持つ多くの患者と家族は不安を抱き、孤独を感じながら暮らしている。この地に関わった経緯については省略するが［佐藤　二〇一四］、訪問当初は、まず調査対象のうなづき症候群患者とその家族がおもな構成員であるＡＣＮＳ(8)（Alliance for Communities with Nodding Syndrome）という住民組織とともに、患者と家族の置かれた状況把握に努め、必要な支援内容を検討した。

ＡＣＮＳメンバーの居住地はほぼ一つの集落に集中しており、二〇一四年にその集落の七割（一三八世帯中、九七世帯）にあたる世帯を訪問し、データを収集して以下の知見を得た。まず、二〇〇七年前後から発症者がみられるようになった当疾患は集落住民にとって身近な存在か疎遠な存在かを確認するために、うなづき症候群と症状の類似により両者の区別が困難なてんかんの両方を対象として、世帯内もしくは親族内における患者の有無を住民に尋ねた。すると、九七世帯中七三世帯から有するという回答を得た。したがって、住民にとってすでに身近な疾患であることが判明した。つぎに、患者を有する世帯（以下、患者世帯）に利用する医療施設と治療状況を尋ねたところ、大半が集落から八キロ先にある保健所（Health Center III：准医師がいる保健所）を利用していた(9)。そこは精神神経科の専門医はもちろんのこと医師も常駐していない。したがって、うなづき症候群を含めたてんかんのうちどのタイプを罹患しているのかの診断や、それに合わせた薬の種類と服用量と頻度といった処方が患者ごとに行われているとは言い難い状況が推察された。さらには、政府から無料で支給される抗てんかん薬が保健所では慢性的に不足しており、常備されている環境にはないことも判明した。現在のところ当疾患の医療行為は抗てんかん薬の服用という対症療法しかないにもかかわらず、その継続的実施も集落では難しい様子が確認された。これは、多くの患者世帯が医療環境の整っていないなかでこの疾患とともに暮らさざるを得ない状況下にあることを意味する。さらに、この集落だけが特別なのではなく、発症者が確認されているこの地域一帯が同様であることも同時に推察できた。

調査開始前の二〇一三年から、すでにＡＣＮＳはうなづき症候群対策ネットワークという日本人研究者のグループからウシや犂の寄贈を受け、患者世帯の経済状況と患者の栄養状態の改善を目指した共同耕作と乳牛飼養を行っていたが［佐藤　二〇一四］、次々と問題が発生し、あまり良い成果が得られないまま、二〇一五年にはそれらの活動も先細りしていった［坂井　二〇一五］。もしケニアでの経験がなければ、期待された成果が得られなかったという状況を見た私は、人びとが外部支援に依存する態度に苛立ちを覚え、私たちの行為が無駄であったと落胆していたかもしれない。ところが、成功か失敗かを短絡的に判断することを避け、長期戦の心構えと効果を見る対象と範囲を広げるという視点で上記の現象を分析することで、彼らの諸活動に対する見解はまったく異なるものとなった。ＡＣＮＳは、活動経験を共有しながら集団意識を醸成しつつあり、世帯を超えた社会的なケアが可能なコミュニティを形成しはじめたと理解できた。私は嬉しくなり、この集団とともに試行錯誤を繰り返しつつ継続的に様々な活動を行ってみたくなった。

その後、どのような支援が必要で、かつ資金と人材が限られたなかで実施可能な活動はなにかをＡＣＮＳと何度も話し合いながらプロジェクト計画書を作成し、二〇一八年から三年計画で次の二つの活動を開始した。一つ目は最寄りの保健所に抗てんかん薬などの薬類を受け取りに行く際の往復交通費を支給する取り組みである。これは、保健所に薬の在庫があるのかが不明ななかで運賃を払って薬を取りに行くことを控える患者世帯が多数存在し、そのために患者の安定した服薬が困難であった状況を改善しようとする活動である。二つ目は患者が安心して過ごせる小屋を建てる取り組みである。この地域では、乾季に行われる野焼きの際に畑と隣接する屋敷内の茅葺小屋まで燃えてしまう事故が発生する。これまでに何度も患者の小屋が被害に遭ってしまった。この活動は、茅葺屋根をトタンに替えて火事被害を防ごうとする取り組みである。やはり計画通りには進まないが、これらの活動は、ＡＣＮＳメンバーとその関係者たちが実施過程で発生した問題に対してアイデアを出し合い乗り切る機会を提供し、より頼もしい集団への変化を促している。最近の私は、そんな彼らのミーティングに同席する際に、患者世帯と集落住民の生活に役立ちそうなアイデアを気負わずに提案し、実施したら彼らはどんな変化球を投げてくるのかなと期待するようになっている。
しばらくは支援内容の検討とその実施、その後の検証を主眼とした訪問調査を続けることになるが、彼らの生活環境が整いだしたら、世帯内の女性の商業活動や金融活動といった従来の研究テーマでも調査を始めさせてもらうつもりだ。

おわりに

小論では、著者のフィールドでの学び、フィールドで出会った人たちとの学び、通い続けるあいだにフィールドから学んだ事柄を述べてきた。

マーケットという現場では、商人たちからモノの売買を学ぶ過程で、モノのやり取りは単なるその場でのモノの売買ではなく、関わる人びとの生活と人生につながる、またその一部をなす行為であったことを理解した。商人たちはモノのやり取りにおいて市場交換と互酬を駆使することで、数多の競争相手との共存を試み、人生を豊かにしようとするしたたかさを教えてくれた。

商人たちのもとへ通うあいだに、現場では金融環境の変化に遭遇した。マイクロファイナンスの登場とその普及、停滞、そして貯蓄信用講の「進化」がそれである。この間、商人たちはマイクロファイナンスの利用と講づくりの過程で何度も失敗しながら、より自由度の高い金融活動の仕組みを自ら作り上げていった。私は、新しい金融制度を相手に粘り強くかつ主体的に利用しようとする商人たちの姿を目の当たりにし、現場にいる人びとの問題解決能力を侮っていたと認識した。そして、フィールドでの開発・支援という現象との付き合い方を学んだ。

フィールドで出会った人たちのしなやかな生き様を今度は自分も実践してみる機会がやってきた。それが今のフィールドである。

支援とその実施状況の調査という関わり方ではあるが、現場にいる人びとの問題解決能力の高さとしたたかさを心得ている私は、現場でどのような出来事が起ころうと、人びとがどう対応しようと、ともに心身をしならせながら受け止め、そして受け入れていくだろう。私にとって「現場に学ぶ」行為とは、変化の連続のなかでしなやかに生きる術を現場の人びととともに模索することだと現時点では考えている。

注

（1）ケニア国内に居住するバンツー系の民族集団

（2）ウカンバニはカンバがおもに居住する地域の総称で、マチャコス県のほかに、キトゥイ（Kitui）県、マクエニ（Makueni）県、ムウィンギ（Mwingi）県をその範囲とした。なお、二〇一一年前後にケニア国内の行政区域の再編成が行われ、ムウィンギ県はキトゥイ県に合併された。現在は、県ではなく、それぞれがマチャコスカウンティ、キトゥイカウンティ、マクエニカウンティという名称になっている。

（3）それぞれ学術用語は ROSCAs（Rotating Savings and Credit Associations）や ASCAs（Accumulating Savings and Credit Associations）である。ウカンバニ以外の地域では Merry-go-round という単語が ROSCAs と同じような活動を指していた。近年、Saving Group という言葉で ROSCAs や ASCAs の手法を用いた融資・貯蓄プログラムが国際的な支援機関によって実施されたり、多くの事例研究が世界各地で行われている。

（4）シリングはケニア通貨のケニア・シリング。二〇〇三年当時、一シリングは約一・四円であった。

（5）たとえば、家禽類の飼育・販売を始めるための準備金として、販売目的の苗を育成する苗床の作成と管理用の準備金として、グループが管理する畑の灌漑用タンクを購入するための資金として貯めるキナンドゥがある。

（6）たとえば、病気や怪我の治療費やら婚資などを工面する募金活動をグループメンバーで頻繁に行っている。

（7）オンコセルカ関連てんかん、もしくはうなづき症候群とは、寄生虫 *Onchocerca volvulus* への感染が原因のひとつと考えられているてんかん性脳症である。ウガンダ北部では二〇〇七年前後から症例が報告されはじめ、約三〇〇〇人の発症者が確認されている。かつては該当地域で長年続いた紛争に原因が求められていた。いまだに発症原因は解明されておらず、治療方法も確立されていない。患者には抗てんかん薬の服用という対症療法が行われるにとどまっている。てんかん発作による脳神経へのダメージが、患者に発育遅滞や知的障害、運動障害をもたらしている。

（8）二〇一三年に結成され、当初のメンバー数は二三名（男性二二名、女性一名）で、そのうち一五名が患者の親、六名が患者のキョウダイ、二名が患者自身というメンバー構成であった。二〇一九年現在は、メンバー数が二一名（男性一〇名、女性一一名）で、そのうち一六名が患者の親、三名が患者のキョウダイ、二名が患者自身というメンバー構成である。最大の変化は女性メンバーの増加だ。その多くは初期の男性メンバーの妻や母親にあたり、活動が開始されると実際に積極的かつ継続的に参加していたのが患者の母親や祖母といった女性たちであったことがうかがい知れる。

（9）ウガンダの公的医療制度について簡単に説明すると、国と地方自治体とでその役割が分担されており、国は少数の公立病院やがん研究所などで高度な医療サービスを提供し、地方自治体は Health Center I ~ IV に分かれた保健所をもち、地域住民に日常的な医療サービスを提供している。I~Ⅳといった数字が大きいほどサービス対象地域は広がり、その医療サービスのレベルも上がる。Health Center III は、副郡（sub-county）レベルの二万人程度をサービス対象とした医療施設で、准医師（a clinical officer）によって簡単な診断と妊産婦保健サービスが提供される。

参考文献

Ministry of Finance and Planning. 2001. *The 1999 Population & Housing Census, Volume1*. Ministry of Finance and Planning. Nairobi.

坂井紀公子「トマトの違い――ケニアのマチャコス公設マーケットで野菜小売商から学んだこと」『アジア・アフリカ地域研究』四―一、一五五―一六〇、二〇〇四年。

坂井紀公子「ソコはアツイ女の園――カニィニとの思い出」松田素二・津田みわ編『ケニアを知るための五五章』エリア・スタディーズ一〇一、明石書店、二六九―二七一、二〇一二年。

坂井紀公子『マーケットに生きる女性たち――ケニアのマチャコス市における都市化と野菜商人の営業実践に関する研究』京都大学アフリカ研究シリーズ〇〇九、五七―六〇、二〇一二年。

坂井紀公子〝ウガンダの紛争後地域における『うなづき症候群』の問題に対処する住民組織に関する研究〟アフリカの潜在力を活用した紛争解決と共生の実現に関する総合的地域研究、二〇一五年。http://www.africapotential.africa.kyoto-u.ac.jp/report/201508sakai.html（参照二〇二〇年二月一〇日）

佐藤靖明「東アフリカにおけるてんかん性脳症「うなづき症候群（Nodding Syndrome）」に対する学際的ネットワークの設立」『JANESニュースレター』二一頁、二〇一四年。

Mwau, John Harun, 2006. *Kikamba Dictonoary, Second Edition*. J. H. Mwau, Nairobi, Kenya.

Ministry of Health, 2009. *Health Sector Strategic Plan II 2005/06-2009/10*. Ministry of Health. Kampala. http://siteresources.worldbank.org/INTPRS1/Resources/383606-1201883571938/Uganda_HSSP.pdf（参照二〇一〇年三月一日）

Ndambuki, Berida and Claire C. Robertson, 2000. *We Only Come Here to Struggle: Stories from Berida's Life*, Indiana University Press. Bloomington.

私がタンザニアの「障害者物乞」に学べるようになるまで

仲尾友貴恵

ここ日本で、「アフリカの都市で身体障害者の生活を研究しています」と自己紹介すれば、大抵は困惑の表情が返ってくる。「福祉が専門ですか」という返しに、正直に、「どちらかといえば、制度よりも実際の生活方法というか、物乞いなんかには詳しいです」などと答えようものなら、絶句されてしまう。沈黙の後、「いやあ、私なんかはそういうことまで視野が及ばなくて」という相手に、深く共感する。

一五年前、私は東北の田舎町から大学入学のために都会に出てきた凡庸な女の子だった。関東でもなく遥々京都に来たのは、テレビや修学旅行で見知った「都」の華々しさに素朴に憧れたからである。本が好きだったので、せっかく大学に行くなら日本で有数の蔵書数があるところに行きたかった。そうして受験候補に挙がった「京都大学」に学力不足にもかかわらず執着できたのは、田舎から出たい一心に因る。京都に行きさえすれば人生が開けると信じていた。苦しい浪人生活の終わりが決まった時には、華々しい「都」生活への期待で胸を一杯にして上洛した。

当然、そんな女の子は「アフリカ」にも「障害者」にも、何の知識も関心もなかった。あえて当時の自分に「アフリカ」や「障害者」について尋ねてみるならば、しばらく考え込んだ後、世界史や社会の授業で習った事柄をたどたどしく話したかもしれない。

そんな私は一五年後、タンザニアの都市の路上で物乞や露天商をして生きている、手足が細ったり欠けていたりする人々に魅了されている。彼らについてもっとよく知りたいし、私が知り得たことを、まだ彼らに出会っていない人々にわかりやすく伝えたい。

一五年間にいったい何があったか、本章ではこれを述べたい。自分史を語りたいというよりも、むしろ強調したいのは、私には何の強い意志も知識もなかったという点だ。私がここに至る経緯は、「人生で岐路が現れたらとりあえずどれかを選ばなくてはならない」という、ごくありふれた営為の蓄積でしかない。しかし、このような過程で人は興味深いものにめぐり会うことができるし、そこから世界が広がり、自分自身さえ変化し、想像もしていなかった人生を歩んでいることに気づくということもある。本章ではその例として、私のこれまでの一五年間を提示したい。

「アフリカ」・松田先生・「フィールドワーク」との出会い

私が「アフリカ」と出会った経緯をまず述べたい。それは、留学生や松田先生との出会い、「フィールドワーク」という概念との出会いの経緯でもある。

期待していた「都」生活は辛いものだった。押し寄せてくる西日本のイントネーションは私を孤独にし、何を話しても「オチは？」と言われて人と話したくなくなった。一方で、せっかく多大なコストをかけてたどり着いた大学生活を謳歌したかった。「グローバル」を謳うサークルに大学らしさを感じて新歓に行き、会場では人気を避けて、誰も新入生がいないグループの所に行った。それが「アフリカ」に関わるグループだった。

新歓の一環で、グループに関わるアフリカ人留学生に会った。田舎では外国人といえばＡＬＴの先生しか見たことがなく、留学生自体が新鮮だったし、話の内容は未知そのもので一種のお伽噺のようだった。そのうえ彼らは、相手が自分の出身地に無知である前提で話すので、その意味で丁寧に異文化コミュニケーションをしてくれる希少な存在だった。こうして私はアフリカ人留学生のなかに大学で最初の友人を見つけ、その後も人づてにアフリカ人留学生と知り合っていった。

「アフリカ」について少し感度が上がった頃、題目に「アフリカ」を含む教養科目の講義で出会ったのが松田先生である。この授業で「フィールドワーク」という現場を訪れる探求方法があると知り、私は漠然と「アフリカでフィールドワークをしたい」と思うようになった。

ところが、調べていくとアフリカでのフィールドワークの実現はなかなか大変そうだとわかってきた。渡航し滞在するための費用工面や言語習得は必須であり、学部生のうちの実現は難しそうだった。「進学」という選択肢が頭をもたげたが、両親は「就職」のために入学させたのだからと反対した。両親の思いを無視できないと思う一方、サークル活動を経て、自分は組織に向いていないという認識もあった。実際、試しに参加した就活インターンシップでは他学生とケンカをしてしまい、就活への苦手意識は強まるばかりで、「就職」はそれほど簡単なものと思えなかった。悩んで松田先生に相談すると、「とりあえず一度アフリカに行って、見てから考えたら」と助言された。真っ当な助言に思え、私は安直に、講義で聞き馴染んだ「ケニア」に行くことにした。初の海外一人旅をケニアで行おうとしていた私を先生はやんわりと止めた。ケニアは前年に選挙を契機とした暴動が起こったばかりで危ないという。[1]「（隣国の）ウガンダにしたら」という言葉を鵜呑みにして、貯金全額でいける最長期間と考えた三週間の旅程を組んだ。最後の三日間に被るように松田先生にケニア出張があるというので、三日間はケニアで先生の目の届く範囲で旅行していいことになり、それまでの二週間強を、特に目的もなく、ウガンダのエンテベ空港からケニア方面へ陸路で移動して旅をした。

英語もろくに話せなかったがウガンダの人々は優しかった。携帯電話の盗難に遭った以外は、まったく無事に終わった。アフリカはとても魅力的で楽しい場所で、私はフィールドワークを諦めきれなくなり、進学を決めて親を説得した。最終的に父親が折れてくれて進学が許された。

「アフリカでフィールドワークをする」という目標は定まったものの、調査地もテーマも決められずに進学した。京都大学ではアフリカで通用する言語として英語・フランス語・アラビア語・スワヒリ語の授業が開講されていたが、アラビア語とフランス語は着手して直ぐ挫折し、英語運用能力は既に透明な天井に達していたので、スワヒリ語に一縷の望みを賭けた。語学と併行してスワヒリ語圏（東アフリカ）から調査地を選ぶことにしたが、旅の感触からウガンダとケニア以外がよかった。ウガンダはいいところ過ぎて「易しすぎる」と思い、ケニアは松田先生から現場を見せられて暴動や強盗の話を散々聞き怖くなった（念のため、これは両国への偏見である。失礼な話だ）。複数の人が「タンザニアはいいところ」と言うのを聞き、タンザニアについて調べ始めた。当時（二〇〇九～一〇年）、インターネット上には「タンザニア」に関するある社会問題の報道が溢れていた。先天的にメラニンが十分量生成されないために白っぽい肌色をもつ人々（アルビノ）が、タンザニアで何十人規模で殺傷されているという問題で、「アルビノ殺し」（albino killing）と呼ばれて大騒ぎになっていた。私は安直に、この事件群についてまず調べることにした。

問題意識との出会い

ここまでの私が何の問題意識ももち得ていないことはおわかりいただけたかと思う。このような私に修士一回生の末に大きな転機が訪れた。東日本大震災である。

三月一一日、いつものように研究室で何かを読んでいると部屋が長く揺れた。先輩が震源地を言うなり、私は両親・きょうだい・母方の親戚（みな東北にいる）に電話をかけたが、どれも繋がらなかった。研究室のパソコンにしがみつき日が変わるまで情報収集をしたが、何もわからなかった。家族の安否は二日後にわかり、幸いにも大事はなかったが、家族は理由もわからないまま町から出るよう言われて山地を越えた内陸部の体育館に避難していた。実家は爆発した原発から八キロメートル足らずの地点にあった。馴染みの地名が急によそよそしく、けばけばしくマスコミ報道に躍り出て、突如として目の前に「国」が立ちはだかり、私は故郷に帰れなくなった。

三・一一は私に研究を続けるか否かの決断を強く迫った。「アフリカでフィールドワークをしたい」なんて呑気なことを言っていていいのか。テーマも決まっていないではないか。今すぐ休学して福島で何か手伝うべきではないか。いや、奨学金で生活しているのだから休学したら私自身の生活費が欠乏する。母が失職し父の勤務先の見通しも立たない状況で、復学できるとは思えなかった。さらに、学生として生活費と研究費を確保するための最有力手段である日本学術振興会特別研究員の申請期限が眼前に迫っていた。応募には研究内容の確定が必須である。研究を続けるのか、続けるならアフリカ研究か、それとも震災や日本に関係が深いものに変更するか。

悩んだ末、私はアフリカ研究路線で研究員の申請をし、修士論文を書き上げることにした(2)。一度帰れば金がかかり、何より心が折れそうなので、論文提出まで帰らないことにした。当然留年の選択肢はなかったが、三・一一以降何もまともに考えられなかったので、修士論文は「アルビノ殺し」についてとにかく無心に資料を集め、事実関係を抽出して表にまとめるという作業に没頭した。他の論者が原因分析をしているのは知っていたが、私は機械的な作業に集中した。当初は「逃げ」として着手したこの作業から私は予想外の収穫を得た。「アルビノ殺し」について、報道された事件内容と通説が全く噛み合っていないことを発見したのだ。

幸い研究員申請も修士論文も通り、私は初めて福島に帰った。両親が住む借り上げ住宅に寝泊まりして一〇日間程休養した。そんなに長く帰ったのは高校卒業以来初めてである。休養中、仮設住宅の集会所に通った。馴染みの方言で話す知り合いや初対面の町民に混じって手芸や工作をした。作業そのものは楽しかったが、あの親しんだ町並みが幻のようになり、かつてはそれぞれに活動していたはずの町民がいまや仮設の集会所で手慰みをするしかないという、落差への落胆を忘れさせてくれるほどではなかった。

震災からの一年間で、私のなかにある問題意識が膨らんでいた。「困難に直面した人は、いかに楽しく、前向きに生きることができるか？」この問いはその後の私を方向づけた。

Unataka nini?――現実との出会い

研究員として研究費を得て、博士課程で初めて調査渡航ができることになった。タンザニアでは調査許可取得が必須で、そのためには現地在住研究者の協力が要る。アルビノ殺しの報道に専門家としてよく登場していたシメオン・メサキ先生の連絡先をインターネット上で探し出し、事前連絡すると、「ダルエスサラーム（最大都市）にいるから、来たらまた連絡して」と返事が来た。三ヶ月間滞在する旅程を組んでダルエスサラームに飛んだ。

着陸したその日から、私は文献調査からは想像もできなかった「現実」に直面した。アルビノが多く、しかも一見、他の人々と同じように生活している。数日滞在しても、この第一印象は変わらなかった。

メサキ先生との対面はすぐに実現した。メサキ先生は拙いスワヒリ語で調査目的と関心を述べた私に開口一番、「アルビノの研究は（許可申請を）通らないよ」と仰った。「もう外国人がたくさん書いたし、たくさん搾取したから」と（本当に「搾取」と言った）。「Unataka nini?（何がしたいの？）」「滞在中にもう少し考えなさい」と言われた。

かくして、私は現地でスワヒリ語の練習をしながら、現地の生活感覚をできる限り吸収しようとした。私はこの社会について無知であるということは滞在初日から突き付けられていたからだ。外に出て人々とだべり、夜には現地のラジオを聴いた（不思議と言語がわからなくても雰囲気で楽しめる）。幸いダルエスサラームの人々の快活な雰囲気は私にとても合っていて、友達もできた。他方でアルビノについての調査は進まなかった。それは事前によく考え抜けていなかったせいでもあるし、「予想外」のダルエスサラームの状況をどう捉えるべきかわからなかったからでもある。

「現場」で、ある気づきがあった。路上や市場にいる、身体障害者や子どもなどの「物乞」の存在である。あからさまに手を突き出してきたり、乞う文句を言う者もあれば、ただ毎日同じ場所に居る（しかしそれによって「物乞」であることが露見する）者もある。三ヶ月の間にアルビノを大勢見たが、物乞である者は一人しか見なかった。物乞の多くは一見してわかる身体障害者、特にハンセン病やポリオからの回復者らしい肢体不自由者だった。興味深いことに、アルビノも路上の障害者物乞もともに「ムレマーヴ」（mlemavu）と呼ばれていた。「ムレマーヴ」とは現地の通俗的な言い方で「障害者」のような意味をもつ単語のようだった。アルビノはタンザニアで「障害者」なのか？　なぜ「物乞」を指すこともあるのか？　「障害者」＝「物乞」？　アルビノの物乞はほとんどいないのに？　疑問は膨らんでいった。

メサキ先生の直球な問いかけは常に頭にあった。私はダルエスサラームでアルビノが他の人々と混淆して生活する状況をみてなお、アルビノだけを取り出して研究対象としたいのか？　それとも私は、「大変（そう）な人」について知りたいのか？（もしそうであれば、路上でよく見るあの人達の方をもっと見るべきではないか。）

帰国直前に後者寄りであることを認めた。私は、人が困難な状況の中でいかに、何を考えて生きているかについてもっと知りたい。それを認めれば次の手は明らかだった。アルビノへのこだわりを一度括弧に入れて「ムレマーヴ」について調べてみればよい。こうして、私は研究対象としての「障害者」に出会った。

Kila mtu ana maisha――キーパーソンとの出会い

「ムレマーヴ」をキーワードに調査を進め一定の手応えを得たが、二つの重大な問題が残った。それは三年間の研究員期間が残り半分を切った頃には決定的な問題となり、私を焦らせた。二度の渡航で合計五ヶ月もダルエスサラームに滞在した後でも、表面的なインタビュー以上に進める「ムレマーヴ」の調査協力者を得られておらず、何より、できるだけ現地の生活を知りたいと望んでいたにもかかわらず、ホテル住まいから抜け出せていなかったのである。

それまでの滞在で、遊び仲間である若者の暮らしぶりについてはある程度理解がすすんでいた。しかしそれゆえに、私は親友に「長期間泊めて」と言えなくなっていた。彼女の部屋の狭さとセキュリティのなさ、生活費を得るための忙しさ、彼女の住む地区に「ムレマーヴ」がいないことなどを把握して、私はホームステイ先無し、コネなし、度胸無しで彷徨っていた。

最終的に頼ったのは日本人研究者のコネである。複数人に相談したところ、ダルエスサラームでの調査歴をもつ近畿大学の鶴田格さんが、かつての調査助手である「サミアさん」の電話番号をくださった。それでいて私は、この戦術は「邪道」かとぐずぐずしたのだが、二年度目の滞在が残り数日というところまで追い詰められてようやく、サミアさんに電話した。サミアさんは、一九六一年のこの国の独立とほぼ同時にダルエスサラームに生まれ落ちた、ダルエスサラームでの交際が抜群に広い地元民だった。しかも、「日本人」と「研究者」への理解が著しく深かった。

サミアさんはまさに「ゲートキーパー」だった。電話してすぐ会ってくれることになり、会いに行くと私の関心を単刀直入に尋ね、ある程度聞くと、「それなら長くムレマーヴの人が望ましいわね」と言い、「行くよ」と言って、私を連れ出してバスに乗せた。バスは市街中心部に行き、降りるとサミアさんはずんずんと速足でスカーフをなびかせて歩いて行った。ついていくと、ある商店の前に来た。商店の前には白髪交じりの坊主頭の男性が段ボール紙の上に座っていた。片脚がない。

サミアさんは私に目配せすると、男性に「シカモー」〔年長者に対する丁寧な挨拶〕と言った。男性はニコニコして「マラハバー」と答える。「あのね、ちょっと話していいですか？」「なんだい？」「この子がね、日本から来てて〔ここで私も「シカモー」と挨拶をした）、ムレマーヴについて知りたいんだって。長くムレマーヴの人、と思って、あなたのこと私昔から見ていたのでね」「そうかい（ニコニコ）」「もしよかったら、また別の日にゆっくり話をききに来てもいいかしら？」「ああ、いいけど（ニコニコ）、一体何を話せば？」「あなたのストーリーをね。聞きたいんだって。」「あぁ。いいよ（ニコニコ）」。私は驚愕した。呆気にとられた。サミアさんは、その日会った私のために、物乞いをしているおじいさんとの間を取り持ってくれたのだ。

こうして出会った「アハマドさん」（仮名）は、私にとってかけがえのない人となった。というのは、アハマドさんはとてもチャーミングなのだ。彼はいつでも歓迎の態度で接してくれる。私はそれまでの滞在で、東洋人の外見で拙いスワヒリ語を話す「余所者」に付き合ってくれる人は希少だと学んでいた。「余所者」に優しい人のなかでもアハマドさんは特に寛大だった。いつでも笑顔を絶やさず、挨拶をすれば心が明るくなった。物乞いという彼の仕事柄、私の存在が彼の生活を脅かすことがないように十分注意したつもりだが、それでも何か迷惑をかけたのではと思う。実際に、彼の家族と初めて会った時、彼が家族に対して秘匿にしていたことを私がうっかり口にするという粗相があった。私はその場ではまったく気づかず、後日アハマドさんからの電話で初めて自分の粗相を知ったほどの鈍感ぶりだった。しかしそのような時でさえ、「怒ってるんじゃないよ。あれが家族に知れたらちょっと恥ずかしくてねえ〜」と言ってくれるような人だった。

何度も「仕事場」を訪ねて対面を重ねるうちに、アハマドさんが誰に対してもそのような柔和な態度で接することに気づいた。彼には沢山の「友人」がいた。アハマドさんの隣を定位置とするハンセン病回復者の「同業者」（つまり物乞）も「友人」の一人だが、「友人」の多くは物乞ではない。付き合いが一〇年以上になる人も多く、しかも最初に出会った場所はアハマドさんの物乞い場という人ばかりだった。つまり、アハマドさんは物乞い場を通りかかる人々と親密になっていたのである。ここまで見えたとき、私はものすごい人に「出会った」と確信した。アハマドさんは一〇代で片脚を切断し、二〇代で単身ダルエスサラームにやって来て、そこから四〇年弱を様々な路上仕事で生活し、最終的には調査時点までの一五年間は物乞いに拠って生活していた。物乞いを始めてから妻となる女性と出会い、子をもうけ、四、五人家族の大黒柱として物乞いや「無心」を生業としていた。それでいて物乞いをしていることは家族には秘密なのである。

アハマドさんは私に多くの謎と光を見せた。傍からは「転落人生」に見えるような状況でも、何も手元になくなっても、人と繋がり、繋がった人たちを頼ってでも家族を養うことはできるし、そうして、一度きりの人生を謳歌できるということ。どんな状態であっても笑顔のオープンな人として居られるということ。このダルエスサラームという街では、「みなそれぞれの人生がある（Kila mtu ana maisha）」のだから、誰も彼の生業を家族に告げ口したりしない（と少なくともアハマドさんは信じている）ということ。人にはそれぞれの人生があり、比べるものではないのだ。

アハマドさんとの出会いの後、私は少し勇気を出して、さらに縁にも恵まれ、さらに数人の「物乞いでよりよい暮らしを実践している人」と出会った。差別や隔離の経験の後、ハンセン病者コロニー内で家庭を築き、家族によりよい（人間らしい）食事を食べさせるために日中コロニーから出て物乞いをするおじいさん。物乞いで身重の妻と二人の子を支え、第三子の誕生を泣いて喜んだ、右脚以外の四肢を切断した男性。厳罰化する露天商取り締まりの網をかいくぐりながら、露天商と物乞いでシングルマザーとして奮闘する下肢不自由の女性。頭が異常に小さい知的障害のある三人の子のために村で差別に遭いながらも、数ヶ月に一度ダルエスサラームに「出稼ぎ」して生活を成り立たせている州外から来る親子。様々な人に接する中で、アハマドさんは物乞いの熟練者であるとわかってきたが、アハマドさんだけが特異というわけではなかった。ダルエスサラームには一定数、このように自らの人生を切り開いている人々がいるのである。

「私たち（の世界）」への違和感

三度の合計九ヶ月に及んだ私の現地調査は、資金が尽きて二〇一四年に終了した。そこから最初の論文刊行までに二年。そしてその後少しずつ、自分が「現場」で出会ったものを人に提示できるようになってきたと感じるが、そこに至るまでに調査終了から数えても実に四、五年を要してしまった。その間一体何をしていたのか、まさに浦島太郎の気分になるのだが、今にして思えば、私は「現場」での出会いを自分の中で捉え、外に見える状態にするまでの間に、自分自身を調整していたのだろう。

ダルエスサラームの「ムレマーヴ」の人たちと接して、日本に帰れば、障害者の存在自体を否定する態度を隠さない人に接することがあり、相模原の衝撃的な事件もあった。これらは最も鮮烈な例であるが、ここまで鮮烈ではない、「ちょっとした違和感」を覚えることが増えた。特に、家庭を築くこと、働くこと、お金を得ること、人を頼ることについては、ダルエスサラームにおいて広く受け容れられている捉えられ方と、「私たちの世界」（日本社会、産業化社会、資本主義社会と言ってもいいかもしれない）での典型的な捉えられ方とは随分違っている、ということに否応なく気づかされた。例えば、働くこととお金を得ることは日本では同一視されることが多いように感じるが、ダルエスサラームで出会った「働く、賃金を一切得ない人たち」を描写するためには、この二つを別物として捉えざるを得ない。また別の例を挙げれば、調査後の私には、日本では家庭を築くことが「お金を得ること」や「人に頼らないこと」を条件として捉えられているように見えてきた。しかし私はダルエスサラームでこの構図が必ずしも当然ではないことを知ってしまったので、逆になぜ日本ではこのような条件・成果構図が普遍的な価値観のように受け入れられているのかが不思議でならなくなった。これらは一例に過ぎず、このように、タンザニアでの経験を経て、「私たちの世界」から生まれたはずの私は、もはや「私たちの世界」には完全には溶け込めず、違和を感じるように変わってしまった。いまはこの違和感を大事にしながら、家庭を築くこと、働くこと、お金を得ること、人に頼ることについて、書き手としてだけではなく生活者として、少しずつ自分の中で言語化を模索するとともに、自分が納得できるものを内面化し、「どっちつかず」かもしれないが私自身を納得させる生活者となることを目指している。

学んだこと（の一部）

こうして福島の田舎から出てきた私は、タンザニアの物乞を主要な研究テーマとして書き、語る人になった。アハマドさんたちとの出会いは私の人生観を大きく変えた。人は何もなくても人と繋がることができるし、繋がった人を頼るような生き方も悪くないかもしれない。人生は人と比べられるものではないのだから、無いものを望んで落胆する必要も、実はそれほどないのかもしれない。私には故郷がない。金もない。ただし友人も家族もいる。アハマドさんたちについて書き人々に知らしめるという、やりがいのある仕事も見つかり、（稼ぎはないが）よく働いて日々を楽しく過ごせるようになった。

この章を結ぶにあたって、しかしながら、私はアハマドさんたちの輝きだけを押し出すだけでは足りないと思っている。これまでの私に起こった様々なこと――アハマドさんたちに出会う前の過程や調査後も含む――を振り返ると、むしろ重要な教訓は、人生で壁にぶつかるということと、そこから進むということに関するものだと考える。

壁はいつでも、突然目の前に現れる。何かを捨て、何かを選ばなければならない状況が、自分の意思とは関係なく外側から突き付けられる。しかし不思議なことに、壁にぶつかると、ある方向が閉ざされることで必ずどこかに道が見える。それは壁にぶつかる前には見えない道である。壁は岐路であり、道である。生きていれば道は絶たれないことを知った今、私は以前ほど壁を恐れなくなったと思う。壁はいずれにせよ、やってくる。壁が来たら、初めてそこに見える道を辿ればいいのだと思う。

注

（1）この暴動については例えば以下を参照されたい。津田みわ「二〇〇七年ケニア総選挙後の危機」『アフリカレポート』四七：三―八、二〇〇八年。

（2）この時の思考過程を短く述べることは難しいが、最も印象深く残った助言は松田先生からのものである。曰く、「〔少なくとも現時点では〕震災はやめた方がいい」、「研究という形でなくたって関わり続けることはできるから」。私の周囲にいた人のなかでは市民としての実践的関心と研究という営為とを最も近づけている人に見えた松田先生がこのように仰ったのは、当時の私には意外だった。しかしすとんと腹に落ちた。

合同社会調査実習「熊野調査」が熊野に残したもの

久保　智

背が高く、ひょろっとした細身、動物で例えるとアフリカの草原を駆け抜けるインパラのような人、それが「松田素二」の第一印象でした。

「どうも、あの〜寺口の友人です。あ、松田です」

私が描いていた大学の先生のイメージとは、けっこうかけ離れた方で、さてどうしたものか、ちょっと難敵ではないのかなと思いつつお付き合いが始まりました。

しかし、紹介者の寺口瑞生さんとの掛け合いを見ているうちに、しだいに松田ワールドに引き込まれていきました。以後、二〇年以上に渡り、熊野地域を社会調査実習のフィールドに選んでいただき、多くのインパクトを熊野市に残してくれました。

その間、この地を訪れてくれた学生、大学院生、研究員、そして大学の先生たちは、もう数えきれないほどです。そしてその中の多くの人が、今も熊野に対して関りをもっていただき、中には大学の教官となってその学生を率いて調査にも参加していただくようになりました。

時の流れるのは早いもので、当時四〇代前半だった松田先生も退官の時を迎え、という私もすでに高齢化率を引き上げる年齢になっています。

そこで、先生たちが二〇数年間、四半世紀近く実施していただいた熊野調査、それは私たち熊野人にとってどんなものであったか、少しだけ振り返ってみたいと思います。

熊野市は、熊野調査が始まった一九〇〇年代後半にはまだ二万五〇〇〇人ほどの人口がありました。しかし二〇〇五年に紀和町との合併があったにもかかわらず、二〇年余の間に九〇〇〇人近く減少し、二〇一九年七月現在人口が一万六〇〇〇人台、高齢化率は五〇％弱と二人に一人は高齢者という超高齢化自治体となっています。

特に中山間地域と呼ばれる山村、漁村においては過疎高齢化の進行が早く、限界集落若しくは消滅集落といった状況に陥っている地区も珍しくありません。

また、基幹産業とされる第一次産業は、産業自体の不況や後継者不足により衰退の一途をたどっており、過疎高齢化に拍車をかけています。

熊野市では観光産業を新たな基幹産業と位置付けるなど新たな産業振興策を掲げるとともに、都市部からの移住定住促進など人口減少対策を市の重点施策として実施していますが、その成果には見るべきものはなく人口減少に歯止めはかかっていません。

そんな熊野市がたどってきたこの四半世紀の歩みを合同社会調査実修において訪れてくれた学生、教員が、どのようにそれをとらえ続けてくれたのかを調査ごとに編纂された報告書において検証すると、初期の頃の報告書に比べ年と共にその内容が大きく変わってきていることに気が付きます。

実修が始まった頃の報告書には、まだ熊野地域がそれほど危機感を持っていなかったこともあってか、過去・現在の比較にとどまる報告が多かったのが、その後徐々に暗い未来への憂慮、そして活性化への提言が加わって示されるようになっています。

それぞれの報告書は、地域の問題点課題を地域の方々から聞き出そうとする姿勢を基本に、それぞれが地域の人たちの思いとの違いをどう受け止め、自分たちの言葉でどう表すかを考え、そして調査の期間夜を徹して話し合いまとめていく作業から生まれており、その時代ごとの違った目線、違った思いで綴られてきました。

そこには、その時々に訪れた学生たちの目がその時代の熊野の実態をしっかりととらえ、調査対象となった市民のその時々の声を通じて、その時点での問題や課題が明らかになっており、改めて彼らの目線の確かさに気づかされます。

私たち熊野人は、この地に住み日々を送っているうちに、その問題や課題を危機感として感じることがなくなり、現実に目を向けることすらしなくなってきました。

しかし、旅人である学生たちはその現実を客観的にとらえ、それを私たちに報告書と言う形で示してくれていたのです。

では、私たち熊野人はその示されたものにどう反応してきたのかというと、この報告書を読んだ人すべての人が積極的にこれを受け止めてきたとは言えないのです。

それは、その内容が間違っているとかいうことではなく、正しいがためにそれを受け入れることに拒否反応を示してしまったということなのかもしれません。

では、熊野調査は熊野人にとって意味のないものだったのでしょうか。

いいえ、決してそうではありません。

ある地域の古老は、すでに十数年前に来た学生から受けたインタビューのことをしっかりと覚えており、その報告書を宝物のように大切に保管していて、会うたびにそのときのことを昨日のことのように話しています。

「あんな面白くもないことを聞いてくれてこんなに立派な本にしてくれて」とはにかみながら言う言葉の裏には、まったく今の世の中から忘れられようとしていたことが役に立ったということと、自分たちの人生の歩みを誰かが聞いてくれてそれを受け止めてくれたという喜びがあります。

そして何よりこの調査に関わった地域の皆さんの中には、それぞれ地域の過去の賑わいであったり生活であったりを話すことで、今置かれている危機的な地域の現状を再認識し、地域に目を向けることを始めた人たちもでてきたということです。

そして、移住者や社会活動や体験の場としてこの地を訪れる人達の活動に対して、それまでには見られなかった積極的な関わりを持つ姿勢も見られるようになりました。

このことは、他の地域の人との交わりを苦手としていた中山間地域の人たちにとっては、画期的なことであり、二〇年以上にわたって継続してきた熊野調査がベースとなっていることは間違いありません。

また、この地に興味を持って移住してきた若者に、手取り足取りこの地で生きていく術を古老たちが教えている姿は、熊野調査の際に「自分たちが伝え聞かされてきた話が、もしかすると今の時代にも通じるものであることかもしれない」と気づかされた結果であるとも考えられます。

事実、古老たちの中には「あの子達が、自分たちがまだ役に立つと教えてくれた」と話す人もいるのです。

移住してきた若者にその地域の成り立ちや風習を自身気に話すその姿には、以前の「昔のことはもう役に立たない」として投げやりだった古老の以前の姿はありません。

聞かれることに免疫ができ、聞かれることで忘れかけていた「今でも通用するもの」を再発見し、今だからこそそれをもう一度大切に伝えなければならないということに気づいたのです。

さて、「熊野調査」以降、熊野には多くの大学が社会活動や産官学連携という取り組みのもとに、熊野へいろいろな形で関わる姿が見られるようになりました。

しかし、このことが熊野市にとってはなくてならないものになりつつある半面、偏った情報によって思わぬ方向に走ってしまう懸念も生じさせています。

それは、それぞれの大学に関わる行政や民間団体間の連携が少ないこと、熊野調査のように広く多種多様な人達の話を聞くことなく、依頼された人の都合による数少ない情報だけで結果を出そうとしてしまうことに原因があると思われます。

事実、短時間の聞き取りや特定の人の話を聞いただけで「熊野市の活性化策」などというものを提案している事例もあり、当然その内容には見るべきものはありません。

そしてそこには「熊野調査」で生き生きとした姿を見せていた古老や地域の人たちの関わりはほとんど見られません。

果たして、産官学連携ということが、このような形式だけのもので良いわけはなく、活性化策や地域おこしまで踏み込むのであれば、一部の大学が行っているように、サテライトの拠点を確保して腰を据えて取り組むくらいの覚悟が必要であると考えられます。

以前松田さんが述べていたように「短いかかわりで地域の未来にたいそうな意見を述べるようなことはできない」という言葉によるべくもなく、地域づくり的なテーマに取り組むには、よほどしっかりとした体制でないと絵空事で終わってしまうということなのです。

一方で地域の現状を分析して、その事実と考察を述べることにとどまった「熊野調査」は、どういう成果を残してくれたのでしょうか。

まず言えることは、先に述べたように地域の人に彼らが地域資源であるということを認識させたこと、そして彼らが繋いできた知識や知恵が現代社会にも通用するものであることに気づかせたことだと考えます。

そして、これまで古より熊野が紡いできた生活というものを再認識させ、これからの営みの中に活かしていくことを思い起こさせるという役割を果たしてくれたのです。

言い換えると、これまで熊野という地が紡いできた生活の知恵や知識がいかに大切なものであるということを認識させ、古の人たちの自然循環を基本とした営みが現代にも通用することを改めて知らしめてくれたということなのです。

「熊野調査」は、これに参加した学生達の外からの目により発掘してくれた熊野の要素を熊野人自らが考察しそしてそれをどう地域のために取り入れていくかを考えさせるもので、生半可な産官学の試み以上に熊野における未来への提言がそこに隠れていると考えます。

調査において明らかにされた熊野の風土により育まれていた自然循環型社会は、熊野という地域が生き残っていくための大きなヒントであり、その再生が熊野の国の未来につながるそう思えるのです。

私の手元には、二十数年間この熊野を訪れた学生数百人それぞれが、それぞれの想いを綴ってくれた報告書「地域に学ぶ」が残っています。

その報告書には、その年代におけるその時々の現状が、それぞれの想いと共に記されていて、それは熊野の国にとって大切な記憶であり未来に残す記録となっています。

松田素二・合同社会調査実習「熊野調査」が残したもの、それは熊野の国にとって、それまでの内面的な評価でしかなかった熊野の価値を外からの目による客観的な物差しで評価するという手法で、改めてその価値を見直すことを教えてくれたことにつきるのではないでしょうか。

それは古老たちが伝えようとしていることを再度見直すことであり、その中から熊野の未来へつながるものを見つけ出す、それを熊野は実践しなければならないことを示してくれたと考えます。

熊野の民、地域と旅人たちが共に学んだ「熊野調査」・・熊野にとっては一つの時代が終わります。

最後に松田先生の退官と共に終える「熊野調査」は、私にとっては一生の宝でありかけがいのないものとなりました。

地方自治体の職員でありながら地域のことを漠然としか知らなかった私は、それぞれの時代に訪れていただいた多くの皆さんと関わる中で、地域づくりの基本は地域に学ぶということであることに気づかされることとなりました。

そしてそれまで話したこともなかった方々との交わりの中で、一方通行の行政施策がいかに脆弱で実態にそぐわないことであるかも知りました。

軽い気持ちで引き受けた社会調査実修へのお手伝いは、私が今あることの礎となりそして生き様となっています。「熊野調査」を二十二年間に渡り主催していただいた松田先生、寺口先生、古川先生、それを常にそばでサポートしていただいた松居さん、チューターとして指導していただいた多くの教官の皆さん、そして参加していただいた多くの学生の皆さんに感謝しかありません。

熊野調査ファイナル・・松田先生、長い間お疲れ様でした。

そして、熊野を愛していただきありがとうございました。

これからも熊野は皆さんの故郷としてお帰りをお待ちしています。

Such a humble person that I have ever met.

アムリット・バジュラチャリヤ

初めて松田先生に会ったのは、たしか二〇一一年八月だった。場所はネパールの首都カトマンズにあるホテル・サンセットビューで、「背が高い人だなあ」というのが第一印象だった。もちろん古川先生からは、事前に、松田先生が人類学者で社会学者であるということは聞いていた。

松田先生が話す日本語は、途中に冗談が頻繁に挟まるので、理解するのには時間がかかった。最初は何を言っているのかわからず、頭の中が混乱したのを覚えている。けれども先生がとても親切な人だということはすぐにわかり、これまでの古川先生との調査についての質問をしてくれたりした。私のつたない日本語を熱心に聞いてもくれて、私の緊張は一気にほぐれた。古川先生や中村先生らがネパールに来ると、必ず松田先生の話題になるので、初対面にもかかわらず初めて会ったという感じはしなかった。

その日の夕食は、みんなでタメル地区にあるＵＴＳＥというチベットレストランに行った。ここはチベットの鍋料理ギャコックと、トゥンバというお酒が飲める店だ。皆で一つの鍋を突きながら、たくさんトゥンバを飲んでいると松田先生の話はますます面白くなっていき、とても楽しい時間を過ごすことができた。

翌日は、車をチャーターしてキルティプールに行った。それまでおこなってきたキルティプールでの調査のまとめとして『Study On Water Sources of Kirtipur 2009』というタイトルの報告書を出したのだが、それを松田先生が読んでくれていたようで、「キルティプールに行ってみたい」といってくれたのだ。小さな車に、大きな大人がぎゅうぎゅう詰めになってキルティプールに行ったあの夏の日の暑苦しさは、今でも愉快な思い出だ。松田先生はキルティプールをとても興味深く見学してくれたので、私はなんだかすごく嬉しかった。ネパールの民族の概要や、私自身の民族でもある「ネワール」のこと、あるいは多民族国家ネパールの民族文化のことなど、様々な質問をしてくれた。それだけでなく、そのついでに私の日本語の間違いもなおしてもくれたりして、すごく会話が弾んだ。

その日の夜の食事はバネショル地区のTHE BEKARY CAFÉに行った。その場には田原さんと伊地知さんが来てくれた。もちろん二人にも、その時が初対面だった。その夜の食事では、私がすごく驚いたことがあった。食事の途中から、松田先生が周りの人の皿に料理を勝手に盛り付けはじめたのだ。しかし、どう見ても周りの人はすっかり満腹になっていて、「もう要りません」と言っている。それなのに松田先生は「そういうな」と無理やり相手の皿に料理を山盛るのだ。私には、その光景は、実は松田先生がもう満腹で、しかし料理を残すのは嫌だから、自分以外の人に料理を「片付け」させているとしか見えなかった。「こんなカルチャー見たことない」とびっくりした。

松田先生特有の食文化を初めて見た私は、その行為の根源はなになのかがとても気になった。残すのがもったいないからか、他者に対する純粋な親切心か、それとも他に理由があるのだろうか。ちなみにネワール族には外食をするという習慣がほとんどないので、古川先生たちがネパールに来たら、（外食する機会が増えるので）私のテンションはすごく上がる。

このときの松田先生のネパール滞在はとても短かった。ホテルの部屋で最後のミーティングをしたときに松田先生が「唐突に」という感じで封筒をくれた。それは二〇一一年から二〇一二年にかけての二年間、ネパールのスクウォッター調査をする松田先生を補助する私に対する報酬の前払いだった。まさか報酬をもらえるとは思ってなかったので驚いたのだが、「調査はアムリットのスタイルでいいから。詳しくは、メールでやりとりをしよう」と優しい口調で言ってくれた。

スクウォッターの調査は経験したことがなかったし、そもそも行ったことがない私は、緊張しながらネットでカトマンズのスクウォッター地区について調べはじめた。

はじめて現地に行った時には、念のために、本職のカメラは持って行かなかった。また、サングラス、ヘルメット（オートバイ用）、携帯電話なども持たず、靴も履いていかなかった。そのようなもので着飾っていけば、スクウォッターで暮らす人たちが私にいい印象をもたないと思ったからだった。だから、最初は古いジーンズにサンダルを履き、汚いカメラストラップとカメラバッグをぶら下げて（カメラは入れずに）、時計もせずに行った。今に思えば滑稽だが、念のために、前日は洗髪もしなかった。

私の普段の足であるオートバイに乗って行かなかったのにはもう一つ理由があった。当時は、マオイスト（毛沢東派）がオートバイに厳しい規制をかけており、オートバイが目の敵になっていたのだ。

何度もスクウォッターに通っているうちに、そこで暮らす人たちとも仲良くなって、私の本職である写真も撮ることができるようになった。そういう意味でも、この調査は、私にとってとてもいい経験になった。

それまで、スクウォッターは私にとって「危険で、行ってはいけないところ」だった。だからこの調査を松田先生に依頼されるまでは、「スクウォッターに行こう」とか「行ってみたい」とは思ったことがなかった。しかし実際に行ってみると、そこには「普通の人たちの普通の暮らし」があった。そのような人たちの姿や風景を写真に収めることで、私のスクウォッターに対する考え方は大きく変わった。

当初危惧していたような危険なことは何もなく、友人や知人が増えていくにつれて、楽しい撮影ができるようになっていった。また撮った写真をもとにして『Squatter in Kathmandu 2011』という定期刊行物を出すこともできた。

Such a humble person that I have ever met.（アムリット・バジュラチャリャ）

写真１　2012年、世界遺産のチャングナラヤンにて（アムリット撮影）

この調査中に、スクウォッターで暮らす人たちと交流する中で、特にそれを意識させるエピソードがあったわけではないのだが、「謙虚であること」と「自分に忠実であること」が生きていく上では大切なのだと思うようになっていった。そして、そういうような人間にならなければいけないと思った。このように考えになったのは、大学の先生なのに、偉ぶることを絶対にしない古川先生や松田先生の影響が大きいと思っている。

調査中、松田先生は定期的にメール連絡をしてくれた。メールの文面から浮かび上がる松田先生の謙虚さに、私はいつも感銘を受けた。

二〇一二年八月のことだっただろうか。古川先生、カナコさん、葛西さん、そして松田先生が私の家に来てくれた。ゴールデンテンプルを見たいということだったので、家の屋上で晩御飯を食べることになった。私の家はゴールデンテンプルのすぐ前にあり、屋上にあがるとよく見えるのだ。普通のツーリストでは絶対に見ることができない角度から寺を見ることができたからだろうか、松田先生はとても喜んでくれた。

八月にはたくさんの祭りがあり、祭りを大切にするネワー

Such a humble person that I have ever met.（アムリット・バジュラチャリヤ）

ル族は忙しい時期なのだが、そのような中で私の両親が日本風のネパール料理を作った。松田先生は、食事も楽しんでくれたようで「ネパールに来たら必ず屋上で飲もう」と言った。松田先生が喜んでくれたので、私も嬉しかった。

このとき松田先生は「アフリカにもアムリットのようなアシスタントがいる。いつか日本にみんなを日本に呼んでセミナーを開きたい。アムリットも来てくれるかな」と言ってくれた。私は大喜びしたのだが、内心は、本当に日本に行けるとは思っていなかった。

古川先生と松田先生が帰国して、私はいつもの日常生活に戻った。本業であるカメラマンとしての仕事が忙しくなってきて、日本行きのことなどすっかり頭から消えていた。そんなとき、突然、二〇一四年八月に松居さんからメールが届いた。「二〇一四年一一月二四日に京都大学で"International Seminar on GLOBAL DISCOURSES AND LOCAL PRACTICES: TOWARDS A CREATIVE AND ARTICULATIVE KNOWLEDGE"を開催するので、報告してほしい」という招待状だった。松田先生は、二年前のあの言葉をちゃんと覚えてくれていたのだ。この時の喜びと興奮、そして松田先生への感謝の念はとても言葉で表すことができない。

それから、大急ぎで発表の準備をして、日本に向かった。もちろん、セミナーに出席するなど、初体験である。私は日本に行けることとの喜びと同時に、きちんと発表できるだろうかという不安で、緊張しきっていた。とてもナーバスになっていたのだが、土屋さんや松居さんが、ネパールで接するいつもの調子で私に話しかけてくれたので、徐々に緊張が解けてきた。

セミナーでは、私の発表の出来はさておき、他の人たちの発表・報告が非常に面白く、勉強になった。多くの友人もできて、収穫の多いセミナーだった。

セミナーのあと、いかにも京都らしいレストランに連れていってもらった。私には、日本に留学した経験があるのだが、こんな素晴らしいところで食事をしたことは一度もなかった。

私以外の海外から招待された出席者は日本語のメニューが読めないので、私はちょっとだけ通訳をした。私の日本語能力は決して高くはないのだが、こうして人の役に立てることが嬉しかった。そうしているあいだにも松田先生は例の調子で、せっせと私のお皿に料理を入れてくれた。私はお腹ぱんぱん。他の人の皿に勝手にどんどん料理を盛っていくという食事方法をいつでもどこでも実践する松田先生を見て「一見、自由人だけれども、実はとても周囲に気をつかう優しい人なのだ」ということに改めて気づいた。

一一月二五日は朝日新聞社に行った。社内見学をして、写真部部長の講義を聞き、ディスカッションをすることができた。写真が仕事の私にとってはこの経験は貴重だった。

松居さん、ユウちゃん、クリメントヒルワさんの三人で文化博物館、金閣寺、二条城、水族館にも行った。三重県熊野市へも行った。熊野は日本の中でも降雨量の多い地域だが、私が行った時にもびっくりするような大雨が降った。熊野では松田先生がことあるごとに「アムリット、大丈夫?」と声をかけてくれた。こうした心遣いが私は嬉しかった。鬼ヶ城や丸山千枚田などの名所にも案内してくれて、私は日本を「再発見」することができた。たくさん写真も撮って、私は満足感でいっぱいになった。

二〇一七年に、京都セミナーを開催した時も古川先生と松田先生は私を招待してくれた。ただ、セミナーの後のパーティーで松田先生はノンアルコールビールを飲んでいた。「あれ?　お酒好きじゃなかったっけ」と思ったのだが、おそらく、そのあと、まだ仕事をしなくてはいけなかったのだろう。仕事より私たちを優先して、ノンアルコールビールを飲みながらもてなしてくれる松田先生の優しさを見習わなければいけないと思った。

ネパールの小さな町で生まれ育った私は、「謙虚」という言葉を肝に命じて生きてきた。私の両親がそのように私を教育してきたことはたしかだが、それは、私が古川先生や松田先生から学んだことでもあった。

●第３部　たたずむ

「夢の痕跡」を書く
――尾呂志学園から学ぶ人口減少社会における「理想」の学校像

森田次朗

1　問題の所在――現代日本の中山間地域における廃校問題と地域活性化への注目

本稿は、過疎高齢化を背景に廃校の危機に直面している現代日本の中山間地域の事例から、そこで暮らす地域住民が「理想の学校」をいかに構想し、実現しようとしてきたかを社会学の観点から記述するものである。そして、こうした事例からいかなる教育実践・社会調査法上の示唆が得られるかについて考察することで、現場から何を学ぶかという本書全体を貫く問いにアプローチする。

①地域活性化と学校をめぐる地域住民による意味づけの多層性

一九九〇年代以降、日本の中山間地域では、過疎高齢化が急激に進行するなか、「廃校問題」が関心を集めている［若林　二〇一二］。それは、就学年齢の子ども数が大幅に減少した地方自治体を中心に、公立学校の存続が困難になっているのだ。そこで、こうした地域社会の基盤ともいうべき学校の存続問題を解決すべく、近年、様々な取り組みが実施されている。たとえば、二〇一〇年代に入り学校統廃合問題に関する取り組みの先進地域としてマスメディアで注目を集める島根県隠岐諸島では、県立高校への「島留学」やそこでの「魅力化プロジェクト」を起点とした新たな社会関係資本（「地域内よそ者」）の形成と、それにもとづく地域活性化の可能性が検討されている［樋田・樋田　二〇一八：一三九―一六二］。

しかし、このように学校空間を拠点とした地域活性化の取り組みに対しては、その意義が強調されている一方で、問題点も指摘されている（Corbett 2015: 263, 268）。なかでも、本稿の議論にとって重要なのは、地域活性化を目指す教育実践が、人口学的な尺度（出生数、人口増加率等）や社会経済的な尺度（個人所得、失業率等）から数量的に把握され、その多寡により一元的に評価されてしまうことで、他ならぬ地域住民自身が「過疎」や「へき地」と呼ばれる状況において、学校という空間をいかに多様に意味づけているかが看過されてしまう、という指摘である。

そこで本稿では、学校統廃合問題の対策に取り組む先行研究の視点に多くを負いながらも、こうした従来の研究により見落とされてきた地域住民の意味づけの多層性という論点について新たな角度から考察するため、以下、事例分析を行うことにする。

②本稿の方法と目的——熊野実習における尾呂志学園調査からの学び

本題に入る前に、筆者の立場性に言及しながら、本稿の方法と目的を明らかにする。以下で取り上げるのは、三重県御浜町に位置する御浜町立尾呂志学園小学校中学校（以下、「尾呂志学園」と表記）の事例である。この小中併設型の小規模公立学校が位置する三重県御浜町は、一九九八年以降、京都大学文学部社会学研究室が毎年、実施している社会調査実習（通称：熊野実習）で、大学教員と学生たちが訪問し、長年交流を重ねてきた自治体の一つである［小林　二〇〇二］。そして、筆者自身がこの地域と深く関わるようになった契機は、大学院生として自らの研究テーマに大いに悩んでいた当時（二〇〇七年）に、指導教員から尾呂志学園の存在を紹介されたことであった。

博士後期課程に進学直後の筆者は、「不登校問題における学校外の学び場の可能性」というテーマでどうにか修士論文を書き上げたものの、こうしたテーマを研究するだけでは、学校教育制度の外部のことしか明らかにできず、学校制度の内部を掘り下げられないという課題に頭を悩ませていた。そうした折に、日本の義務教育制度の内部にありながらも、地域住民が学校運営に積極的に関与することで、地域独自の教育課程だけでなく地域活性化も目指している「コミュニティ・スクール」(1)［文部科学省 二〇二〇］が、熊野実習の対象地域内にあると聞き、まさに渡りに船と考え調査を始めた。とくに、筆者自身が京都府南部の「田舎」の出身者であり、幼少期から地域社会と学校教育のつながり（進学に伴う離郷や地元での就職等）について考える機会が少なくなかったため、あらためて地域住民の日常的な視点から、「学校」という空間の役割や意義について掘り下げて考えてみたいと思うようになった。

現地を訪問して驚かされたのは、人口が八〇〇人程の「へき地」（調査時点で尾呂志学園のへき地校指定一級）に、三重県下初の小中学校併設校とされる「真新しい校舎」が立っているだけでなく、その校舎が、他ならぬ地域住民により構想された「理想の学校像」をもとに設計されたものだということであった（二〇〇七年九月二三日、尾呂志学園元校長のKさん）。その後、尾呂志学園の教育実践やそれに関わる地域住民の皆さんの姿に魅せられた筆者は、いくつかの論考を書き現在に至っている［森田 二〇〇八、二〇一三］。

このように書くと本稿の事例は、公立学校を基盤とした地域活性化の「成功例」と思われるかもしれないが、こうした見方は一面的である。というのも、後述するように二〇二〇年度の尾呂志学園小学校の全児童数は、最盛期の約三〇分の一の規模にまで減少しており、地域住民が、過疎高齢化の厳しい現実にまさに現在進行形で取り組み続けているからである。そのため、本稿では尾呂志学園の実践を、学校近隣の地域住民が試行錯誤をしながらも、学校と地域の関係をどのように意味づけているかを明らかにするのに相応しい事例として取り上げる。(2)したがって以下では、こうした筆者の立場性と事例の特徴をふまえたうえで、尾呂志学園の事例から何を学ぶかという問いについてアプローチすることを目的とし、論じていきたい。

最後に、本稿の構成について説明する。続く第二節では、尾呂志学園が位置する三重県御浜町尾呂志地区の概況と同時に、学校教育目標として「地域の活性化」を掲げる同学園の実践上の特徴について概観する。第三節では、尾呂志学園が、地域住民のいかなる意味づけのもとで設立されてきたかについて分析する。第四節では、第三節までの知見について考察することで、地域活性化に関する従来の議論からは見落とされてきたような学校像（過疎に抗う学校／過疎と生きる学校）の重層性について明らかにする。最後に第五節では、結論を述べる。

2　調査地の概要——三重県御浜町尾呂志地区の概況と尾呂志学園の特徴

①人口と児童生徒数の変遷——尾呂志地区と旧尾呂志小学校・中学校

尾呂志学園の所在地である御浜町は、三重県東紀州地域の南東部に位置する面積八八・二八㎢、人口八三五九人の小規模な自治体である（二〇二〇年一二月一日時点）。産業の特徴を見ると、「年中みかんのとれる町」という御浜町のキャッチフレーズからもわかるように、農林水産業のなかでも柑橘栽培がさかんであり、温暖な気候を利用して様々な種類のみかんが町の至る所で生産されている。

その一方、日本の他の中山間地域と同様、御浜町は過疎高齢化に関する大きな問題を抱えている。たとえば、六五歳以上の住民数が町全体の人口に占める高齢化率（二〇一五年）は、三七・五％にのぼり、一九六〇年に一万二九六五人だった総人口は、二〇二〇年までの六〇年間で約三五％が減少している（二〇一五年『国勢調査』）。なかでも、尾呂志学園が位置する尾呂志地区（七二五人）では、高齢化率が五〇・三％ときわめて高い値となっている（二〇一八年度—二〇二〇年度『御浜町高齢者福祉計画』）。

次に、尾呂志学園の児童生徒数の変遷に注目すると、尾呂志学園小学校の前進である旧尾呂志小学校の在籍児童数は一九五五年に三二一人だったものの、一九五八年にそのピーク（三三六人）を迎えて以降急減し、一九七五年に

表1　尾呂志学園の方針

教育理念	内容
1. 地域とともにある学校	学校・保護者・地域が協力して子どもを中心に据えた学校運営をおこなうなかで、地域の人々と出会い、発見することで、生き方を学ぶことのできる教育を推進する。
2. 一人ひとりを大切にする教育	少人数であることを生かし、子どもの個性、地域の実態に応じた教育を小中連携のもとに推進する。
3. 自然環境を大切にする教育	自然を大切にする心を持ち、環境を守るために行動する子どもの育成をめざす。
4. 人権を大切にする教育	差別やいじめを許さず、互いの存在を認め合う人権尊重の精神に基づいた教育を推進する。
5. 地域の活性化に寄与する活動と施設開放	住民が集い、学べる場として施設設備を開放することにより、学校を起点とした新たな人の輪や流れを形成し、地域の文化拠点としての役割を担う。

出典：御浜町立尾呂志学園小・中学校（2020）より作成

はピーク時の約三分の一（九九人）にまで減少した〔尾呂志学園提供資料〕。その後、児童数は一九八〇年代に入ってからは緩やかに減少した後、一九九〇年代から二〇〇〇年代の前半にかけては増減をくり返しつつ三五人前後の水準が維持されていた。だが、二〇一〇年代以降、児童数はあらためて減少し、二〇二〇年四月一日時点の尾呂志学園小学校・中学校の児童生徒数は、小学校一一人、中学校八人の計一九人となっている〔御浜町立尾呂志学園小・中学校　二〇二〇〕。

このように、日本社会において過疎高齢化が急激に進行するなか、尾呂志地区においても深刻な事態が進行している。

②尾呂志学園の教育理念と活動――小中連携／少人数教育／住民交流

次に、尾呂志学園の教育理念と活動について確認する。冒頭にも書いたように、尾呂志学園は、二〇〇六年以降、文部科学省からコミュニティ・スクールとして指定されており、学校運営協議会という合議組織を通して地域住民が学校運営に参加できる公立学校である。しかし、尾呂志学園は、こうした文部科学省からの指摘を受けるよりも以前の開校当初から、学校教育目標として「地域の活性化に寄与する活動と施設開放」を掲げている点で、きわめてユニークな学校である（表1）。

では、上記の理念のもと、どのような教育活動が実施されているのだろうか。第一に、尾呂志学園の教育活動の特徴としてあげられるべきは、小学校と中学校が同一校舎内に併設された小中連携校という点にある。こうした教育形態の利点とは、小学校から中学校への移行時に発生するとされる「中一ギャップ」を回避しやすいという点である（二〇〇七年九月二三日、上述のK元校長）。たとえば、児童生徒にとって小学校から中学校への進学時は、身体的にも精神的にも不安定になりがちな思春期と重なるため、不登校等の教育問題が発生しやすいとされているが、尾呂志学園では小中間で交流授業が定期的に実施されるとともに、同一校舎内で日々小学生と中学生が互いに顔を合わせることで、こうした障害が最大限取り除かれ、スムーズに進級できることが目指されている。

第二の特徴は、少人数教育である。尾呂志学園では、先述のように現在の全校児童生徒数が小学校と中学校の合計で一九人であるため、大人数による集団学習を実施することは不可能である。しかし、小規模校の環境を逆手にとり、たとえば学年の壁を越えた「複式学級」型の少人数教育を「長所」と捉え直すことで、きめ細やかな授業が行われている（上述のK元校長）。

第三の特徴は、主に総合的な学習の時間を活用した地域住民との交流活動である。具体的には、尾呂志学園では開校以来、（一）学校田での米作り、（二）地元医療施設や福祉施設（尾呂志リハビリ診療所、紀南ひかり園）への訪問、（三）グランドゴルフや菖蒲栽培をとおした地元住民との交流活動に力が入れられてきた。なかでも、米作りについては地元の農家から田んぼを借り、同じく地元の米作りグループ（尾呂志「夢」アグリ）から直接指導を受けることで、児童生徒自らが種籾から収穫、販売までを行っている（二〇一六年九月九日、同学園元校長のMさん）。

このように、地域住民との多種多様な交流活動を通して、児童生徒たちが世代を超えた学びを日常的に体験することが目指されている。

表2　尾呂志学園の設立経緯

年	尾呂志学園小学校・中学校の設立経緯
1990年代前半	耐用年数が過ぎていた尾呂志小学校（1960年改築竣工）の新築計画浮上
1996年	小学校育友会が尾呂志中学校（1949年竣工）も含む校舎新築案を決議
1998年	住民（保護者）アンケート実施
1999年	署名活動の展開、懇願書の議会への提出
2001年	新校舎建築着工
2002年	新校舎完成
2003年	一月開校
2006年	コミュニティ・スクール推進事業の研究指定開始

出典：御浜町立尾呂志学園小学校・中学校（2016）、及びSさん提供資料より作成

3　地域住民の「学校」に対する意味づけの変遷と多層性

それでは、こうした特徴がみられる尾呂志学園は、地域住民によるいかなる意味づけのもとで設立され、現在に至っているのだろうか。以下、この点について尾呂志学園の設立経緯に注目しながら明らかにしたい。

①尾呂志学園の設立経緯——地域住民の危機感と「教育村」としての愛着

尾呂志学園の小中併設型の現校舎は、二〇〇二年に完成した。こうした尾呂志学園設立の話が最初に持ち上がった契機は、一九九〇年代前半に、旧尾呂志小学校の新校舎建築案が浮上したことだった（表2）。

当初は、老朽化が進行していた旧尾呂志小学校（一九六〇年改築竣工）のみの校舎新築計画案が検討されていた。しかし、その当時、尾呂志地区における児童生徒数の減少に伴い、地区内で学校の統廃合問題が住民間で話題になっていたことを背景として、小学校よりも建設年が古かった中学校（一九四九年竣工）をも含めた、「合同」の校舎新築案が計画され始める。その際に、学園設立を後押しした要因の一つとしては、地元住民の「危機感」の存在が大きかったという（二〇〇八年九月一四日、元尾呂志学園コミュニティ・スクール推進委員会委員長のSさん）。とくに、児童生徒数が急速に減少するなか、尾呂志のような「大規模な産業」がない地域では、「教育こそが、地域社会の生活基盤を維持するためには必要不可欠」という点で住民同士が一致し、小学校や中学校の校長

や区長、そしてPTA会長など地域の代表者を主な構成員とする尾呂志学園新築準備委員会が立ち上げられた。

ただし、以上の語りにおいて注目すべきは、新校舎設立について住民間の意見の集約が可能となった要因として、尾呂志地区には「尾呂志のDNA」として教育という営みを尊重する風土が根強くあったからだと説明される点である。たとえば、尾呂志地区では、「教育村」や「尾呂志の風土」という言葉が聞かれることがあるが、こうした言葉は、尾呂志学園の新校舎構想段階からさかんに使用され始めたと言う（二〇〇七年九月二三日、二〇一一年九月一五日、二〇一九年一二月一四日、同上のSさん）。

そこで尾呂志地区の歴史について調べると、尾呂志地区と教育との関係は明治期にまで遡る。具体的に尾呂志地区の郷土史を紐解くと、現尾呂志学園中学校の前進である旧尾呂志中学校は一九四七年に、旧尾呂志小学校は一八七五（明治八）年にまで遡ることができる［御浜町誌編纂委員会　一九八二］。とくに、この地区の教育史を読むうえで重要なのは、現在の学校の所在地である旧尾呂志村には、明治期に「一流の銀行より固い」と称された作り酒屋を営む東家という一族がおり、その東家が経済的な支援者として、優秀な若者の県外進学を後押ししていたとされる点である［芝崎　二〇〇七］。具体的に言うと東家は、尾呂志尋常高等小学校長を務めた永田定次郎の教育理念に賛同し、尾呂志地区出身で元文部省高官だった生駒萬治とともに後進の育成に尽力した、ということである(3)［津沢二〇〇二］。

このように、山あいにある小さな学校が、明治期には一つの文化的拠点として機能していたと考えられ、「教育村」という意味づけが、現在の地域住民により意識的に活用されることで、学校存続という合意形成が推進されたと考えられる。

②尾呂志学園をめぐる意味づけの多層性――教育／防災／文化／福祉

以上の経緯から、一九九〇年代以降、新校舎建設の計画が具体化していくものの、新設される学校像をめぐっては住民間と、住民＝教師間でいくつか理念上の対立がみられた。

第一に、同じ義務教育段階にあるとはいえ、学校組織上の性格が大きく異なる小中間の連携については、住民と教員間で意見上の齟齬があり、幾度となく調整が図られた〔二〇〇七年九月二一日、尾呂志小学校元校長のIさん〕。たとえば、教員免許の種類が異なることはもちろん、小学校がクラス担任制であるのに対して、中学校が教科担任制という違いがあるため、小学校と中学校の教師が交替で授業を担当することは、住民が想像する以上に難しいことであった。実際に、当時の一部の教員からは、「同じ校舎内でも小学校と中学校で別々の職員室を作るべき」という意見が出た。だが、それでは「開かれた教育を目指す」という尾呂志学園の理念に反してしまうため、一つの職員室を設置できるよう教員と地域住民の間で「徹底的」に議論がなされ、意見の擦り合わせが行われた[4]。とくに、新校舎設立を話し合っていたメンバーには、UターンやIターンにより尾呂志で生活を始めた住民もおり、こうした「ニューカマー」が主導することで意見の調整が図られたと言う[5]。

第二に、学校新設をめぐる意味づけとして注目すべきは、尾呂志学園新築準備委員会の議論においては、たんなる教育機関という枠組みを超えた多機能型の学校像が構想されていた点である。たとえば、尾呂志地区は四方を山に囲まれた盆地状の地形であることから、新校舎案が議論された際には、水害などの災害時に尾呂志地区全体が他地域から孤立するという最悪の事態を想定し、防災拠点としての利用可能性がさかんに議論された。こうした議論の結果、教育予算や土地利用の制約上、当時の構想の全てが実現したわけではないものの、屋上には太陽光発電が可能なソーラーパネルが、体育館地下には雨水の貯蓄タンクが装備された〔御浜町立尾呂志学園小学校・中学校二〇一六〕。また、同時に重要なのが、先に表1でみたように「地域の文化拠点」であることも目指されていた点である。

その結果、現在の尾呂志学園では、コミュニティルーム、コミュニティスペース、コミュニティ図書室が設置され、近隣の地域住民に幅広く活用されている。

しかし、第三に、尾呂志学園新築準備委員会が打ち出した学校像として何よりも見落とすことができないのが、尾呂志学園は尾呂志地域における過疎高齢化の進展を見越して、かりに就学児童生徒数が皆無となった場合には、高齢者施設としても転用可能な設備が配置されている点である。たとえば、校舎内の隅々にバリアフリー化が施され、スロープやエレベーターが設置されているとともに、教室の壁は可動式のため、利用者の目的や人数に応じて伸縮が可能である。なお、こうした尾呂学園の校舎設備が実現したことの背景には、古くは新校舎構想の初期段階から、高齢者施設との「複合施設案」が積極的に議論されてきたことがあげられる。たとえば、最終的には省庁の管轄（文部科学省と厚生労働省）が異なるために実現されなかったものの、地区内の診療所や保育所[6]との多機能複合施設として尾呂志学園が構想されていた（二〇〇七年九月二四日、尾呂志診療所医師のMさん、及び二〇一六年九月一三日、上述のSさん）。

このように、尾呂志学園においては、住民参加型の小中連携校という学校像が成立する過程で、たんなる教育機関にとどまらない複合型の学校像（地域の防災・文化・福祉の拠点）が地域住民の理想として構想されていたと考えられる。

４　考察――尾呂志学園における「夢の痕跡」と過疎に対する抵抗と受容

以上、尾呂志学園の実践の特徴と設立経緯について確認した。では、こうした事例から、過疎高齢化に直面している中山間地域で暮らす尾呂志地区の住民が、「学校」をいかなる存在として意味づけながら、地域活性化の取り組みを実践してきたと考えられるだろうか。

第一に、重要なのは、地域住民による廃校の危機感をめぐる意味づけ、すなわち、過疎に抵抗するための拠点としての学校像である。たとえば、尾呂志学園では、過疎化が進み児童生徒数が急減するという苦境が、むしろ「利点」（小中連携、少人数教育、住民交流）として再定義されることで、学年はもちろん、世代を超えた住民参加型の教育活動が可能となっていた。ただし、その際に見落とすことができないのが、尾呂志地区の記憶についての意味づけである。第三節で確認したように、尾呂志地区では、造り酒屋を中心とする教育村という記憶が住民間で語られていた。すなわち、「尾呂志のＤＮＡ」という言葉に象徴されるように、学校が「自分たちが現在創り出しているもの」としてだけでなく、「過去から継承されたもの」としても積極的に意味づけられていた点である。このように、地域の記憶が基盤となることで、地域住民間の立場（新／旧住民）に関わらず「過疎に抗うもの」としての学校像が共有され、新校舎の設立が推進されたと考えられる。

第二に、地域住民の意味づけとしてより重要なのは、上記のような過疎に抗う学校像とは異なる意味づけも同時に明らかになった点である。たとえば、自然災害時に孤立しやすい尾呂志地区では、緊急事態に備えて防災機能を果たすことが重視されると同時に、平常時には図書館としての機能を果たすことも重視されていた。だが、何よりも見落としてはならないのが、本学園の校舎は開校当初から、在籍児童生徒がいなくなる場合に備えて、福祉機能をもつべく設計されていた点である。このように、尾呂志学園という場は、地域住民により単に過疎に抗い、その状況を克服するための拠点としてだけではなく、こうした苦境を受容し、その状況とともにしなやかに生きるための空間、つまり「過疎と生きる学校」としても意味づけられていたと考えられる。

第三に、以上みてきたように、地域住民による自由な議論のなかから様々な「理想」の学校像が出され、実現していているように思われる尾呂志学園においても、法令上や予算上の限界により実現されなかった構想が多数存在していた。そこで、こうした実現しなかった構想のことを「夢の痕跡」と呼ぶとすれば、学校設立にあたって実現されなかった尾呂志学園における夢の痕跡こそが、現代日本社会における学校教育制度のあり方を再考するうえで重要な手がかりになると考えられる。たとえば、過疎高齢化と財政難に悩む地域社会では、近年、公立学校と他の生涯施設（公民館、児童館、図書館）との「複合化」又は「併設」が関心を集めている（『朝日新聞』二〇一六年一月二一日付、朝刊東京本紙）。こうした多機能型の学校施設の構想は、たんなるコスト削減という財政的な観点からだけでなく、地域住民がいかにより良く生きるかという地域住民のウェル・ビーイングという観点からも重要だと考えられる。したがって、このように実現できずに忘れられてしまった夢の痕跡の中にこそ、過疎高齢化に直面する地域社会の教育課題を打開するための手がかりが存在していると言えるのではないだろうか。

5　結論——人口減少社会における「過疎に抗う学校／過疎と生きる学校」の重層性

以上、本稿では尾呂志学園の事例を通して、過疎高齢化を背景に廃校の危機に直面している中山間地域で暮らす地域住民が、尾呂志という土地に根差した記憶を基盤としながら「理想の学校」をいかに構想してきたかについて考察してきた。その結果、地域住民により学校という空間が、過疎に抗い、その状況を克服するための拠点（過疎に抗う学校）として意味づけられているだけではなく、こうした苦境を受容し、その状況と柔軟に生きるための空間（過疎と生きる学校）、言い換えれば、教育はもちろん、防災、文化、福祉という複数の機能を兼ね備えた「複合施設」としても同時に意味づけられていたことが明らかになった。

それでは、本稿の知見から、筆者が冒頭に掲げた「現場から何を学ぶか」という問いに対して、いかなる答えを出すことができるだろうか。それは、本稿が「夢の痕跡」と呼んだように、地域社会において忘れ去られた学校をめぐる記憶や歴史的な経験を言語化することが、中山間地域で暮らす地域住民が思い描く理想の学校像を明らかにすることにつながり、それこそが、人口減少社会における新たな地域社会像を構想していくためのヒントになりうる、という回答である。

とりわけ、二〇二〇年代に入り人口減少が一層加速すると予想される日本社会の現状においては、本稿が明らかにしたような「過疎と共生するもの」という視点から学校空間を捉え、地域生活の拠点として活用していく発想が不可欠になると考えられる。そのため、今後は「過疎に抗う学校／過疎と生きる学校」という重層的な視点から、地域社会における教育課題を考察していくような比較研究が求められる。

注

（1）二〇〇四年六月の「地方教育行政の組織及び運営に関する法律」の改正により、学校近隣の住民が、合議制の学校運営協議会を通じて、学校と「対等な立場」で、その運営に参加することが可能となった公立学校のことである。

（2）本稿の知見は、主に二〇〇七年九月から二〇一九年一二月までに尾呂志地区住民（四名）と尾呂志学園の教員（四名）に対して実施したインタビュー調査に依拠しており、その結果は全てフィールドノートに記録した。

（3）このような教育村としての噂を聞きつけて、当時の文部大臣である鎌田栄吉や講道館柔道の創始者である嘉納治五郎が、尾呂志の実情視察に訪れている。

（4）こうした経緯から、当時の校長のIさんが退職した際の引き継ぎ事項としては、小中間の連携について何よりも「念が押された」。なお、Iさん自身が、新校舎設立の議論に積極的に関わった理由は、「田舎をつぶさせへんぞ」という思いから、山間部に位置する小規模集落の尾呂志だからこそ、地域の存続にとって必要最低限の営みとして教育が重要だと強く感じたからだった。

（5）実際に、上述のSさん自身も一度は東海圏の都市部の商社に就職した後、故郷の尾呂志地区にUターンで戻っている。

（6）尾呂志保育所は二〇一九年一二月の調査時点で休所中である。ただし、休所中の同施設は、一般社団法人ここテラスの運営のもと、移住相談やゲストハウス、シェアキッチン、コワーキングスペース等の運営スペースを備えた「御浜ローカルラボ」として新たに活用されている（フィールドノート：二〇一九年一二月一四日）。

参考文献

Corbett, Michael, 2015. Towards a Rural Sociological Imagination: Ethnography and Schooling in Mobile Modernity, *Ethnography and Education*, 10(3), 263-77.

樋田大二郎・樋田有一郎『人口減少社会と高校魅力化プロジェクト――地域人材育成の教育社会学』明石書店、二〇一八年。

小林史典「現代日本社会におけるコミュニティ・スクール――尾呂志学園の取り組みからの考察」『地域にまなぶ』京都大学文学部社会学研究室他、六：一一五―一三八、二〇〇二年。

御浜町立尾呂志学園小学校・中学校『平成二八年度教育計画』二〇一六年。

御浜町立尾呂志学園小・中学校「学校の紹介」二〇二〇年（二〇二〇年一二月一五日取得、https://oroshigakuen.jimdofree.com/）。

御浜町誌編纂委員会編『御浜町誌』一九八二年。

文部科学省「コミュニティ・スクール（学校運営協議会制度）」二〇二〇年（二〇二〇年一二月一五日取得、https://manabi-mirai.mext.go.jp/torikumi/chiiki-gakko/cs.html）。

森田次朗「地域の学校・尾呂志学園の過去―現在―未来――尾呂志の人々の生活実践をとおして」『地域に学ぶ――三重県熊野地域から』京都大学文学部社会学研究室他、一二：二一〇―二二一、二〇〇八年。

森田次朗「社会科・公民科教育法における『社会参画』の可能性――コミュニティ・スクールを事例として」『京都社会学年報』京都大学大学院文学研究科社会学研究室、二一：一―二二、二〇一三年。

芝崎格尚「尾呂志の酒屋、東家の人々」みえ熊野学研究会編『熊野の歴史を生きた人々　みえ熊野の歴史と文化シリーズ七』東紀州地域活性化事業推進協議会、二三三―五五、二〇〇七年。

津沢豊志『尾呂志村の三傑　第二版』清風堂書店、二〇〇二年。

若林敬子『学校統廃合の社会学的研究（増補版）』御茶の水書房、二〇一二年。


〈付記〉本稿は、森田［二〇〇八］を、それ以降に実施したフィールド調査の結果をもとに大幅に加筆・修正したものである。また、本稿は二〇一九―二〇二二年度文部科学省科学研究費（課題番号：一九Ｈ〇一六四七）による成果の一部である。

〈謝辞〉学部一年次のポケットゼミでご指導頂いて以降、日常の中にこそ、現実を変えるための創造性が潜んでいることを教えて下さった松田素二先生に、この場をお借りして御礼申し上げます。あわせて、ここではお名前を全てあげることができませんが、深い問題意識もなく突然訪問した筆者を心暖かく受けいれて頂き、長時間にわたりお話をして下さった御浜町ならびに熊野市の皆さんに、心より御礼申し上げます。

移行期正義の再検討と「犠牲者」のポリティクス

高　誠晩

1　移行期正義のジレンマ

旧い政治体制が崩壊した後に、その時代に引き起こされた不正義を裁くことは、移行期正義（Transitional Justice、以下ＴＪ）という概念として今日よく知られている。ＴＪとは、独裁から民主化へ、あるいは紛争から平和な社会へ移行するにあたって、過去の不正義をただし、真実を明らかにし、人権侵害を二度と繰り返さない社会をめざすこと、あるいはそのプロセスをいう。このＴＪという発想および実践は、世界の多くの紛争後社会において援用され、「負の歴史」を克服・清算するための方法の一つとして高く評価されており、人文社会科学の諸領域においてもきわめて重要かつ実践的な意味をもつものとして受け入れられつつある。

しかし一方で、ＴＪの目標や実行プロセスは必然的に次の二つのジレンマに直面する。ひとつは、「負の過去と客観的に向き合うことを通して、いかに隠蔽・歪曲されてきた真相を究明するか」であり、もうひとつは「葛藤当事者間の和解と共生を通して、いかに国内政治の安定と国民統合・和合を図るか」ということである。従来の研究においては、多くの紛争後社会がＴＪの実現を目指して、取り組みを続けてきたにもかかわらず、一国単位での「真実追求vs和解実現」という図式に集約されるＴＪの相矛盾する志向性によって、そのようなジレンマを克服するのに失敗したと指摘されている。これは、TJの実現に向けた取り組みが試みられる環境、すなわち「真実追求vs和解実現」の競合構造が、国民国家という領域に限定されており、その法制化や社会的共感もやはり国民国家内部の多種多様な利害関係の中で制約されているということを示唆する。

こうした議論をふまえれば、国民国家という枠組みの中でナショナルな思考様式に立脚するTJのもつ限界を乗り越えるための方途として、トランスナショナルな事象の可能性をひろげ、国民国家レベルにおいて規範化されるTJ論を問い直す試みが求められよう。

2　TJプログラムと犠牲者化

①韓国と台湾におけるTJ

大韓民国成立期における済州島四・三事件と台湾の中華民国化の過程で引き起こされた二・二八事件の場合も、二〇年あまり前からTJプログラムが実施されている。民主主義体制への移行期にあたって、負の歴史の見直しや被害救済の流れのもと、国家の主導する歴史清算への法的・制度的取り組みが事件当事者に向けられているのである。それによって、半世紀以上続いた抑圧的な権威主義体制の中でタブー視され、否認、捏造・歪曲、隠蔽され続けてきたそれぞれの事件が、国家の組織的な執行による公権力の乱用と人命殺傷の歴史として再定立されつつある。それからこうした公的領域における取り組みが目に見える成果を示し、「反逆の歴史」「禁忌の歴史」がようやく「国民史」の中に編入されていく移行期を迎えることになったのである。

TJプログラムの主たる成果として、公的な承認手続をへて創りだされる犠牲者グループもまた、事件を表象・代弁する新たな死者群として位置づけられる。各々の公的な犠牲者は、「和解と共生、平和を希求する時代の証人」として、その歴史的意義が様々な記念イベントを通じて次の世代に継承されつつある。

済州と台湾においては、事件が終了したのち長期間にわたる軍部統治をへて、民主主義体制への移行とそれに伴う政治的・社会的な認識の変化、歴史見直しの動きのなかで、それぞれ「済州島四・三事件真相究明および犠牲者名誉回復に関する特別法」（二〇〇〇年制定）と「二・二八事件処理および補償条例」（一九九五年制定、二〇〇七年に「賠償」に改定）が適用され、様々な修復策や救済措置が執られてきた。両事件の背景や発端、歴史的意義、さらに克服・清算に向けた法・制度を一律に比較することはできないものの、いずれもが、長期間の軍事政権期をへて民主化を達成するための闘争の産物として、各々の公的領域において国家暴力による「大量死」の位置づけ・意味づけが試みられているものであることは間違いない。

韓国政府によるTJの法制化や、「戒厳令」解除後の二・二八賠償条例にもとづく歴史清算への取り組み、そして政府の反省とお詫び、被害者への賠償にいたるまで、その法的・制度的な効力は現在においても有効である。そしてそれぞれの過去克服の法・制度にもとづき、被害者の公的な位置づけ・意味づけが試みられている。その主たる成果として、済州島四・三事件においては「犠牲者」が、台湾二・二八事件では「受難者」という公式の集合的死者群が創りだされているのである。ところが、各々の事件に関わったすべての死者が「犠牲者」や「受難者」として公定化・公式化されるわけではない。

②済州島四・三事件と「犠牲者」

済州島四・三事件のTJプログラムにおいては「南朝鮮労働党済州道党の核心幹部等」に該当するか否かについての可否が、拘束力をもつ核心的な規定として、「犠牲者」といった公的な死者群を創りだすメカニズムに寄与する。南朝鮮を分割占領していた米軍政と樹立直後の韓国政府にとって、「南労党済州道党」がリードした武装蜂起と政府に対する闘争は、朝鮮半島における分断体制への異議申立てに他ならず、単なる地域レベルの抵抗を超えて、新たに生まれた反共政権の正統性を脅かし、ひいては米国が構想していた東アジアの冷戦秩序を攪乱させかねない問題であったからだ。

「犠牲者」の選別は、TJプログラムを推進することにおいて必要不可欠なプロセスになる。それゆえ、たとえ当時事件に巻き込まれ殺害されたとしても、あるいは法・制度にもとづく申請手続きをへて政府委員会の審議対象になったとしても、人命被害を受けたすべての人々に「犠牲者」という公的身分が与えられるわけではない。委員会による「審議・決定基準」の一項目に、主に一九四八年四月三日の武装蜂起を主導し、その後政府に対するゲリラ戦を展開した「武装隊」のリーダーらを「自由民主的基本秩序および大韓民国のアイデンティティを毀損した」との理由から「犠牲者」から除外する規定を設けているからである。それゆえ、済州島四・三事件のTJプログラムにおいては、国家暴力の内実が厳密かつ詳細に検証されることよりは、ただひたすら反社会的な政治グループ（南労党）への関与や政府の討伐作戦に対する対抗、国家アイデンティティの毀損に着目する、いわば思想的な純潔性のみを問う「犠牲者化」が行われるようになった。

これまでの調査によると、TJプログラムが始まった二〇〇〇年から「犠牲者」申請を断念せざるを得なかった「武装隊」は、八人であった。委員会の審議で当該申請が「公式議題」として上程されてしまうと、「不認定」になることは火を見るよりも明らかだったからというロジックで、代案として出されたのが、本格的な審議プロセスに入る前に秘密裏に当該申請者を説得・懐柔し自ら申請を撤回させるアイディアが生み出された。それで韓国政府は、二〇〇六年、非公式に、「申告書」を提出した「南労党済州道党の核心幹部」の遺族らを直接訪問し、「申告書」を撤回するように懐柔・勧告した。「犠牲者」に編入されうる「住民」や「討伐隊」とは異なり、「武装隊」、その中でもとくに、「南労党済州道党の核心幹部」には、このように遺族自ら「申請を撤回するか」、それとも「不認定とされるとしても最後まで審議を受けるか」という厳しい二者択一的な選択が迫られたのである。

選別の政治はさらに厳しく展開されている。二〇一七年に、「四・三問題の完全な解決」を標榜し、「国民の目線にあわせた過去史の問題解決」を「一〇〇大国政課題」に盛り込んだ文在寅（ムン・ジェイン）政権は、九年間の保守政権下で放置されてきたTJプログラムの再開に拍車をかけた。しかし、新政権スタートから二ヵ月後まもなく、既存の四人の「犠牲者」の認定取消を扱う案件が政府委員会で可決された。その中の一人は、「武装隊」の核心メンバーであった。すでに二〇〇二年に「犠牲者」として認定されたが、一六年ぶりに再び「審議・決定基準」が適用され、その「犠牲者」としての公的地位が剥奪されてしまったことがわかった。

十数年前の認定済みの「犠牲者」を再び「審議・決定基準」へ遡及させ、再審議をし、結局は「犠牲者」認定を取消した事例は、管見の限り初めてのことである。「暴徒公園」や「不良位牌」という言葉を用いながら、TJプログラムの諸成果を冒涜しようとする右翼側による暴言・悪質なクレームに対して、政府委員会をはじめ、「過去清算」の方針に賛同・支持し積極的に参加・協力する、いわゆる「四・三団体ら」も一貫して「犠牲者の再審議に対して極力反対」という立場を堅持してきたが、結局自らその方針を撤回してしまったのである。「南労党済州道党の核心幹部」を排除する「犠牲者」のみを公式化の対象とする「過去清算」の基本命題は、いささかも揺るがず、むしろますます強化されている。政権交代による改革気運の高まりや南北関係の進展に伴い、事件の歴史認識における多様性が認められる方向に一見進んでいるように見えるが、ナショナル・イデオロギーにもとづく「犠牲」と「非犠牲」を分ける排他的な線引きと「武装隊」のみを排除する動きはむしろ強まっているのである。

韓国政府を含むTJプログラムを企画・実行する側は、「公権力の乱用」を記した公式報告書を確定し、大統領によるお詫びの表明を実現することによって、TJの実現への牽引役を果たしてきた。しかし他方では、国家暴力における具体的な加害者を被害者とともに「犠牲者」の枠内で再構成することで、加害者側の実態を隠蔽し、暴力の具体的な実行主体の「過ち」を免責してしまう。

排他的な線引きの論理に立脚するＴＪプログラムと「犠牲者」政策は、韓国政府から「犠牲者」として「認定」される側と「不認定」となる側との間に新しい形の葛藤を生じさせる。それにより、ローカルな共同体の再生を脅かし、事件当事者間の共生の可能性をより困難にする。かつての虐殺現場において繰り広げられた当事者間の葛藤や共同体の分裂が、今日において新たに交錯する構造では、再び語らなくなる、すなわち意図的に黙ってしまう人びとが出現する可能性が危惧される。自由な語りも保障されないうえに、近親の死者の体験を率直に代弁してもらうこともできない人びと、いわゆるＴＪプログラムが生み出すサバルタンとも言いうる当事者が散見されるのである。

③台湾二・二八事件と「受難者」

一方、台湾二・二八事件のＴＪプログラムは、因果関係が証明できた中華民国国籍者（とくに、本省人）のみが賠償条例上の「受難者」と限定されるため、事件に巻き込まれた外国籍者は対象外とされ、ＴＪの法・制度からも排除される。いわゆる非台湾人（Non-Taiwanese）は、本省人と同様に事件に巻き込まれ暴力の対象となったが、長らく不可視化されてきたのである。

しかし近年、琉球人や朝鮮人失踪者の遺族からの賠償請求が初めて認められることで、従来の「受難者化」をめぐる問題は新たな転換点を迎えることとなった。具体的な事例を紹介しよう。外国籍の被害者の問題が本格的に浮上し始めたのは、事件から六〇周年を迎える直前の二〇〇七年一月のことであった。台湾と沖縄の歴史学者を中心に結成された「台湾二・二八事件沖縄調査委員会」による基礎調査の結果、南西諸島出身の被害者七人の身元がはじめて公表された。

その中で、与論島出身の青山恵先（一九〇九年生）の遺族（一九四三年生）は、二〇一三年に台湾当局（二・二八基金会）

あてに、「受難者」への認定と賠償請求を行ったが、翌年却下された。理由は、「国内法により外国人は適用できない」、「国際法の互恵原則からみて、日本政府は台湾人元『慰安婦』や『日本兵』に戦後補償をしてないので認められない」ということであった。その後二〇一五年、遺族は、「人権に国境は無い」「慰安婦や日本兵に関しては未解決の戦後処理に関する国対国の都合で国民にツケを回すことであり納得できない」ということで、台湾当局を相手にして不服申し立てを行った。しかし、新たな理由はなく外国人不適用と互恵原則を繰り返すばかりであった。

遺族は、次に、法廷で争う決意を固め、台北高等行政法院へ提訴する方向に進んだ。彼は、「（台湾の）国家賠償法と二・二八賠償条例には主従関係はなくそれぞれが独立している」、「人権問題において互恵原則が援用できるのか」などと訴えた。それに対し、裁判所は二〇一六年、遺族に対する賠償金支払いを二・二八基金会に命じる判決を下した。裁判所は、賠償条例に、「外国人には賠償金を支払わない」という内容が明示されていないだけでなく、「国家間の平等互恵の原則に拘束される」という内容も記されていないことに注目し原告勝訴の判決を言い渡した。それに対して基金会が控訴をしないことで、結局、青山は外国籍者で初めて「受難者」と認定され、当該遺族には賠償金が支給されることになった〔高誠晩　二〇一七〕。そして、青山裁判以後、二〇一七年には韓国・巨文島出身の朴順宗（パク・スンゾン）が、二〇一九年には長野県出身の堀内金生（ホリウチ・カネキ）が「受難者」として、台湾政府の承認を得た。

外国籍の失踪者が台湾二・二八事件の「受難者」になるということにはいかなる意味があるのであろうか。なによりも、TJの実現に向けた法・制度が孕んでいる「受難者」の成立要件と、それを成り立たせる国家や民族イデオロギーのもつ限界をある程度克服したことが指摘できる。二・二八賠償条例にもとづく従来の「受難者」審議プロセスが、その執行面において、本省人のみを救済の対象として想定しており、それにもとづいて「受難者」の公定化および公式化が行われてきたため、彼らと同様に事件に巻き込まれ犠牲になった他のエスニック・グループはTJプログラムから排除されてきた。

それは、ＴＪプログラムの理念や方向性、重点政策において、長い間国民党政権によって捏造ないし歪曲されてきた真相の究明そのものよりは、国家主義や民族主義を支えうる純粋な犠牲者グループを明確化することで、国民統合・和合、つまり「族群融合」（二・二八賠償条例第一条）を目指すことに焦点が絞られてきたことと無縁ではない。しかしこうした状況が、近年、外国籍者もが「受難者」として公認され、彼らの遺族にも賠償が決定されたことから新たな転換点を迎えることとなったのである。

二・二八事件が残した「負の遺産」を清算するための取り組みとしてのＴＪ実践の方向性が、ナショナル、もしくはエスニック・バウンダリーを乗り越えることから行われる新たな展開は、済州島四・三事件における排他的な線引きの論理に立脚する「犠牲者化」を別の角度から議論するにあたって大いに参考になる。こうした「受難者」をめぐる社会的合意の変化は何を意味するのであろうか。それは、従来ナショナルな領域のなかでのみ機能してきたＴＪがネーションやエスニックという制約を一歩乗り越えることができたことを示唆する。

二・二八の事例は、まさにトランスナショナルな歴史清算への取り組みが実現されたものであり、済州島に限らず、東アジア社会が直面している歴史認識をめぐる対立・葛藤を克服するにあたっての一つのアイディアとして位置づけられるであろう。こうした台湾社会の経験は、国家権力の組織的な介入や関与によって引き起こされた大規模の人命殺傷について、事件以後においては国家が、自らの「正当性」に回収させようとする強制力と秩序の中で、負の歴史を清算・克服する主体として登場する際に求められるＴＪの手法を相対化・脱構築化することに寄与する潜在力を持っている。

とはいえ、エスニック・マイノリティーの人命被害をめぐる問題が完全に解消されたとは言いがたい。日本の侵略戦争と植民地支配に対する戦後処理をめぐって、両国間の未解決の問題が残存しているからだ。また、人命被害の公的承認を要請する過程で、台湾当局と遺族との間で、「何が事実で、何が実証なのか」をめぐる問題は、青山裁判以後においても、持続的に引き起こされているからである。

与那国島出身の失踪者二人の遺族は、二〇一六年、「受難者」としての公認を求めて二・二八基金会に申請書を出した。しかし基金会は、提出された証拠書類のうち、医療機関の死亡診断書（遺体検案書）や行政機関の除籍謄本のみを実証資料と判断して、当該失踪者を「本籍地での死亡者」と規定した。遺族側は、位牌や骨壺に刻まれた失踪の記録を提示するとともに、除籍謄本などに行方不明になった近親者の「死亡」記録が便宜上作られたものだと主張する。

死亡診断書や除籍謄本のみを実証として規定し、それに正当性を付与することを通して、事件による失踪者を本籍地での死亡者とみなす台湾政府の判断は、日本の行政府や司法府も同様である。外国政府と自国民の争いに日本政府が無関心と無責任な姿勢を堅持するのには、記録の相互矛盾性や別の角度からの解釈が容認されないという意図が根底にある。彼らの存在は新しいかたちで日本と台湾の境界で埋没せざるをえなくなり、このことは彼らを持続的に他者化する力として働く。こうした一国中心主義的発想は「国民和合」や「大韓民国のアイデンティティ」をより重視する済州島四・三事件のＴＪ政策の方針とも著しくは異ならない。

３「ナショナルな犠牲者」を乗り越えて

このようなＴＪプログラムの例外者は、国民国家フレームの正統性および正当性を有効的に説明するにあたって「厄介な存在」に違いない。国民国家を単位とするＴＪの法・制度は、両国あるいは多国の境界に埋没している人々の存在を持続的に他者化してきた。在日済州人や在日台湾人、在台朝鮮人、在台沖縄人のように、現在の臨時的居住地域が彼らのアイデンティティとして説明されるだけで、「在日」あるいは「在台」といった形容語句の根源やディアスポラ状況については省略される方式で選別的に呼名されてきた。

済州島四・三事件と台湾二・二八事件のTJプログラムにおいても被害者集団の超国境性とディアスポラという現実は考慮されていなかった。対馬島や与那国島などがTJプログラムの空間的範囲に含まれていない理由もそのためであろう。四・三事件の混乱を避けるために日本各地に密航したり、北朝鮮へ越北／拉北した済州島出身者、二・二八事件で八重山諸島に密航した台湾人や国民党軍に殺害された琉球人、朝鮮人などは、TJプログラムの死角地帯におかれている者で、一国史的観点のみでは決して的確に説明できない。

ナショナルな犠牲者のもつ限界を乗り越えるためには、国家暴力とTJの定義をめぐる議論が看過してきた領域に対するトランスナショナリティ、トランスローカリティの視点の導入が必要である。それによって、従来の国民国家中心の歴史清算とそれに伴う集合的記憶を相対化・脱構築化する作業が進められなければならない。国家暴力によって発生したおびただしい死を再利用しようとする法・制度・政策を批判的に分析するとともに、国民和合・統合、国家イデオロギーの維持・強化を目指すTJ論の欠陥を理論的、実証的に克服しなければならない。

TJの正当性を主張する各国政府の方針に亀裂を生じる存在は、この七〇年あまりの間、法・制度が排他的に占有してきた「犠牲」の地位や意味を脱構築できるだろうか。実際、脱／冷戦と分断体制のただ中で「記憶の交差点」[Amine&Beschea-Fache, 2012]を歩んできた彼らは、国民国家間の利害関係によって区画された境界よりも、生活世界の論理をもとに積極的な生き方の戦略を駆使してきた。TJの欠陥を克服するためには、個々の事件で済州島、台湾、沖縄などに散らばった被害者集団が実践してきた悲劇的な死の記憶化、儀礼化に焦点をあてて検討する作業が求められる。その意味で、国家間、地域間の境界を横断しながら蓄積されてきた国境をまたぐ親族集団の紛争以後の歴史を再構成することを通して、時代と状況の推移に応じて過去の経験を再構成し、近親者の死に対する解釈と意味付けを異にしてきた彼らの経験的知識と実践を積極的に解釈する作業は重要な課題になるだろう。国家の正当性に回収させようとする強制力と秩序に、時に順応し、時に抵抗しながら、「転倒されない生活者の便宜、必要、それに有用性」〔松田　二〇〇九〕によって近親者の死を再定位しようとする越境的な振る舞いを解明し、紛争後社会を生きる彼／彼女たちのオルタナティヴな知と実践の潜在的可能性を掘り起こす作業が求められよう。

参考文献

Laila Amine & Caroline Bescheа-Fache, 2012. "Crossroads of Memory: Contexts, Agents, and Processes in a Global Age, Culture", *Theory and Critique*, 53.

高誠晩『〈犠牲者〉のポリティクス――済州四・三／沖縄／台湾二・二八歴史清算をめぐる苦悩』京都大学学術出版会、二〇一七年。

松田素二『日常人類学宣言！――生活世界の深層へ／から』世界思想社、二〇〇九年。

性への個人化への抵抗実践としてのカミングアウト

戸梶民夫

1　はじめに

近年になって同性愛者やＬＧＢＴの問題が注目されていることはもはや語る必要はないだろう。そしてその流れの中でも、やはりカミングアウトはその中心的な問題でありつづけている。しかし二〇二〇年現在におけるカミングアウトの問題は、それを理解する従来的な枠組みの修正をも要請しているように思われる。

セクシュアリティ研究において、同性愛者やＬＧＢＴのカミングアウトは、彼らを差別し社会から不可視化してきたジェンダー・異性愛主義の規範的伝統からの圧力に対して、それからの解放もしくは攪乱を志す抵抗実践としてとらえられてきた。しかし、再生産され続けてきた規範的伝統が再帰的近代化を通じてその自明性を失ってきている後期近代的状況においては［Beck et al. 1994 (1997)］、ジェンダーやセクシュアリティの規範的伝統の圧力を自明の前提とすること自体もナイーブな議論とならざるをえないだろう。また、マスメディアやインターネットでも同性愛者やＬＧＢＴの文化表象が氾濫しており、彼らが社会的に不可視化しているとはもはや言えない状況にある。そしてそうした状況に対応するかのように、カミングアウト実践も、明確な規範的伝統からの圧力に対する抵抗実践というよりも、むしろ身近な関係を作り直していく日常的実践として理解されることが増えてきているように思われる［ex. 荘島 二〇一一］。

しかし、こうした規範的伝統の自明性の喪失という後期近代的状況においても、やはりいまだに同性愛者やLGBTの多くの人は、日常生活、学校、職場などで自らのセクシュアリティを隠していることが多い。また二〇一五年の同性愛者アウティング事件(1)のように、周りの人間が、カミングアウトに強い衝撃を受けてしまう現実が存在している。このように、規範的伝統がその自明性を失効している状況と、しかしいまだにカミングアウトが困難であるという現実の間の矛盾を、どのように説明すればいいのか。二〇二〇年におけるカミングアウトの問題は、こうした問いと切り離すことができないように思われる。

そして本稿は、この矛盾を考える手がかりを「個人化」、特にその中に含まれる「新自由主義的な個人主義」に求めることを提起したい。個人化は、通常は、前期近代において静態的に維持される規範的伝統が再帰性の徹底化を通じて自明性を喪失した後期近代的状況において、リベラルな個人が解放されるプロセスとして理解される傾向がある。しかし、個人化論の代表的論者の一人である、ウルリッヒ・ベックは、個人化を、①脱伝統化、②個人の制度化された解き放ちと再埋め込み、③「自分の人生」を追求せよとの強制と純粋な個人主義の欠如、④システムによるリスクの内面化、の四つの特徴で整理し［ベック 二〇一一］、そこで経済や法のような社会制度に向き合い自分の人生への自律的管理が求められることを指摘する。そしてベックは自らが述べる個人化を「制度化された個人主義」と名指しているが、しかし同時にその個人化に、経済市場優位の後期近代社会の下で自己統治が求められる新自由主義的な個人主義が重なり合う危険性があることも示唆している［Beck 1997 (2005)］。この個人化に伴う新自由主義的な個人主義は、まさに公的領域（経済・政治）から性的関係を切り離しながら、それを私的領域へと自己統治することを要請していくことになるだろう。その時、同性愛者やLGBTのカミングアウトは、この新自由主義的な個人主義からの私化の圧力を受けながらも、同時にそれを越えて自らを開示していく抵抗実践として再考することができるのではないか。

ゆえに本稿では、新自由主義的な個人化の圧力の下でのそれへの抵抗実践、という視点から、カミングアウト実践を分析する可能性を探ってみたい。それは、社会的関係から切り離された自律的個人の存在を普遍化することではない。あくまでもこうした自己統治的な個人が新自由主義的体制の下において普遍化される歴史的社会的な自己像であることを前提としながら、その性への自己統治的圧力に対するカミングアウト実践の抵抗のポテンシャルを考察してみたいのである。

そしてこの目的のために本稿では、ひとつの興味深い取り組みのデータを取り上げたい。それは、ある大学の授業で行われた「偽カミングアウト」をテーマとした課題と、その課題に対して提出された学生の実践レポートである。当課題は、二〇一〇年代前半に日本のある大学の人権連続講義において、学外から呼ばれたＬＧＢＴ当事者の講師たちによって実施されたものであり、連続講義に参加した（当事者学生も数パーセント存在するが）非当事者学生の割合が多い受講者に対して、自分はＬＧＢＴであるという偽のカミングアウトを家族や友人に実施させ、その周囲の反応や自身の意識をレポートさせるものである。そのＬＧＢＴ当事者の講師の一人と筆者は知人であり、講義の後でこの課題データを提供された。

そしてなぜ当事者のカミングアウト実践ではなく、この非当事者学生を中心とした偽カミングアウト実践に注目するのかというと、それが、非当事者学生による実践であるがゆえに、当事者性の認識が必然的に前提とせざるを得ない規範的圧力と、そのカミングアウトの実践を分離することが可能になり、より容易にカミングアウト実践への個人化の影響力を把握しやすくなると思われるからである。

次にこの「偽カミングアウト実践」について説明しよう。

2　偽カミングアウト実践に関して

利用するデータは、二〇一〇年代前半に、日本のある大学において実施された人権連続授業において、学外講師として呼ばれたＬＧＢＴ当事者の講師によってなされた、次のような課題に対して、一〇五人の学生たちから提出された記述式レポートである。

【Ａ】【Ｂ】のうち、どちらかを選択して課題とする。

【Ａ】家族または友人に「自分は同性愛者である」と偽のカミングアウトをすること。
偽カミングアウトができた場合、
(一) 自分がカムアウト前後にどのような心境になり、感じ考えたか
(二) 家族または友人がどのような反応をしたか
(三) 体験を踏まえＬＧＢＴが生きやすい社会にするために自分に何ができるか
一五〇〇字以上でまとめる。
偽カミングアウトができなかった場合、
(一) できなかった理由
(二) 他のマイノリティ（例えば在日、部落、精神疾患、原発付近で育ったなど）の場合ならできたのか、その理由を同性愛の場合と比較し、自分の持っている偏見はどのように作られてきたかを考察する。
(三) 自分が持っている偏見をなくす解決方法は何か
一五〇〇字以上でまとめる。

なお、偽カムアウトの相手がたまたまＬＧＢＴ当事者である可能性も想定しておくこと。

【Ｂ】下記の二つのどちらとも答えること。

一．ＬＧＢＴＩが、医療・福祉の利用者となるとき、どのような困難に遭遇するか、具体的な例をあげた上でその解決方法を考察すること。一〇〇〇字以上。

二．世界の三四か国で同性婚や同性同士のパートナーシップを保障する制度がある。同性婚とパートナーシップ法はどのように違うか、またその違いの背景にはどのような考え方があるか調べて、一〇〇〇字以上でまとめること。

課題においては、偽カミングアウトを必ずしも強制するものではなく、偽カミングアウトをできた場合とできなかった場合を選択できるようにしてある。また偽カミングアウトを考察することそのものに抵抗がある学生向けに、【Ｂ】の別の記述課題を提示して選択できるように配慮している。

そして、この課題において、得られた回答を当事者／非当事者で分類すると、次のとおりである。

総回答人数　一〇五人

【Ａ】の課題を選択した人数　九九人

偽カミングアウトができた非当事者　五八人

偽カミングアウトができなかった非当事者　三二人

偽カミングアウトができた当事者　四人

偽カミングアウトができなかった当事者　五人
【B】の課題を選択した人数　六人

なお、LGBT当事者のレポートであると判断した根拠は、そのレポートの中で自らが当事者であると名乗っていたり、同性を好きになったり付き合ったことがあるといった記述がみられることである。そのため、レポートで名乗っていない、そうした記述をしていないLGBT当事者がいる可能性は排除できない。またこのレポートで対象となるのは大学生であり、社会人や高齢者に対してこの議論を敷衍することが可能かどうかは一定留保される。

レポートの枚数自体は、課題【B】を選択した学生のなかで、二枚のレポートを提出しているものが三人おり、合計一〇八枚となっていた。それぞれのレポートについて、一〜一〇八のデータ番号を無作為に振り当て、以下の分析で引用する場合は、そのデータ番号を引用文の後に記載することにした。そして以下では、【B】の課題を選択した六人を除く、【A】の課題を選択した九九人のレポートを分析している。またレポートでは、一部プライバシーを配慮して、内容を改変している。

3　非当事者学生の偽カミングアウトの困難についての説明の傾向

最初に、当課題レポートにおけるLGBT非当事者学生の回答の全体的傾向について指摘しておく。まず、このレポートにおいては、ほとんどすべての非当事者学生が、カミングアウトに強い不安やためらい、感情的な揺れ動きを経験していた。一方で、この偽カミングアウト実践をしようとおもってもできなかった非当事者学生たちは約三分の一を占めた。そこでは当然その実践への困難が示されていた。しかし、その実践ができた約三分の二の非当事者学生たちも、その大半が偽カミングアウトの際に、強い緊張や不安、ためらいなどを感じ、困難さを表明していた。逆に、ためらいなく偽カミングアウトをできたとのべる非当事者学生は、記載する内容から判断する限りは、二〜三人にとどまっていた。普通に考えれば、非当事者学生なら後で偽であることを明かせばいいのだし、一見簡単にできると思われるかもしれない。しかし、実際には全くそうではなかったのである。ここでは、この困難を表明している大半の非当事者学生に焦点を当てたい。

さらに、こうした偽カミングアウトに対する強い緊張やためらい、不安やできなさを経験した非当事者学生は、その困難に対する理由を、大きく分けて三つの形式で説明していた。一つ目は、自分が偽カミングアウトが出来なかったり緊張したのは、自分自身もそれを当然もしくは無自覚に受け止めていた社会に広がる異性愛主義的な規範のせいだと説明する形式であり、九〇人の非当事者学生のうちで約三分の一はそのような説明を行っていた。二つ目は、偽カミングアウトの困難を、具体的な他者とのかかわりの中で説明しようとする形式であり、全体の約六分の一がそうした説明をしていた。三つ目は、自分自身は同性愛者への偏見を持っていないが周りが持っていると言及したり、自分自身は偏見を持っていないと思っていたがその態度に偏見が含まれていた、とする説明の仕方であり、半数近くがそうした説明を行っていた[2]。

次に、この非当事者学生における、困難の三つの説明形式を整理したい。

○偽カミングアウトの困難についての説明

（一つ目）偽カミングアウトの困難の規範的説明（社会の偏見のため）

まず一つ目の説明として、この偽カミングアウトの困難が、自分自身も意識的・無意識に受け容れていたり一般社会に拡がっているとされる「社会的規範」のせいであるとする説明の仕方である。こうした規範的説明は、①群・

一般社会に広がる規範的偏見を自分自身が内面化していたため、②群：（自分自身の内面には言及せず）一般社会に拡がる規範的偏見のため、という下位分類ができるように思われる。

①群：一般社会の規範的偏見を自分自身が内面化していたため

このコメント群は、一般社会の規範的偏見を自分自身が内面化していたため、偽カミングアウトが困難であったという説明を行っている。「……「同性愛」という言葉自体が私の周りでは少なくともなかったという経験からやはり同性愛ＬＧＢＴＩといった話をすること＝おかしいといった偏見が自然と私の周りですでに持たれてしまっている……」（二一六）

②群：（自分自身には明確に言及せず）社会に拡がる規範的偏見がある

このコメント群では、自分が偏見を内面化しているかどうかは語っていないけれど、一般社会に規範的な偏見が広がっているために、偽カムアウトが困難だった、という説明をしているように思われる。「……このような反応は私の両親に限ったことなのであろうか。もしかしたら、半数以上の人がこのような反応をしてしまうのではないであろうか」（二〇六）。

このような①群、②群のコメント群の説明は、「規範的説明」と呼ぶことが出来るだろう。

（二つ目）偽カミングアウトの困難の日常実践的説明（身近な他者との関係のため）

次に第二の説明では、自分に内面化されている、もしくは一般社会に広がっている規範的規制のためでなく、むしろ身近な他者との関係のためにカミングアウトの困難が生まれると考えているように見える。ゆえにこの説明を行うコメント群では、逆に問題ある他人を変えようという能動的な態度もみられたりする。

③群：（自分自身には明確に言及せず）身近な他者が偏見を持っている

このコメント群では、自分自身が偏見を持っているかについては語らず、カミングアウトの困難は、身の回りの他者が偏見を持っているためという説明をしているように思われる。「つまり、もし仮に私が偽カミングアウトしても、残念ながら、理解してくれる人が少なそうだったからという点が、偽カミングアウトができなかった理由です」（四四）。

④群：自分は偏見を持っていないが、身近な他者は持っている

このコメント群では、自分自身は偏見はないと述べ、かつ身近な他者は偏見を持っていると考えているように思われる。「友達に偽カミングアウトをしたことで友達が今までどおり友達でいてくれるかそれが最大の焦点である。……しかし、私はその（当事者の）友達と変わらず接してるつもりである。というよりあまり気にしていない。だから私にとっては友達が〝同性愛者〟であろうが関係ないのである」（一二）そして、このコメント群では、友人等からネガティブな反応があっても、それを良い機会と考えて正確な情報を伝えていきたいと考える学生も何人かいた。

このように③群、④群のコメント群の説明は、「日常的実践による説明」と呼ぶことができるだろう。

（三つ目）偽カミングアウトの困難の個人化的説明（偏見を個人化していないため）

そして、第三のコメント群は、「自分は偏見を持っていないが社会は偏見を持っている」もしくは「自分は偏見を持っていないと思っていたが、実際には持っていた」という説明の仕方をしている。そして、自分が偏見を持っ

ていないとは、偏見を個人の考えとして受け止めることができる（個人化できる）態度について語られているように思われる。

⑤群：自分は偏見を持っていないが、社会は持っている

このコメント群は、自分は偏見を持っていないが、社会は偏見を持っている、とする説明を行う傾向がある。カミングアウトが困難なのは、「「異性を好きになるというのが社会の中で当たり前とされているから」というのが根底にあるからであると思う。……私は異性愛主義が当たり前とは思わない。世の中には同性を好きになる人がいると思うし、いても良いと考える」（七）。このコメント群は、偏見を個人の考えとし、ゆえにそれを俯瞰的に見れているように思われる。

⑥群：自分は偏見を持っていないと思っていたが、実際には持っていた

このコメント群は、自分自身は偏見を持っていないと思っていたと述べながら、同時にその偏見を個人化する態度が、実は偏見を保存していた、と反省している傾向がある。「ではなぜ（偽カミングアウトが）できなかったのか。その理由はやはり私自身が……LGBTを受け入れる、あるいは何の偏見もないと思っていたはずが、本当のところは他人事、関係のないことと思っていたことなのかもしれません」（四六）。つまり、偏見を個人化できていても、偽カミングアウトに困難を感じたことで、その個人化の態度自体が偏見を保存していると問い直しているのである。

この⑤群、⑥群のコメント群は、偽カミングアウトが困難である理由を述べる時に、共通に、自分個人は差別をしていないし偏見も持っていない（いなかった）と述べている。つまり偏見を個人化できている（いた）と述べている。そして⑤群では、自分自身が偏見を個人化できているという考え自体は問い直されていないが、⑥群では、自分が

偏見を個人化できているという態度自体が、実は偏見を保存していたのではないかと問い直されているようにみえる。こうした説明を、「個人化的説明」と呼んでおきたい。

４　当事者学生の回答の傾向

当事者学生九人においては、偽カミングアウトができた人は四人、できなかった人は五人だった。ただ、当事者学生の大部分（九人中七人）は、偽カミングアウトの課題を、偽カミングアウトを行うかどうかよりも、その偽カミングアウトを「本当のカミングアウト」として捉えて、本当のカムアウトを行うかどうか、という問題に変換しているように思われた。そのためここでは、当事者学生のコメントは、非当事者学生の場合とは異なる別の問題として位置づけ、あえて分析を行わない。

ただ、本当のカミングアウトの困難について説明する当事者学生（七人）の傾向だけを述べておけば、明確な規範的偏見が存在するため困難であるとする説明が大多数（六人）であり、日常的実践の中でその困難さが決まると説明するコメントは一人だけ、そして個人化的立場で本当のカミングアウトが困難と述べるコメントは存在しなかった。

５　個人化的説明の分析

ここで焦点があてられるのは、非当事者学生の多くが偽カミングアウトの困難さについて説明するときに用いている、「自分は偏見を持っていない（もっていなかった）」といった個人化的説明である。

⑴個人化的説明における形式性

この非当事者学生たちが「自分は偏見を持っていない（持っていなかった）」と述べる時に示されているのは、自分の友達や親しい人が同性愛者であったとしても特に嫌悪感を持たない（三）とか、認めてあげられる（四）といったように、偏見に基づいて同性愛者を差別せず、個人として認めるという姿勢を取ることができているということである。ここでまず問題となるのは、偏見への個人化的態度が同性愛者やＬＧＢＴのそのそれぞれの生き方（単独性）を尊重できるような（クィア理論的抵抗実践のような）非形式的な態度なのかどうかという点である。

たとえば、⑤群の非当事者学生における説明において、次のようなコメントがある。「社会では異性を好きになるのは当たり前というのが背景にあるが、私は異性愛主義が当たり前とは思わない。世の中には同性を好きになる人がいると思うし、いても良いと考える」（七）。このコメントにおいては、「自分は偏見を持っていないが、社会が偏見を持っている」がゆえにカミングアウトが困難であると語られており、またそこでは自分自身は個人化的態度で偏見を逃れていると述べられているように思われる。しかし、自分が偏見から逃れられるならば、自分だけが偏見に対して特別な位置にいられるわけではないだろう。つまりそれは、多くの他の人もそうした偏見から逃れる態度を取りうることが十分可能であるということである。だとしたら、偽カミングアウトが困難なことを、自分は偏見を持っていないが社会は持っているため、と非対称的に考える妥当性が失われてしまうのではないか。にもかかわらず、「自分は偏見を持っておらず、社会は持っている」とする説明の仕方が、自身の偽カミングアウトが困難であった理由の一見明確な説明として語られることが可能なのは、その語りが必ずしも同性愛者やＬＧＢＴの単独性を尊重する非形式的な態度とは言えないことを示しているのではないだろうか。

また⑥群の多くの非当事者学生のコメントでも、自分は同性愛者やＬＧＢＴに偏見を持っていないと思っていたが、しかしこの「偏見を持っていない」という態度が、（何らかの形で形式化されているだろう）同性愛者やＬＧＢＴに対する偏見を内包する態度だと気が付いた、と明確に述べられている。こうした点を考えれば、この「自分は偏見を持っていない」という個人化的な説明は、偏見を逃れる態度としてただ肯定されるだけでなく、それ自体が（偏見を保存する可能性のある）一つの形式化された態度の表れとして考察される必要があると思われる。

(2)個人化的態度による偽カミングアウトへの圧力

つぎに問題になるのは、この形式的な個人化的説明が、いかにして偽カミングアウトの実践に「圧力」を与え、逆に偽カミングアウト実践から働きかけを受けるのか、という点である。この点に関して、⑤群⑥群の偽カミングアウトの困難に対する具体的説明と、①群②群の具体的説明を対比させてみたい。

(2)―1　嫌悪感による説明の否定　　この両グループを対比させると、⑤群⑥群のコメントでは、この偽カミングアウトの困難を「嫌悪感」から説明する仕方が避けられる傾向があることがわかる。①群②群のコメントは、（特に①群において）カミングアウトができない理由について、「それは私自身が同性愛を嫌悪しているからだと思われる」（一）というように、同性愛に対する内面化された嫌悪感に言及する傾向がある。しかし、こうした「嫌悪感」による説明は、⑤群⑥群の説明の中ではほとんど見られない。むしろ⑤群⑥群においては（特に⑤群において）、それは「嫌悪感」からではない、ということを表明しているコメントが複数見られる。「同性愛自体が嫌というより、マイノリティになるのが嫌というのが大きい」（三）

(2)―2　嫌悪なき関係不安　　そして多くの⑤群⑥群のコメントにおいては、家族や友人にどう思われるか不安である、今までと違う扱いをされるのではないか、という（嫌悪感からではない）「関係の不安定性」に関する内容が多く見られるように思われる。カミングアウトしたことで、「「今までと違う扱い方をされないだろうか」という不安や、それが周りの人に広まった場合、「どのようにみんなと接していけばよいだろうか」など、さまざまな心配事（七）が言及されている。また⑥群のコメントでは、「本当に同性愛者と思われたらどうしよう」という不安感の表明が複数見られた

（2）―3　引くこと、距離を取ること

だとしたら、⑤群⑥群の、この嫌悪のような意味を帯びていない圧力はどのようなものなのか。⑤群⑥群のコメントで目立ち、①群②群では少ないと思われるのは、「引かれる」「距離を置かれる」「壁を作られる」といった特徴的な言及であるように思われる。「その理由としては、嘘だとしても距離を置かれたり、噂されたりするのではないかと思ったからである」（四三）、「また、今まで仲が良かったのに距離感ができてしまうんじゃないか、壁を作られてしまいそう」（四五）。

そして、こうした距離を置いて対応される、ということは、規範的偏見に従う関係性からの排除だけでなく、逆に「特徴的な関係の取り方」、いわば規範的偏見から距離を置いた個人同士の繋がりの中に包摂されることをも示しているように思われる。なぜなら、このような説明をする⑤群⑥群のコメントにおいても、「引かれる」「距離を置かれる」ということが、すぐに関係の断絶を示していると考えられてはいないようにみえるからである。むしろ、この「引かれる」「距離を置かれる」対応は、「引いた関係の中に包摂する」ということを示しているように思われる（3）。

（2）―4　「マイノリティになること」と「噂されること」

だとしたら、こうした「引かれる」「距離を置かれる」「壁を作られる」とは、どうして偽カミングアウトに対する「圧力」になるのか。それに対して、⑤群⑥群のコメントから見いだされる手掛かりは、「マイノリティになること」と「噂される」ことへの恐れが語られていること

にあるだろう。

例えば、前記したように、⑤群⑥群の複数のコメントにおいては、偽カミングアウトの困難を、嫌悪されることでなく、マイノリティになることへの恐れとして語っているコメントがみられる。「同性愛者というマイノリティになると非常に不安になってしまう」（三）。「偽カムアウトできなかったのは、同性愛者への偏見のせいというより、マイノリティになりたくなかったため」（一八）。このようなコメントにおいて「マイノリティになること」への懸念は、嫌悪の対象となる同性愛者やＬＧＢＴとして扱われることとは、区別されている。それは、この「マイノリティになること」が、規範的規制の圧力において「嫌悪」の対象として排除されることではなく、距離を取って包み込む個人化的関係の中で、しかし（新自由主義的な意味で）手つかずに取り残され続ける同性愛者やＬＧＢＴへの制度的不利益（ｅｘ．婚姻の不平等）を受け続けることを意味しているからだと考えられる。

さらに、⑤群⑥群のコメントでは、「噂されること」への強い恐怖が語られてもいる。「影でコソコソ悪口を言われているのではないかなど、マイナス面を考えればきりがない」（一〇）。「「もしカミングアウトしているときの会話を第三者に聞かれて、あの人は同性愛者なんだ、と思われたらどうしよう」とさえも考えた」（六八）。このようなコメントにおいて「噂される」ことへの懸念は、決して直接的な応答を通じて相手から批判されることの懸念ではない。むしろ、規範的世界から距離を取って表面上差別なき個人同士として付き合いながら、しかしそこから距離を取られるところの規範的関係を保存するマジョリティの私的世界において、自分が同性愛者やＬＧＢＴとして話題にされることのマイクロな圧力を感じ、かつその恐怖を誰にも話せず一人で抱え込まざるをえないという懸念であると思われる。

そしてこうした形で個人化的圧力を理解する時、改めて⑥群の、同性愛者やＬＧＢＴに偏見がないと思っていた非当事者学生が、偽カミングアウトができなかった理由が明らかになるだろう。その偽カミングアウトの困難は、カミングアウトされる非当事者の人々から同様の個人化的態度において対応されることで、制度的不利益が手つかずのまま残る個人間関係に取り置かれ、かつそこから切り離されたマジョリティの私的な規範的世界の中でリカバリーできない噂の対象になってしまうこと（そしてそのマイクロな圧力を自己責任で引き受けなければいけないこと）の恐怖から来ているのである。

⑶個人化的態度に対する偽カミングアウトの衝撃力

このように偽カミングアウトに対する個人化的圧力について整理したとき、その逆に、偽カミングアウト実践は、個人化圧力に対していかなる働きかけを行うのだろうか。それは、まさに公的な個人間関係とそこから切り離され距離が取られるところの私的な規範的関係の境界を踏み越えて同性愛者やＬＧＢＴが現れていくこと、そのことであると思われる。「ＬＧＢＴは自分とは関係ない、違う世界のものだと思うから、無関心になり、無関心であるから偏見もない、偏見のない自分はなんてできた人間だ、と思っているのにいざ自分の事、自分の関係ある世界にＬＧＢＴという存在があると普通ではいられない、何もできないということになってしまうと思うのです」（四六）。つまり、偽カミングアウトがなしうる「衝撃力」とは、規範的規制された関係の下でその関係的実践に攪乱的に応答していくことからくるだけではない。むしろ、その規範的規制された関係とその外部の個人間関係との間の境界付けを前提とせずに現れ出ていくこと、そして個人間関係にも規範的関係にも還元できないような関係を創始し、「普通ではいられない、何もできない」ような状況を引き起こしていくことから導かれるのである。そしてそのことは、その混乱した状況においても、相手を受け入れようとする葛藤として表現されることになるだろう。[4]

さらにカミングアウトを受ける非当事者は、個人間関係にも規範的関係にも還元できないがゆえに、もはや同性愛者やＬＧＢＴだけにとどまらない、多様な個性ある〈他者〉を受け入れる問題を引き受けさせられるように思われる。それは、この偽カミングアウトをした多くの非当事者学生が、カミングアウトを受け入れてくれた相手に対して、非当事者であるにもかかわらず、少なくない感動や嬉しさを感じている理由を示している。

「なぜなら、私がＬＧＢＴであることを受け入れてくれないという事は、私の個性を受け入れてくれないということに繋がるからである」（一一）。

６　おわりに

このように、同性愛者やＬＧＢＴのカミングアウト実践を個人化という観点からとらえ直すことで、距離を取って応答する態度からの圧力や、その態度への働きかけという観点からカミングアウト実践を分析する可能性が新たに見いだせたように思われる。

ただ一つだけ本論でその分析を差し控えたことは、この個人化的態度からの圧力として言及される「制度的不利益」の問題である。非当事者が、ジェンダー・異性愛主義的世界から切り離したはずの同性愛者やＬＧＢＴさらに多様な人々をその境界を越えて受け入れる葛藤へと向かい合わされることと、構造的な制度的問題に対応することとの間には、やはり少なくない違いがあるように思われる。そして、その両者をつなげるために、（今回は焦点を当てなかった）③群④群の身近な日常的実践に注目する複数のコメントが、「連鎖」（四一）のようなネットワーク概念に言及していることを示唆しておきたい。

〈謝辞〉松田先生は、いろんな意味で「開いている」という印象があります。部屋の鍵がたいてい開いていたのもその一つですが、博士課程に入ったころ前日の徹夜でふらふらになりながら、思わず松田先生の部屋に入ってソファーに横になって寝ていたことがありました。ふと目が覚めると、横で松田先生がパソコンをたたいてたので、びっくりして起きたら、「いいよいいよ、寝とき寝とき」と全く意に介さないように仕事を続けられたことを覚えています。たぶん自分が好き勝手にやり続けてこれたのも、こうした松田先生の作る開かれた場のようなものが研究室にあったからだろうな、と思っています。いろいろとお世話になり、本当にありがとうございました。

注

（1）某国立大学において二〇一五年に発生した、一人の男子学生が同性の同級生に恋愛感情を告白し、そしてそれを苦にした同級生が他の学生たちにその学生の性的指向をアウティングしたことで、その後当該学生が自殺したという事件である。

（2）この三つの形式以外にも、コメントを分類する仕方はあるだろう。ただ本稿では、個人化がカミングアウトにいかに圧力をかけるのかを分析することが目的であり、そのために、規範的伝統の圧力に基づく説明や規範的伝統がその自明性を失う状況での日常実践的圧力に基づく説明と、そうした規範的規制の想定を超えた個人化な圧力の説明（個人化的説明）を対比させることにした。

（3）規範的規制から距離を取った、個人として包み込む関係性が、純粋に可能なのかどうかという批判はあるかもしれない。しかし本稿で述べたいのは、規範的な社会関係から独立した自律的個人の繋がりが純粋に存在するかどうかではなく、そうした自律的個人としての繋がりが、（そこから距離をとるというかたちで規範的偏見を保存しながら）個人化を通じて生み出され続けること、そしてその個人化が、カミングアウト実践を一方で拘束し、他方でカミングアウト実践から抵抗されるそのプロセスなのである。

（4）「気持ち悪いし恥ずかしいと思ったけど、友達やし受け入れる努力をしてみようと思った」（一九）、「しばらく考え込んだ後、Aは顔をあげて「まあどんなことがあっても俺らが友達なんはかわらんけどな・・」と言ってくれました」（五八）。

参考文献

Beck,Ulrich, 1997, *Was ist Globalisierung?*, Suhrkamp, 1997.（木前利秋・中村健吾監訳『グローバル化の社会学』国文社、二〇〇五年）

Beck,Ulrich, Giddens,Anthony and Lash,Scott, 1994, *Reflexive Modernization*, Stanford, California, Stanford University Press.（松尾精文・小幡正敏・叶堂隆三訳『再帰的近代化』而立書房、一九九七年）

ウルリッヒ・ベック・鈴木宗徳・伊藤美登里編『リスク化する日本社会』岩波書店、二〇一一年。

荘島幸子「性別の変更を望む我が子からカミングアウトを受けた母親による経験の語り」『発達心理学研究』二一（一）：八三―九四、二〇一〇年。

「出会う」老人の性とセクシュアリティ

翁　和美

はじめに

私たちの周りは、民族、人種、年齢、性別といった人間を分類する概念とそのステレオタイプにあふれている。こうしたステレオタイプは、性とセクシュアリティが介在することで、なお一層広く浸透することがある。と言うのも、性とセクシュアリティは、プライベートな事柄とされているからだ。秘め事の要素が加わるがゆえに、性とセクシュアリティが介在するステレオタイプは、耳目を集めるようになる。「口説き上手なラテン系」、「性欲が強いサッカー選手」、「異常性欲で困らせる認知症高齢者」[1]は、定番のステレオタイプである。最近も、ベテランプロデューサーが、「昨今の女性ラッパーはまるでストリッパーがラップしているようだ（Today's class of female rappers as nothing more than "strippers rapping."）」と述べたのも、そうしたステレオタイプである。昨今の有名女性ラッパーのほとんどが黒人であることから、米国で歴史上繰り返されてきた「性的にだらしなくふしだらな黒人女性」というステレオタイプがここに再現されていると言える[2]。

ときにステレオタイプは、その概念をめぐって社会的な分断を表面化させることがある。「老いらくの恋」も、そうしたステレオタイプの一つである。日本では、一九四八年に、六七歳の歌人によって歌に詠まれたのが最初とされる「老いらくの恋」は、瞬く間に、公的要職からも性とセクシュアリティからも撤退するのが老人である、と同時に、社会の中心には若者があるべきである、ということを表明するステレオタイプとして機能するようになる。そして、現在の日本でも、「老いらくの恋」は、老人の性とセクシュアリティを社会的逸脱として刻印するステレオタイプとして人口に膾炙し続けている。

　こうした性とセクシュアリティをめぐる逸脱的位置の起源について、人口と労働力の経済学から読み解いたのがミシェル・フーコー（Michel Foucault）である。生殖可能な組み合わせを頂点とするヒエラルヒーにおいて、すべての身体を取り込み、ネガとポジに配置していく仕方とその関係性を、フーコーは、近代市民社会批判の文脈から明らかにした。フーコーによれば、やがて、自己に配慮し、自律すること（＝主体化）に集中していく権力作用である性とセクシュアリティの言説を通じて、老人の性とセクシュアリティは枯れた逸脱的位置に留めおかれた。

> 性の言説化は、現実の世界から、生殖という厳密な運用構造《エコノミー》に従わない性的欲望《セクシュアリテ》の形態を追い出すという務めに定められているのではないだろうか。不毛な活動を否定し、的外れの快楽を追放し、生殖を目的としない行動を減少あるいは排除しようとしているのではないか。これほど多くの言説を通じて、人々は、取るに足らぬ倒錯を法的にますます断罪するに至った。性的に不規則なものを精神病に結びつけた。幼児期から老年に至るまで、性的発達の基準を決定し、すべての可能な逸脱を注意深く特徴づけた。教育上の管理と医学的治療法とを組織した。取るに足らぬ気紛れな行為のまわりに、道学者と、とりわけ医者とが、大袈裟な嫌悪の語彙を狩り集めた。こういうすべては、生殖に中心を定めた性行動《セクシュアリテ》のために、かくも多くの実りなき快楽を吸収するために仕組まれた様々な手段なのではないか。性行動のまわりに、過去二、三世紀にわたって、我々がかしましく繰り展げた饒舌なこの注意は、一つの基本的な配慮に基づくものではないか。すなわち、人口の増殖を保

証し、労働力を再生産し、社会的関係をそのままの形で更新すること、要するに、経済的に有用であり、政治的に保守的な性行動を整備することである［Foucault 1976: 50-51＝一九八六：四七—四八］。

とは言え、今や、「老いらくの恋」により名指しされる老人当人の受苦は、そのステレオタイプが生まれた当時を生きた老人の受苦とは異なってきている。「老いらくの恋」を表した六七歳の歌人は、自殺未遂を図った。一方、ここ数年来、二〇一五年で六七歳の芸人兼映画監督が、「老いらくの恋」とマスコミに書き立てられたが、公の場で、その苦悩の一端を開示しながら、自身の恋愛を「老いらくの恋」と言及すると、その場に、「気持ちがいい笑い」を誘ったことが伝えられている(3)。

では、ここで「気持ちがいい笑い」が起きたのはなぜなのだろうか。それは、老人当人は自身のことを自嘲しながらも、だが同時に他者がその自嘲を飲み込んで未来に投企した自分自身に出会えているからである。このことは、性とセクシュアリティが介在するステレオタイプの使用が、今や、分断ではなく、他者とつながる媒体にもなり得ることを表しているだろう。本研究では、こうした、社会的逸脱でありながら、他者とつながる媒体になり得ると同時に老人の生の支えにもなっている老人の性とセクシュアリティを明らかにする。

永続する現在と過去の陰影

こうした老人の性とセクシュアリティを読み解く上で鍵となるのは、老いの解釈である。ここではまず、表象のデータから、性とセクシュアリティの特性に基づく類型を提示した上で、各類型における老いの解釈を示す。データは、大正期から現在まで、日本で、老人の性とセクシュアリティをテーマにしたマスメディアや小説あるいは現実の事象に関する印刷物を広く渉猟して集めている(4)。その中で、本稿では雑誌記事に限定して示すことにする。日本では、雑誌が、老人の性とセクシュアリティの表象を形作っている傾向があるためである。[5]

表象のデータは、性とセクシュアリティの特性に着目すると、二つに大別できる。[6] 一つは、老人が、若者と同じようなあり方で性的行為やセクシュアルな表現を行ない恋愛をする表象である。もう一つは、老人が、必ずしも性的行為ではない、老人特有の性とセクシュアリティのあり方を追求する表象で、老人の性とセクシュアリティは、老人以外の年齢層の性とセクシュアリティよりも高く価値づけられている。代表例を使って、各特性の特徴を確認すると、以下のようになる。

まず、前者には、京都の東本願寺別邸、枳殻邸で、一九六九年から始まった老人専門のお見合いパーティーである寿王会を取材した記事、「超大型特別企画セプテンバー・セックス」(『週刊文春』一九八〇年一一月二七日)を取り上げる。前者の第一の特徴は、健康で、積極的で、自立した生活を営む、若さを保った老人の完結した自己物語に光が当てられる点にある。記事では、それが「齢はとっても異性を求める気持ちは、若い者たちと変わろうはずがございません」という寿王会の高らかな開会宣言に注目するところに表れている。当時八四歳であった創始者の年齢が知れた際にも、著者はその示す若さと実年齢のギャップに「二の句がつげなかった」ことを強調している。外見上、若い老人は、内的エネルギーさえ若者を圧倒し、それが性的能力の健在ぶりを顕在化させるようになっている。これが前者の第二の特徴である。記事では、会場の情景からもそれが読み取れるようになっている。会場のいたるところに鏡があったが、それについて、「女性というのは、いくつになっても変わりまへんなあ。夏は女性がすけない(関西弁で少ないの意味：筆者注釈)。化粧がくずれるいいますのや、エライもんでっせ。老人の結婚、セックスというと、世間じゃ、いやらしいものと思っている。その考えこそがいやらしい」という創設者の説明に語らせていた。

次に、後者には、「七〇歳からの性のめざめ」(『宝石』一九九四年三月)を取り上げる。後者の第一の特徴は、老人の性とセクシュアリティが、人生や生き方を反映するだけでなく、人生や生き方に投影し、かつ人生や生き方に働きかけ、生を照り返す契機となり得る特質を持つ点にある。記事では、兎唇に生まれついた女性が、「尋常でない努力」により職業人の人生を切り拓く中でとりこぼされた自身の体と向き合い、そこで手淫に目覚める姿が紹介されている。「性のめざめといえば、ただ性の快楽にめざめたと受け取られるかもしれない。そうではないのである。自分が女であるという事実を、自分の生き方全体のなかに、正当に、どう位置づけるかというか、彼女の物語は、自分がないことにしてきた現実と、彼女自身がいかに和解していったかという物語にほかならなかったのだから」という点がフォーカスされる。前者は、性的能力の有無という自らの身体の充溢性を出発点に異性を取り込む。具体的な他者が登場したとしても、拡張した自己の性の中に他者を取り込むことから、前者は、完結した自己物語と言える。それに対して、後者では、人生やそこで関わってきたであろう他者たちとの具体的相互関係の中に老人の身体は位置づけられる。そうした物語の構成の仕方が異なり、後者では、性的能力としてではなく、実存的な対話を必要とするような人生を映す鏡として老人の性とセクシュアリティがとらえられている。これが後者の第二の特徴である。老人は、顔や体のどこかに皺を刻み、老醜の感さえ漂わせるが、揶揄や理解の対象ではなく、それ自体の価値が積極的に見い出され、老人の性とセクシュアリティは生と一体化してとらえられている。

前者は、完結した自己物語であり、性的能力の有無という現在がいつまでもその対象となる表象である。実際の時間は流れているにもかかわらず、セックスの主体として若い頃からその同じ基準が現在化している。したがって、老いは、現在として常に同じ時間を刻んでいるという意味において現象しており、前者は、永続する現在と呼ぶことができる。

それに対して、後者では、性やセクシュアリティは、必ずしも性的行為とは結びつかず、たどった意味ある経験の連なりからの投射において表出され、また人生を照り返す。老いは、そうした他者を含んだ過去という過ぎた時間の総体であり、過去に常に参照点があることから、後者は、過去の陰影と呼ぶことができる。過ぎた時間の総体から投射された性とセクシュアリティであるからこそ、その性とセクシュアリティは生そのものと一体化してとらえられている。

未知としての未来

ところが、永続する現在にも過去の陰影にも回収されない視座と語り口がある。それは、これまでの二種類の記事で、いずれのストーリーラインも乱すことなく、数行程度補足的に書き添えられる程度に過ぎない。しかし、この補足が加えられたとき、表象の内実は、永続する現在や過去の陰影には回収されないある種の過剰性を帯びる。それを永続する現在である「わが老後の性生活」（『潮』一九七二年一一月）の記事と、過去の陰影である「老人の性は人間の清冽な生の証である」（『到知』一九八九年一二月）の記事で確認したい。

まず、前者は、一五人の男性老人の「告白」を精神科医が講評する記事である。男性老人の社会階層は幅広く、無性から旺盛な性生活まで一見するとその特性も多様であるが、「性欲と性的能力はパラレル」で「この二つは容易に分かちがたい」と見なされている点で共通し、永続する現在の記事である。したがって、完結した自己物語に焦点が当てられているが、その「告白」の一つに、性とセクシュアリティの制御不能性を別段に訴える部分がある。仕事仲間が「妾（めかけ）を囲っているのを横目に見」るような「潔癖さ」さえ持ち合わせていた人の話のくだりに、ある「女中」と出会い「駆け落ち」し、一時的に出奔したことが示される。「老いらくの恋とは、なんとすさまじいものであろうか。休火山が再び活動し始め、一挙に噴出したようなもの、自身でも信じかねるような体たらくであった」ことが吐露される。こうした新たな段階へと跳躍した性とセクシュアリティにともなう制御不能性は、永続する現在と齟齬はない。和解の上、経済的に妻子の生活を支え、「女中」との関係を継続するその後の「悠々自適」な暮らしぶりが提示され、自己物語は完結を迎えるからである。ただし、一時的な制御不能性は、完結した自己物語に確かな過剰性となって現れている。

次に、後者は、当時、特別養護老人ホームの施設長を務めていた六四歳の元看護師に対するインタビュー記事である。この記事では、元看護師が、介護業務を通じ見聞きした実話から、日常的に見られる老人の「妄動」や「徘徊」は、「ボケのためだと判断するのは間違い」で、「人に愛され」、「人を愛して終わりたい」という「人間の一番最後の願い」としての恋愛感情や「性衝動」の表れであると説いている。つまり、性とセクシュアリティのあり方にこそ、その人の（人）生の集大成が見てとれるということが主張され、性とセクシュアリティが生と一体になっている点でも、過去の陰影の記事である。ただし、「声もなく懊悩（おうのう）する寝たきり生活の世界にも、性は限りなく広がりをみせ、人間の命の清冽ささえみせるのです」という元看護師の補足的発言に、前者の記事で見た制御不能性を凌ぐ、（人）生とは予定調和しない性とセクシュアリティの姿がある。以下はその発言の真意を解説している箇所である。

> ただ、老衰者の性は、ときには甘美な夢をはるかに超えて、過酷なる宿業の終末となることもあるのです。終末には恐ろしいくらい厳しい現実もあります。死ぬ前日に痩せてへこんだ下腹部に精液がたまっていた老人がおりました。（……）そういえば、死にかけている老婆が突然、男性を求める叫び声をあげて私をびっくりさせた記憶もあります。今果てようとする生命をなぶるかのように、安堵を求めてやまない命に対し、反逆さえみせた終焉射精の例などは、生涯愛（いっく）しみ続けたわが性が、実は己が生きる証と並行した最大の闘いの相手だったという事実を厳しく突きつけているようにも思いました。

この二つの引用で示されているのは、誰も引き取れない生の過剰性である。確かに過去の陰影でも、過去を経由することで、異なる内なる身体的位相での拡張化が進んでいる。にもかかわらず、そこで見られるのは、充足した自己であり、自身や他者の安住の地となるような生である。過剰さは、そこでは、過剰なままに認識され追認されないように、充足した過去として記憶され追憶されるように改定される。どのように凄まじい生が呈示されたとしても、納得され理解されるような性とセクシュアリティのあり方と重ね合わされて大団円を迎える。それに対してここで見られるのは、自身でも驚きを隠せない制御ができない生の露出である。

本研究では、こうした、永続する現在や過去の陰影に回収されない過剰性を帯びた生をともなう視座と語り口を未知としての未来と呼ぶ。こうした視座と語り口では、老いが、指向性の変転もあり得る予測不能な未知を含んだ、跳躍的に新たな段階である未来としてとらえられ、そうした未知を含んだ未来を射程に性とセクシュアリティが表出されているからである。そのため、こうした性とセクシュアリティの本質は、人の意思や意図などおよばない、むしろそれらを裏切るかのように現出し、それが結果的に、制御不能感や生きづらさを招来する点にある。ただし、過剰性として感知される未知としての未来は、永続する現在と過去の陰影ほどには強固な表象ではない。それは、当人にさえ訳がわからない、ひとまず主観としか言及できない要素を常に含んで出現するととらえられている。制御可能に自己完結した物語である永続する現在や（人）生と予定調和的に描出される過去の陰影ほどには受容や共感とはほど遠く、社会的ではないのである。したがって、未知としての未来は、一義的に社会的逸脱である。

生の包摂力

しかし、未知としての未来こそが他者とつながる媒体になり得ると同時に老人の生の支えにもなる可能性を秘めている。そこで、ここからは、まず、永続する現在と過去の陰影では、社会的な分断を表面化させるという消極的理由から反照的にその意義について考察を深めることにする。

まず、永続する現在は、外見も内的エネルギーも若さを保った老人を媒介して若者と接合する場合にのみ奏功する表象である。したがって、「老いらくの恋というものがある。おじいさんが少女と恋愛をする。この場合おじいさんは自分がおじいさんで少女に恋愛するとは思っていません。青年になったつもりで恋愛してるんです」[7]というような誹りを回避できない。老いは「それまでのわれわれの人生の哀れなパロディー」[De Beauvoir 1970: 565= 一九七二下巻：六二七] であると述べて、こうした誹りを嘆いたのはシモーヌ・ドゥ・ボーボワール（Simone de Beauvoir）である。『老い』の中で、「老いは生の滑稽なもじり（パロディー）なのだ」[De Beauvoir 1970: 565= 一九七二下巻：六二五] とも述べたボーボワールは、現代社会では老いが「浄化」されていることを批判し、その典型を性とセクシュアリティに見ている。

老人が若い人びとと同じ欲望、同じ感情、同じ要求を示すと、彼らは世間の非難を浴びる。老人の場合、恋愛とか嫉妬は醜態あるいは滑稽であり、性欲は嫌悪感を起こさせ、暴力は笑うべきものとなる。彼らはあらゆる美徳の手本を示さねばならない。なによりも、超然とした心境が要求される。人びとは彼らが明澄な心をもっていると断言し、そう決めることによって、彼らの不幸に対して無関心でいることを正当化するのだ。世人が老人たちに押しつける彼らの崇高化された姿、それは白髪の後光をおびた、経験豊かな尊敬すべき賢者のイメージであり、人間的境涯をはるか高所から見おろす者、である。もし彼らがこのイメージから遠ざかるならば、彼らはたちどころに人間の境涯以下に転落する。すなわち、第一のイメージに対立するのは、くり言を言い、たわけた振舞いをして子供たちにさえバカにされる、気違い老人、のイメージである。いずれにしろ、彼らの美徳あるいは汚醜によって、彼らは人間性の埒外に位置する者なのである。したがって人間の生活に必要であると考えられる最小限のものを人びとは平然と彼らに拒むことができるのだ [De Beauvoir 1970: 9-10= 一九七二上巻：八―九]。

特別に若さを保った特権階級のような老人に許容されたとしても、根本的に老人の性とセクシュアリティは無性化されているということをボーボワールは告発している。永続する現在では、老いは「それまでのわれわれの人生の」「滑稽なもじり（パロディー）」でしかないのである。

次に、過去の陰影では、老醜が描写され、たどった時間の内実に照らして老人の方により高い価値がおかれるがゆえに、一見すると、老いが価値づけられているように見えるが、やはり飼いならされた老いであるというのが正しい。人生や生き方に働きかけ、生を照り返す契機となるような深さを擁したときに初めて明るく照らし出される老いは、上記のようにボーボワールが指摘する、「浄化」された「超然」とした老いとシンクロするからである。

井上俊は、こうした老い対若さという対立的構図と老いの表象の固定化を乗り越えようと模索している［井上　一九八六］。井上は、本稿における永続する現在を「枯れない老人」イメージ、無性化された老人の表象を「『枯淡』の思想」ととらえる。井上は、現代では、「『枯淡』の思想」は、「枯淡」や「超然」のイメージとして、老人を、ありふれた人間的行動から疎外し、その意識を大きく制約するイデオロギーとして機能している［井上　一九八六：一六六］一方で、「枯れない老人」イメージは、「老いることを積極的に評価するという側面はうすい」と批判している［井上　一九八六：一七五］。その上で、井上は、それらの課題を克服すべく伊藤整の小説『変容』に「老いのラディカリズム」を見い出している。次は、その端的な箇所である。逢瀬を重ねた相手の一人が臨終を迎え、同じ人を愛した者として主人公の龍田北冥がその娘と抱擁を交わす場面である。そこで、龍田は、娘に接吻し、さらに「悪魔のような衝動に駆られて手をのばし」拒まれる。これはその際の龍田の感懐である。

性は、それ自体が善と悪のけじめをなす一線だとは、今の私には感じられない。男と女が同じ方向に傾いた心を持つとき、二人は性をきっかけにして結びつくのだ。性は人間の接近のきっかけの一つでしかないと今の私には思われる。老齢が近づき、性の力が衰退してゆくとき、残り少ない発動の力を、更に正と邪によって区別し、抑圧し、圧殺することへの本能的な嫌悪が私の中に生きている。老齢の好色といわれるものこそ、残った命への抑圧の排除の願いであり、また命への讃歌である。無関係な人には醜悪に見えるはずの、その老齢の好色が、神聖な生命の輝きをもって私の前方にまたたき、私を呼んだのだ。彼女がだらしないのでもなく、私が悪賢いのでもない。それは高まった命のふれ合いなのだ［井上　一九八六：一七七―一七八］。

「老いのラディカリズム」は、表層的には、自由闊達で、未知としての未来のように見えるが、過去の陰影である。井上は、龍田のつぶやきを引用しながら、次のように書いている。「起こってならないはずのこと」とは、龍田による娘への接吻と抱擁である。「そもそも『人生には、起ってならないはずのことがしばしば起るものであり、その衝撃に耐え、それを人目にふれぬように処理し、そこをさりげなく通りすぎることが生きることだ、と言っていいほどなのだ』。そしてそういう能力を身につけることが『人間の熟成というもの』の一部なのだ」［井上　一九八六：一七八］と、先の引用の後に続ける。つまり、「老いのラディカリズム」は、円熟さを持って、（人）生の中に、制御可能な形で納められた、その逸脱性を失した生のイメージであり、制御不能感や予定不調和をもたらす未知である未来とは異なるのである。したがって、井上自身は、結局のところ、その生き方は、過去に積み上げた「戒律、律儀さ、道徳、羞恥心、そんなの」によって容易に挫けると指摘せざるを得ない［井上　一九八六：一七九―一八〇］。そして、結論として、井上は、ボーボワールの「パロディ」としての老いが、「はっきりとした自覚をもって演じられる」場合には、「オリジナルを超える」ことがあると示唆するにとどまる［井上　一九八六：一八一―一八二］。しかし、これでは、その人の意思や意図の有無が判然としないとされるような惚けや認知症である人の老いた（人）生と性とセクシュアリティは、完膚なきまでに、その対象の埒外に留めおかれることになる。

確かに、当人にさえわからない、ひとまず主観としか言及できない未知としての未来において表出される性とセクシュアリティは、現行の社会の成り立ちを揺さぶる。とりわけ、現在と過去にその根拠を求めるような、性的、セクシュアル、ジェンダーのいずれのアイデンティティも不安定にさせる。近代以降の国民国家の制度は、現在と過去にその根拠を求める自己同一性を担保に成り立ち、それを基礎に組織化された日常生活は、基本的に、日々無事に送ることが重要視されるからである。そのため、表象においては、自己同一性を図るように、永続する現在と過去の陰影が強力に発信され、一般に受容され、一枚岩的に言説が形成されていく。このことは、他の性的マイノリティでも同様である。例えば、性同一性障害をめぐる表象では、第二次性徴の前に違和感があったというストーリーがメジャーになり、心と体の違和が少なくとも同一の人物において生じていることが確証される点に見てとることができる。未知としての未来は、社会的逸脱であり続け、永続する現在か過去の陰影において、数行程度補足的に書き添えられる程度で埋没し、その痕跡しか確認できないのである。

しかしながら、未知としての未来は、あらゆる生を包摂する力を持つ。この視座と語り口では、誰においても、起こり得るかもしれないという蓋然性が開かれているからである。永続する現在では、自己完結した物語を象った自律した生が生かされ、過去の陰影でも、他者を配しながら充足した生き方が貫徹されていくような生が肯定されるメタ・メッセージが働いている。それに対して、未知としての未来は、人を選ばない。老いる未来の可変性が広がることが本質にあるため、現行の社会にある、人間を分類する概念とそのステレオタイプを無効化する力さえ有するのである。そのため、社会的逸脱であるが、未知としての未来は、若さ対老いという対立的構図に足を掬われることもない。言うまでもなく、惚けや認知症である人の老いた（人）生と、そこから表出される性とセクシュアリティも外されることはない。

老いる未来の可変性

では、ここからは、未知としての未来が、老人と他者がつながる媒体になり、老人の生を支えることを見ていきたい。現在の超高齢社会において、延長された生による最大の社会的不安要素は、老齢化にともなう認知機能の低下である惚けと認知症である。認知症の老人同様、認知症の老人の性とセクシュアリティは、社会的逸脱であり続けているが、性とセクシュアリティを通じて、「気持ちがいい笑い」がもたらされている老人関連施設もある。その「気持ちがいい笑い」を読み解く核心にあるのが、未知としての未来である。すでに見たように、未知としての未来は、義的に、社会的逸脱である。そこで、老人関連施設の事例から、老人の性とセクシュアリティが、社会的逸脱であることを押さえた上で、老人と他者がつながる媒体になり、老人の生を支えていることを見ていこう。

老人関連施設で、老人の性とセクシュアリティが社会的逸脱としてもっとも敬遠されるのは、老人が自身の孫をその対象にする事例である。それは、訪ねて行った孫娘が自身の祖父に「胸を触らせてくれ」とせがまれて応対に窮するような場面である。祖父母が認知症を患っていることを承知し、場の空気を読み、他の噛み合わない受け答えは平然を装うことができる場合であっても、こと自身が性やセクシュアリティの対象になると孫娘や息子は、引いてしまう。それは、老人の性とセクシュアリティが、祖父母と孫という規範等の社会性や歴史を、一瞬であっても威力を持って踏み超えて生起するからである。

こうした現在の社会規範等の社会性や過去の歴史を一瞬ではあっても超越する老人の性とセクシュアリティは、看護・介護従事者にも一定の衝撃を与える。看護・介護従事者の態度や対応には、友好的な場合と特別に不寛容な場合の対照的な類型がある。この二極化した態度や対応は、接する老人に応じて変化はしない。友好的であれば一貫して友好的である一方で、不機嫌極まりない態度や対応をとる看護・介護従事者は、例外なく不寛容である。こうした対照を示す両者が同僚であると、他の事柄に関してはなんの衝突がなくとも、両者の間で感情のわだかまりが生まれる場合もあった。このような感情の過剰は社会的逸脱に対する承認と不承認の間で生じているわけではない。老人の性とセクシュアリティを理念や方針として称揚する老人関連施設であっても、こうした二極化した態度や対応が見られる一方、そうした老人関連施設で、必ずしも就労年数が短い看護・介護従事者が不機嫌極まりない態度や対応をとるわけではないからである。確かに、特別に不寛容な場合、例外なく、その当人が性的対象となっており、その衝撃は、激しい憤怒となって表れることさえある。ただし、こうした感情を単に自らが対象になったことによる恐怖心や怖れに由来すると見なすのは早計である。

看護や介護の場では、激しい感情をともなう、特別に不寛容な態度や対応は不自然ですらある。そもそも、過剰な感情は、職務上の支障となることの方が多い。看護や介護の場では、衰弱に配慮し、一般的な社会規範を度外視して老人と接することが職務上期待されている。露骨な敵意を示すより友好的に接する方が、看護・介護従事者にとって無難であり、看護・介護をスムーズに進める上でも望ましい。まして、看護や介護の場で、過剰な感情が、老人の性とセクシュアリティに向けられているとすれば、やはり不自然である。まず、看護・介護従事者は、老人が施設に入居してから新たな関係を築くがゆえに、業務上は、侵犯されて過剰な感情を引き起こす素地となる歴史性は持たない。また、看護や介護の場は、親密圏を形成しやすいがゆえに、性とセクシュアリティは、特段に反応することでもない。認知機能の低下にともない言語コミュニケーションが困難な老人に対しては体を通して思いを伝えることができると信じている看護・介護従事者も多く、身体接触は必然である。なおかつ、看護や介護の場では、親密圏が公共圏と交錯するために、性とセクシュアリティは、日常的話題にさえなっている場合が多い。

では、現前で社会的に逸脱する老人の性とセクシュアリティに対して、友好的な態度や対応を心がける場合、その第一歩として看護・介護従事者にはどのような選択肢があり得るのだろうか。まず、その候補となるのが、過去に紐づけてアイデンティティを頼りにすることだろう。老人関連施設の多くは、過去に紐づけて老人の自尊心を高める社交術を採用しており、基本的に、老人の過去を探るように看護・介護従事者は方向づけられている。中には、過去に紐づけて老人の不可解な行動を理解するための一助とする実践を積極的に行なっている老人関連施設もある。とりわけ、認知症の老人に対しては、過去に紐づけるやり方が回想法として確立されている。

ところが、過去に紐づけてアイデンティティを頼りに老人の性とセクシュアリティと接したとしても、多くの場合、無意味に終わる。それは、すでに見たように、過去を紐解く際の参照点であるはずの家族と培われてきた履歴や家族による申告と眼前の性とセクシュアリティが乖離して現象するからである。回想法を組織として積極的に推奨している老人関連施設でさえ、こと老人の性とセクシュアリティに関しては、それを用いる看護・介護従事者はほとんどいなかった。そこで、看護・介護従事者は、指向性の変転もあり得る跳躍的に新たな段階を迎える性とセクシュアリティとして向き合うようになる。これが、未知としての未来の萌芽である。

未知としての未来の感覚は、若い看護・介護従事者において、老人に向けて積極的に性とセクシュアリティを仮構する態度や対応になる。これが典型的な友好的な態度や対応である。「(老人が視線を移した先にいる人を見ながら)あーっ、○○さーん、今、浮気したでしょ。今日も散歩に行った(=施設内での移動)先で、ばあさんたちにもてよったってねえ。もーう、私がいるのに、浮気したらあかんで」と言っては、若い看護・介護従事者が老人に抱きついたり、接近したりすることは、看護や介護の場ではありふれた光景である。なぜなら、こうした性とセクシュアリティの仮構は、老人間、老人と看護・介護従事者間、ひいては看護・介護従事者間の関係を作り出し、看護や介護の場に社会性を付与するととらえられているためである。看護や介護の場では、性とセクシュアリティを表出する老人は「色がある」と言われることが多い。性とセクシュアリティを過度に際立たせることで、老人の人間像に縁取りや色彩が与えられているのである。もちろん、こうした友好的な態度や対応は、仮想の範囲を出ない。そのことは、性やセクシュアリティの対象が、看護・介護従事者自身である場合に露呈する。例えば、老人に抱きつき、老人の手が自身の感部に触れた場合には、看護・介護従事者は、総体的には友好的態度や対応を維持しながら、一方では、必死にその手を押し払おうとする。

それでも、友好的な態度や対応をとる看護・介護従事者に罪悪感や後ろめたさはない。未知としての未来に基づき、ただ単に老人との新たな関係作りに励んでいるだけではない。こうした看護・介護従事者にとって、未知としての未来の本懐を遂げるという一点においてブレがないからである。未知としての未来は、過去と切断し、現在を撹乱し、それらを突破した先に老いる未来の可変性が広がることが本質である。したがって、どのような変化を遂げるのかは可能性や仮想の範囲を出なくとも、問われることはないのである。

したがって、むしろ、看護・介護従事者が、性やセクシュアリティの対象になったときこそ、未知としての未来が高じる機会が訪れる。看護・介護従事者は、可能性や仮想の範囲を超えて、老いる未来において、アイデンティティさえ変転することがあると思いいたる。それは、例えば、老人に押し倒された際に、友好的な態度や対応をとる看護・介護従事者が、その力強さに動揺することで生じる。そこで、総体的には友好的態度や対応を崩さぬよう心がけるあまり、看護・介護従事者の肢体は奇妙な屈折を描く。側からは、老人がその場を仕切り、看護・介護従事者を弄んでいるようにすら見える「切り返し」が起こると、看護・介護従事者は、本気で抵抗せざるを得なくなる。あるいは、老人の巧妙な「手練手管」に、看護・介護従事者が、翻弄されることで生じることもある。例えば、看護・介護従事者が「妊娠させられた」という老人からの訴えに乗じて、「妊娠させた」ことを認める発言をしたとする。老人が、さらに、「しんどいよぅ」などと、その発言を受けるような応答をすると、看護・介護従事者は、可能性や仮想の範囲から押し出されてしまう。こうしたことは、自身が対象になった場合は言うまでもなく、自身が対象にならない場合にも起こる。むき出しの性とセクシュアリティに出くわした看護・介護従事者は、いよいよもって、未知としての未来に準ずる老いの解釈へと導かれるようになる。

こうして、未知としての未来に痛く思いいたり、老いを未来に向かっていく未知の行程に動的になぞらえるようになると、未来の自己像へと駆り立てられる機会が幾度となく訪れ、高齢した自己という未知に帰属する準拠集団が架構される。未来としての老いが眼前に広がるとき、こうした作用は、年齢階層が下にある者には、誰にでも訪れ得る。そして、高齢した自己という未知に帰属する準拠集団がより切実に架構された上で、老人の性とセクシュアリティと向き合うと、感情が惹起される。それは自分自身が晒されるようになるためである。ただし、その表れは、大きく二つに分かれる。一つは、憤怒さえ示す看護・介護従事者の過剰な感情の一部を構成する、誰にも明確にわかるような明示的な表れである。もう一つは、表情だけでは見てとれないものの、それがある強い意志として表明される表れである。まず、後者から事例とともに確認する。

後者は、老いを迎えた看護・介護従事者に起こる。高齢した自己という未知に帰属する準拠集団は、老いを迎えた者により切実になるからである。ただし、その感情のうねりは隠匿される。老いを迎えたにしても、看護・介護を担う体力と気力がある者にとって、向き合うのは、自立した生活を送ることができない、自分よりも老いた人の性とセクシュアリティである。未知であるがゆえに、その表現や感覚は不明であり続け、著しい関心を呼ぶにしても、普段、目にする露骨な拒否と仮想を前に、あえて見ないようにする、あるいは公然に触れさせないようにする態度や対応となって表れる。それは、例えば、夫がいる六〇代の女性看護・介護従事者が、夜勤で、ある部屋だけは様子を見に入ることをしないような行為となる。その看護・介護従事者は「誰も立ち入ってくれるな、ということで、ここはおいといて」とつぶやいて部屋のドアノブに触れると、速やかに次の部屋に立ち去った。その部屋は、共に子連れで再婚し、いずれの子どもにも先立たれた認知症の夫婦が利用していた。夜になると、その夫婦は、部屋の扉の前に椅子やテーブルを寄せていたが、それを六〇代の看護・介護従事者は「バリケード」と見なし、巡視を遠慮していた。夫婦には、尿や便失禁があった。そのため、巡視を怠ると、早朝の看護や介護に負担がかかり、それがその日の仕事量を増やすことにもなった。これは現在、非常な人手不足に追い込まれている看護や介護の場では、是が非でも避けなければならない状況である。にもかかわらず、六〇代の看護・介護従事者は、「バリケード」を超えて認知症の老人夫婦の部屋に入ることはなかった。ここでは、高齢した自己とその連れ合いという未知に帰属する準拠集団と自分自身と連れ合いが重なっている。したがって、公然に触れさせないように守られたのは、六〇代の看護・介護従事者自身の性とセクシュアリティであったとも言える。強い意志は明解で、しかし表情にそれが示されることはなかった。

一方、前者の過剰な感情は、架構され始めた未来に帰属する準拠集団と看護・介護従事者自身が対峙することで起こる。表象で見た、「浄化」された「超然」とした老人の性とセクシュアリティのイメージに拘泥しているのは確かであるが、そこで帰結するのは不十分である。公で、むき出しの老人の性とセクシュアリティの対象になった事実を考慮すれば、憤怒さえ示す看護・介護従事者は、未来に帰属する準拠集団を架構し始めている。そして、過去と現在に根拠を求める自分自身の性とセクシュアリティの自明性が問われ始め、頑なに現在と過去に紐づけて自己同一性を保持しようとする作用に対する反作用と未知なるものへの禁忌が自らの性とセクシュアリティを賭けてせめぎ合っている。ここに、理解や受容や同情が分け入る隙はない。あるのは二つの生をはさんだ真剣勝負である。当然ながら、可能性や仮構によって友好的な態度や対応をとる看護・介護従事者との間に感情のわだかまりが生まれる。憤怒さえ示す看護・介護従事者が、友好的な態度や対応に転じるにしても、可能性や仮構を許さない、真剣勝負だからではない。そこで賭けられるのは、未来に帰属する準拠集団と重ねられた看護・介護従事者自身の生なのである。

こうして、未知という未来へとアクセスが開かれると、看護・介護従事者は、自己を未来に帰属する準拠集団に投与し、やがて、老人と地続きの地平線上に立つことになる。こうした相互作用は、隠蔽をもたらすことにもなり、老人の性とセクシュアリティは社会的逸脱であり続ける。老人の性とセクシュアリティは、社会的逸脱でありながら、いやむしろ社会的逸脱であるからこそ、老人と他者とがつながる媒体にもなり、老人の生を支えていると言える。

「気持ちがいい笑い」

最後に、未知としての未来と真摯に向き合ったことで、誰においても性とセクシュアリティが、他者とつながる媒体となり、生の支えとして機能している事例を取り上げる。他者への理解が自己への理解と一致する事例である。この事例に代表性はない。しかし、性とセクシュアリティを未来としての老いから照射することを内面化すると、看護・介護従事者が起点となり、「気持ちがいい笑い」を誘うようになることを示している。一連の会話の前後ならびに発話の状況や文脈を補うと、二つの「気持ちがいい笑い」が見えてくる。一連の会話の後、男性の看護・介護従事者ｃが、筆者に、丁寧に状況や文脈を補ってくれた。

「エロが入っている」九〇代の男性Ａは、入所した日から看護・介護従事者を困らせた。バイタルを取るはなから、Ａは、誰かれ構わず胸を要求し必死に触ろうとした。褥瘡に加え、Ａには感染症である白癬菌の症状があり、すぐに治療する必要があった。認知機能の低下が報告されていたが、その程度や具体的な症状の出方について見極める時間はなかった。すでに看護・介護従事者に負傷者が出ていたからである。そこで、入所翌日早々に、看護・介護従事者が集まって誰がＡの世話を主導的に担うのかで話し合いが持たれた。Ａの性とセクシュアリティの指向性がわかれば、無用な衝突を避けることができると考えられたが、本人の口からそれを聞くことはできなかった。どの看護・介護従事者も胸を要求されたことが判明していく際には、いずれも男性の看護・介護従事者であるａ、ｂ、ｃの三人で、次のような会話がなされた。ａは四〇代、ｂとｃは三〇代である。また、ｃが真似をするｄは、三人の同僚で、四〇代の男性看護・介護従事者である。

ａ：「えっ、お前も？」
ｂ：「うん、俺も！」
ａ：「でも、〇〇さん（女性の看護・介護従事者）や△△（女性の看護・介護従事者）さんもだろ？」
（すかさず）
ｃ：「（ｄが普段、こうした発話で使う声の高さで）は〜い、私も！」
（数秒、間が空いて）
ａ：「それって化ける（性的指向性を含めてさまざまに変化する）っていう？」
ｃ：「（うなずきながら）そう、私も！」
ｂ：「あっ、（同調するように）じゃあ、私も！」
ａ：「そっか、お前もか。じゃあ（自分を指差して）僕も、（誰もいない自分の横に当たる空間を指して）あなたも」
（三人とも誰もいない空間を見ながら、微笑みながら、うなずく）

まず、ｄによってもたらされた一つ目の笑いから見ていこう。事例として示した会話は、夜勤で胸を求められたｂが、Ａの同性間の指向性に話を主導するところから始まっている。ところが、前日にも出勤し、複数の女性看護・介護従事者が胸を要求されたことを聞いていたａは、異性間の指向性の可能性を捨て切れず、ｂに「えっ、お前も？」と確認した。そこで、ｂは「うん、俺も！」と念を押した。これで、いつものように、Ａの性とセクシュアリティも過去や現在に紐づけてとらえることはできなくなった。それを、ｃがすかさず入れた「は〜い、私も！」に宣言されていた。cは、そのために、簡単には同定できない不思議な人をその発話の中に表現した。と言うのも、dは、普段から、老若男女、国や地域が異なるさまざまな人物を演じることで同僚の間で有名だった。こうしたキャラクター変更は、dも含め誰もが等しく対象であったため、主体を撹乱し、状況や文脈を変え、患者か医療従事者かを問わず、その場に関わるすべての人のモードの切り替えにも役立った。とりわけ、未知としての未来に開かれた性とセクシュアリティにおいて生じると、誰においても起こるかもしれないという蓋然性のメッセージが前景化するため、ある状況や文脈における「こだわり」や決めつけの方が収まりが悪くなった。そのため、dが複数の属性が異なる人や物を演じる間に、やがてそこに、それが単におかしいからだけではなく、自嘲も含め収まりをつけるように「気持ちがいい笑い」が起こった。患者が先頭を切って笑い出すこともあった。これが一つ目の「気持ちがいい笑い」である。

次に、aとbとcとその他誰かによってもたらされた二つ目の笑いを見ていこう。cによって、その場にいないdが出現し、その声の高さから、aとbには、「は〜い、私も！」が、異なる属性を持つ複数の人を繰り出すdの模倣であるとすぐに伝わった。そこで、aは、「それって化けるっていう?」と応答したのである。それは、先に見たように、Aの性とセクシュアリティも過去や現在に紐づけてとらえることはできないことの宣言である。ただし、老いる未来の可変性が広がることが本質であり、どのような変化を遂げるのかは可能性や仮想の範囲を出なくても有効であることが十分に内面化されているaとbとcには、主語が誰であるのかはどうでもいいことであり、dの行為を揶揄する意図はない。もちろん、そうした行為に性的指向性や他文化への揶揄の意図もない。そうしたことは、この一連の会話では、言葉それ自体でなく、声の高さにも注意を払えば見えてくる。「それって化けるっていう?」というaの発話に続く、cとbとaの声の高さはいずれも普段と同じ声の高さであった。他ならぬ自身においても、未来において、性とセクシュアリティは「化ける」可変性があることを自分自身の声の高さで表現していたのである。そして、ａが「あなたも」と誰もいない自分の隣の空間を指して、三人ともそこを見た際に、三人が思い描いているのは、未来において出会うかもしれないどこかの誰かと未来の自分たち自身である。彼らが見て微笑んだのは、同じ地平線に立つ誰かと未来の自分たち自身への軽い会釈だったと言えば言い過ぎだろうか。これが二つ目の「気持ちがいい笑い」である。

「気持ちがいい笑い」が場にもたらされるとき、自己を未来に帰属する準拠集団に投写し、そこに集う誰もが地続きの地平線上に立っている。老人の性とセクシュアリティは、社会的逸脱でありながら、いやむしろ社会的逸脱であるからこそ、他者とつながる媒体にもなり、生を支えている。

おわりに

老人の性とセクシュアリティが、老人と他者がつながる媒体になり、老人の生の支えにもなる真価は、社会的逸脱であるという一点においていかんなく発揮される。未知としての未来と真摯に向き合うならば、誰においても性とセクシュアリティは、他者とつながる媒体となり、生の支えとして機能するだろう。ただ、老人と看護・介護従事者が新たな出会いをし関係を切り結ぶ場である老人関連施設では、過去に紐づけられた解釈や理解が有効に機能しない分、未来への志向性は強い。そのため、未知としての未来が見い出されやすいと言える。そして、常に、過去と切断し、現在を撹乱し、未来という老いにおいて可変性が広がる性とセクシュアリティへとアクセスが開かれる分、頑なに自己同一性を保持しようとする作用への反作用と未知なるものへの禁忌を喚起する。ただし、高齢した自己という未知に帰属する準拠集団が切実に架構される場合、老人の性とセクシュアリティは、隠蔽される結果、相互行為においてもことさらに社会的逸脱であり続ける。

いみじくも、未知としての未来において、過去と切断し、現在を撹乱し、老いる未来の可変性が広がることが本質であり、どのような変化を遂げるのかは可能性や仮想の範囲を出なくても問われることはない。それゆえに、社会的逸脱である老人の性とセクシュアリティが、病気ゆえの「〝異常性欲〟」であろうが、意図的なものであろうが、それ以外のなにかであろうが問う必要はない。そんな問いはもはやナンセンスである。大いに、公然と、ほくそ笑みながら社会的逸脱の称号を冠し、誰かの胸ぐらをつかんで、その感情を過剰に刺激しつつ、老人の性とセクシュアリティは、未来としての自己との出会いの中に、強烈、だがやさしく人を誘うのである。

〈追記〉これは、松田素二先生とDavid Riches先生の下で学んだからこそ書き上げることができた作品です。両先生は、私を助け、私のいいところを引き出し伸ばしてくださいました。また、この作品を完成させるのに先生方にゆかりがある先生方にもご指導いただきました。この場を借りて、お礼申し上げます。先生方はこれからも私の「大きな木」であります。

注

（1）例えば、「認知症高齢者の〝異常性欲〟とどう向き合うべきか専門医が教える傾向と対策」（『デイリー新潮』二〇一九年一〇月三〇日）がある。

（2）この発言に対し、女性初の最優秀ラップアルバムグラミー賞（二〇一九年度）受賞者が、ビデオクリップで応酬している。発言と応酬の詳細については、“Jermaine Dupri and Cardi B beef over quality of modern female rappers：The 46-year-old Dupri recently described today's female rappers as just 'strippers rapping'”（URL：https://consequenceofsound.net/2019/07/jermaine-dupri-cardi-b-beef-female-rappers/、閲覧日：二〇一九年七月一四日と“Cardi B to Jermaine Dupri: 'I rap about my pussy because she's my best friend'”（URL：https://www.thefader.com/2019/07/12/cardi-b-jermaine-dupri-sexist-comments、閲覧日：二〇一九年七月一四日）を参照。黒人女性の表象については、宮本敬子、二〇一五年、「黒人女性表象のゆくえ-bell hooksとKara Walkerの視覚芸術」『西南学院大学英語英文学論集』五六巻一号、一—二六頁が詳しい。

（3）詳細は、「たけし、映画イベントで〝同せい疑惑〟をネタに「老いらくの恋と書かれてる……」」（URL：https://www.oricon.co.jp/news/2061932/full/、閲覧日：二〇一九年七月一四日）に詳しい。六七歳の芸人兼監督が笑いを誘ったのには、観客やその場に居合わせた人びととの関係性や芸風やネタの出来具合なども考慮されなければいけないが、特別に好意的な観客ではなく、その芸風やネタがいつも笑いを誘うわけではないことから、本研究では、老人の性とセクシュアリティが持つ意味合いの変化に笑いを誘った要因があると考える。

（4）紙幅の都合で、本稿では、日本におけるデータのみ使用するが、表象に関しては、日本とともに社会の高齢化の速度において取り上げられることが多い連合王国でも同様の方法でデータを集め、同様の結果が得られている。文化的偏差がありながらも同様の結果が得られている点から、本研究の射程は、近代化を経て高齢化を迎えた社会における老いをめぐる意識の総体を明らかにすることにあると言える。なお、二〇〇〇年代に入った直後までの日本と連合王国いずれの表象に関する全データの出典ならびにそれらの分析と考察の詳細は、"Sexual Discourse about Elderly People in Japan and Britain"（連合王国スコットランド・セントアンドリュース大学大学院哲学研究科社会人類学 MPhil 論文、二〇〇四年）にある。

（5）近年も、『週刊文春』、『週刊現代』、『週刊ポスト』が相次いで特集を組み、内容をめぐり、論争が起こった。

（6）こうした整理の妥当性については、別稿で議論したい。

（7）「老いらくの恋」が誕生した数年後、「若い世代」（『週刊朝日』一九五〇年三月二六日号）に収録された対談中の三島由紀夫の発言。

参考文献

De Beauvoir, Simone, 1970, *La Vieillesse*, Paris: Gallimard.（朝吹三吉訳、一九七二年、『老い　上下巻』人文書院）

Foucault, Michel, 1976, *Histoire de la sexualité 1: La volonté de savoir*, Paris: Gallimard.（渡辺守章訳、一九八六年、『性の歴史Ⅰ　知への意志』新潮社）

井上俊、一九八六年、「老いのイメージ」伊東光晴・河合隼雄・鶴見俊輔・日野原重明編『老いの発見二　老いのパラダイム』岩波書店、一六一―一八四。

ニンビイをめぐる「迷惑」の必要性と受容

土屋雄一郎

1　なぜ「ごみ」問題を考えてみたいとおもったのか――環境社会学への興味

「ごみ問題について考えてみたい」と、大学院入学後のはじめてのゼミで発表した。中学校の夏休みの自由研究で道路脇に散乱したごみの実態を調査して、なにかの賞を獲ったことが嬉しかったのだと思う。それ以来、なぜかごみをめぐる出来事には興味が沸く。

なにをどのように報告したらよいのか、見当もつかないままに、産業廃棄物の大量不法投棄事件に揺れる香川県土庄町の豊島を訪ねた。県と島の住民たちが、問題解決のために、いま、中間合意をとり結ぼうとしている。その最中なだけに、島にはある種の緊張感が漂っていたが、海風の湿っぽい初夏の空気が島の日常を醸しだしていた。はじめてのフィールドワークであったため、なにをすればよいのかがわからず、ひととおりいくつかの集落を歩いたあとは、港の桟橋で瀬戸内海を行き交うフェリーをぼんやりと見ていたことをよく覚えている。

ただ「ごみ問題」をと言っても、できない相談であった。発表でのコメントは辛口で、問題意識と問いへの関心やアプローチとなる土台づくりの重要さについて強く指摘された。対象を捉えるためには、そのための道具を探して調理をする。それは、「料理人が選ぶ調理包丁」の例だった。自分もしっかりとした道具を扱える力を身につけたい。

環境社会学を学んでみようと思ったきっかけである。。

その後、先生の紹介で、N県の南部に位置する小さな村で、県の産業廃棄物最終処分場の立地計画に対し、村や住民がどのような意思決定をするのかにかかわって実施するアセスメント調査の取り組みに参与することになった。村には三年ほど通ったが、施設の立地をめぐって、住民、自治会、婦人会、青年団、反対運動に加わる人々、村政、地権者、県政といったさまざまなアクターが利害や価値観を重ねていた。よそ者には「見えない」コンフリクトも、多くあった。当時は、「ダイオキシン騒動」が世間の大きな関心を集め、長野オリンピックに向け開発された高速道路網を使い、首都圏で排出された産業廃棄物が大量に投棄される事態に各地では住民たちと業者や行政との紛争が相次いでいた。自然環境や生活環境に多大な負荷をかけていたため、私は、こうした廃棄物処理に関わる問題を「環境問題」と認識していた。調査ノートには、「被害／加害」、「破壊／保全」といった枠組みで理解された言葉ばかりが書かれている。

処分場の開発は、多様なアクターによって担われる。あるべき責任、求められる責任は、法制度によって異なるが、そこでは様々なアクターが利害や価値観を交錯させ対立している。本稿では、施設を立地する上で「優先権」をもつ地域コミュニティ、処分場の許認可権に関わり廃棄物処理行政の円滑な実施にあたる自治体（廃棄物処理は産業政策の一環でもあり、住民の公衆衛生等の生活環境問題にも連なる）と地域住民との関わりに焦点をあてる。「廃棄物問題」を「施設の立地をめぐる紛争と合意形成に関する問題」として捉えなおす。それは、調査に協力してくれた二人の男性からほぼ同じ時期に「君はなんのために調査をしているのか」と聞かれ、その場で、もぞもぞとしか答えられなかったことがきっかけだった。一人は、行政に携わり、もう一人は、政治的には保守的な地域をまとめながら漁業組合で流域河川の環境保全活動に取り組んでいた。処分場の立地は、単にどこで処理するのかといったといった問題や技法の安全性だけでない。地域に与える社会的、経済的な影響への住民の「なっとく」がなによりも大事であると、立場の違う二人の話しにそれは、単純な賛否を問うているのではないことを教えてられたからだ。

2　NIMBY（Not-IN-My-Backyard）とは

基地、原子力発電所、そして廃棄物処分場のような施設の立地に対し、「社会的には必要であるが自分の家の裏庭には忌避する考え方や行為」を指してＮＩＭＢＹ（ニンビィ：Not-In-My-Backyard）と呼ぶ。

日本では、環境工学の立場から末石富太郎［一九八七］が「NIMBY syndrome」に関する考察を発表したのを皮切りに、都市計画における意思決定をめぐる問題や、廃棄物処理場の立地問題に代表されるような地域住民から忌避される施設の立地をめぐる問題を対象にした議論が多くを占めているように思われる。どちらかというと政策科学（政治過程分析）、システム工学的な関心や計画論的な立場からの検討が多いが、リスクコミュニケーション論や社会心理学といった認知科学的な知見によるシナリオ分析［野波　二〇一六］によって、「地域外多数者の無関心は立地地域少数者の怒りを増幅する」ことなどが明らかにされている。

ＮＭＢＹ研究は、アメリカにおいてノーマライゼーションとエコロジーをルーツにもつとされる。一九八〇年代にエコロジーブーム以降、「環境正義論」と結びつき、社会が抱えた支配と従属の関係にもとづく空間的不公正を問題にしてきた。処分場をはじめいわゆる「迷惑施設」の立地は、ごみは「都市から田舎へ」［関口　一九九六］と一方通行であることが問題視されてから久しいが、構造はいまも変わってはない。そればかりか、電子機器やプラスチックごみの廃棄よる公害は、物流のグローバリゼーションによってより大きな環境格差を引き起こしている。いったいわたしたちが日常生活のなかで排している廃棄物は、どこで処理、処分されているのだろうか。

「迷惑施設」の立地は、空間的な不公正を指摘する。これを日本の環境社会学の研究にひきつければ、梶田孝道や舩橋晴俊らの大規模公共開発をめぐる受益圏・受苦圏論による問題提起や、池田寛二［二〇〇六］が指摘するような、環境社会学における正義論の基本問題である手続き的な公正と配分的な公平との接続への問いかけがなされているといえる。

３　手続き主義と配分の公平

ＮＩＭＢＹと称される考え方や態度について、施設を必要とする側は、異議を申し立てる人たちの声を「住民エゴ」や「地域エゴ」と批判し、社会的必要性を啓蒙するとともに、教育の対象として捉えることが多い。しかし、「ほんとうに必要なのか」とは問わず、また「なぜここでなければならないのか」には答えることができない。そして、立地にともなう空間的格差の是正を求める地域の異議申し立てに理解を向けることはない。

言葉の意味からすれば、社会的必要性があってはじめてＮＩＭＢＹは発生する。現代の消費化社会のもとで享受している「豊かな生活」を決して諦めることはない。「みんなが出している」、「どこかでだれかが引き受けなければならないのだから仕方がない」というわたしたちの日常も、その強固な後ろ盾となっているのである。にわかに「社会的必要性」の申し子となった計画予定地周辺の地域コミュニティは、賛否をめぐる判断に主体的に関わらざるを得ない立場におかれることになる。主語の立たない受け身という「迷惑の受け身」という表現がある。外国人が日本語を学ぶときに、苦労する語法の一つだといわれる。それは、ＮＩＭＢＹが対象とするような施設を「迷惑施設」といい、その「迷惑」を「トラブル」と訳す時に違和感を覚える。行為の主語（誰）の位置づけに対する日本語に独特の受動性が含まれているように思われるからだ。

地域コミュニティは、直面する問題に対しその受容の可否に関し判断を求められることになる。「迷惑の受け身」が主体性の発揮を強いられることになる（「迷惑の主体化」）。対処の仕方は異なり、さまざまなケースが取り上げられてきたが、意思決定のための手続きや不公平な施設（リスク）の配置が不透明であることが指摘される。前者は、手続きの正しさに焦点をあて、それがなにによって阻害されているのかを指摘しその要因を取り除くにはどうすればいいのかを明らかにする。一方、後者においては、処分場の立地が空間的な格差や廃棄物処理をめぐる責任の非対称性といった構造的格差の是正を強く求め運動を推し進める。

4　公共関与による廃棄物の処理

ＮＩＭＢＹという概念がもっともよく当てはまると思われる公共施設の一典型が、公共関与型産業廃棄物処分場である。産業廃棄物は生産者に処理の責任が法により規定されているが、一九九〇年代、相次ぐ産廃の不法投棄問題に対し都道府県などが処分場を整備することが推進される。産業廃棄物の処理処分をめぐる問題が、公共的な性格をもつ問題と判断されたのである。

①手続きの「正しさ」／運動の可能性

Ｎ県では、首都圏からの産業廃棄物の大量かつ不法な投棄が続き、地域の自然環境や生活環境への影響が深刻化していた。県は産業廃棄物処理施設の設置を決めたが、地元のコミュニティは、法的拘束力のない住民投票を自主的に実施するなど地域を二分する混乱となった。時期を同じくして県政に就いた知事が、施設建設の是非に関して、新たに住民参加による検討委員会を設置することが約束され、現在でもなお先進的な内容をもった環境アセスメントとその上位概念として戦略的環境アセスメントを準備した。制度外とはいえ住民投票で多くの住民が反対票を投じたことを受け、その信頼を回復するためにも、とくに、意思決定のプロセスを透明にするための運営が徹底された。環境アセスメント研究の分野において、第一線で活躍する大学教授を座長に、委員の選定（公募の導入、社会科学系の研究者、地域経済界の関係者、行政経験者を含む多様なアクターの選任）に加え、県行政から独立した事務局の選定）にも気を配る。また計画の対象となる広い地域で情報公開の徹底をはかった。月に一回程度、半日がかりの会議が四年近く続けられたあと、スクリーニングによって除外されたエリアの中から、立地可能性のある地域が複数箇所に絞られ説明会が開かれた。しかし、座長が直接、住民の前で話をしたが、多くは「寝耳に水だ」と発言し、議論の中身に関わる意見交換にはほとんど至らなかった。少しずつ曇ってゆく座長の顔の表情が印象的だったように、長い時間をかけて積み重ねられてきた「手続き」が結果を得ることはなかった。

この「公論形成の場」の特徴の一つとして、県内の各地域で廃棄物問題（多様な問題を扱う）に取り組む住民グループがコミットしていた点があげられる。検討委員会の結成にあわせ、それぞれがネットワークを結び、その代表的存在の人物が公募制度によって委員に選出されていた。政策決定的な要素をもつ場で協働を表明したことは、「反対のための反対」ではなく、政策指向をもった新しい運動の可能性をもつ。検討委員会が、彼らの案内で現場をエクスカーションすることもあった。しかし、排出する廃棄物の減量化を徹底するという受益者の負担強化を条件に「適正」規模の施設の立地は必要であることが「合意」され、候補予定エリアの選定が始められるようになると、両者の関係は次第に悪化していく。また廃棄物処理の条例化をめぐる県政の混乱などの影響などにもより両者の協働関係は潰えることになってしまう。そして、県による施設計画は白紙に戻されることになった。

数年後、紛争の出発点となった町内会の役員をしていた男性から一通の手紙が私のもとに届いた。計画が白紙に戻ったあと、最終処分場を自前で持たなかった町は県の手法を模して適地を選定するが、出された結論は、先の紛争の際に「適地」とされた場所であった。「もとに戻ってきた」というわけだ。町は、施設の老朽化や、自前の最終処分場がなく処理を委託していた業者が大規模な環境汚染を放置していたことが問題化し、対処に迫られていた。施設の一部は、同じ場所で老朽化した施設を新たに建て替えることになったが、熟議（手続き）と運動（分配の是正）の離合が繰り返されるなかで迷惑の受容が求められたのだ。

②地域コミュニティの「巧」――問題を「コントロール」する

Ⅰ県でも、不法投棄される産業廃棄物の処理と脆弱な経営基盤で環境保全への対応が遅れている産廃処理業界への対策に苦慮していた。産廃処理の適正化を図るために県は工業集積力の高い地域への施設の立地を目指すことや長期的な計画として施設を分散して設置することなどを盛り込んだ基本的な指針を示した。全国的にみても初めての事業であり、慎重に議論が進められていた。

県の発表は、地元自治会にとってたいへんな驚きであった。集落の名前を冠した川沿いに住宅や道路、田圃などが開かれ、丘陵地には牧草地が広がる。農業生産力も高く、地域単位の行事もさかんに行われている。六月のさなぶり、八月の地区運動会などはその代表例である。また、別の丘陵地帯には、精密機器を扱う工場などが工業団地を形成している。

自治会は幹部を中心に、市長から重大な提案を受け取るとその対応への協議を開始する。状況を受けとめているだけのようにも見えたが、彼らの判断には基準があって、住民の生活にかかわる課題と地域の環境にかかわる課題とに分けて問題を捉えていることがわかってきた。前者は「わたしたち」の生活に関わる案件なので、従来の自治会のルールを大切にする。寄り合い型の場での意見交換を重ね、最終的にはいつもと同じように、世帯を単位にして受諾することを判断した。一方、農業が盛んな地域で生活する人々にとって、施設の立地や稼働によって環境への影響に心配でないわけではない。しかし農業をとりまく環境や自然環境の保全、改善などの課題は、単に立地点だけで対応できるようなものではない。流域や近隣地域との連携といったより広い範囲での対策が必要となる。したがって、これを「みんな」の環境問題であるとし、県との交渉に優先権をもつ「地元」として協力する。わたしたちに関わる「生活問題」はわたしたちが、みんなに関わる「環境問題」への懸念はわたしたちもみんなと同じであるから交渉の中で実現を主張するという姿勢を貫いたである。住民の一人は、このことに関してなにかを言うという雰囲気はなかった。いつもと同じようにやって。あの時の自治会の判断は間違ってなかったなと話す。

自治会は、施設の建設計画の意思決定をめぐって、地元として「優先権」を握っている。彼らは、自治会に集まるさまざまな課題や要望を「生活問題」と「環境問題」とに分けることで、処分場の社会的必要性を手続きによって主張する側と環境保全を理由に配分の是正を訴え運動を展開しようとする側とによってもたらされる厳しい対流の結果を利用しながら、自律的な判断が可能な状況を確保し得たのかもしれない。

老朽化した自治会館が建て替えられ、多くの人が地域活動の拠点に集まってくる。市立の総合運動場ができるまでは、焼却施設の隣にある空き地を運動場代わりに借りて、地区の運動会で交流を深める。「日が近づくと、職員がボランティアで草むしりやふだんはほとんど使わない広場をグランドとして整備した」。施設の開所時から職員として働く男性が、焼却炉が数年前に撤去され、あとわずかの埋立てをもって任務を終える施設を見ながら話をする。そして現在、その経験は新たな県営処分場づくりに引き継がれている。

③三つの「夢」——専門家・運動・地元

Ｎ県の取り組みは、公論形成の場を「環境アセスメント」という手法を用いて実現を図ることにあった。加えて、県内で施設立地の反対と環境保全を訴える運動を粘り強く行っていた人々との協働を実現するなど、新しい政策決定のあり方を示唆した。しかし、運動のネットワークは、自分たちも求めてきた「民主的」な手法によって立地の必要性が合意されるとことに困惑する。この開かれた場での決定は、どこかのだれかに引き受けさせることを正当化する根拠として大きな影響力をもつと考えられるからだ。それゆえ、県政改革をめぐる動きのなかで、条例を制定し県行政の廃棄物処理に対する管理強化を実現することを目指しネットワークの持続を図ろうとしたのかもしれない。ゴミ問題に取り組む住民の支援を失い、県政の方針の揺らぎなどもあり、検討の場を維持することが困難に陥ってしまったのである。これまでの成果を、「戦略的環境アセスメント」という次のステージに託したい思いも科学者としてあったのかもしれない。

I県に建つ施設の集落が見上げる山と丘のあいだの高所に立派な橋がたつ。地元の人びとは、この橋を「夢の懸け橋」と呼ぶ。「はじめは冗談だと思ったよ。まさかほんとうに実現するとは思わなかったと笑う。身の丈を超えた受入れの「みかえり」ではないか。集落の意思決定に関しても、地域の権力構造のなかで異議申し立ての声を巧みに抑えたのではとの批判もある。しかし住民の多くは、「いつも」のやり方に安心しながら、「夢」を共有している。

5　環境的システムの拡充と環境格差

いくつもの課題を抱えながら、廃棄物処理施設をめぐる状況は大きく変わりつつある。その一つが、各地で行われている「施設立地をめぐる合意形成ための手続きを定める条例」づくりである。それは、廃棄物の処理をめぐる紛争を経験するなかで、行政と運動のあいだで相補的な協同関係が成り立っていたことを物語る。制度化の進行は望ましいと考えられるが、運動側からは、「住民合意」の達成を目指すと言いながらも、「同意」や「理解」というあいまいな表現の目標に止められていることへの批判も続けられている。制度が、安易な「合意」の導き手になる可能性があるからだという指摘だ。またNIMBYの特徴が、「迷惑の主体化」にあることを考えれば、その運用が現状の構造的な格差を追認するだけになりかねないことも危惧される。また、結果への異議申し立てが、制度化された「手続き」に向けられることになると、公論形成の場における結果に対する正当性が〝手続きによって手続きを保証する〟ような悪循環に陥ってしまう可能性も考えられるからだ。どのような手続きによって、どういった結果を配分するのか。それが立地地域の〝幸福〟にどうような貢献ができるのかを示さなければならない。

このことを実現するためにも、廃棄物物処理施設の場合は、エブリバックヤード、とでもいうべき小さい処理施設を町ごとに建設することが良いといえる。自分たちのゴミを自分たちで処理することになるので、処理のコストやリスクを「自分たちの問題」として考えることになるからだ。一九六〇年代後半から顕在化した「東京ゴミ戦争」では、断片化した市民や行政がゴミ処理に関して「他人事」にならないよう、「自区内処理の原則」の徹底を図った。それ以降、現実の廃棄物処理の現状とその背景にあるゆがんだ社会のからくりを眼前にして、自然環境や生活環境の保全を求める声は、処理技術の高度化を促した。そして、広範囲なスケールでの処理の適正化が実現されつつある。技術的な水準からいえば、かつての東京湾埋立地や焼却施設に対する劣悪なイメージは一般的には薄らぎつつあるといえる。しかし近代的なシステムの拡大再生産のもとでは、それを制御する環境的なシステムも大規模化によって効率化がめざされる。現実に一般廃棄物の処理に関しては、ダイオキシン類の排出をはじめ、汚染化学物質への環境対策と財政の効率化により施設の大規模化と処理範囲の拡大が図られている。老朽化によって施設を立替える際などには、広域化を念頭においた計画が検討されることが多い。そして、環境保全を求める個人は、大きなシステムを構成する断片として自分たちを捉えなおすことが求められ、施設の立地問題という擬制的な内部のまとまりのなかで大きすぎるシステムへの関心が欠如してしまうのではないかと気がかりである。

バブル経済期に各地でダイオキシン問題を引き起こした施設に対する批判は根強く、「循環型社会形成推進基本法」（二〇〇〇年）の成立をきっかけに、有用な廃棄物（循環資源）の循環的な利用と処分にあたっては、環境の保全上の支障が生じないよう適正に行うことが強く求められるようになる。そして、処分量を減らすことで環境への負荷を低減することが強く示されている。また、東日本大震災をはじめ、相次ぐ大規模災害において大量の廃棄物が排出され、その処理処分が「復興」の課題として認識されるようになる。処分場は、「環境保全」だけでなく「復興対策」という面においても必要性を満たすことが求められるようになる。しかしその一方で、「絆」といって、満たすように迫る方法や言説は、彼らにとっては施設の受入れをめぐって経験した軋轢を思い起こさせるものであり、処理によって生じる環境リスクの受容やそれをめぐるプロセスに不満を感じる人々も少なくない。施設に求められる必要性は、今後も多様化していくのかもしれない。

その一方で、「墓碑銘を刻む村」が施設の立地を決断する。首都圏に本社をおく産廃処理業大手の民間企業に集落の土地がすべて売却され、廃棄物の埋め立て処分に最大六〇年をかけるという計画が明らかにされた。この「ふるさと」を埋める計画は、市が招集した第三者委員会で詳細が検討され、「反対」の答申が市長に提出された。しかし法律や条例に適う手続きが進められ、集落の入り口に作られた広場には墓と神社が移築され、施設の建設が始まっている。四世帯七人が暮らす、いわゆる「限界集落」で、国道からも他の集落からも離れ地理的にみても孤立している。小さな川が日本海にそそぐが、下流にあった別の集落もずいぶん前に廃村した。地域の活性化のためにゴルフ場や工場の誘致に励んだこともあったが、願いは叶わなかったそうだ。そうしたなかで、この経営者と出会ったのだ。そこには、地域コミュニティの維持が困難な集落の実態と最後に残された環境を資源に、「夢」を描く人々の姿があった。同様に、処分場の立地候補地を公募する自治体のケースも増えている。たとえば、地域自治会は、地域づくりの構想を描いて応募する。施設の環境保全は技術的にはもはや前提とされ、第三者委員会が地域の要望を公開で審査する。不透明になりがちであった行政との交渉や意思決定のプロセスを公開し透明化することに一定の信頼を確保できたようにも思われる。しかしオークション方式による選考によって、わたしたちは、地域の価値や将来性を「値踏み」することになる。

わが国最大級の産業廃棄物不法投棄事件の現場で、豊島事件において島民として島民の運動を支えたリーダーの一人は、住民の「本当の悲鳴は「ここに奪われた尊厳がある。その重さを認めて欲しい」ということにほかならなかったはずだ」という。これに対し、わたしたちは、こうした不正義を訴える声にいったいどれだけ爆され続けているだろうか。

６　おわりに

環境社会学の研究領域では、ハーバーマスのコミュニケーション的合理性論を軸に場の公開性や民主性、討論の対象となるデータの科学性をいかに保証するかが問われてきた。合意形成の手続きが条例化され、有用な廃棄物を資源循環し排出量の削減を目指す法律が制定されるなど、処分場問題を「環境問題」として捉える制度的な認識の土台が整備されてきたといえる。今後も、公論形成の場をつくり運動との対抗的で相補的な関係を築いていかなければならないといえる。

たしかに、両者によって拡大された環境的システムによって効率的に環境保全が行われるようになった。しかしその一方で、そのことが、都市部に住み、とくに関心を持たない人には、「ＮＩＭＢＹという批判さえしなくていい」ような状況を生んでいる。同時に、地域コミュニティの疲弊が深刻化するなかで、利用価値のなくなった土地を地域活性化の切り札として施設の建設に役立てるケースも少なくない。

人間の社会文化的生活に固有なコミュニケーション的行為を通じた判断に際し、了解を可能とするコンテクストを形成しようとするなかで、日常実践のなかに近代の合理性概念の資源を再発見しそのものの組み替えをはかる立場は、問題解決が要請される環境紛争の現場であるからこそ重視されている。「迷惑施設」の立地をめぐる環境紛争を対象に、地域の意思決定が生活の文脈から切り離され個別化された課題や領域ではなく、日常世界の日々との対応と連動した全体性を帯びたものであることを示すことで、ＮＩＭＢＹを発することもなく、またそれをＮＩＭＢＹと批判することもない。環境的システムの拡大によって断片化された課題に焦点をあて続けることが求められる。

日常実践のなかから近代の合理性概念の資源を再発見しそのもの組み替えをはかるということがどういうことなのか。松田［二〇〇四］の問う意味が、最近になって少しわかってきたように思う。では、それをどのように組み替えることができるのか。かつて、「君はなにをしにここに居るのか」と聞かれたじろいだときの答えもこの点にあるのかもしれない。

参考文献

池田寛二「環境社会学における正義論の基本問題――環境正義の四類型」『環境社会学研究』一一：五―二一、二〇〇五年。

石井亨『もう「ゴミの島」と言わせない――豊島産廃不法投棄、終わりなき闘い』藤原書店、二〇一八年。

松田素二「土地の正しい所有者は誰か　知の政治学を超えて――東アフリカ・マサイ人の土地返還要求の事例から」『環境社会学研究』一一：七〇―八七、二〇〇五年。

野波寛「ＮＩＭＢＹ問題における公平と共感による情動反応――域外多数者の無関心は立地地域少数者の怒りを増幅する？」『実験社会心理学研究』五六―一、二〇一六年。

関口鉄夫『ゴミは田舎へ？――産業廃棄物への異論・反論・Rejection』川辺書林、一九九六年。

末石富太郎「NIMBY syndrome に関する一考察」『第一五回環境問題シンポジウム講演論文集』一五―二〇、一九八七年。

場をともにし、学問する

木原弘恵

松田先生との出会い

初めて松田素二先生のことを知ったのは、民間企業での勤務を経て、愛媛大学法文学部に編入学し、卒業論文を執筆している二〇〇四年頃だった。私はその頃、愛媛や大阪で民族教育に関する調査を実施していた。調査で聞かせていただいた話を整理するにあたり、指導教員に薦められ、『インパクション』という雑誌を手に取ったのだが、そこに掲載されていた民族に関する論考の執筆者が松田先生だったのだ。

残念なことに、当時の私は、文化人類学や社会学を専門分野だと言いきれるほどの知識はなく、この調査で貴重な話を聞かせてもらったものの、それをどのように咀嚼し、論文としてまとめていったらよいかわからずに困っていた。それが、紹介されたこの論考を読んだことによって、混沌としていた頭のなかがすっきりと整理されたのである。なかなか整理できなかった大きな理由は、民族についての自身の認識が近代社会のあり方に大きく影響を受けたものであるのに、それがよく理解できていなかったことであったと思う。

この一件を経て、私はその調査をなんとか卒論としてまとめることができた。そして、専門的なことを知らない素人同然の読み手を理解させるその技術に、すっかり感服してしまったことを今でも記憶している。

現場から考える

その後、関西学院大学大学院社会学研究科の修士課程へ進学した私は、大学院の指導教員と松田先生が合同で開講しているゼミへ参加し始めた。初めてお会いするまでは、下手な研究報告をすれば冷たく一蹴されるかもしれないと勝手なイメージを抱いて緊張していたが、実際は大変気さくな人柄で、一方的なそのイメージは直ちに払拭された。当時抱いた「軽やか」な印象は現在も変わらないままである。先生は報告者がまだ言語化できていないものを、よりよく引き出そうとされており、そうした姿勢が伝播し、ゼミはいつも建設的な雰囲気であった。もちろん、研究報告に対するコメントは厳しくも刺激的であり、教室にはほどよい緊張感も漂っていた。

このゼミは、関西学院大学の大学院生だけではなく、松田先生が勤める京都大学の大学院生や研究員など他大学の方々、そしてかつてこの場で学んだ大学や研究機関に勤める方々をはじめ、多くの人が出入りしていた。また、報告する者の分野は、社会学に限定されることはなく、文化人類学や民俗学や歴史学など広範にわたっていた。そのため、このゼミは、私にとって、様々な分野のことを知り、議論することを通じて自身の研究を顧みることができる貴重な場であった。社会学という分野で学位論文を執筆せねばならないというプレッシャーは多少感じていたものの、そうした不安を忘れるほどの知的好奇心がこのゼミを通じて喚起された。

ゼミでの松田先生の文化人類学や社会学の理論解説、あるいは研究報告へのコメントは圧巻であり、「なるほど。このデータからそんなことまで論じられる可能性があるのか」というように、想像力が呼び覚まされるような感覚が毎回心地よかった。こうした感覚は、私一人だけではなく、参加している人たちにも共有されているようでもあった。

大学院に進学してから、私は、瀬戸内海島嶼（岡山県笠岡市白石島）の集落に伝わる伝統文化に関する調査に取り組みはじめた。修士課程の調査では、少々タイトな調査スケジュールで体調を崩しそうなこともあったが、夏休みにその島で一軒家を借り、伝承されている盆踊りやそこでの生活のあり方について住民に話をたずねたり、地域行事に参加したりしながら、なるべく多くの時間をその島で過ごすよう努めた。おかげでフィールドノートや資料はどんどん蓄積されていった。一方、調査を重ねるごとに、関心が当初の問題設定とずれていき、収集したデータを、論文としてまとめていくにあたり、迷走する時期もあった。その頃のゼミで、調査データをうまく整理できず、自分でも何を論じたいのかよくわからない内容の発表をしてしまうこともあったが、松田先生は、その発表で私が提示しなかったデータに着目し、懇切丁寧に細部を聞き出し、収集した一連のデータが持つ可能性を示唆してくださった。

こうしたゼミでのやりとりを通じて、時間をかけたフィールドワークで収集したデータに十分向き合えていなかったことを自覚すると同時に、フィールドワークを通じて得られたものの大きさを改めて実感した。

日常的フィールドワーカー

松田先生は、調査地だけではなく、ゼミやその後の宴会などにおいても、つねにフィールドワークをされているようでもあった。たとえば、ゼミに新参者がやってくると、その方々の緊張を和らげようと気遣いされていることもあろうが、ゼミ後の宴会等で、ディテールを大事にしながら、いろんな角度からの質問を繰り広げることがある。松田先生は声量があり、声がよく通るので、一見歯に衣着せぬ質問をしているようにも感じられるかもしれないが、相手の反応を確認しつつ、慎重に選りすぐられた細やかな質問をされている（と私は思っている）。そうしたやりとりを周りで見ていると、生粋のフィールドワーカーだと感じることが多々あった。

私は、講義などで、松田先生から聞き取りや観察の技法について、直接的な指導を受けたことはないけれども、普段の生活において、意識しないまま聞き取りのようなことを始めている自分にふと気がつくとき、同席した場などで、その方法を自然と学んでいたのかもしれないと思うこともある。

場をともにする

京都大学文学部社会学研究室は、毎年、三重県熊野地域で社会調査実習を実施している。二〇年以上もの歴史があるこの実習には、これまで多くの大学が参加してきたが、関西学院大学社会学部の環境社会学研究室も、そのうちの一つであった。私も大学院生の頃から、その場へ関わる機会を幾度か得てきた。

この実習は、大学関係者のみならず、役場の職員や地域住民など多様な人が関わっている。調査では、地元の協力者の方々とともに、話を聞かせてくださる方の元へ向かうこともある。そこでのふとした質問がきっかけで、地域住民同士の会話が始まり、これまで集めてきたデータの解釈に関わるような話を聞くことができたり、研究テーマが見直されるような偶発的な出来事に遭遇したりすることもあった。

また、その期間中には、調査に取り組んできた学生が報告する時間が設けられるのだが、そこへ地域の方々が参加し、報告内容に対してコメントが寄せられることもある。つまり、報告に対して、大学での授業のように専門分野の理論的枠組みを用いたコメントがなされることもあれば、住民の方々からその地域生活の経験のなかで持ち得た視点や見解が示され、それを受け取る機会があるのだ。ときに自分の認識が揺さぶられるような気づきもあり、この交流は調査実習の醍醐味でもある。

こうした場は、二〇年以上にわたる、熊野地域をめぐる関係への様々な働きかけの所産であろう。松田先生はこうした場の形成に関わってきた一人でもあり、調査実習では、地域住民をはじめ、参加する方々の声を引き出すことや、場をともにする機会をつくることに尽力しておられた。

この実習で私が経験してきたことは、瀬戸内海島嶼の集落やそのほかの地域において行う調査研究でも生かされている。フィールドワークでは、関心を持つ特定のトピックの話を直接聞かせていただくこともあるのだが、地域の行事や趣味の集まりなど、場をともにする機会が得られそうならば、できるかぎり参加するよう心がけている。様々な場面をともにすることで、それまでよく見えていなかった、地域の豊かな関係性が現れることがあるからだ。

こうした調査研究のあり方は、研究の幅に広がりを持たせると同時に、そこへ私はどう関わるのか自問させるようなものでもあった。

それぞれの「現場」に学ぶ

松田先生は長年にわたり在韓被爆者の方々の支援活動を行っている。その関係者のみなさんを含め、周りには、研究者に限らず様々な人が常に集っている。もちろん気さくな人柄ということもあろうが、「現場」を生きる人びとの声に耳を傾けることを大事にされ、実践されていることの証であろう。大学院に進学して間もない頃、松田先生の著書『都市を飼い慣らす』を読んだ。長年にわたる調査研究が記された本の中でも、その実践を垣間見ることができたが、ゼミや社会調査実習などで、場をともにしながらそうした実践を目にしてきた。

このように、かつて松田先生の論考を読んで感服していた一読者の私は、その後教室で直接教わる機会に恵まれた。そしてその出会いは、先生や信頼を寄せて周りに集まる人たちと場をともにし、それぞれの「現場」に遭遇することへ繋がってきた。私が時間をかけて教わってきたことの一つは、人びとの日々の実践の「力強さ」であり、その可能性についてともに考えようとする姿勢だったのだろう思っている。

おわらない歌

高見　守

何かが永遠と続くように思える錯覚を持つことは誰しも同じように持っているものではないでしょうか。

私は、熊野という自然に溢れたこの地に生まれ育ちました。一三歳の頃この地を離れ、それから一二年経ってまた熊野に戻ってきました。いわゆるＵターンというものになります。

デザインの仕事を大阪、東京で続ける中で、世の中にはインターネットが広がり始め、パソコン通信から比べると情報量が莫大に増えて行く世界で、デザインの仕事もＤＴＰへと移行し、扱うもの全てがデジタル化して行き、距離や時間の概念すら大きく変わっていきました。

これはある意味、都会でなければ出来なかったものが、田舎でも同じように出来る世界が作れるということに繋がっていきました。

Ｕターンして就いた仕事は、この地域のみかんを育て販売する新しい農業でしたが、インターネットでの販売も手がけていきました。

そんな中で、都会では考えられなかった繋がりが生まれ始めました。インターネットで私のおこなっている情報発信を面白く思ってくれる方が、この地を訪れ、会う機会、学ぶ機会がどんどんと増やしてくれました。仕事を通じて広がるものだけではなく、この地域に対する想いや、そのような想いを全国には同じように持って活動をしている人が多いことも知りながら、繋がっていくことの喜びを感じました。

その大きなきっかけとなったのが東紀州活性化大学、そしてこの地域の情報を発信していく東紀州ポータルサイト「くまどこ」を設立していくことだったと思います。

東紀州活性化大学では、地元とのことを一番知らないのは実は地元の人、ということが多くあります。わざわざ自分の住んでいる地域について調べたり学んだりすることは、かなり少ないことに気がつきました。この大学は三重県が現在の紀北町・尾鷲市・熊野市・御浜町・紀宝町の五市町（始めた頃は八市町村でした）の住民に対して一年間学ぶ場を与えてくれるもので、指導してくれる先生のもとで、地域について学ぶということを学ぶ、そんな場でした。近くでも意外と交流の少ない隣接する各市町から集まった人達と共に学び、共同作業としてテーマを決めまとめて行くのですが、私の今までやってきた仕事と共通する部分を多く見つけられたのが収穫でした。私の場合、常に文章であったりシステムであったり、理念などをわかりやすく伝える為のデザインをする仕事に関わっていたので、形にしていく難しさや楽しさはそのまま楽しめるものでした。

この活性化大学の一年間はとても楽しい思い出がたくさんあり、農業からデザインの仕事に戻りたいと思うようになった一年でもありました。

松田先生ともこの頃にお会いしています。活性化大学の前から仲良くしていただいた寺口先生を通じて、大学の共同調査のお手伝いをすることから知り合ったと思います。まだその頃はチューターを引き受けてくださる方が少なく、そして学生も多く来ていた頃なので、とにかく移動する車を出してくれる人が必要で、自分で仕事を始めて、ある程度自由に時間を使える私も一緒になってこの地域を巡りました。いくつもの出会いがあり、私のルーツを感じることも多く、何よりも強く感じたのは、この地域の人、特にお年寄りの優しさでした。熊野市五郷町湯谷の大平ばあちゃん、その娘さんの大平みちこさんは、家族のように私を迎えてくれて、その付き合いは長く続きました。ばあちゃんは湯谷の昔の生活のことをよく覚えていて、またユーモアのある方で、訪れたら必ず茶粥を食べて行けと言われ、おいしい茶粥をすすって帰ってきたものです。みちこさんは野草、茸類を特にご存知で山歩きの途中見つけた植物は薬草で身体のどこに良いや、茸の森が豊かだった頃の話やどれが食べられるものかなどよくご存知の方です。

何気ない話の中に、気構えないで入っていくことは、そう簡単にできることではなく、当然相性などもありますから、出来る人と出来ない人もいるのですが、そこに入らないと何も生まれないのも事実です。生まれたことばかりではなく、生まれなかったことに目を向けると、自分への課題も見えてきたりしました。

いつも仕事では、誰かの想いを形にするということをおこなっています。デザインには自分が出ていると思うのですが、私の想いでは無くあくまで事業主様の想いを形にするのが仕事の為か、どうも自分を形にしないまま今に至っているように思えます。「私」という存在を表に一生懸命出して活躍する人もいますが、どうも「私」は誰かの想いを表に出すのが好きなようです。

一五年ほど前、東紀州ポータルサイト「くまどこ」を立ち上げた時、地域の情報発信は地域の人が発信する、というコンセプトを立てました。これは東紀州活性化大学の延長上にある想いでした。インターネットを通じて誰もが世界に向けて情報を発信して行ける時代が来たことを告げるものでもありました。ローカルメディアが世界に広がっていくことを強く感じた時でもありました。

ところが現在はＳＮＳが主流となり、個人、匿名の個人が情報をいとも容易く流せる時代へと大きく変貌しました。欲しい情報から、共通・共有できる情報へと趣向が変わってきたと思います。情報発信の信頼性に趣を持って「くまどこ」からの情報発信を続けてきましたが、この二〇年間のインターネット上の情報は、操作合戦に明け暮れ、例えば「ふるさと納税」における過剰な競争や売上金額が上がることだけを目標とした取り組み、その損得を考えてモノ選びの対象となる「ふるさと」、匿名性の高いＳＮＳには、これは同じ人間が発信しているのかと疑いたくなるような悪意に満ちたもの、人を騙すための美辞麗句があふれています。ネット社会はまだまだいろんな面で未成熟であり、その可能性を探り当て、ＳＮＳに変わる次の何かも生まれてこようとしているのかもしれません。

熊野という地に住んでいると、ローカルがローカルである必要性、便利でなくても、古くても、良いものはそうそう変わらない。田舎らしさが急速に失われて行くこの地域にとって祭りの維持や継承についても節目を迎えているように思います。

いろんなことを考えながら、有り難くも仕事に追われる日常の中で、そんなかけがえのない出会いが幾つも生まれたのは、松田先生、古川先生、寺口先生との不思議なご縁があったからこそだと思っています。

一年に一度か二度、お会いできるぐらいなのですが、これが永遠に続くように思えてしまうのは、宿泊所を抜け出して飲みに行ったり、温泉に行ったり、何時間も車座になってお酒を飲みながらお話したりと、大雑把な感じでほとんど変わらない二〇年があるからかもしれません。

「今日は、松田先生や古川先生、寺口先生が来てるからちょっと行ってくるわ」熊野でのいくつもの楽しい思い出は、その中に詰まっていて、一ヶ月後か半年後かにまたやってくるものと思っているのです。終わることなく。

●第４部　つなぐ

あたらしい風にのって

松居和子

1　はじまり

百万遍の交差点の東南角に歩行者専用の通路ができた。そこには門が無い。それまでは今出川通りに面した北門から出入りしていた。鉄格子のその門は一九時頃になると閉められてしまうので、壊れた垣根をのりこえ石垣を飛び降りていた。その歩行者専用のゆるいスロープをのぼり道なりに右に曲がって一〇〇メートルほど歩くと、今はほとんど使われなくなった電話ボックスがある。そこを左に曲がると突き当りに東の山がまっすぐ見える。左は元工学部の建物、右は文学研究科の建物に挟まれる道。春には桜がアーチを作ってくれて、秋には見事な黄金のイチョウの木に迎えられる。この道を歩くとき、まるでドラマの一シーンのようで、ちょっと背筋を伸ばして颯爽と歩く密かなたのしみがあった。また来年も桜に迎えられ歩くことができるだろうかなどと考えていた。そうして京都大学社会学研究室に勤めて二十数年を超えてしまった。この道を文学研究科の教職員はたいてい通る。松田素二先生も通っている。この美しい景色に気が付いているだろうか。なぜか小走りで通り抜けている姿が目に浮かぶ。

松田先生は、一九九三年四月、大阪市立大学の助教授から京都大学文学部の助教授として社会学専修に着任した。当時、社会学専修主任教授であった宝月誠先生は、大阪市立大学の助教授をしていた松田先生に電話をかけて、京大社会学へ移られるお気持ちはありますかと問われた。松田先生は、「悪い話ではないですね」と答えた。宝月先生は電話を切ってしばし考え、悪い話ではない、ということは一応移る気持ちがあるということだろうなあ、と思い、先方の大学に割愛をお願いすることになった。他大学から移籍してもらいたいと申し入れをする儀式を割愛に行くという。京都大学文学部では割愛に赴くときは、礼を尽くして文学部長と専修主任教授が相手の大学へ出向くのが慣例だった。受ける側も所属長が出迎える。文学部長に割愛のご同行をお願いしなければならない、が、電話の一件、さらにはまだ宝月先生が社会学の教員になりたての頃、初対面の院生だった松田先生から、「博士課程の院生かと思った」と言われたことなども思い出され、先方や彼がどのような対応をするのか一抹の不安が頭をよぎったという。それでも、無事に、京都大学文学部助教授として松田先生が誕生したのである。松田先生が着任したときは、肝心の宝月先生は一年間のアメリカでの研究生活に入っておられ不在。着任した先生に研究室が用意されておらず、用務員さんと廃棄物倉庫をあさって机といすを確保して、同期の教員と相部屋をしたという。社会学研究室にあたらしい風が流れ始めたときであったのかもしれない。

一九九六年四月に井上俊教授が大阪大学から異動してこられるという大ホームランが打たれ、その五月に私も採用された。当時、社会学研究室は、今は耐震の関係で使われなくなった東館の二階にあった。外はレンガ造りで内は木造のがっしりした造りで、中庭を囲む四階建ての建物だった。歩けばコツコツと音が響き、半開きの窓からハトが侵入し（出会い頭でぶつかってお互い目を丸くしたことがある）、かつて学生運動が盛んだった時代には学生が教授を監禁し立てこもったと聞いた歴史ある建物だった。まだ牧歌的という言葉がぴったりな時代だった。会計書類などカーボン紙を使った複写式の手書き伝票だった。一九九六年に大学院重点化により、文学部教員は全員大学院文学研究科に所属変更になった。私が勤めた二十数年の間には、国立大学の独立行政法人化がはじまるなど大きく変わった時代である。パソコンが普及し、机の大半を占める箱型の大きなパソコンが置かれた。その頭でっかちなコンピューターは、新しい機種に替わるたびに、だんだんスリムになって簡易さが売り物になってきた。インターネットの活用がすすみ、郵便からメールでのやり取りが主流になった。研究費の外部資金の獲得により海外研究者との共同研究がすすめられ、社会学研究室の国際化が一気に進んだ。二〇〇七年に社会学研究室は百周年を迎えた。記念誌『京都大学文学部社会学教室のあゆみ』を編纂し、卒業生や関係者が集まる祝賀会が催された。ホームページは明るくポップなデザインにし、親しみやすく情報が見やすいよう大幅にリニューアルした。私は、関西社会学会事務局（宝月先生、井上先生、伊藤公雄先生の各会長付で九年間）、社会学雑誌『ソシオロジ』の編集室、毎年何かの大きな国内外の学会・シンポジウムの開催、共同研究などに関わることになった。一つの事業が終わると次の事業の準備が始まるという目まぐるしい忙しさが続いた。が、これらの仕事があったからこそ長く勤めることが出来たと感謝している。熊野と出会い、アフリカと出会い、それらがすべて私の仕事だけでなく人生に大きな影響をあたえてくれた。そして素晴らしい人びととの出会いがあった。

2　熊野調査実習

「熊野実習はもう二〇年を超えたんですよ」と言うと、「そんなに長く同じところでよく続けられますね」と、とても驚かれる。調査実習をさせていただける地域を探すのは困難で、さらに同じところで継続させていただけるのは稀である。

社会学専修の卒業に必要な単位に、実習四単位（二〇一一年度より、単位数読み替えにより二単位）がある。松田先生が着任した翌年から実習授業が始まった。一九九四―五年度は愛知県矢作川調査、一九九六年度は京都府加佐郡大江町、翌年一九九七年度より三重県・東紀州地域における調査実習が始まった。それは大学の中で書物を読むだけでは学べない、生きた知識と現実を、直接地域の方々から教わり、それをもとに自分で問題を考えてみようという「地域にまなぶ」という教育目標のもとに実施されてきた。この社会調査実習は、中断した村落調査を引き継ぐものとして、京大社会学専修への大きな貢献だと宝月先生は評価されている。

社会学研究室には、ほとんど見ることがなかった、しかし貴重な報告書がガラスの書架に並んでいる。それに付随した調査票や資料が数十個の段ボールに入ってキャビネットに保存されている。それらは、一九四三年ごろから始まった、臼井二尚教授が率いた全国を対象に実施された村落調査の報告書だった。京大社会学教室の看板科目となった村落調査実習を始められ、先生の退職後は池田義祐助教授（一九六四年から教授）が引きつぎ一九七九年まで、途中中断もあるがおおよそ三五年に及んで調査実習が続けられた。その貴重な報告書が四五〇冊ほど社会学研究室に保存されている。京大出身のたくさんの社会学者が学部生、大学院生のころに参加した実習の報告書は、ワープロのない時代であったため手書きである。どれも丁寧なきれいな字で書かれている。先生方の自筆の報告書を見るだけでも興味深い。この貴重な手書き資料は落合恵美子先生を中心にしたGCOEプロジェクトの全面的サポートでデータ化され研究室の財産となっている。一九七八年に池田先生が辞められたあと、調査を専門とする教員の補強が必要であったが、適任者が着任することなく村落調査は終わった。また当時、文学部では、民俗学、民族学や人類学講座についても設置の必要性が議論されていた。それよりずいぶん後にはなるが、調査科目を担当し、人類学と社会学を専門とする松田先生の着任で実現したことになる。

臼井先生の指導のもと教室の学生を動員した恒例行事として定着していたと言われる村落調査では、当時だからこそ可能だった驚くようなことがいくつかある。その一つに、調査させていただく村落に到着すると、役場からの広報で住民のみなさんが集会所などに集まってこられ、臼井先生の講演と合わせて調査の目的なども説明されたという。そして、臼井先生が考案された理論枠組みに基づいた調査項目（臼井二尚『村落調査細目』として出版された）があり、それに従ってインタビューが行われた。調査期間中、教員・学生の宿泊は、地域のみなさんの家に分散して泊めていただいた。調査地は全国をいたるところに拡がっている。調査地は、卒業生がいるなど協力を得やすいところが選ばれた。助手が事前に現地におもむき、役場の協力も得ながら、分宿の手配、調査地域の略地図の作成などの準備をしたという。そうして調査期間の一週間、個人のお宅で寝食を共にさせていただくなかでたくさんのお話を聞き、学んだのだろう。今は調査中の宿泊は個人のお宅ではなく、熊野市少年自然の家という公共の宿泊施設を利用している。泊めていただく家を探す苦労はない。

調査地として三重県東紀州でお世話になるきっかけは、松田先生が大学入学当初からの友人の寺口瑞生先生（現在は千里金蘭大学教授）のバックアップのおかげである。当時、寺口先生は三重県の松阪大学に勤務され、三重県各地の地域おこしを地域社会学的に研究されていた。東紀州活性化大学の講師をしながら地域おこしの応援をしていた。次の学生実習の調査地を考えていた松田先生は、これを学生実習に何とか結び付けられないかと閃き、お願いをした。寺口先生が快く引き受けてくださりスタートした。よく二人が京都大学に入学したころの話題が、まるで漫才コンビの掛け合いでお酒の席で披露される。昭和の青春時代のエピソードが数々出てくる。大うけ間違いないがここでは（お二人の名誉のため）控えておく。

学生実習は、そのフィールドのみなさんの協力なしでは実現しない。まず紹介していただいたのが、当時、熊野市役所水産課に勤務していた久保智さん（現在は熊野市市会議員）、御浜町役場のみなさん、Uターンで起業された方々。熊野市では「オープンユニバーシティ事業」、御浜町では、「大学連携プロジェクト」として支援をいただいた。これらの協力を得られたことが二〇年を超えて続けてこられた所以である。他にもたくさんの方にサポートをしていただき、その関係は年を重ねるごとに親しさも増して、そこからますますその輪が広がっていった。みなさんから忌憚ないご意見ご指導をたくさんいただいた。お叱りを受けることもあった。それらのすべてが学生のみならず引率教員の反省でもあった。

これまで調査実習をした村落は五〇にのぼる。大体、二年連続で同じ集落にお邪魔する。学生五人ぐらいのグループに分けて一つの集落を担当する。複数の大学との合同調査実習のころは八班に分かれて活動した。二〇年を超えると年をあけて同じ集落にすでに二〜三回お邪魔した所も多くなった。二〇年前の報告書と比較ができるようになった。山と海に恵まれた熊野市と御浜町の特徴を活かして、山班、海班と分けて、それぞれ学生の関心事をテーマに聞き取りをした。過疎高齢化における困難、林業、漁業、地域おこしなどのテーマが主だった。それに絡めて存続が難しくなって取りやめになった祭り、行事、さらには小学校の廃校なども、みなさんからお聞きした話を記録として残すことをしてきた。未曾有の災害があったあとは、地域の自主防災の取り組みを聞いた。ここ四〜五年は、地域のみなさんの新しい取り組みや若い人たちのイベントを見るうれしい機会が増えたように思う。

合同実習では、他大学の学生と交流することも大きな勉強になった。学生内の口論もあった。夜中まで議論が続いたこともしばしばあった。そんな時、仲裁に入るのが、チューターであった。チューターは、この実習のOBだったり、大学院ゼミの延長でスカウトされた院生、ODなどである。チューター成り立てでは学生同士の口論もなかなか収拾しないことがあった。そんな時はおもむろに松田先生らが登場するのである。それをチューターは学ぶ。チューターは、この調査実習が二〇年を超えるのと同じく成長し、それぞれりっぱな大学教員になった。それでも今もチューターの役目を担ってくれる。チューターのサポートが無かったら、この実習も続けることができなかった。チューター歴が長い土屋雄一郎さん（現在は京都教育大学教授）は、博士課程に在籍中に、飛び込みで古川・松田大学院ゼミを受講して、先生にスカウトされた一人である。古川・松田両先生に会えて、本当に勉強をさせてもらったという。でも手取り足取りの指導をされた記憶はなく、見て学ぶというやり方だったと振り返る。チューターになるにあたっても、何をどうするという決まりもなく、もちろんマニュアルもない。学生を安全に目的地まで連れていく。担当する班の学生との会話や報告書の執筆にあたりコメントをすることで、徐々にチューターたるものの自覚がわいてくる。土屋さんは、学部生の実習ゼミに似つかわしくない受講生として席に着き、そこで学部生向け授業の方法を覚えた。そんな放任主義なやり方で、指導されてきたように思うと振り返る。これは松田先生が学部生のころ授業に全く出ず、先輩たちのおもしろそうな読書会を見つけてはもぐりこみ、そして米山俊直先生の研究室に入り浸っていた学部四年生・院生時代をとおして自分自身が学んだやり方なのではないだろうか。

私は、二〇〇五年ごろまでは熊野実習の引率ができず、研究室で見送り、実習から無事に帰ってくる学生を研究室で待つのみだった。実習から帰った学生は、必ず研究室に報告に来てくれた。とても満足そうな顔で、「すごい海がきれいで、山が近くていいところでした」と口をそろえて言う。そして何より普段、高齢の方と話す機会が少ない彼らは、みなさんからいろんな話を聞けたことが自信になって（自家製の漬物や郷土料理までいただいて）、とても充実した生き生きした表情になる。シャイな学生が多いと言われるが、熊野から帰ったみんなはよくしゃべるようになっている。そんな彼らを見るのが本当に楽しかった。

予備調査では、実習でお世話になる区長さん宅、市役所、町役場、現地サポーターさんにお願いのご挨拶にいく。この時は、実習代表の松田先生の出番である。初めて市役所の一番上のフロアーの市長室に挨拶に行った松田先生はそつなく丁寧に挨拶を終え、気が大きくなり、声も大きくなり、「挨拶はあんな感じで良かったでしょう」と得意げになりながら階段を下りて行ったそうである。煙突効果で階段の上で見送っていた市長と久保さんにも丸聞こえだったとは気が付いていないのであった。

本調査では、各班ごとに分かれてチューターが付き添ってインタビューに行く。朝、宿舎を出発して、事前に予約を入れている方へのインタビューを終えて夕方宿舎に戻ってくる。そして夜の報告会をする。三泊四日、時間いっぱいに使ってお話を聞いて帰る。そして各班ごとに分かれて報告書の準備にかかる。

補充調査は、各班で聞き漏らしたこと、確認したいことを絞ってもう一度インタビューをさせていただく。各班に必ず一人のチューターが同伴する。学生はチューターのサポートを受けず、自分で聞いて報告書にまとめる。インタビューが終わったら学生と一緒に次に移動する。分かっていただけるように、チューターは体力と忍耐のいる重要な役割である。松田先生たち引率教員は、何か問題が起こったらすぐに現場にかけつけるのが役割で、その役割はめったに起こらないため、熊野の大自然の中でゆったり過ごしている（ように見える）。

こうして現地サポーターさん、チューターサポーターさん、なにより地元のみなさん方、そんな好い人のご縁がつながって調査実習は延々と続いてきているのである。今年度の報告書『地域にまなぶ』は第二五集となった。

3　アフリカ潜在力プロジェクト

二〇〇〇年代に入って外部資金の獲得が非常に盛んになった。文部科学省所轄の大型研究費、学術振興会の科研費などがある。科研費の基盤研究A、B、C（おおよそ大、中、小の規模の三段階）の研究プログラムが用意されていた。その後、それよりさらに大型の新学術やSという種目ができた。もちろん採択される確率は高くはない。

一五年ほど前に、京都大学アフリカ地域研究資料センターの市川光雄先生などアフリカ研究者が集まって、アフリカの研究を強力に推進するプロジェクトをやりたいねという話があがった。一つの学問分野のみではなく、分野を超えてそれぞれが連携しながら「潜在力」をシンボルとして異なった分野との新しい研究に夢を膨らませた。それを礎に、太田至先生が代表者となり二〇一一年度、念願かなって（S）科研がスタートすることになった。五年間の研究期間が与えられる。この五年間では、「紛争」解決を彼らが持つ独自の「潜在力」との関係で考えようというのが課題だった。日本人のアフリカ研究者のみではなく、アフリカ人の研究者とのパートナーシップが出来た。このプロジェクトではヨーロッパ人やアメリカ人の研究者が入っていないですね、と太田先生に聞いたことがある。「特にアフリカ人に限定したのではないけれど、アフリカ人の研究者を探して彼らの著作を読んでいたらね、そのなかには面白い人がたくさんいたんだ」、と嬉しそうに答えてくれた。このプロジェクトでたくさんのアフリカ人の研究者と研究協力を結ぶことができた。その中でも特に七名の研究者がコアメンバーとして常連となった。五年目には、研究成果をまとめた編著が五冊出来上がった。最終年度の前の年に、日本人側のみならずアフリカ人側からも、何とかこの研究プロジェクトを継続していきたいという声があがった。代表者を松田先生に交代し、同じく（S）科研の申請することになった。私はこの第二期と言える「アフリカ潜在力」の計画調書の作成から大きく関わることになった。刊行されたばかりの成果出版を開く毎日だった。

第一期では「紛争」解決をキーワードに進めてこられた。第二期は、紛争解決のみでなく、ジェンダー、文学、言語、教育など新しい視点からのアプローチを入れた「アフリカ潜在力」を検討することを特徴とした。それぞれ専門分野ごとに班をつくり、そこに研究分担者、連携研究者、次世代研究者が入る。七班に分かれて五〇人規模の名前があがった。この組織が今期の基盤となった。

このプロジェクトは、毎年アフリカで開催するアフリカ・フォーラム、一般公開シンポジウム、成果本の刊行などを全体の研究計画として進んでいる。アフリカフォーラムは、ウガンダ、南アフリカ、ガーナ、ザンビアと続いた。今年度に計画をしていたタンザニアは、コロナ禍により延期せざるを得なくなった。

フォーラムの裏方の準備の一つに参加者三〇人ほどの宿泊先の確保、四〇名ほどが入れるレストランの確保があった。フォーラム開催の半年ほど前からフォーラムの会場、ホテルやレストランの予約をメールでおこなう。メールのやり取りは優に七、八〇往復を超える。フォーラム開始の三日前には現地入りして、フォーラム会場の設備のチェック、ホテルの部屋の割り当て、レストラン回り、飲み物の買い出しに走る。おかげで行った先々のマーケットやレストランをいくつも見ることができた。そこでしか味わえないメニューにも詳しくなった。ただ、観光スポットに行く時間はまったくなかった。

太田先生と松田先生は長い年月が素晴らしい関係を作っている。二〇一九年三月、太田先生の退職記念に『太田さんの退職記念文集』が作られた。それに、松田先生は、太田先生が修士の院生で松田先生が学部四・五回生の頃、読書会で出会い、自分の言葉で自分の思考をしている太田さんに尊敬の念を抱いたと書いている。太田先生は、当時の松田先生を、「議論をさせると鋭かったな。最先端の理論を読んで知ってるんだよね」。「一九七八年に俺が初めてケニアへ行ったとき、松田さんはナイロビ大学の修士課程にいたんだよね。俺は英語もスワヒリ語もままならないのに、松田さんは流ちょうにケニア人としゃべってたんだ。すごい奴だなと思った」と話してくれた。が、松田先生は著書の中で、英語もスワヒリ語もできなかったが、とにかくアフリカへ行きたいという思いだけでナイロビに行った、と書いている。あの独特のセンスで、短期間に英語もスワヒリ語も習得したのだろう。松田先生は、「太田さんは幅広い関心から出発して研究を深め、人づくりを実践し、日本とアフリカの協働と連携のモデルを創造した」と言い、太田先生は、「この潜在力プロジェクトを理論的に方向づけてきたのは松田さんなんだよね」と互いを評価する。成果本の序論で松田先生は、「アフリカ潜在力」という新たな認識枠組をもとにして、アフリカ社会と向き合う。それはアフリカ社会から学ぶということ。そして五つの「学び」を上げている。「多様性を知る」、「過去と向き合う」、「同時代性に寄り添う」、そのうえで「困難を学ぶ」、そして五つ目は「希望」の兆しを学ぶということ、それが最後の課題だと記している。

度々起こる未曾有の大災害、ウイルスの脅威で世界が混乱し日常が日常でない経験を強いられている。こんな状況下、これからの人類社会が困難を乗り越えるうえで共通の財産となりうるのではないか。今、各班の研究者たちはそれぞれの視点で「潜在力」という研究成果をまとめている。

4　つながり

アフリカプロジェクトの事務局には、五名の教員と三名の事務局員の合計八名のスタッフがいる。事務局の運営には事務局員全員が協働している。代表の松田先生は細かな指示をしない。熊野実習調査でもチューターが実に効率よく動く。こうして振り返ると、このやり方は松田流の戦略なのか。マニュアル化せず、主体性を持たせることにより創造の余地が生まれる。先生とのやり取りでよく使ったキーワード「いい加減ですね」が、本来の「良い」加減となっているのかもしれない。私はこの術中にまんまとはまって一生懸命やってきた一人だと自負している。

太田先生によれば、「松田さんってネットワークが広いんだよね。知らない人にでもどんな研究をしているのか聞いて、専門が違っていても話を続けていって相手の面白さに突っ込むんだ。相手は興味を示してくれるので得意になってどんどん話をしていくんだよね」。私もまったく同じ感想を持っている。これは、相手が学術的に優れている研究者の場合だけではない。例えば、卒論テーマに若者の間の社会現象を取り上げる学生がいる。指導という名のもとに面白がってどんどん裏情報を引き出していく。今までの経験とは無縁だった社会事象に興味がわき、知識が増える。そして、「松居さん、何々って知ってる?」と、その新しく仕入れた知識を得意になって披露する。学生にとってみれば、先生がとても興味を持ってくれた、これは面白い卒論になると確信するのである。こんな調子でよく自分を理解してくれる先生に惹かれる。惹かれる者たちが集まって、それぞれが持つ資源の遺産が作り上げられていく。そんな院生が他研究科からも数知れず訪ねてきた。そんな学生・院生がドアの前に何人も並ぶ光景も珍しくない。面談の約束をしていたのに先生が現れないことも多々あった。すっぽかされても、それでもあきらめずにアポイントメントをとる。その外された時間で考えが変わったり、まとまったりすることもある。それでどれほどたくさんの学生・院生、ODが助けられたことか。

松田先生は思考も行動もアップテンポでいつも前に進んでいる。アフリカ人研究者のキルミラ先生[2]が、大きな声で英語をしゃべっている先生を見て、「彼はいつもこの辺（自分の手を挙げて）を考えているよね」と言ったことがある。私が、懸命に細かな事務的な説明をしているときに、あれ聞いてないとわかる時がある。そんな時は、頭の中はこの上の方を考えている状況なのだろうと話を切り上げる。

これからも新しい論理を創造し、面白いことを追求し続けていくのだろう。面白くない話に貧乏ゆすりをするのは、おさまらないだろう。

Elimu haina mwisho![3] これは松田先生が太田先生の退職の時に贈った言葉である。私から先生に贈りたい。

注

（1）古川彰先生（関西学院大学教授、二〇二〇年三月定年退職）松田先生が修士の院生だったころ初めて研究費をもらって滋賀県で共同調査をした以来の研究だけでなく、あらゆる面での仲間である。

（2）Edward Kirumira（Stellenbosch Institute for Advanced Study, SOUTH AFRICA）「アフリカ潜在力」プロジェクトの当初からのコアメンバー。

（3）スワヒリ語のことわざで、学問は終わらない！

参考文献と資料

太田至シリーズ総編集／松田素二・平野（野元）美佐編『紛争をおさめる文化——不完全性とブリコラージュの実践』京都大学学術出版会、二〇一六年三月。

松田素二編『アフリカ社会を学ぶ人のために』世界思想社、二〇一四年三月。

太田さんとヤギを食べる会『太田さん退職記念文集』実行委員会文集編集部、二〇一九年三月。

京都大学文学部社会学研究室『京都大学文学部社会学教室百年のあゆみ』二〇〇七年一一月。

社会学研究室『地域にまなぶ』第四集から第二四集。

京都大学大学院文学研究科社会学研究室　村落調査データーベース https://www.socio.kyoto-u.ac.jp/archive/sonraku-2/

〈謝辞〉このエッセーを書くにあたり、井上俊先生、宝月誠先生、太田至先生、土屋雄一郎先生に懐かしいお話を聴かせていただくことができました。いつまでもお話しをしていたくなるような、たのしく、そして充実した時間でした。ありがとうございました。

北タイの環境保全運動

福浦一男

松田素二先生がアフリカや日本をフィールドワークする姿は容易に想像できるが、北タイをフィールドワークする松田先生と言われてもあまりイメージできないかもしれない。しかし、本章では、まず北タイでの二〇〇七年九月のフィールドワークを紹介する。この年、先生は一〇日間の日程で北タイに滞在し、現地の森林保護をはじめとする環境保全運動に関する調査を実施した。その頃、私はチェンマイ郡とその周辺地域で精霊信仰と霊媒術に関する調査の最中であったが、現地合流の上、調査への同行を許可された。その結果、先生の調査チームによるインテンシブなフィールドワークの現場を身をもって知ることができた。

以下、まずこのフィールドワークの概要を紹介した上で、三年後の二〇一〇年三月にチェンマイ大学社会科学部で開催された成果報告のセミナーにおける松田先生のワーキング・ペーパーの内容を確認したい。それから、この調査・研究のフレームワークを参照しながら、のちに私自身が北タイで遭遇した自然環境・社会環境の保全運動の事例とその意義を考察する。

二〇〇七年九月、北タイ――コミュニティ・フォレスト保全運動フィールドワーク

雨期の只中のタイ、チェンマイ国際空港に松田先生が到着したのはその日の午後のことだった。前年の二〇〇六年九月に二一世紀のタイ初のクーデターが発生し、その後も軍政が続いていた。とはいえ、当時は社会的な制限はまだそれほどではなく、優秀な調査助手が事前の打ち合わせに基づいて、無駄なく必要な場所と人に面談できるよう綿密なスケジュールが組まれていた。

翌日、調査の一日目がはじまった。まず、調査チームはチェンマイ大学社会科学部のアーナン教授の研究室を訪問し、森のなかに暮らす人びとが森林のリソースの使用権を求めて政府と交渉してきた経緯など、北タイ地域社会における土地と森林の管理に関するレクチャーを受け、さらに意見交換を行った。後、カレン族のコミュニティ運動のリーダー、ジャニさんと面会した。ジャニさんというその名前は「ジャパン」を意味し、それは第二次大戦中にチェンマイに日本軍が来たことに由来するという。ジャニさんの語りは、歴史的にはイギリス東インド会社による搾取にまで遡るカレン族受難の歴史から、コミュニティ・フォレストをめぐる近年の政府とのコンフリクトに至るまで、幅広いものであった。その後、チェンマイ市近郊のドーイ・ステープ寺院奥に位置するモン族の村を訪問した。そこでの主なテーマは、アヘン栽培から小売業への生業の転換、コミュニティ・フォレスト、水資源を巡る低地民とのコンフリクトなどであった。

二日目には、チェンマイ県サンサーイ郡でＮＰＯを主催するチャチャワンさんと面会し、北タイにおけるコミュニティ・フォレスト運動の導入およびコミュニティ・フォレストの理念についてのレクチャーを受けた。後、先述のジャニさんが暮らすチェンマイ県メーワーン郡の村を訪問し、村のコミュニティ・フォレストを見学した。

三日目は、チェンマイ市内から車で一時間半ほどのところにあるチェンマイ県チェンダーオ郡に出向いた。チェ

写真1　チェンマイ県メーワーン郡のコミュニティ・フォレストにて。にわか雨が降ってきたので傘をさす。（2007年9月、撮影：福浦一男）

ンマイ市内を流れるチャオプラヤー川の支流ピン川の分水界に関するNPO、郡内の山地少数民族の村、そして同じ郡内の低地タイ族の村を訪問し、インタビューを実施すると共に、これらの村のコミュニティ・フォレストを見学した。二つめの村の森林の樹木のなかには上座部仏教僧の黄衣が縛り付けられているものが散見された。これは、樹木の得度式を行うことで木々を神聖な存在にし、開発による伐採の被害から守ることを意図したいわゆる「森の出家」（*buat pa*）である。加えて、周囲に設置された複数の精霊祠が目を引いた。

一日おいて調査四日目から六日目までは、チェンマイから北東に約三〇〇キロのところにあるチェンラーイ県チェンコーン郡への遠征であった。四日目はメコン川のほとりの小都市チェンコーンに移動し、メコン川の自然環境の保全運動や流域のコミュニティ・フォレスト保全を手がけるNPOのニーワットさんに話を伺った。ちょうどその頃、川向こうの隣国ラオスからNPO関係者がチェンコーン郡の村々を訪問しており、その日の夜はタイ・ラオス友好のための交流会が開催され、松田チーム一行もその輪に加わった。五日目は住人の大半が低地タイ族である郊外の村を訪問し、村長の話を伺うと共に、低地のコミュニティ・フォレストを見学した。第六日目はニーワットさんらのコミュニティ・ラジオ局を見学し、五日目と同じ村の、今度は高地のコミュニティ・フォレストを見学したが、こちらの住民も大半は低地タイ族であった。後、調査チームはチェンマイへの帰路についた。

翌日の調査七日目はチェンマイ国立博物館に出かけた。北タイの森林開発の歴史的経緯など、本調査にとって極めて重要な情報を収集した。

調査八日目はチェンマイから南へ車で三〇分のところにあるランプーン県ランプーン郡のコミュニティ・フォレストを見学し、村人たちの話を伺った。堰の精霊の精霊祠や守護霊の精霊祠が目を引いた。この村は外国人のホームステイを受け入れており、日本の大学のスタディツアー先にもなっていた。ここが二〇〇七年九月の調査旅行の最後のフィールドとなり、同じ日の夜、松田先生はバンコク経由で帰国の途に就いた。

Think Locally, Act Locally

このフィールドワークを含む約三年間の調査・研究からどのような結論が導き出されただろうか。二〇一〇年三月にチェンマイ大学社会科学部にて「チェンマイセミナー二〇一〇――東南アジア大陸部における生成コミュニティ」（Chiang Mai Seminar, 2010: 'Communities of Becoming' in Mainland South East Asia）と銘打たれた成果報告のセミナーが開催され、そこで松田先生は「ローカル・コミュニティと環境保全――『Think Globally, Act Locally』再考」（Local Community and Environmental Conservation: "Think Globally, Act Locally" reconsidered）という題目の研究発表を実施した。たまたまこの頃調査でチェンマイに滞在していた私は、幸運にもこのセミナーに参加することを許可された。当日配布されたワーキング・ペーパーに「引用・複写厳禁」とあるので、以下、この論文の要点を差し障りのない程度で簡潔に紹介する。

近年の環境問題の議論は加害者/被害者という二項対立をはるかに超えている。それはつまりグローバルな環境主義のことである。普遍的で超越論的なパースペクティブ、つまり人類のパースペクティブから発展した環境理論のなかでは、地域住民が設定したコミュニティ・慣習の範囲の内側での紛争は、偏狭な地域主義、または生活保守主義として顧みられることがない。しかし、think global, act local［ママ］ではなく、thinking locally, acting locally こそが重要なのではないか。

ものごとを理解するための現代社会のフレームワークは、日常生活世界のさまざまな領域を独立したシステムとして裁断し、各の領域に明確で論理的な知のシステムをうみだしたが、いかなる明確な説明も不可能な類の慣習的なプラクティスがコミュニティの生活世界のなかに埋め込まれた知とリンクしているではないか。

一見すると資本主義に包囲されているように見えるチェンマイ近郊のとある村の事例でも、高地帯・中間地帯・低地帯の住民たちが新たに結成した水資源管理の委員会は、一種のソフト・レジスタンスと見なすことができる。住民たちは、水資源を巡って相争った末、委員会を結成したが、彼らは、複雑で様々な種類の森林をコミュニティ・フォレストの地域的概念へと再配置したのである。それと同時に、国家レベルでの森林保全の概念は、コンテクスト化・ローカル化された森林関連のイデオロギーの範囲の内部で再定義された。こうして、森林に関する地域的なイデオロギーは環境保全に関する国の言語となったのである。またチェンダーオ郡の村のコミュニティ・フォレストに関する規則は、一見するとローカルな叡智のエッセンスにも思えるが、実際にはそれらは数多くの点でグローバルな環境正義に類似しているという事実が存在するのである。

北タイのコミュニティ・フォレスト保全運動に関する松田先生の考察はあくまでも環境保全に関するものであるが、伝統的規範と近代的自然保護の論理の接合プロセスに焦点を当てるという視座は、資本主義社会のなかで地域住民が繰り出す交渉・馴致・再解釈などの諸力への注目をはじめとして、環境問題に限定されない広範なパースペクティブを含んでいる。とにかくこのパースペクティブは、それ以降の北タイの自然環境・社会環境の保全運動の展開を理解する上でも有効であり、効果的である。そこで、次に二〇一八年の自然環境保全運動の事例を検討したい。

二〇一八年、北タイ、チェンマイ――ドーイ・ステープ山麓保全運動

住宅建設計画反対運動

タイ、とりわけ北部地方の環境保全運動では、可視的な敵対勢力が存在する場合、宗教文化的方法を用いた抗議行動を用いる場合が少なくない。チェンマイ旧市街の西側にドーイ・ステープという山があり、山上にはワット・プラタート・ドーイ・ステープ寺院（ドーイ・ステープ仏舎利寺の意）が存在する。この寺院は、上座部仏教の聖地として長い間人びとの信仰を集めてきた。タイ政府は、そんな仏教聖地の山麓に裁判所の裁判官・高官・職員のための住居を建設しはじめた。二〇一五年のことである。

ところが二〇一八年初頭にこの住宅建設計画の航空写真がソーシャル・メディアに拡散すると、論争が巻き起こった。その写真により、建設された住宅が森林地帯を蚕食し、環境破壊を引き起こしていることが明らかになったからである。森林蚕食を禁じる政策は二〇一四年に軍が承認したところであり、森林地帯に居住する人びとの追い立てや人びとの財産の没収・破壊が禁止されていたにもかかわらず、補償や適切な救済策なしで退去させられたと申し立てる人びとが存在した、と国家人権委員会は報告している。

活動家や地元住民はソーシャル・メディアで異議申し立てを開始し、住宅の取り壊しおよび建設地の森林の再

生を要求した。二〇一八年四月には一〇〇〇人以上の人びとが抗議行動に参加した。一連の抗議行動が功を奏し、二〇一八年五月に軍政は論議の的となる住宅建設計画の中止および一帯の公園化に同意した。同年八月には住宅建設地がチェンマイの北方のチェンラーイへと配置換えされた(1)。

「環境保全運動は政治集会ではない」

一連の抗議行動は極めて例外的な出来事であった。というのも、二〇一四年五月に二一世紀で二度目のクーデターが発生して以来、社会統制は厳しさを増し、軍政は五人以上の政治集会を禁じていたからである。二〇一八年八月に、私はたまたま、チェンマイ旧市街東側のター・ペー門前広場で開催されたこの住宅建設反対運動の集会を目の当たりにした。緑色のTシャツや布を旗印に集う人びとの運動は一般に「グリーン・ムーブメント」と呼ばれていた。当時、軍政による集会禁止令が機能していたにもかかわらず、人びとは、これは環境保全運動なのだから政治集会ではない、従って五人以上の集会禁止というのは該当しないと主張し、集会を決行した。その日の集会は午前九時から正午まで続いたが、軍関係者は彼らの主張に敢えて意義を唱えることはできない模様であった。このように、自然環境の保全運動に携わる地域住民たちは、状況と交渉し、状況を馴致する力を遺憾なく発揮したのである。

自然環境の保全と呪詛儀礼

二〇〇七年の松田先生の調査時にも、樹木を人格的存在と見なす「森の出家」儀礼、そして堰の精霊や守護霊への信仰など、環境保全運動のなかにアニミズム的側面が認められたが、この集会では呪詛儀礼という、遙かにアグレッシブなやり方が登場した。集会も終わりにさしかかった頃、特設ステージの前に大きなフライパンが七輪の上に置かれているのが目にとまった。ほどなく、「森を欠いた家」（*ban pa waeng*）と記された紙製の家の模型がフライパンのそばに運び込まれた。やがて呪詛の文字を記した紙片が数枚フライパンの上に置かれると、人びとは七輪に火を付け、フライパンに大量の唐辛子と塩を加えて炒め始めた。同時に家の模型にも火がつけられた。じきに周囲に煙が充満する。北タイ伝統の呪詛儀礼、「唐辛子を焼き、塩を焼く」（*phao phrik phao khlua*）である。

一〇世紀末以来、タイ社会では、民衆による抗議行動やデモなどの社会運動全般において、呪術的手段による意思の表明が広範に実践されてきたが、なかでも北タイの呪術は代表的なものである。例えば、一九九二年にチェンマイで実施された軍政に反対する呪詛儀礼では、クーデターの首謀者がこの儀礼のターゲットとなった。「唐辛子を焼き、塩を焼く」儀礼は、かねてから環境保全運動の場でも用いられてきた。例えば、一九九九年のチェンマイ県チョームトーン郡での水資源を巡るコンフリクトにおいて、低地の農民たちが、山地少数民族支持のチェンマイ大学の五名の教授をターゲットにする呪詛儀礼を実施している。実はこの事例は、松田先生が論じた高地帯・中間地帯・低地帯の住民の村からそれほど遠くない場所にある。

ここで重要なのは、ローカルな宗教儀礼実践を創造的に馴致し、再解釈することで、人びとが社会問題に対する異議申し立ての方法を制度化するに至ったということである。このやり方は、宗教文化的伝統をもってする象徴的な近代的自然保護であり、北タイの人びとにとって、両者は必ず接合していなければならないのである。この一見些末なレジスタンスは、実際には大きなレジスタンスやムーブメントと論理的・実践的につながっているのである。その背景に、北タイ特有のコスモロジーが存在することにも留意しておかなければならない。現地の仏教宇宙では、さまざまな人格化された（anthropomorphic）霊的存在および複数の霊的存在の関係性が諸存在のヒエラルヒーを形成しており、このコスモロジーがコミュニティの社会空間を宗教文化的に基礎付けている。

余談だが、私はこれまで少なくとも一〇年間にわたり事ある毎に、地元の人びとにこの呪詛儀礼の由来について尋ねてきたが、「村人の信仰」（*khwam chuea khong chao ban*）という以外、未だにその詳細は不明である。とにもかくにも、北タイの地域住民はさまざまな理不尽さに対する怒りを表現する際に、必ずと言っていいほどこの呪詛儀礼に訴えるのである。

二〇一八年六月、北タイ、チェンマイ──歴史的記念建造物保全運動

今度は、近年の北タイの社会環境の保全運動の事例を検討したい。焦点を当てるのは、同じチェンマイのとある歴史的記念碑の周囲に形成された地域コミュニティとその活動である。

そもそもチェンマイは一三世紀以来独立王朝の中心地であった。しかし二〇世紀初頭のシャム王国への統合後、旧王朝の政治権力に正統性を付与する役割を果たしていた守護霊祭祀は厳しい制限を受け、その結果、信仰の多くが村落コミュニティレベルのものになっていった。ところが二〇世紀中頃に霊媒の小グループが形成され、「伝統の創造」を交えながら旧王朝の宗教文化を継承していき、さらに二〇世紀末の都市化・消費社会化と共に現代的な霊媒術が勃興した。このような霊媒術の勃興は新たな形での宗教コミュニティとその可能性を示している。市の内外にあまたある随所に存在する歴史的、宗教的建造物・記念碑の多くが守護霊信仰と結び付いているが、ここで検討する二頭の獅子王の像（rachasi）の歴史は比較的新しく、その建立は一八世紀末にカーウィラ王が二〇〇年以上に渡るビルマの支配からチェンマイを解放した後のことである。往時には、ライオンの像はチェンマイの吉兆の象徴と見なされており、この地は軍の集合場所であった。この記念像のテラスでは毎年霊媒たちによる集団儀礼が実施されており、儀礼名「クワンシン」（Khuang Sing）は「ライオンの地」という意味の地名に由来する。フィールドワークを進めていくうちに、この儀礼が単に霊媒たちだけのものではないという新たな事実が浮かびあがってきた。

二〇一八年六月にこの儀礼をフィールドワークした際、私は思いがけない光景に驚いた。仏教僧の読経ではじまる開会式の場に、副知事夫妻、軍の高官、地域行政の副議長、カーウィラ王の子孫の姿を認めたからである。さら

に儀礼が進行すると、霊媒たちの憑依ダンスやそれを見物する近隣住民たちの姿に混じり、おそろいの茶色のシャツを着た人びとの小グループが目を引いた。胸の黄色のワッペンには「ライオンの家保存クラブ」（chomrom anurak khum sing）と記されている。

そこで何人かに詳しく話を聞いてみると、事の次第は次の通りであった。二〇一四年から県知事がこの儀礼にやって来るようになり、来られない場合は副知事が代役を務めることになっている。毎年この地域のコミュニティの議長が県知事に招待状を出し、さらに市役所や副郡の役所にも儀礼へのサポートをお願いしている。二〇一六年には獅子王像とその歴史的重要性に深い関心を寄せる地域住民が「保存クラブ」を設立したが、このクラブはボランタリー・アソシエーションであり、獅子王像とその歴史を尊重する人なら誰でもメンバーになることができる。メンバーのなかには霊媒が二、三名いる。二〇名の委員が存在し、それぞれ三年の任期で議長、副議長、秘書などの役職に就いている。「保存クラブ」に対する公的な財政援助はないが、この儀礼は地元の住民や公務員の喜捨によって支えられている。クラブのミーティングが開かれるのは二、三ヶ月に一回程度だが、メンバーは、毎日ＳＮＳを通して連絡を取り合っている。このクラブの目的は、獅子王信仰や獅子王記念儀礼を通してコミュニティを活性化することにある。

これは注目すべき新たなうごきである。かねてから、記念建造物のライオンの精霊を憑依精霊とする知己の霊媒から集団憑依儀礼そのものについての話は詳しく聞いていたが、この信仰の周囲にこのようなコミュニティが立ち上げられているとは思いもしなかったのである。しかも、このクラブには一般社会のそれと同じような役職があり、県知事をはじめとする地域行政にもその存在を認知されていた。これは、二〇一〇年三月のワーキング・ペーパーで松田先生が指摘していた、様々な種類の森林のコミュニティ・フォレストの地域的概念への再配置という論理と軌を一にする。つまり、このような信仰の新たなうごきは、シャムへの統合以来、厳しい制限を受けてきた旧王朝由来の宗教文化の一つである「ライオンの地」の獅子王像信仰が、地域コミュニティの人びとによる地方行政との交渉を通して再配置され、ローカルなレベルで実質的に再定義されたということを意味している。

活動を開始して間もないクワンシンの地域コミュニティは、獅子王像を拠点としながらコミュニティ内の日常生活世界の拡充を幅広く指向している。ＳＮＳでは、毎日のあいさつ、住民の動向、地方行政文書の回覧、獅子王像付近の清掃作業のボランティア募集、クワンシン儀礼の実施に関する事務連絡など、幅広いメッセージがやり取りされている。最近はチェンマイ周辺の新型コロナウイルスの感染者数や地元の検査機関の連絡先、さらには治療薬関連情報などもやり取りされるなど、ＳＮＳを通して、コミュニティの人びとが必要な情報を得ることができる。「保存クラブ」の活動は、伝統的でローカルな文化環境を保全しつつ、従来にはない形で北タイの都市域の地域住民の日常生活世界の維持・発展に寄与している。この事例でも、地域住民が繰り出す交渉や再解釈の力が遺憾なく発揮されている。

結びにかえて

ここまで、松田先生による二〇〇七年九月の北タイでのフィールドワークおよび二〇一〇年三月の研究発表の内容を確認すると共に、先生の調査・研究のフレームワークを参照しながら、後に私自身が北タイで遭遇した自然環境・社会環境の保全運動の事例とその意義を考察してきた。一連の考察を通して、改めて、人間と環境の関係が社会学や文化人類学にとってどれほど重要かを再確認することができた。人間と環境の関係というテーマの重要性は今も変わっていない。環境というのは非常に大きなフィールドであるが、偶然とはいえ、松田先生による北タイの環境のフィールドワークに関わることができ、非常に幸運だったと思っている。

注

1） First step taken to relocate Doi Suthep judicial housing. Bangkok Post, 21 August 2018 (online edition)（https://www.bangkokpost.com/news/general/1525706/first-step-taken-to-relocate-doi-suthep-judicial-housing）（二〇二〇年五月一八日アクセス）／Housing project in Doi Suthep mountains, Thailand | EJAtlas（https://ejatlas.org/conflict/doi-suthep）（二〇二〇年五月一八日アクセス）

参考文献

Rajah, Ananda, 2005. Political Assassination by Other Means: Public Protest, Sorcery and Morality in Thailand. *Journal of Southeast Asian Studies* 36(1): 111-129.

Sarassawadee Ongsakul, 2005. *History of Lan Na*, Translated by Chitraporn Tanratanakul, Edited by Dolina W. Millar and Sandy Barron, Chiang Mai: Silkworm Books.

福浦一男『霊媒のいる街――北タイ、チェンマイの宗教復興』春風社、二〇一六年。

福浦一男「トランスローカルとローカル――北タイ、チェンマイの霊媒術の再編を巡って」日本文化人類学会第五四回研究大会研究発表原稿（オンライン開催）、二〇二〇年。

生き方としてのフィールドワーク

中川大一

もうひとつのフィールド

松田素二さんを表するに、まずもってアフリカニストとすることに異論はあるまい。最初の単著である『都市を飼い慣らす』（一九九六年、河出書房新社）には「アフリカの都市人類学」という副題が付されている。次の『抵抗する都市』（一九九九年、岩波書店）はナイロビ移民の世界を描いているし、その次の『呪医の末裔』（二〇〇三年、講談社）は、ケニアの呪医一族の壮大なライフストーリーであった。ケニアで積み重ねられた、村と都市ナイロビを往還するフィールドワーク。そこから生まれた書物や論文の数々こそ、かれの仕事の真骨頂である。

同時に、かれは日本でも調査を続けてきた。琵琶湖岸の村を舞台とする共著『水と人の環境史』（鳥越皓之・嘉田由紀子編、一九八四年、御茶の水書房）と、その理論編といえる『環境問題の社会理論』（鳥越皓之編、一九八九年、御茶の水書房）の発表は上記単著より早い。後者に収められた「必然から便宜へ――生活環境主義の認識論」という論文は、フィールドにかかわりなく松田人類学の理論的骨格をなしていると考えられる。そのことは、かなり後に出された『日常人類学宣言！』（二〇〇九年、世界思想社）にこの論考が再録されていることをみても明らかだろう。この本は中間報告ということになっているが、二〇二〇年末時点で最新の単著だから、集大成という側面ももっている。

また、広島における韓国人被爆者の調査・研究も、アフリカニストの別の顔を見せてくれる。このように、アフリカと日本を両輪として活躍してきた松田さんには、もうひとつのフィールドがあるのではないかと思う。それは大学である。おそらく、ケニアよりも琵琶湖畔よりも、あるいはタイやネパールよりも長い時間が過ごされてきた場所。研究者としてではなく、教員として松田さんは学生にどのように接してきたか。講義を行うのみならず、ゼミでは討論し、論文を指導し、日常生活の面倒を見ることもあるはずだ。最後には就職活動の支援をして送り出し、さらにその先もあるかもしれない。そこには、論文や本の形では決して発表されないもうひとつの成果があるだろう。本エッセイでは、その一端を明らかにしてみたい。そのことが、松田流フィールドワークを幅広くとらえることにつながると思うからである。

ひとつのケーススタディ

とはいうものの、これまで育てられた学生に対してインタビューやアンケート調査をしてとりまとめるのは手に余るので、個人的なことを書かせていただきたい。実質上、自分語りの交遊録ということになるが、松田流学生指導のひとつのケーススタディであることも確かだろう。私は、松田さんが最初に着任された大学の学生だったのだ。松田さんは助手、私は三回生だった。一九八四年のことである。当時、その大学では三回生に徳島の阿波踊りを対象にした調査実習を課していた。私と松田さんとの初対面は徳島へ向かうフェリーの中だったのである。助手であるから授業はもたないが、読書会を主宰いただくなど、いろいろ面倒をみていただいた。ここで読んだ本ついては後述したい。

その後、私は卒業して出版社に就職し、今度は著者と編集者として相対することになった。だからこの報告はレアケースにすぎないが、調査地のインフォーマントであれ、研究者として育成する院生であれ、就職していく学部学生であれ、分け隔てなく接している構えは理解いただけるのではないか。フィールドワークはカリキュラムをこなして学んだりハウツーを身につけたりするものではなく、ひたすら実践であり、そうであるなら、少なくとも松田さんにおいて日常とフィールドとに区別はないのではないか、というのが先取りした結論である。

弱い者の味方

さて、話は少しさかのぼる。私は大学入学時から、中国からの留学生であったUくんと仲よくしていた。かれが図書館で「紅楼夢」を読んでいたことを思い出す。本国では読めない性愛小説だという。なるほど！　性愛小説なのか、中国では読めないのか！　いまウィキペディアなどで調べてみると、もうちょっと真面目な小説であるようだが、記憶では、かれは男女の……という感じで表現していた。そのころ、Uくん、日本人T、私の三人で、よくつるんで遊んでいた。慣れない環境でかれが困らないよう、大学での手続きなどについても面倒を見ていた、というのが私の自覚だった。

ところが、あるときUくんが、「「目をつむりにくい」というのは日本語として正しいか？」と聞いてきた。「目がつむりにくい」かなあ？　などと純粋に言葉遣いの問題として返事をしていたのだが、様子がおかしい。そのうち「私は中国人として医者にかかります」といいだすではないか。結局、かれは自律神経失調症にかかっていたのだ。ストレスからくる病である。

「お前らのせいや」と松田さんから叱責された。「Uくんは、中国から友だちがくるとどんなに遠くとも会いに行く。なぜだ？　さびしいからだろう？」。Uくんはわれわれになじめず、人知れず孤独感を育てていたのだ。まったく気づいていなかった。そういえば、自主ゼミの発表時など、かれの日本語がよくわからず、何となく流してしまったこともあった。飲み会でも、酔うにつれだんだん細かなコミュニケーションが面倒になって、かれを置いてけぼりにしたこともあったかもしれない。だいぶ飛躍するけれど、当時、私は本多勝一の「極限の民族」シリーズや『殺される側の論理』（朝日新聞社、一九八二年）など一連の著作を愛読し、生意気にも異文化に属する人びとのあり方や社会的不正義に敏感なつもりでいたが、おのれ自身の態度はどうなのか。冷水を浴びせられた。

弱い者の味方。松田さんから学んだことのうち最も大事なことだ。文化人類学者であるからマイノリティの立場に立つのは当然、というのは簡単だが、論文においても実践においても、あるいはフィールドでも教育現場でも、そのような構えを貫くことの困難は、だれしも容易に想像できるだろう。松田さんは、異国で苦悩する留学生に自ら手を差し伸べるのみならず、われわれ日本人学生にも、うわべだけ仲良くするのではない真の接し方を教育したのである。それがどの程度骨身にしみ付いたかはさておき、教わったこと学んだことはゼロではない。

学生を指導する

私の卒論は「大峰山の山岳信仰」という題目で、コネをたどって山伏の集団ににわかに混ぜてもらい、修行の実態をレポートする、という体のものだ。山歩きの道楽と学業を兼ねてしまおうというせせこましい根性からくるテーマ選びだった。山伏から直接聞いたことをそのまま書けば、自分であまり考えなくてもすむし、その場にいなければ誰も反論できないだろう。論文を多量に読むとかしなくてよさそうだ。もちろん、いくら三十年数年前でも専業の山伏なんかいない。僧籍をもつ人もいたが、その人も含めて大部分、普段は会社員や自営業者として働いている人が、地域で講の組織を作り、土日などにバスで奈良の大峰山にお参りに出かけ、いろいろな儀礼をして帰ってくる、というのがメインの行事だった。だからといってにせものということにはならないぞ、というのが論点だった。

直接の指導教官は理論社会学者であったので、助手ではあったものの松田さんにも相談しつつどうにか仕上げた。最終的な松田さんの評価は「これは汗で書いた論文だから、報告と記述の部分はいいかもしれんが、社会学的におもしろいところは何もない」というものだった。何度も山登りを繰り返してせっかく書いたのに……。まったく、研究者などになるもんじゃない。

卒論は当初の提出期限に間に合わず、指導教官に泣きついて何とか受領してもらった。今になって他人様に対して「締切厳守」などといえた義理ではないのである。

就職を支援する

前述のように私は大学を卒業してすぐ就職したのだが、大学院に行けばどうだろう？　と思ったこともある。とはいえ研究に興味があるというより目的はモラトリアム、「社会に出たくない、働きたくない」というのが本音である。

当時、通学の際、国鉄環状線京橋駅で乗り換えていた。大阪の京橋は、東京の京橋とはまったく違う土地柄だ。電車待ちをしていると、いかにもその筋の、縦縞スーツ姿、大柄で角刈りのおやっさんが汗をふきふき私の隣にどっかり腰掛けながら（なぜ私の隣にわざわざ？）、「ふーーっ、銭もうけはしんどいわい」と独りごちた（なぜそんな大声で独り言を？）。それを漏れ聞いた私は心底縮み上がった。こんなおっさん相手に仕事なんてできるんかいな（想定が極端すぎる）。

就職はおろか就職活動をする前から怖気づいた私は松田さんを研究室に尋ね、進学というのがどういうものか、聞いてみた。かれがいうには、

「お前は勉強が好きか？」

「いいえ」

「お前は社会に出るタイプや」

「そうですか」
「それに、大学院に行くと就職まで十年かかる」
「では就職活動を始めます」

直ちに覚悟が決まったわけではないが、三十過ぎまで無収入でいられるものか。松田さんは研究室の書棚から一冊の本を取り出した。自身が寄稿して刊行されてほどない『アフリカ世界』（宮本正興・岡倉登志編、一九八四年、世界思想社）であった。奥付を開いて、版元の電話番号をメモしてくれた。

次の日だったか、私はメモを見つつ、「もしもし就職したいのですが……」と大学の電話ボックスから電話をかけたのである。四回生の夏の終わりのことである（遅すぎる）。その後何社も出版社を受けたが、結局最初に電話したここで働くことになった。出版社ばかり受けたといっても、さしてこだわりがあったわけではない。最初に受けたのは電機メーカーだったのだ。だが、そこの面接で、

「君の卒論について説明してください」
「山伏について書きました」

という問答の後に漂った、気まずい空気を忘れることはできない。確か学生三人一組で同時に面接する形式だった。ほかの二人は「日本型経営組織の限界」とか「関西経済界と金融」について持論を得意げに開陳している。そこへもって、いきなり山伏。面接官は圧迫質問をしてやろうと待ち構えていたようだったが、不意打ちを食らい、どう聞いたら圧迫できるのか、思いつくことすらできなかったようだ。メーカーなんて、二度と受けるまい。

私は急に熱心に『アフリカ世界』や、『スワヒリの昔話』（エドワド・スティア編、宮本正興・鈴木優梨子訳、同朋舎、一九八三年）を読み始めた。松田流指導が、ここでも実を結ぼうとしていた。

仕事に就いてからも面倒見る

無事就職はしたが、今まで学術書などまともに読んだこともなく、さしたる企画などあるはずもない。またしても、松田研究室の扉をたたくことになった。

「先生！　よろしくお願いします！」

「何やお前どうした、急に〝先生〟て？」

「松田先生、企画ください！」

ということで松田さんから多くの著名な研究者をご紹介いただくことになった。

そうしてある碩学とレストランで食事をとっていたときのこと。かれは器用にフォークとナイフを操りながら、

「……すると、ユニークなダータムが集まるかもしれません」と仰った。

私は、箸をもらってスパゲッティを一気に啜り上げたい欲望を抑えつつ拝聴していたが、

「ダータム……何のこっちゃ？」

と、口に出せない疑問を抑えるのに必死だった。受験英語でデータの単数形がダータムだと習っていたが、実際に発音されるのは初めて聞いた。

そのときに限らず、すべての面におけるあまりのギャップに辟易した。編集技能がまだないうえに、研究者の前

で文化人類学についても何も知らない、という態度を貫くのは苦しい。そこで学部時代、松田さんをチューターに迎え、数名で『文化人類学一五の理論』（綾部恒雄編、一九八四年、中公新書）という本を読んだことを思い出した。いわゆる自主ゼミだ。これは役に立った。実際には新書一冊読んだくらいでどうなるものでもないのだが、心理的にはこれにすがるより他なかったのである。

ちなみに、このときのテキスト選びについて松田さんの最初の提案は、クリフォード・ギアツの『文化の解釈学』を原書で読んだらどうか、というものだった。研究室にあった原書をめくってみた。辞書を引いてInterpretation of Cultureというのが、「文化の解釈」だということだけはわかった。だが、こんな厚い英語の本、歯が立つものか。この本は一九八七年に岩波書店から二巻にわけて邦訳が刊行された。それでも難しいというのに。新書で十二分。そのとき、定価数百円の新書を高い！　といっていた私が、今になって「最近の学生は本を買わない」などと嘆く資格があるわけはないのである。

ラフに考える

およそ仕事とは、身を入れなくてはことが運ばず、力が入りすぎても空回りする、やっかいなものではないだろうか。師に恵まれ、大学は四年で卒業、新卒で就職——ところが、好事魔多し。勉強は好きではなかったが、何と、仕事も好きではなかったのである。原稿が難しくてなかなか読み進めない。

そこで私は、おのれの無能を何かのせいにしようと、自分は日常生活のなかで、少しずつ権力者に見えないように抵抗しているのだ、と、『都市を飼い慣らす』や『抵抗する都市』をちらちら参考にして、思おうとした。

例えば時給が同じなら、仕事をなるべくゆっくりやって、時間を引き延ばせば、結局は賃金が上がったのと同様だ。長期間仕事にありつくこともできる。私も、原稿をなるべくゆっくり読むようにすればどうだろうか……。考えるまでもなく、結局読み終わるのが遅くなるだけで、著者からも会社からも怒られるだけだ。最後に帳尻を合わせなくてはならないなら、自分の首を絞めているだけ。

「だめだ、こりゃ」

そもそもアフリカの人々のような植民地支配などされてないのに、何に抵抗するつもりなのだ。単なる身を入れないサボりは通用しない。

それなら、やっぱり真正面から愚直にやるしかないか。あるとき、多人数を抱えた大きなプロジェクトでまならない原稿について、電話で長々と報告していた時のこと。愚直すぎる私の態度に業を煮やした松田さんは、電話の向こうで、

「こんな本なんか、どうでもええやないか。今は夏休みやぞ！」

と声を荒げ、私を叱りつけた。その声は今も耳に残っている。本当の本当にどうでもいいわけではないだろうが、だからといってやたらムキになっても肩に力が入るばかりでものごとは前にはすすまない。サボりは論外としても、やや斜めに構え、突き放した状態でことに当たるほうが、こころと対象の間に適度な距離ができ、スムーズに運ぶ、こともある、ことを私は学んだ。あと、これと同工だが、「（何事も）気に病むタイプはだめ、もっとラフに考えればええんや」という名言もある。

肝に銘ずべし。

今後の課題

『アフリカ人間読本』（米山俊直編、一九八七年、河出書房新社）という本がある。米山先生の序文のタイトルは「等身大のアフリカを見る」で、オビ文の惹句は「コラムで読むアフリカ」となっている。つまり、フィールドワーカー

たらが、論文の素材にならないがアフリカをよく体現していると考えるエピソードを編んだエッセイ集である。松田さんはここに「ケニアのホワイトカラー」「チャイとウガリの宴」などを寄稿している。一人称は何と、「僕」だ（誰が「僕」やねん）。入社二年目にこの本を読んだ私は「これだ！」と思った。当時私はスタッズ・ターケルの『仕事！』（中山容ほか訳、一九八三年、晶文社）を愛読していた。百人以上のアメリカ人が百以上の職業生活について、悲喜こもごも語った言葉をそのまま記したインタビュー集である。七百ページと厚い本なのだが、寝床で少しずつ読むには最適だった。しゃちほこばって机に向かうばかりが読書ではあるまい。「人間読本」のスピリッツを生かして『仕事！』のアフリカ版をつくれば面白いのではないか。そう考えた私は、さっそく上司に提案してみたが、

「ウチには向かへんな」

と一蹴された。

無理もない。今ならよくわかる。私が上司の立場なら同じように即却下するだろう。頭でっかちに中身だけを考えていてはだめなのだ。

だが、面白いか面白くないかがすべての出発点であり企画の核であることも確かだろう。あれから幾星霜、松田さんは退職に近づいているという。松田さんの著書で私が一番好きなのは、長年の聞き取りを生かした物語調の『呪医の末裔』である。この本は絶版だが、この地下にはまだ鉱脈が埋まっているのではないか。今後も新たな提案をもって、松田さんに相対したいと勝手に思っている。

アフリカであれ日本であれ、おそらくタイでもネパールでも、インフォーマントに対しても学生に対しても、同様の態度で誠実かつラフに接してきた松田さん。マイノリティであったり被差別者であったり被害者であったり、言い方にバリエーションはあるが、その根本には弱い者の味方、という姿勢があるだろう。フィールドワークが職

業上に身につけるべき専門的技術であると同時に生き方の体現であるとするなら、その構えは日常生活を営むものすべての参考になるだろう。根っからのフィールドワーカーである松田さんに学ぶべきことは、まだまだ多そうである。

関わりあいからの人間学

伊地知紀子

ピューッと、切るような音を立てて吹く風に連れていかれるように眠りにつき、ドッドッドッドッと耕運機が畑に向かう音が体に響く朝を迎えると、あ~済州にいる、と思う。夜中に、はだけた布団をオモニがそっとかけてくれたことは気づいていた。朝、まだ布団にいたいけれど、アボジとオモニの家では、誰が泊まっていようと構わず必ず午前七時にアボジが大音量でテレビをつける。おかげで起き上がることになる。オモニが生きていたときは、朝ごはんの用意がほとんど終わっていて、私は急いで食卓の上を整え始めるのが常だった。

毎朝午前四時三〇分に起き上がり、台所に座り込んで何やら考えていたり、細々とした片付けをしたり、他の家の電気の灯り具合をみたりしながら夜明けを待っていたオモニがこの世を去って一二年。今日はオモニの祭祀の日。陰暦八月一八日。今ではSNSという便利なツールのおかげで、毎日でもやろうと思えば済州の家族とやりとりできる（実際は、儀礼や緊急時しかやりとりはしないですが）。韓国はBANDというアプリが人気で、アボジ・オモニの子ども（兄弟姉妹六人）たちと孫たち、それぞれのパートナーも入るグループに私も入れてもらっている。家の中のしつらえが変わったことや、それぞれのちょっとしたニュース、日常の一コマが文字や静止画像で流れてきて、どこにいてもふと済州の村につながるような気になる。ただ、音声でやりとりすると臨場感は増すもので、名節（旧正月）、秋夕（旧盆）、そしてオモニの忌日に行けないときは、必ず電話をする。手短なおしゃべりだけでなんだか嬉しい。実際のところ、特に話さないといけないことはないので、「変わりはない？」「仕事、続いてるの？」と互いに言い合うことから始まる。私が家族をもち、子どもを連れて村に何度かいっているので、「しはる父さんの体調は最近どうだい？」「しはるは幾つになったんだい？」と尋ねられる。ここ数年は、私が済州に行くだけではなく、済州から私の住む関西へ、子ども世代がそれぞれの家族で遊びに来る。

フィールドワークとは、マリノフスキ四ヶ条（①現地における長期間の滞在、②現地語の習得、③現地社会の成員として認められること、④現地の人々とのラポールの確立）が基本であると学んできた（その後の、フィールドワークの困難をめぐる日本での議論もほぼ同時代だった）。しかし、このようにＩＴ環境が拡充され、ＳＮＳで都度にフィールドとのやりとりが可能となる時代がやってきた。ましてや二〇二〇年に入ってからのＣＯＶＩＤ19による世界的な行動規制が敷かれるなか、調査者が動き回ることを前提としたフィールドワークだけが一択なのかという問いも建てられるだろう。私が、済州の家族とＳＮＳでやりとりしたり日本に遊びに来た時に一緒に出歩いたりするのは、フィールドワークなのだろうか？　そんなことを考えるようになったのも、元はといえば現場に「とびこむ」フィールドワークを始めたからだった。

とびこむ？

一九八八年、神戸市立外国語大学の四年生だった私は、バブルで弾けまくる日々のなか、スッと卒業して働きたいとは到底思えない社会に違和感も抱きながら、テキパキと就職活動する友人たちを眺めていた。連れが大学院という選択肢を教えてくれた。しかし、大学院がどのようなところなのか、研究って何なのか、皆目検討はつかない。「院」とつく以上、「病院」のように暗くジメジメしたところなのではないだろうか、と前向きには考えられなかった。

留年するという考えもなく、連れが人類学か社会学なら私たちのような専門外の人間でも受験できるのではないかと。また一歩進んだ提案をしてくれた。社会学の方が受験先は多かった。他の策を考えるのも面倒なので、とりあえず当時大学におられた伊藤公雄さんのところへいき、大学院受験について相談することにした。大学の生協食堂の隅で、あまりまとまりのない私の関心について聞いたうえで、伊藤さんは在日朝鮮人の帰化について卒論を書くことを提案されたので、これまたそのまま乗ることにした。

社会学なんて何のことかわからないまま、伊藤さんに教えてもらった『社会学のすすめ』（有斐閣）を読み始めるものの珍紛漢紛。私の卒業直後に大阪大学へ移籍した伊藤さんは、「初年度は暇だから」と、ありがたいことに連れと私に一年ほど社会学の家庭教師をしてくださった。梅田の阪急一七番街にある喫茶店で紅茶を飲みながら、毎回読んできた社会学のテキストについて解説を受けるという具合だった。受験先はというと、伊藤さん以外の社会学者は知らないので他に行く当ては無かった。ところが、二回受けても受からない。伊藤さんは、大阪市立大学に後輩がいて「あいつは韓国のこともやってるから、連絡しておくよ」と紹介してくれた。それが松田さんだ。紹介を受けたものの事前に連絡を取るとか会いに行くといった考えは浮かばず、試験日を迎えた。面接の席で、誰が松田さんかわからない。一番近い席にいた若い男性教員が、「卒論に書いてある鄭良二さんは僕の友達なんだけど」といいながら質問するので少し驚いた。終了後、控え室になっていた院生室に戻ると、先ほど質問した人が私の卒論を持って走ってきて、「伊地知さん、この卒論コピーしてもいい？」というのでますます驚いていると、後ろから追いかけてきた石田佐恵子さんが、「松田さん、まだ試験終わってないから」と慌てた様子で引き止めて、「ああ、あの人が松田さんなのか」とわかった。

無事入学できたものの、あらゆることが不明だった。必要単位を取らなければいけないことと、修士論文を書くということはわかったが、知り合いもいないし誰に何を聞けば良いのかわからない。先日、本書の編集ミーティングに松田さんにも入ってもらい、昔の写真を見ながらあれやこれやと話している時に、大阪市立大学の社会学教室は集団指導体制なので誰がどの学生の指導をするか決まっていなかったという話をしていた。当時そんなことも知らず、ひよこ状態で大学院という巣に入った私は、伊藤さんが紹介するといってくれた松田さんを、自分の担当の先生だと決め込んでいた。入学当初に挨拶をしたほうがよいと思い研究室を初訪問した時に、アフリカでの調査をふまえて書いた論文を「読んでみて」と幾つか渡され、「そっか、生活史という方法があるんや」と知った。私自身、調査法など知らずに卒論でインタビューを用いていたので面白いと即座に思えたのだった。しかし、松田さんは大学院の授業をもっておらず（准教授は当時担当していなかった）、特に話す機会もなく、気が向いて研究室に立ち寄るというのも憚られた。そのうちしばらくアフリカに行くので不在になると聞き、修士論文を書かなければならないのに何をどうしてよいかわからないので尋ねにいった。すると、出発前に研究室に呼ばれ、エスニシティについての英語文献を渡しながら「わからないことがあったら、手紙で送ってくれたらいいからね」と滞在先の住所を教えてくれた。

入学して一年目、社会学の授業はなんのこっちゃ皆目わからず浮遊感に満ち満ちた日々のなかで、私は修士を修了したら大学院生は終えようと考えるようになっていた。ただ、修論を書かないと修了にならない。そこで、松田さんが紹介してくれた文献を日本語訳しながらレジュメにし、アフリカの宛先に送ることにした。すると、松田さんは時々返信をくれた。同じ時期にアフリカに行っていた田原さん経由で受け取ることもあった。そのなかには、幾つかの生活史文献＊が紹介されていることもあり、それらを取り揃えて読んでいくと、もともとフィクション好きでアフリカンアメリカンや被差別部落の歴史、戦争体験などを片っ端から読んでいた私には最良のテキストになった。そうして、修論作成のために、在日コリアンの生活史を聞かせてもらうにはどうすればよいだろうと図書館にある本を順に見ていくなかで、とりあえず「とびこむ」しかない、と生野区にある識字教室「オモニハッキョ」

に通おうと決め込んだ。卒論の時から、誰に教えてもらったわけではないけれど、思いついたところへとびこんできたので（とびこんだものの壁にぶち当たることは珍しくなかったが）躊躇はなかった。

修論は、オモニハッキョや夜間中学で出会えた方々に伺った話をベースに、松田さんに送り続けたレジュメと合わせて書いてみた。そのときまでしっかりと大学院はやめるつもりでいたのに、人の気持ちなんて簡単に変わるものだ。できあがった修論を松田さんにみてもらったところ褒めてくれたので、それならもう少し続けてもよいのかもしれないと思ったのだった。何より、現場での出会いは毎回楽しく伺う話はどれも聞き入り考え込んでしまうものばかり、まだまだ教えていただきたいことはあり、修論を書いた時点で十分論述できているとは思えなかったのだ。

私が修士課程を終えるときに松田さんは京大へ移籍してしまったけれど、その後も査読論文や博士論文を書くなかで、連絡をするといつでも相談に乗ってくれるのだった。そうして今まで、いつでもどこでも「私の学生だった」と私のことを紹介してくれるので「指導教官」なのだと思っている。きっと、この人が自分の先生だと断定すれば、その人が師となるのだ。そこに決まりや約束など不要なのだろう。ピシッと「指導」をされたことはないのだが、いつも楽しそうにスキップしているような姿をみているだけで「なんか面白そうやな〜」と思える人が前にいるって大切だ（足が速いのは聞いていますが、本当にスキップできるかどうかは知りません）。飲み屋に連れ立つ一人として混じるようになってから今まで、研究会や授業の後に居酒屋で交わすのは馬鹿話ばかり、ずっと笑いっぱなしでお開きが常だ。こうした大学院からの関わりとは別に、修論を書き終えた頃、松田さんから在韓被爆者の方のお見舞いに誘ってもらったことがきっかけで、「韓国の被爆者を救援する市民の会」の活動に入ることになった。そこでは、松田さんは市民運動の大先輩である。このあたりのエピソードは、『街場の日韓論』（内田樹編、二〇二〇）所収の「卵はすでに温められている」（「卵論」）という文章の中に書いたので、機会があれば手にとってもらえればと思う。

外へ出たい

博士課程に進学できたものの、これからどうしたものかと手持ち無沙汰だった。松田さんは毎年アフリカに長期で出かけるし、一学年上の田原さんも奨学金をとってアフリカに行ってしまったし、私も何か助成金をとって出かけたいな～と思ったけれど何をどうしたらいいのかよくわからない。ちょうど奨学生に採用されたので一年間の予定で済州島に行ってみようと思いついた。生野や東成で生活史を伺っているうちに、この地域に在日コリアンのなかでも済州島ルーツの人びとがとりわけ多く住むようになった歴史を知り、人びとが語る島での暮らしを聞いていると行きたくなったのである。

在日コリアンの知人に相談して済州大学校の高光敏先生を紹介してもらい、済州大学校博物館の客員研究員として一年の滞在許可を受け、とりあえず行けることになった。出発までに気がかりとなったのは、日本人である私を現地の人がどう捉えるのだろうかということだった。周りに済州島へ長期で行った人はおらず（みなソウルへ向かう）、前例に習えない。小学館の『朝鮮語辞典』が一番良いと聞いたけれど、「朝鮮」と漢字で書いたものを持ち込んで大丈夫だろうかという心配もした（結局、持っていってみなければわからないと持参した。何も関係なかった）。最初は、済州大学校の院生の実家（島の南部の村）に身を寄せさせてもらいながら、「女性であること」を心配する高光敏先生と海辺の村を希望する私の間で検討した結果、杏源という半農半漁の村で住む場所を探すことになった。このとき、私はまだ「女性であること」をなぜ心配されるのかわかっていなかったが、行きたい村があるわけではなく、勧められるままに高光敏先生の出身村である杏源里（里は村を意味する）へ向かった。道中、高光敏先生に言われたことはたった一つ、「村では、高俊石という名前を口に出してはいけませんよ」。

初めての住み込み、何の用意もなく、どこに住むのかも決まっていない。何の計画もない一年、言葉も全くできない。当初は、とりあえず高光敏先生のお母さんの家に間借りした。翌日から、私を訪ねてくるのはお母さんの姪たら、道で何かと声をかけてくるのは高姓のおじさんたちだった。朝鮮文化では姓は不変が慣例なので、お母さんの姪たちは洪姓の人たちだ。お母さんはチャムス（済州語で「海女」）でもあるので、彼女に近しいチャムス仲間の女性たちも自分たちがおしゃべりする場に私を連れていってくれた。そうして二週間ほど過ごすうちに、台所と一間だけの離れのような家に二人でいるのは窮屈だとお母さんは思うようになった。そこで、私は別の住まいを探さねばならなくなった。次の住まい探しの担当は、高光敏先生の従弟とその妻だ。村で小さな雑貨屋を営むこの二人は、一九九〇年代初頭に大阪へ出稼ぎに行っていたので日本語が多少できる。おかげであっという間に、次の住まいが見つかった。そこは、一九二五（大正一四）年に建てられた家でアンネチプ（敷地の奥の方にある家。一九九〇年に建てた新居の横にあるこの家は祭祀の時だけ使われていた）と家主家族から呼ばれていた。家主である安基男さんとその妻・朴昌烈さんに初めて会った時、二人にはまるで後光が差しているようだった。以降、現在まで私はこの家に行き続けている。私にとっての済州のアボジ・オモニといえば、このお二人である。つまり、ご縁がずっと続いているのである。このあたりの話は、同じく先述した「卵論」でご紹介した。ここではちょっと違う話をしよう。

冒頭、マリノフスキ四ヶ条に触れたが、そのうち③と④については、調査者と被調査者間の権力構造からフィールドワークの窮状へと、フィールドワーク論をめぐって議論百出状態が続いている。所作をまとめた書籍も山盛り出ている。ここではすでにフィールドワークを仕上げた人たちによる、「現地ではこうするとよい」という指南ではなく、何かを見聞きするようになる手前とその後について述べたいと思う。

先ほど述べたように、杏源里に住み始めた当初は、高姓と洪姓の人たち、そして高光敏先生のお母さんに近しいチャムス仲間たちが保護者のように私の世話を焼いてくれた。当時二八歳だった私は、韓国語も済州語も全くわからず、村の人びとからすれば「大きな赤ん坊」だ。その私が、すぐに安姓の家に行くことになった。すると最初に世話を焼いてくれた人たちは、私と距離を置くようになった。代わりに、アボジ・オモニに近しい人たちが世話を

写真１　アボジ・オモニと私の娘（１歳）

焼いてくれるようになった。隣村の漢東里出身のオモニには自身と同じく婚姻を機に杏源里に移り住んだ姉が一人いるだけで、アボジの姓である安の家は杏源里に四軒しかなく、こちらは冠婚葬祭以外あまり行き来がない。安の家に来てからは、アボジの母方である金姓の人びとやその姻戚筋に当たる人びと、アボジとオモニの仕事仲間が私の世話を焼いてくれるようになった。アボジは「自分の家だと思って住みなさい」といってくれた。オモニは寡黙な人だが気にかけてくれていることは伝わってくる。村の人たちは、この日本人の女性が何をしにきたのかイマイチよくわからない（当たり前である。「男を探しに来たんじゃないか」という噂が当初流れていたこともあった）。なのに、皆さんとても面倒見が良い。というか、村に辿り着いた人に慣れている感じがする。なぜなんだろう。後で知ったことだが、村にはいろんな時期に異人が流入していたのだった。日本の植民地期、陸地（朝鮮半島部）から村へ辿り着いてアボジの家の離れに住み着いた男性がいた。彼はここで亡くなり、アボジの父は身寄りのない彼を自分の土地に埋葬し、アボジは毎年墓の手入れと墓前で小さな祭祀を執り行う。親戚でも姻戚でもない人を「家族」とする例は他にもあった。植民地期には日本は八丈島まで海女出稼ぎにいったパンガンハルマンは、朝鮮戦争時に孤児となった女の子を連れて帰り娘として育てた。私はその流れのなかの一人だったのかもしれない。

3　流れに身をまかせる

渡航前の懸念を他所に、村の生活は大変快適に始まった。ただ、日中、村には誰も住んでいないと思うくらい人っ気がない。里事務所（村役場）にも漁協の事務所にもどこにも人はいない。女たちは他所の畑に出稼ぎに出るか自分の畑に行く、そのなかでチャムスをする者は干潮になると海へ出る。男たちは自分の畑に用がなければ家でゴロゴロしているか、他所の家や商店に集まって済州焼酎「漢拏山」を飲んだり花札をしている。いろんな人と話をしてみたいものの、当初は言葉ができないので、世話を焼いてくれる人たちと過ごすようになっていた。

日中誰もいない村で家にいても退屈なので、アボジとオモニの大豆畑やニンニク畑に行って真似事で作業したり、村から山の方へ車で一五分ほどの長男宅に長男の妻に連れられ、彼らの経営する養鶏場の手伝いをしていた。オモニはチャムス仕事が苦手で陸の畑を好むので、島内で出稼ぎできる畑に休みなしに通う（雨の日が休みの日）。そのうち私を誘ってくれ一緒に出稼ぎに出る時もあった。そんなふうに日々を過ごしていると、だんだん言葉がわかるようになるなかで、村の女同士でも親しさの濃淡がわかるようになる。これらには、朝鮮文化の象徴である父系ネットワークや、済州文化の特徴とされる父母両系ネットワークの「ケンダン」、あるいは「チャムスだから」という仕事仲間といったカテゴライズだけでは把握できない、いくつもの要素が絡まり合っていた。

そうかと思うと、仕事仲間として誰かれなくグッと身を寄せ合うような感覚を得ることもあった。真似事でチャムスをしてみようとアボジとオモニに相談し、村の漁村契（水産協同組合）長と海女会長に許可を得て、長男の妻に道具を揃えてもらい、漁期に集合場所へ行くと、その瞬間から「これから海に入る者同士」として身支度などあれやこれやと皆で世話を焼いてくれる。きちんと身支度できていないまま海に入り、採れないだけではなく事故でも起きたら大変だ（海で誰か亡くなると三日間は喪に服し海に入らない）という気遣いもあるが、そんな理屈はすっかり身についているチャムスたちの手際の良さに感動した。

男同士だとどうなのだろう。そう思って、アボジの家に集まる男たちの酒の席に近づくと、瞬時に気配が変わるのを感じた。男同士の輪に、女が一人入ることはしたないのである。だんだん言葉がわかるようになり、あちこちに顔を出したがる私をアボジは心配した（オモニは出稼ぎで忙しいのでしょっちゅう不在のため構う暇がない）。自分の畑仕事は毎日しないでよいので、アボジは私が村の中をうろうろするときについてくるようになった。私がいろいろと質問している間、横に座って聴いていて、たまに相手に代わって答えたりする愛嬌付きである。当時、アボジは六三歳。村では中堅といったところだ。節約家で有名、歌が上手くて葬式の時は列の先頭で葬送歌を歌う、でも外飲みは好きではないのでかつての石工仕事仲間が家によく飲みに来る。そんなアボジが私の知りたいことを知るようになり、次第になぜうろうろしているのかを私の開口一番を先取りして説明するようになっていた。そうしていくうちに、せっかく村にいるのだからとむやみやたらに首を突っ込んでいくのではなく（それは土台無理な話だった）、アボジとオモニからつながる親しい人びとの輪の中で、聞こえてくる話に耳を傾けるのでいいのではないかと思うようになっていった。いろんな仕事に連れていってもらい、雨の日には一緒にチヂミを焼いてだらだら過ごしたりしながら、たくさんの話を聞かせてもらった。

こうして村のなかでは、季節や時間帯、天気によって誰がどこにいるのか見当がつくようになっていった。ここまで読んで、フィールドワーク順調？　と思う人もいるかもしれないが、そんなことはない。アボジとオモニは温かく迎え入れてくれたが、その子どもたちもそうとは限らない。三〇歳同士で結婚したアボジとオモニには六人の子どもがいる。当時、同居している子どもはいなかった。養鶏場を営む長男家族は村のはずれに家を作って住んで

写真２　帰還するチャムスたち

いて、その子どもたちが小学校から下校する際に祖父母の家に寄って親の迎えを待つのが日課だった。当時、西帰浦市庁で勤務していた次男家族は、島の南側の中心地である西帰浦市中心部のアパート住まい、独身の三男は兵役についていた。チャムスが得意の長女は島の南西にある漁村に結婚で移り住んでおり、次女と三女は就職先であった陸地部の馬山におり、次女はそこで家族を持っていた。

私がアボジ・オモニの家にやってきて、当初最も世話を焼いてくれたのは長男夫妻で、特に妻だった。妻のジェイオモンは、畑仕事から養鶏場の経営や鶏の飼育や捌いての出荷、アボジとオモニの家回りの世話、夫の友人たちとの付き合い、とにかくよく動き気配りの行き届く人である。彼女は軽トラックでアボジの家に乗りつけると、用事を済ませて私を自分の家に連れていってくれた。大変ありがたいのだが、村のはずれ、山の方にあるこの家からアボジの家まで戻るのには四〇分くらいかかる。気軽に往復できないので、この家に行くと結局一日中山の中にいることになり、村の人たちと会えない。私と同じ歳のジェイオモンは島の南部にある漢南里の人で、結婚で杏源里に移り住んだ。当時、村の女たちは村内婚か近隣村婚であり互いに幼馴染みだったり、親戚姻戚が村にいる者同士であった。つまり、婚姻により村に住んでいる女性のなかで、南部地域出身はジェイオモンだけだった。しかも、海に潜ったことがなかったのでチャムス仕事が苦手だ。杏源里は村の海が広く、チャムス仕事が生計の大きな助けとなってきた。そのため、歓迎される妻の条件は「上軍チャムスであること」。上軍とは採集量が多いということだ。ジェイオモンは村のなかに友達があまりいなかったのだ。そこへちょうど私がやってきたのだった。

娘たちは、名節（陰暦の正月）や秋夕（陰暦のお盆）にしか村に戻ってこないので、最初の頃はあまり話す機会はなく、アボジとオモニが受け入れているからということで、「なぜこの家にいるのか」といった基本的な問いをかけられることもなく、「そこにいるから」という感じで一緒に祭祀の準備をするくらいだった。どっしりと腰が座っていて笑顔が明るい長女のヨンジン姉は、三五歳。毎日畑に出るオモニの代わりに家の用事を担ってきたが、中学校を卒業してから陸地部へチャムス出稼ぎを続け、そこで出会った済州島南西にある下エ里のヨンギョンさんと結婚した。気遣いの細やかな次女のヨンヒは二六歳。当時は娘を産んだばかりだった。おしゃべり好きで場を明るくする三女のヨンスギは二三歳。独身だった。

一方、息子三人とは、それぞれ私への関わりが違っていた。ジェイオモンの夫であり、ただ一人村に住む長男のソンジン兄は三七歳。動植物を愛する人で、当時しょっちゅう私の部屋があるアンネチプに寄ってくれ、独学で勉強したという日本語を少し混ぜながら、済州の自然を生かした暮らしについて教えてくれる一方で、日本についていろんな質問をしてくれるのだった。次男のウジン兄の家は、村から車で一時間強の西帰浦市にあったので、娘たちよりは会う機会が多かった。兄弟姉妹のなかで最初に大学に進学したウジン兄は三〇歳。私が日本人であることと大学卒であることに若干のこだわりを見せていた。時折交わす会話では、日韓関係についてシビアな議論を持ちかけてくることもあった。二〇歳だった三男のミョンジンは、当時兵役についていていて私が住んでいることも知らず、休暇で村に戻ってきたときに勘違いをしてアンネチプの戸を夜中に開け、出てきた私に驚愕したのだった。ミョンジンは何も知らなかったので、翌朝、私がなぜアンネチプにいるのか説明を聞いたものの、それでも訳がわからないまま休暇を終えると軍隊へ戻っていった。彼と少しずつ話をするようになったのは、二年後の二度目の長期滞在からだったが、その頃もアボジとオモニ、長男家族が仲良くしている日本人なので応対はするものの、自分にとって私をどう位置づけて良いのかわからないという感じだった。

二度目に滞在した一九九七年はアジア通貨危機の年だった。前年にＯＥＣＤ加盟国となり経済成長と好景気に湧いていた韓国は、通貨危機に直面した。アメリカの短期金利引き上げにより、新興国から世界資金がアメリカに戻り始め、インドネシアの政情不安、タイの通貨バーツの暴落と東アジアの経済は大混乱に陥った。この年の一二月三日、韓国はＩＭＦから史上最大規模の資金支援を受けることが決定した。直後の大統領選挙では、四度目の挑戦により金大中が当選した。金大中大統領は、金融改革を進めるとともに分断体制の克服と南北和解に尽力した。「太陽政策」である。しかし、経済の変動が民衆の生活に与えた影響は、国家の政策とは異なる次元で変化していく。

いくつもの関わり合いのなかで

韓国が国家破綻の危機に直面していた一九九七年、ソンジン兄とジェイオモンが営む養鶏場は大繁盛だった。私も早朝から駆り出され、第一陣で出荷する一三〇羽ほどの処理に追われた。ジェイオモンが鶏の首を斬り、大きく深めに掘った穴にどんどん放り投げる。息絶えたものから大鍋で沸かした湯に放り込み、茹で上がると大ザルに取り上げ、私は羽をむしる。その間に、ソンジン兄は鶏小屋のエサや水を補充する。用意が整うと、軽トラックに処理した鶏を積んで発注先である食堂に運ぶ。昼食時までに届けなければならない。ジェイオモンの夢は、大学生の夏休みキャンプができる新たな棟を建て、養鶏体験や鶏料理を食べて楽しむ場づくりだった。

写真3　ニンジン畑

一九九八年三月に一旦日本へ戻り、博士論文を提出した翌年の二〇〇〇年三月、二年ぶりに済州に行った。その頃はたまに電話で話す程度で、メールでのやりとりもなく、暮らしがどうなっているのか、行ってみないとわからないことだらけだった。ソンジン兄たちは養鶏をやめていた。通貨危機で経済が冷え込み、観光客が来なくなった済州では食堂も店をたたむようになり、鶏肉の需要も落ちたのだ。そんなことになるとは思わず、ソンジン兄たちは銀行から五〇〇〇万ウォンの借金をして、養鶏場の規模を拡大したばかりだった。生計のために、ソンジン兄は大工仕事に出たり養鶏をやめた空き地で食用の犬を育てたりニンニク畑をしていたが、抱えた借金は膨れていくばかりだった（当時の金利は一三％）。ソンジン兄とジェイオモンから、日本への出稼ぎについて相談されたのはこの時だった。事態を見かねたオモニの提案だったのだ。末の弟ミョンジンも、済州市中心部で友人三人と広告印刷会社を立ち上げていたが、アボジの家で一緒に食事をするときに日本行きの話を私にするのだった。日本行きは、未だ現状打開の選択肢に入っていた。次男のウジン兄も仕事のついでで家に立ち寄っての再会だった。努力家の彼は、西帰浦市庁に勤めながら勉強を続け、移籍の試験を受けて合格し済州道庁勤務に昇格していた。ウジン兄は以前よりも柔らかい感じで応じてくれ、日韓の経済格差がその時の話題の中心だった。それぞれ、自身に降りかかる経済の変化を背景に、私をとおして日本を見ながら日々思うことを話してくれるのだった。

その後、ソンジン兄たちは村の畑も家も売り払い、残りの借金を返すために済州市中心部で靴の洗濯屋を始めた。彼らの長男ジェヒは大学に合格したものの学費を払えず、洗濯屋の横でプンオパン（日本のたい焼き、但しプンオは鮒）屋台を始めたが足しにならず、職業軍人としてイラク戦争に志願した。ジェイオモンのフル回転で借金は全て返済し、ジェヒも無事に帰ってきたが、ソンジン兄の無計画ぶりに愛想を尽かしたジェイオモンは離婚し、ジェヒが就職した陸地の島へ渡った。次男のウジン兄は、さらに上を目指して国家公務員となりソウルへ転居した後、二〇一五年に済州の第二空港建設問題対応のため出向で家族をソウルにおいて帰島し、今では道庁勤務の地方公務員に戻って村で住みながらアボジの面倒を見ている。二〇〇八年にオモニが亡くなり、アボジはひとり暮らしとなったのだった。ウジン兄が戻るまでアボジの世話をしていた三男のミョンジンも結婚し子どもが三人になり、細々と広告印刷会社を続けている。三女のヨンスギは今も馬山で夫と子どもたちと暮らしている。次女のヨンヒは、韓国でクレジットカードが乱発され始めたときにカード破産し、逃げるように家族で済州に移り住んだものの暮らしは落ち着かず離婚、成人した娘たちと低所得者用住宅に住み、あちこちの食堂で働きながらアボジの食事の世話もする。長女のコンジン姉は、大酒飲みの夫と揉めまくったが今ではそれも落ち着いて、息子、娘と相次いで結婚して孫も生まれ、チャムス仕事にミカン畑、たまに孫に会うのが楽しみの日々だ。もちろん、ここには書ききれないたくさんの出来事が起き、それぞれが対応を工夫し状況が好転したり残念な結果になったことは山盛りある。

私はといえば、二八歳で初めて杏源里に住み始めて以来、その後ほぼ毎年三回ほど済州に行き続けているなかで、身内を失い、パートナーと暮らすようになり子どもが生まれた。就職もした。アボジ・オモニ、そして兄弟姉妹たちが積み重ねる日々とともに、私も歳をとり、互いに生じた生活の変化について大小さまざまに話題を交わし、内容によっては議論することも増えてきた。娘たちは、自分の仕事、夫の愚痴、子どもの近況を話し、同様の話題を私にも尋ねてくる。娘たちは、兄弟の妻たちについて私にも愚痴をいい、兄弟の妻は私に小姑たちの文句をいう。息子たちは、相変わらず大きな話が好きで、日韓の政治や経済ネタが多いが、幼い頃の村での暮らしや、済州四・三に関わるアボジの土地問題について教えてくれるだけではなく、私に資料として残すよう勧めてくれるようになった。オモニが亡くなった後、アボジは済州四・三で最初の妻を西北青年会という極右集団の人間に奪われたことを話してくれた。韓国の民主化が進むなか、済州四・三をめぐる状況が変化したこともあったのだろう、冒頭で触れた高俊石のことも教えてくれた。

察しの心

初めて杏源里に住み始めたときは、博士課程の二年目だった。当時は論文を書くという課題があり、面白いネタはないかとどこかでキョロキョロしていたことも事実だ。博士論文を提出した後は、以前よりもじっくり村の生活を感じるようになってきた。それだけではない。私自身が何をみてどう感じ考えるのか、年を経るに従ってより複雑になり見えるものも見えないものも変化してきたのだろう。アボジ・オモニ、そして兄弟姉妹やその家族たちも同様に歳をとり、時代や社会の変化のなかで行きつ戻りつしながら生きてきた。以前のように長期滞在することは難しくなったけれど、時折会うなかで互いの状況について報告を積み重ねながら、かつて気になったことについて時をおいて話題にするようになったり、ぼんやりと感じていたことに輪郭が与えられるようになった。

オモニが亡くなる直前、ソンジン兄から電話があった。膵臓がんの末期であることがわかっての入院から一ヶ月過ぎた頃だった。「意識が朦朧としてきた。何日もつかわからない」。当時、愛媛県松山市に住んでいた私は、仕事の都合から二泊三日だけなら済州に行けると判断して飛行機に乗った。到着してすぐに病院へ向かうと、アボジ、兄弟姉妹全員がオモニの病室に集まっていた。「もってあと数日」と医者にいわれてから二日目だった。数名ずつ交代しながら用事を済ませ、皆で病室に寝泊りしていた。私も二泊したが、夜は介護者ベット（シングルサイズ）に一緒に寝るよう、ヨンジン姉から当たり前のようにいわれ、姉とヨンヒと三人でぴったりくっついて寝た（私はぐっすり寝られなかったが、二人はぐっすり寝ていた）。狭い病室で家族全員身を寄せて過ごすなかで、私は何度も聞いていたアンネチプでの貧しい生活に一緒にタイムスリップしたような感覚に陥った。

この変化は、長期間にわたり関係が継続するなかで私の他者理解が進化したということを意味しない。なぜなら、こうした進化論的解釈は、調査対象者の感覚、記憶、経験、思考を固定し、その可逆性を等閑視し、調査者の時間軸に相手をはめ込むことになるからだ。オモニは私が日本に戻って三日後に亡くなった。仕事の都合で葬式には行けなかったが、一周忌には参加できた。オモニの危篤という一報を受け、私はその様を観察し記録するために済州に行ったのではなかった。ただ、行けるのであれば亡くなる前に駆けつけたいというだけであった。実際、私自身が移動をしてのことだったが、フィールドワークとは身体を動かすだけではないのだろうと思うようになった。身体そのものが動かなければフィールドワークではないとすれば、動けない場合はフィールドワークできないのだろうか。フィールドワークは距離や時間の多寡が重要なのではなく、心を動かす営みなのかもしれない。そう考えるようになって、私は修士論文を描き終えた後に思いついた「察しの心」という表現を思い出した。当時は、思いついたもののどうしたものか、と放置してしまったが、今振り返るに、「居着かない」という解釈を取り入れると体が良さそうな気がする。これが、松田人間学における創造的直感に繋がれるのか否か、今のところ不明である。

（つづく）

松田さんのメモにあった文献（挙げられた順どおり）

桜井厚・奥村和子『女たちのライフヒストリー――笑顔の陰の戦前・戦後』谷沢書房、一九九一年。

色川大吉『ある昭和史――自分史の試み』中央公論社、一九七五年。

庶民生活史研究会『同時代人の生活史』未来社、一九八九年。

森岡清美・青井和夫『現代日本人のライフコース』日本学術振興会、一九八七年。

中野卓『口述の生活史――或る女の愛と呪いの日本近代』御茶の水書房、一九七七年。

中野卓『日系女性立川サエの生活史――ハワイの私・日本での私　一八八九〜一九八二』御茶の水書房、一九八三年。

中野卓『離島トカラに生きた男　第一部　流浪・開墾・神々』御茶の水書房、一九八一年。

中野卓『離島トカラに生きた男　第二部　霊界・覚醒・開拓』御茶の水書房、一九八二年。

前山隆『非相続者の精神史――或る日系ブラジル人の遍歴』御茶の水書房、一九八一年。

藤本和子『塩を食う女たち――聞書・北米の黒人女性』晶文社、一九八一年。

ケン・プラマー『生活記録（ライフドキュメント）の社会学――方法としての生活史研究案内』光生館、一九九一年。

森崎和江『からゆきさん』朝日新聞社、一九七六年。

森崎和江『慶州は母の呼び声』ちくま文庫、一九九一年。

山崎朋子『サンダカン八番娼館――底辺女性史序章』筑摩書房、一九七二年。

山崎朋子『あめゆきさんの歌――山田わかの数奇なる生涯』文藝春秋社、一九八一年。

山崎朋子『サンダカンの墓』文藝春秋社、一九七四年。

尊敬すべき先輩・松田素二さんのこと

谷合佳代子

わたしが初めて松田さんに会ったのはいつだったのか正確には憶えていません。おそらく一九七八年九月ごろのＳＡＡＲ（サール）の例会だったと思います。

ＳＡＡＲとは「京都大学原水爆禁止問題研究会」の略称です。この学生団体については誰かほかの人が書かれると思いますので、わたしは簡単に触れます。

ＳＡＡＲは一九七四年に京都大学に入学した松田さんたち文学部一組の学生数人が作ったサークルです。朝鮮人被爆者の支援運動を目的としていました。わたしは一九七七年に入学した文学部三組の学生でした。そのわたしが二回生のとき、五回生の松田さんとＳＡＡＲで出会ったことになります。

二〇歳そこそこの学生にとって三歳の差は大きなものです。わたしにはＳＡＡＲの先輩たちが偉大な人たちに見えました（見えただけじゃなくて、実際みなさん本当に偉大でした）。特に松田さんは口八丁の理論家だったし、足が長くて格好いいので女子学生にモテモテだったようです。しかしその松田さんのいろんな面をあれこれと他のメンバーたちは面白おかしく語ってくれました。例えば、「放置してあった某派のタテカンを勝手に使って自分たちの宣伝を上書きしたのに、抗議に来た某派の学生にまくしたてて煙に巻き、『反論できないけど納得できない』と地団駄踏ませた」。ほかにもいっぱいあったのですが失念しました。

ちなみに、わたしは当時のＳＡＡＲの資料をすべて保存しています。今わたしはエル・ライブラリー（大阪産業労働資料館）という私立図書館の館長兼司書兼学芸員兼アーキビストとして「日本一貧乏な図書館」の運営にあたっていますが、もともとどうやら資料を収集保存する本能をもっていたようで、この当時のビラやパンフレットや会議資料のすべてを保存しています。これらの資料は近々京都大学大学文書館に寄贈する予定です。

閑話休題。というわけで、わたしにとっては尊敬すべき先輩として登場した松田さんでありました。当時のＳＡＡＲの先輩たちはいずれも個性が際立ち、全員が尊敬すべき先輩でした。ＳＡＲＲは下級生のオルグに失敗し（もしくはオルグする気がもともとなかった？）、学生サークルとしては風前の灯でした。他の学生たちに「原水禁研は悶絶研」（門が途絶える、すなわち跡継ぎが絶えるという意味をかけてある）と呼ばれていたことも笑える話です。

そのＳＡＡＲのメンバーの中に松田さんのパートナーとなる市場淳子さんがいました。お二人は高校の先輩・後輩ですが、高校時代にはほぼ接点がなかったそうです。「お前の後輩が薬学部にいる。彼女をオルグしろ」と言われた松田さんが市場さんをＳＡＡＲに誘ったことが出会いのきっかけだったという話を市場さんから聞いた覚えがあります。

しかしなぜかお二人がカップルであることを周囲は誰も気づいていなくて、わたしがＳＡＡＲのメンバーに「松田さんと市場さんはつきあってるでしょ」というようなことを言うと言下に否定されました。二人の関係が「公認」のものになったのはいつだったのか忘れましたが、松田さんがナイロビ大学に留学するころには二人はいずれ一緒になるということが暗黙の了解となっていました。

松田さんが二年間のケニア生活から日本に戻ってきたとき、あの口八丁の松田さんが口ごもるという驚くべきことが起きました。とっさに日本語が出てこないのです。ついついスワヒリ語か英語でしゃべろうとしてしまう。街角で交通警官に呼び止められたら無意識にポケットのなかの小銭を探っていたという笑い話もありました。これは袖の下天国だったケニアでの習慣が身についていたからだそうです。交通違反はすべからく袖の下でもみ消してもらうのが当たり前のケニア社会になじんでしまっていたのでした。

そのほか、ケニアでの恐怖の体験談やら異文化体験をさまざまに面白可笑しく語ってくださいました。わたしたちSAARのメンバーは例会のたびに目を輝かせて聞き入り、大いに笑ったものです。そのうちの一つ、サファリパークで駝鳥に威嚇された恐怖の体験については今でも覚えているので紹介しましょう。

市場淳子さんが日本からやってきたので二人で観光していた時のこと。松田さんが運転する車に乗ってサファリを楽しんでいたところ、ついイタズラ心を出して、駝鳥の子ども（ヒナというべきか？）を追いかけたりしてちょっかいを出したそうです。すると親鳥が怒って威嚇してきました。ものすごく大きな鳥です。本気で怒らせたら車もひっくり返されるということです。また、非常に足が速いため、車で逃げても追いつかれるとか。

松田さんはハンドルを握りながら冷汗をかいて親駝鳥とにらめっこ。市場さんも恐怖に引きつっている。二人は車内でパニックに陥っていました。相手は車をにらみながら足を上げたりして威嚇してきます。松田さんはジリジリと車をバックさせる。にらみ合いが続きます。「日本人留学生、駝鳥に車ごと蹴り殺される」という新聞の活字が頭をめぐった時、幸い駝鳥は矛を収めてくれました。

こうして絶体絶命のピンチをかいくぐったケニア留学だったそうです。ほかにもさまざまなピンチがあり、病気に罹ったり、苦労は多かったようです。その一方、学問的な成果を上げられ、後年『都市を飼い慣らす』などの名著へとつながります。

SAARのメンバーのつながりは卒業後も現在まで緩やかに続いています。わたしも松田・市場さんご夫婦の娘さんが誕生したころ、頻繁に自宅に遊びに行かせてもらいました。「韓国の原爆被害者を救援する市民の会」の活動の場も初代会長松井義子さん宅から松田・市場宅へと変わっていく時期でしたので、まだ幼かった愛らしい娘さんたちとも遊び（遊んでもらい）ました。

その後、わたし自身が二人の息子の親となったころには家族ぐるみで何度も一緒に旅行に行くこととなります。うちの松田さんの娘さんたちと我が家の息子たちは七〜九歳ぐらいの差があり、よくかわいがってもらいました。うちの上の息子・悠紀（ゆうき）は、いまでも「Mねえちゃん Tねえちゃんが僕のアイドルだった。そのせいで小学生のころは歳上の女子にしか興味がもてなかった」と言っています。

わたしは学生時代は卓抜したリーダー・理論家としての松田さんを尊敬し、卒業後は家族ぐるみの付き合いでいつも楽しく過ごすことができました。松田さんはおおらかで明るい性格に加えて、意外と細やかな気遣いのできる方でもあります。しかし本人はそういう風に見せたがらないシャイな方と見受けます。

社会人になったわたしが「バイト募集中なんですー、松田さんの教え子を紹介して」と頼むと、ホイホイと有能な学生を次々と紹介してくれました。この文集の編集者である伊地知紀子さんもその一人です。また、松田さんの教え子の院生だった一人は、ついに当法人勤続三〇年に近づいています。もはや「バイト」と呼ぶのもはばかられるほど大切なスタッフです。

そして二〇一七年九月、京大の「研究資源アーカイブ」について調べていたとき、当事者としての松田教授にインタビューを申し入れました。わたしが訪問した松田研究室には段ボール箱数十箱分が積み上げてあり、それが米山俊直先生が残された資料であることを知ったとき、「松田さんはなんと大変な資料を引き受けられたのだろう」と嘆息しました。これは大変な重荷だと感じたのです。しかし、ほかの誰も引き受けない資料を引き受けられた松田さんの責任感には大いに共感しました。

まもなく松田さんは退官されますが、「退職しても研究は続ける」と語っておられました。研究者は公職を退いても研究をやめないのだ、という宣言だと思ってわたしは嬉しく心強く思いました。

「韓国の原爆被害者を救援する市民の会」の活動はすでに五〇年近くの歴史をもっています。そのうち四〇年以上にわたって松田さんは活動を担ってこられました。学生時代は学生サークルのSAARの一員として。卒業後は市民活動の中心人物の一人として。

松田素二という多面的な人物像のうち、わたしはほんの一部についてしか描くことができませんが、昔も今も、敬意と親しみをもって松田さんのことを語りたいと思っています。

●第5部　ひらく

異質な「他者」をどのように捉えていくのかという問題について

岩谷洋史

はじめに

松田素二さんと初めて出会ったのは、私が一九九九年四月に大学院の博士後期課程に進学してすぐである。私は同じ文化人類学分野（以下、人類学と記しておこう）の教室の友人に誘われて、松田ゼミに出席させてもらった。そのときまで、直接、会ったことがなく、「松田素二」という人物については本を通じてその人物を想像することしかできなかった。あの当時のことを思い出すと、日常的抵抗論（ソフトレジスタンス論）を展開している人というイメージでしかなく、その論の展開と人物が結びつかなかったのである。

「抵抗」という言葉だけに着目するならば、ある既存の社会のシステムに対してそのシステムを変革してしまおうとする意図をイメージしてしまう。しかし、日常的抵抗論での抵抗の場合は、既存の社会のシステムの基準とは別のやり方やあり方を切り開く可能性があるというところに着目することになるのであろう。そういう意味では、ある人びとは単純に従属しているわけではなく、実際には主体的に動いているという見方もそこで切り開かれることになるのであろう。

ただ、当事者たちが、第三者から見て抵抗している、と解釈するとしても、やはり本人たちは抵抗しているつもりも明確な意図もないことを考えた時、そこに「抵抗」という言葉で表現されうる事象が現れていると見なすことにはやや憚れる。だが、その人たちは少なくとも従属しているが完全な従属ではなく、社会や経済の構造のなかの一つの歯車のようになっているわけでもない、ある程度は主体的に振る舞う人たちであるということが読み取れるのだろうし、逆に社会的にはやはり何らかの逆境もしくは瀬戸際に置かれた人々であるということは改めて再認識されうるのである。松田さんのまなざしは、世界の潮流に巻き込まれつつ日々の生活を営む人びとを観察者（研究者）と同じ地平にたった普通の人たちである一方で、その人たちは瀬戸際でなんとか踏ん張っている人たちでもあることを同時に記述していくということだったのかもしれない。

均質化と異質化の交差点

物理的に遠い他国の異文化の世界に暮らす人びとであろうがなかろうが、観察者が属する世界の日常的な生活空間とは違っている生活空間で暮らす人びとを「他者」と捉えることはできるだろう。平易にいうならば、他者とは自己から見て何かよくわからない、こう言って差し支えなければ、時として得体の知れない不可解な存在である。

このような他者をどのように精緻に記述していけばいいのだろうか。この問いかけは人類学分野の永遠の課題であると言える。だが、さまざまな困難が容易に想像されうる。政治的な権力構造に関するものは横に置いておくとしても、究極的には自己と他者との間に埋めることができない断絶があり、表象することが不可能であり、不可知論へと陥ってしまう可能性もないわけでもない。また、他者の他者性を強調するあまり、断絶を拡大させ、かえって他者が何なのかわからなくなってしまうこともあるかもしれない。

では、逆に他者をうまく表象できないとするならば、その該当する他者の誰かに代わりに表象してもらった方がよりよく表象ができるのではなかろうかと考える立場もあるかもしれない。しかし、これは明らかに人類学的な営為を放棄しているにしか思えないし、表象される側が表象しようと思っていないにもかかわらず、表象させようとしている者の立場も問題となるだろう。また、他者に属している、もしくは属していると考えている人たちが必ずしも、その他者をうまく表象できるという保証はどこにもない。それはその他者に属している人が決して、他者を俯瞰的に見ることはできないからである（つまり、このことは他者だと位置付ける自己側に属する人も自己をうまく表象することはできないことを意味することになるのである）。

一方で、他者として捉えているが、実は他者であると規定している自己側が、自己と同じであるという同一性の原理に基づいて、たとえば、よく言われるような、「わたしたちは同じ人間である」といったようなスローガンを声高々に叫ぶとき、本当に偏りのない普遍的な価値なのかと考えざるをえない原理でもって、自己と他者との差異を抹消してしまっているのではないかと考えてしまう。何よりも現実的な感覚として、経済的、社会的、あるいは形質的かつ生物的な様々な基準によって変わってくるものの、差異は厳然とあるからである。

異質なものである他者を記述する、あるいは理解するには、寛容さというのは必要になってくるだろう。そして、寛容さに対して否定的な不寛容な人たちに対しても寛容さを求めていくことは必要である。ただ、その異質なものへの寛容さを求めるとき、大別するならば、様々な差異を消して同一性を作り上げる立場か、差異は差異のまま残して異質なものを異質なものとして尊重する立場のどちらかがある。後者はいわゆる文化人類学で言われるところの文化相対主義的な態度と言えるだろう。差異をより高次の次元で同一性の原理で否定してしまって、互いに等しいことにみんな同じであるという根拠をおくのか、あるいは差異を解消させることはやめ、互いの異質性への尊重に根拠を置くのかのどちらかであると思われる。

さらに、他者を記述しようとする際にでてくる困難さについて考えておかなければならないことは、他者であると考えている対象が均質的なものであるかのように考えてしまうことである。これは誤解であり、その誤解は容易に本質主義に陥ってしまうことになるだろう。これは、強者と弱者の二項対立、多数派と少数派といった単純な二項対立に関わることになり、一方がもう一方に対して他者性を強固にするような表象をすることもあるし、逆に、そのもう一方が自ら他者性を強調してしまうこともあるだろう。そうなると、その一方の内部には現実には分断的な差異が存在することが無視される結果を生むことになる。とかくアイデンティティの政治学に陥る活動というのはそうした結果を生み出すという問題を孕んでいると言える。

考える鍵となる他者としてのＬＧＢＴの存在

私自身は多くの人類学者が行なっているような海外の異文化を対象にした、人類学的なフィールドワークを経験したことがない。主に日本国内の自分が住んでいる場所から地理的に近い場所でしかフィールドワークをしたことがない。したがって、人類学者が概して経験するようなフィールド体験やホームとフィールドとを往復するような体験はしたことがないと言ってもよい。

しかし、地理的に遠い、遠くないというのは大きな問題ではないかもしれない。私自身は日本の清酒業を対象にしており、日本語を介してフィールドの人たちとコミュニケーションをすることができるが、そうした業界は自分にとってみれば、そこに日常的には関わっていないという意味で、私自身の生活空間とは離れたという意味ではやはり異なった世界と言える。そう考えるならば、たとえ国内であってもフィールドはどこにでも設定できるのである。

そこで、この思いつくままに書き留めた原稿では身近に存在している人びとではあるが、私自身が何らかの手段を使って積極的に努力をしない限り、直接的に接近することがほとんど日常的にはありえないのではないか、あるいは出会っているとしても、その存在に気がつかずすれ違っているかもしれないという意味で私と出会うことがないかもしれない、そして、私自身が十分に知りえてはいないし、理解するどころか誤解しているかもしれない人びとを手掛かりに均質化と異質化のことを少し考えてみたい。

その人びととは性的マイノリティと一般的に名付けられる人びとのことである。ここ最近、「多様性」という鍵概念とともに、性的マイノリティの人びとに関して新聞や雑誌、インターネットの記事などで見かけたり、語られたりする機会が非常に多くなっていると感じる。また逆に性的マイノリティの人たちも自らその存在を露わにする機会を作ったり（たとえば、ＬＧＢＴのパレードなど）、テレビ番組などで自分たち自身のことを語ったりする機会も見かける。

性的マイノリティという言葉はＬＧＢＴ、つまりレズビアン、ゲイ、バイセクシュアル、トランスセクシュアルの頭文字を合わせた略語で代用されるが、今ではＬＧＢＴの方が一般的な表現として広まっているように思われる。性的マイノリティの人びとをＬＧＢＴと同じ意味で表現していいのかどうかはわからない。なぜならば、人間の性の考えうる多様性を考慮に入れるならば、決して、ＬＧＢＴではおさまらないだろう。その一方で、性的マイノリティと言っても、どういう基準でマイノリティなのかが明確とは言えない。本当に人数的に少数であるのであろうか、マイノリティと規定してしまうことで本当に社会的弱者であるのかどうかわからないまま、社会的弱者であるということが意味に含まれてしまうのではなかろうか、といった疑問が湧いてくる。

現実の事象をある概念で名付けるとき難しさが伴うが、ひとまず性的マイノリティとしてここでは考えていくことにして、性的マイノリティのすべてを取り上げることは難しいので、特にゲイと呼ばれる人たちに焦点をあてよう。

近年では、その人たちのことについては、ある程度、インターネット上でのゲイの人たちに向けた商業的なＷＥＢサイト、総合的な情報提供をしてくれるＷＥＢサイト、あるいはゲイの人が個人的に配信するＷＥＢサイトの情報によって窺い知ることはできる。もちろん、その情報が正確なものであるのかどうかということは考える必要はあるが、大事なことはどのようなことがそこに記載されているかであって、内容の真偽は二義的であると思える。

ゲイ文化、あるいはゲイコミュニティ

一九九〇年代には、テレビや映画、音楽などさまざまな領域でゲイ文化が注目を集めている。たとえば、月刊誌『ユリイカ』は一九九三年に「ゲイ・カルチュア」の特集を組んだりしている。一九九〇年代から二〇〇〇年代、二〇一〇年代へと移行するごとに、ゲイと呼ばれている（あるいはゲイだと言う）人たちのなかには、ごく普通の人たちもいるということが日本社会において広く知れ渡るようになってきていると思われるし、ゲイの人たちの間で使われているような言葉が特にゲイ向けではなさそうであるＷＥＢサイト上で見かけることもある。

たとえば、インターネット上で検索するとゲイ向けのサイトのなかに、ゲイ用語をまとめて解説しているようなページを見つけることができるのであるが、このなかに「ガチムチ」という言葉がある。「ガチムチ」とは、「がっちりむっちり」の略語であり、骨太でがっちりしていて、ある程度、体に筋肉だけでなく脂肪もあることがわかるあり様のことを指しており、そうした男性のことをそう呼ぶようである。「ガチムチ」というのは褒め言葉であり、自らを「ガチムチ」を自称する場合もあるが、他の人から、そうであると言われた際に、自分はそうではないことを伝える形で謙遜して否定的に言ったりするとある。(1)

このようなゲイの仲間内で流通するような特殊な用語があるということから、仮に文化というものが言語を切っても切れない関係にあるものとして捉えるならば、独自の文化、つまり「ゲイ文化」と呼ばれうるようなものがあたかも存在しているかのように思われる。しかし、では、そうしたゲイ文化とは具体的に何であるのか、と考えたとたんに、それが意味するところのものが何であるのか私にはわからない。

Wikipedia に「日本のゲイ文化」という項目がある。概略をみると、日本での奈良時代、平安時代からの男色や江戸時代の衆道などが記され、歴史的にはかなり前から、同性愛的なものに関連するものは存在しているという認識

があるようである。ここには過去の世界との連続性を設定しようとしていることがうかがえる。過去のものが現在のゲイ文化と連続しているのかしていないかということを議論することはできないが、少なくとも現代社会におけるゲイ文化がどのようなものとして捉えられているのか、その概要を知ることはできる。これによると、ディスコやナイトとよばれるイベントや、そのなかで生まれるドラァグクイーンといったパフォーマンスだけでなく、ゲイ雑誌（小説、漫画）、ゲイ映画、ゲイヌードグラビアといったメディア、そして、ゲイファッションと呼ばれているものが挙げられている。つまり、ゲイ文化と呼ばれているものは、概してポピュラー文化に属するものであり、それをゲイの人たちに向けて生み出すということと、生み出されたものなのである。

したがって、ここでの文化は、人類学で言われるところの文化とは少々異なる。人類学でも文化の定義は明確ではなく、立場によって様々であるが、人類学の古典的な定義に沿うならば、文化は社会（あるいは集団）を構成する人びとによって創造され、後天的に習得され、伝達され、共有される行動や認識の体系と捉えることができるが、この定義で理解するならば、ゲイ文化といった場合、ゲイの人たちの特有のそうしたものになる。しかし、Wikipedia の記述だけからはそうしたことははっきりとは見えてこない。

もちろん、Wikipedia の記述は完全ではなく、その一部しかとりあげていないかもしれない。したがって、ゲイ文化を記述しようと思えば、可能な限りできるとも言える。また、私の考えがあまりにも人類学的な文化の定義にこだわりすぎているのかもしれない。おそらく私自身が可能な限り多くのゲイの人たちと直接出会って、さまざまな事例から、何か文化的な差異やズレみたいなものを見出すことができるならば、ひょっとするとゲイ文化を確定できるかもしれないが、何か一個一個数えられる文化があり、それを実体化させようとしている態度にはどうしてもためらいもないわけではない。Wikipedia の記述が誰によってどういう立場でなされたものであるかはわからないが、実体化させることで、ゲイの人たちのなかには、一定の割合でそこに含まれない、あるいは含めようもない人が少なからず存在するのではなかろうか。

そして、もう一つ私にとって不可解な言葉の一つが「ゲイコミュニティ」という言葉である。「コミュニティ」は日本語で「共同体」と訳されるから、この言葉を「ゲイ共同体」といった言葉で言い換えてもよさそうではあるが、ここは慎重にしなくてはならない。ゲイコミュニティという言葉を使う場合、「コミュニティ」と「共同体」は同義ではない雰囲気が漂っているのである。

コミュニティといった言葉で指し示される対象は、基本的には、何らかの活動を通じての個人と個人とのつながりで構成される集団であるが、共同体という言葉からは、そうした集団が血縁に基づく家族・親族や地縁にもとづく村落、社縁にもとづく会社といったものを彷彿とさせてくれる。そういう意味で、コミュニティという言葉を使った場合、紐帯の深度は希薄に聞こえてくる。たとえば、ゲイの人びとに対して使われる、もしくは使うコミュニティ(2)というのは、その内部の構成員が性的指向を同じくするゲイという属性だけで成り立っているものにすぎなく、いわゆるゲイの人たちの曖昧な表現を借りるならば、「お仲間」「こっちの人」なのである。あるいは「組合員」という言い方も見られるように、そこに何か「お仲間」「こっちの人」よりも団結力が強いようなつながりがあるような微妙な色合いで表現されるものもあるようであるが、そこに組織化された何かがあるわけではないと思われる。もしそうであるならば、「コミュニティ」という言葉でわざわざ表現するのは間違っているかもしれない。そこにはコミュニティと定義づけられない状態で、理想的にコミュニティとして定義づけようとしている意図があるかもしれない。

だが、この抽象的な概念に本来的に適合しないからといって、コミュニティに相当するものが全く皆無であるとも言えなくもないという意見があるだろう。ある人が自分がゲイであるという認識をもち（つまり、異性愛の男性に対して「ストレート」(3)、もしくは「ノンケ」と位置付けるとするならば、彼らは自分とは異なると自らを位置付けることになる）、他の自分と性的指向が同じであると認識されうる人と出会った場合、その他者に何か親近感がわき、未だ見知らぬ、あるいは将来的に出会う可能性があるそのような人が他にも多数いるとするならば、そこに集まりという意味でのコミュニティのようなものが存在しうるような感覚をもつのかもしれない。しかし、その場合でも想像されうるコミュニティであって、現実にそれを確定させるものではなかろう。したがって、本来の意味での社会的紐帯のような強い意味合いをもたせるとするならば、やはりコミュニティと呼ぶことには違和感が残るのである。

均質的とは言えないゲイの人たち

もう少しいろいろな事実を知ると、ゲイの世界、いわゆる「こっちの世界」と一括りに考えてしまうのは現実的ではないことがわかる。「こっちの世界」の内側はかなり分断されているのではないかという印象を第三者的な視点にたったときにもってしまうのである。

ゲイの人たちの間で二〇一五年頃に「シャイニーゲイ」という言葉が流行っていたということが、インターネット上でのＷＥＢサイトの記事を見て知ることができる。(4) 文字どおり、「輝いているゲイ」ということになるが、この言葉は、Instagram や Twitter などのＳＮＳが発展し、インターネット上のゲイ同士の仮想的なネットワークが形成されている過程で広まった言葉のようである。

そのネットワークの形成のなされ方が、多かれ少なかれ、相手も同じゲイであるという点から出発してつながっていくと仮定すると、多くの様々な人たちと仮想的に出会うことになる。(5) そのとき、情報を発信している相手が複数の人たちと楽しそうに食事をする写真、イベントなどの活動に参加している写真、パートナー(6)と旅行をする写真、国内外へ旅行する写真などを掲載する際、いわゆる現実の生活(7)が充実している「リア充」のゲイとして捉えられる。このことはゲイ世界だけでなく、現代社会一般的な現象かもしれないが、ゲイと一括りされるような人たち、もしくは自らゲイと認識している人たちの間で、歴然とした差異というものがあること、正確にいうならば差異を作り出そうとしていることを当のゲイの人たちは再確認することになるのである。

シャイニーゲイの実際の生活はどうなのかはわからないが、彼らの生活を写真を通じて見る限り、そうではない生活をしている人にとっては、何か自分とは違ったもの、真似ができないもの、あるいは、したくもないものとして目の前に現れることになる。特に社会的、経済的な差が見せつけられるのであろう。そのために、「シャイニーゲイ」という言葉を発するときには、うらやましいということと、ねたましさの両感情が絡まり合っているのであり、その言葉は肯定的な価値をもって使われているわけではない。

当たり前のことであるが、出会う人は出会うのであり、出会わない人は決して出会うことはない。出会いは、個人的な嗜好の差、社会・経済的な差によって常に影響されるのである。そもそも「こっちの世界」の場合、「◯◯系」という言い方が広まっているように、性的指向が向かう対象は抽象的な意味での男性ではなく、具体的な男性なのである(8)。

こうしたことからいうならば、さまざまな基準で差異が設定できるのであり、当事者らの間で差異が不断に作り出されていると言える。したがって、決して、ゲイはゲイとはいえず、本質的に何か実体的なものがあるというわけではない。もしかすると、そういうような人たちとは一歩退いて外から眺めたり、一緒にいると場違いな感覚をもったりする人たちも少なからずいると考えられる。多くの人たちはごくごくありふれたささやかな生活を送っているのかもしれない。もしそうであるならば、ゲイ文化、あるいはゲイコミュニティが確固としてあるものとして語ってしまうことは何かそういう人たちに対して押し付けているような気がしないでもないのである。

結局のところ、ゲイ文化やゲイコミュニティという言葉があるにしても、私にとってははっきり明確なものではないように思えてくる。人類学でかつて異文化を本質主義的に捉えて、自文化とは異質なものとして把握しようとしていることに対しての批判を思い出すと、そもそもゲイ文化やゲイコミュニティといった存在を実体化して考えて、そこに積極的だろうが否定的だろうが紋切り型のイメージを当てはめようとする態度から私自身が抜きされていないのかもしれない。この態度の危険なところは、観光現象でよくあるように、自己が他者に対して珍奇なものとして位置付けて、とても理解とは程遠いものになってしまうかもしれないということである。

あるいは、そうした言葉を強調する立場（どういう立場の人たちが具体的に強調しようとしているかはわからないが）があるとするならば、ゲイという確固とした存在のあり方を確立させようという意図がそこにあるとも言える。

異質なものを異質なものとして捉える際に気をつけたいのは、確かに感覚的には異質ではあるのであるが、実際のところ異質さがどこまで異質なものと考えている対象のなかで一般的なものなのかということなのである。

この問いかけに応えるのは難しいと思われる。どんなに正しく対象を記述しようとしても、特に参与観察法が専ら導入される人類学のフィールドワークでは、ある特定の人や複数の人たちを出発点として広げていくという方法であるから、全体を見渡すことはほぼ不可能であると思われる。そして、仮に全体を仮定した上で、その人たちを一般名称として語ることは、つまり具体的な段階から一気に抽象的な段階へと駆け上がっていってしまうことは厳密にいうならば可能ではないし、可能であるならば、その根拠を考えなくてはならなくなる。どのような言葉を使って記述するのか。こうしたことはいつも念頭につきまとうのである。

おわりに

性的マイノリティについて議論する際、考えざるをない具体的な事柄の一つは、昨今、ニュースでも取り上げられる同性婚のことであろう。そこには同一性と多様性の議論が交差しあっていると言える。日常世界では異性愛的な言説が強力に支配していると考えるならば、性的マイノリティにとっては、日常世界で普通に暮らす点においてやりにくさというのはあるだろう。とりわけ、パートナーがいる場合、そのパートナーとの関係をおおやけに知らしめるとなるとなおさらである。

世界には合法的に同性間の結婚を公認する国や地域が増えてきているが、二〇二〇年現在では日本では同性婚は認められてはいない。現実的には、同性のカップルが生活をともにする事実婚と同じになっている例は多いとは思うが、せいぜい、いくつかの自治体で、パートナーシップ宣誓制度といった形で、同性間の関係で作られる社会生活が異性間の婚姻関係で作られる社会生活と同じようなものであると公的に見なされる程度である（たとえば、二〇一五年から施行された東京都渋谷区の「渋谷区男女平等及び多様性を尊重する社会を推進する条例」に基づく、パートナーシップ証明書発行の手続きを制度化したり、同じく同年より世田谷区では「世田谷区パートナーシップの宣誓の取り扱いに関する要綱」の下でパートナーシップ宣誓の制度が設けられたりしている。多くはないものの、次第にこれに続く自治体がいくつかある）。

法律的に同性婚を認める動きの背景には、同じ社会で生きる性的マイノリティの人権を擁護するという態度があると思われる。性のあり方が多くの人たちと違うからといって排除されたり、不利益を被ったりするのは確かに人権の観点からは認めがたい。同性婚への権利が叫ばれるときに、主にどういう立場の人たちから出てくるのかはわからないが（ゲイの人たち側から求められていると必ずしも言えないだろう）、この時、「人権」という普遍的な原理、簡単にいえば、「皆、平等」に扱われるべきであるという発想が根底にあると同時に、異質な人たちのその存在自体を輪郭付けている面もある。つまり、均質化と異質化という互いに対立しているものが成立しているわけである。

ただ、この場合に想定されている同性婚というのは、いわゆる男女間で行われる一般的な結婚、つまり、一対一の関係を持続している状態を第一とする従来の結婚制度であるということには注意しておく必要があるだろう。このことを考慮に入れるならば、結局のところ、仮に人と人との関係を構築する際に性的マイノリティの世界では独自の展開がなされているということを想定するならば、そして、その独自の展開が正統的な人と人とが構築する関係を反省的に見せてくれるような類のものであるならば、そうした世界のあり方がマジョリティ側の原理によって取り込まれるということを意味する。あるいは、一対一の関係に基づく人と人の関係、そして、そしてそのことを周囲に知らしめるということは、そうした関係下にある人たちにある種の社会的地位をもたらすのであり、そういうことを頑なに拒む人たち、もしくは、諸事情でどうしてもそういうことができない人たちを極端なことを言えば排除する方向に向かってしまうことにもなりかねないのである（このことは、性的マイノリティの世界だけでなく、一般的な異性愛の世界での男女関係でも言えるのかもしれない）。筆者は同性婚を否定的に捉えているわけではなく、どちらにしても、同性婚を承認することが必ずしもすぐに何か平等をもたらすようなものになるというのは錯覚なのではないだろうかという考えを提示しているだけである。

自己と他者を考える際に、たとえば人間を生物学上の定義でホモ・サピエンスと統一させて、皆、同じと考えることもできる。だが、現実的には、身体的な特徴を含めて、生活様式や行動様式などの文化的な側面を見る限り、統一的に考えてしまうことにも問題はある。一様に考えてしまうことの危険性は、同じことを他者にも強いてしまうことなのである。その一方で多様であるというと、多様性を強調するがあまり、分裂していて、そこには何か埋めることができない深い溝ができてしまうかもしれなく、自己は自己、他者は他者というようなことになる。

どちらの立場をとったとしてもうまく行かなくなるし、それをどのように接合していけばよいのかについては今すぐに結論を出すことはできない。ただ、自己と他者を区別する際に別の側面も、気をつけておかなければならないのは、その想定している他者というのが、実際にはうまく捉えることができないということなのである。捉える試みの不完全さというのは、自己が他者と位置付けている人びとを一括りに捉えて名付けることはできないというところに由来する。逆に、自己によって他者と位置付けられる人たちも自己が規定しようとする他者と違うと感じ、時にはそうした他者像に反感をもつだろう。さらに言うならば、自己が他者と位置付ける人たちのなかには、自らを他者として位置付けようとして現れる他者のあり方とも異なると感じる、つまり他者のなかでも不断に差異を設けて異質化を進めている現実があると考えられるのである。

注

（１）たとえば、ゲイのための総合情報サイト g-lad xx（https://gladxx.jp/）には、「ゲイ用語の基礎知識」といったページがある（二〇二〇年四月七日アクセス）。

（２）「コミュニティセンター」という使い方がなされる。たとえば、大阪には、dista と呼ばれるものがある（https://www.dista.osaka/）。これは厚生労働省の同性愛者等のＨＩＶに関する相談や支援事業の一環として設立されたものであるが、関心を共にもったものが集まる場という意味であると思われる。コミュニティという言葉が「集まり」を意味している。

（３）ストレートというのは、異性愛の男性、つまり一般的な男性のことを意味する。

（４）たとえば、LetbeeLife「サムソン高橋の非シャイニーゲイ宣言①「ホモには無職もホームレスもいる」」（https://life.letibee.com/samson-nonshiny-gay/）（二〇二〇年四月一七日アクセス）といったオンライン記事の一つをみると、「シャイニーゲイ」という言葉がもっている意味合いを知ることができる。

（５）初めから友達・知人同士で、ＳＮＳでつながるというのはわかるが、そういう関係ではない場合、具体的にどのようにＳＮＳ上でつながっていくのかは不明である。また、ＳＮＳの原理上、誰とでもつながることができるが、実際には選択的につながっていると思われる。その際、具体的にどういう選択原理が働くのかを詳しく見ることが必要である。

（６）パートナーのことは「相方」「相棒」「旦那」などと呼ばれる場合が多い。

（７）この現実の生活のことは、場合によっては「ゲイライフ」と呼ばれる。

複数の境界線の交点上を生きる

田多井俊喜

はじめに

「アテネの学堂」という絵画がある。古代ギリシャの哲学者たちを描いたこの絵画は、プラトンとアリストテレスを絵の中央に並べて描いている。両者のポーズは対照的だ。プラトンは天を指さし、アリストテレスは大地に手をかざしている。ルネサンス期に描かれたラファエロによるこの絵画は、研究者の思考のあり方をよく描写しているように思えてならない。

というのは、演繹的に世界のあり方を把握しようとするプラトンと、帰納法的に世界のあり方を把握しようとするアリストテレスとは、世界のあり方を把握しようとする者の立ち位置の両極を示していると考えられるからだ。いいかえれば、理論によって世界を把握するのか、それとも大地を這うようにして事物の存在を確かめつつ世界のあり方を記述するのか、という両極端なアプローチを描いているということである。これは観察者の立場にいる者が、世界のあり方をどのような視座に立って明らかにすべきなのかという問題提起の絵だといえる。

社会学にとっても、ラファエロが提起したプラトンとアリストテレスの立場の違いは、ルネサンス期という遠い過去を経て現在にいたるまで、社会学者の視座のあり方を問いただす絵だといえる。

というのは、理論によって世界を包括的に説明したことにするのか、それともフィールドに出てそこでであった出来事を記述するのに留まるのかという問いは、未解決である。この問いに対して、「中範囲の理論」を唱えても、意味はない。何故なら、理論という視座に立って観察し、理論を世界にあてはめ、理論から漏れ落ちる要素を抽出する、という「どちらかといえば理論的な」アプローチと、それこそ地を這うようにしてフィールドワークをし、そこで得た事実を列挙しつつ概念化（理論化）するというアプローチの違いは、結果的に同じ内容の論文になるという意味で「折り合い」がつくとしても、「それで世界のあり方を説明したことになるのか」という問いに答えるものではないからだ。

「理論からスタートして世界を観察し、理論から零れ落ちる要素を再概念化する」という観察も、「世界の中を這うようにして事実を積み重ね、理論化する」という方法も、「世界の有り様を客観的に説明した」ということにならないのは何故か。それは、研究者が同時代に流行っている理論・思想を無意識に反映しているからだ。

同時代に流行っている思想なり理論は、同時代の政治・経済様相を反映した、優れて政治的なものである。具体的に言えば、まだ革命という理想があり得た時代を生きた人の抱く無意識の思想は、同時に社会構造の根本的転換を無意識なままに「欲望」している可能性が高い。そのため、世界を説明する視座もまた、「どう社会秩序を改革するのか」という「欲望」が盲点になったままになる。そこで生まれてくるのは、社会変革の具体的な要素を捉えようとする（初期マルクスのような）議論になる可能性を否定できない。それは労働運動やデモンストレーション、権利のための闘争に希望を見出し、そうした社会変革のための社会の動態性に着目する程度にまで視野が狭まったものになりやすいともいえる。

そして、革命の理想が閉ざされた時代、まさにポスト・モダンといわれるような今の時代を生きる研究者の無意識の「欲望」は、革命には結びつかないが「秩序のゆらぎ」を見出そうとするもの、あるいは権力にそぐわない存在者に（それこそクィア理論などのポスト・モダン思想のように）着目するまでに狭められる。そして存在者を「社会秩序の攪乱分子」として見る英雄主義史観になりやすい。

こうした研究者の「無意識の欲望」の存在に目配りしようとする研究姿勢は、松田先生の姿勢であると考える。研究者がその当時流行っている思想を無意識的に受容し、書いたものはある種のドグマを抱えざるをえない。研究者自体が世界に「投げ込まれている」状況では、完全に意識化することは不可能であるにしても、このドグマに意識的であろうと努力しないと、フィールドにいる人々の生き方を歪めて認識してしまいがちであるということを、松田先生から学ぶことができた。

2 「性同一性障害」「トランスセクシュアル」「トランスジェンダー」をめぐるドグマ

一九七〇年代の北米におけるラディカル・フェミニズムの論者にしても、M・フーコーの言説分析に影響をうけたタイプのポスト構造主義の論者にしても、これら論者はドグマを抱えていた。ラディカル・フェミニストを自認する論者は家父長制的な医療制度が前提としている性別二元秩序を強化する主体として「トランスセクシュアル」を捉えていた。また、言説分析によって「トランス」と医療制度の関わりを明らかにしようとした論者は性別二元秩序という意味での「ジェンダー」の「手先」として「トランスセクシュアル」を捉えていた。

性別二元秩序を強化するものとして「トランスセクシュアル」を捉える論者はあまり多くはないのかもしれない。だが、ラディカル・フェミニズムの理論を素直に愚直に応用して「トランスセクシュアル」について何らかの分析を行うと、「トランスセクシュアル」は「あってはならないもの」「望ましくない存在」になることは間違いない。また、標準的な言説分析の手法を用いて「トランスセクシュアル」を分析すると、性別二元秩序に包摂されるという意味で「望ましくない」存在なのが「トランスセクシュアル」になってしまう。「トランスセクシュアル」を批判するという「当事者批判」を行う論者が数として少ないからといって、ではそうした論者が分析のための理論を間違えて誤読していたということは全くないのである。むしろ、理論にあまりに忠実だったからこそ、性別二元秩序に親和的な要素を見出したがる研究者の「欲望」「ドグマ」がより全面に出てしまったと考えた方がより正確だろう。「ドグマ」といったが、これは研究者にとって厄介な取扱い物だ。というのは、「ドグマ」は研究者の問題意識を作る作用があるために、「ドグマ」なしに世界を構造的に説明することはできない。ただ、先述のように、これはフィールドにいる人々を見下し、当事者批判を行ってしまう最大の原因になる。

特に「市民社会」「シティズンシップ」というものに憧憬を抱きがちな日本の研究者にとっては、当事者批判、日本の後進性、愚民史観などあげつらえばきりがないくらいフィールドの人々をさげすむ傾向は強いだろう。そこで残るのは、幻視のなかの市民社会であって、足元の日本の企業社会ではない。もっと踏み込んでいえば、市民社会という言葉は何なのかという歴史的・思想史的吟味さえされずに、市民社会とは研究者にとっては口当たりのいい言葉になっているとさえいえる。日本の研究者が市民社会という時、それはアダム・スミスのいうような「自然的自由の体系」でもなく、ヘーゲルやマルクスのいう「欲望の体系」でもなく、単なるマジカルワードなのかもしれない。そこで見落とされるのは、日本が市民社会ではなく、丸山真男が看破したように、「無責任の体系」としての企業社会であるという現実認識がないことだ。こうした文脈では、日本社会の理解は通俗的な丸山真男理解（愚民史観）に結びつきやすい。そこには無批判に市民社会へのキャッチアップを目指す理論信仰というプラトンの呪縛しか残らないだろう。

3　フィールドで何かを「見つける」

「後進性」「愚民史観」という観念の手垢にまみれた日本をフィールドとする場合、松田先生ならどうするだろうか。

答えは、おそらくフィールドに生きる人々の日常生活のあり方を足で歩き、同時にあらゆる理論を知り尽くしたうえで、日本の「後進性」「愚民史観」の裏にひそむ「研究者に内面化されたオリエンタリズム」を批判するだろう。「研究者に内面化されたオリエンタリズム」とは、先述の西欧を普遍的なものと考え、市民社会への憧憬を抱くという日本人研究者の欲望である。そして、そうした研究者の欲望を批判しつつ、「後進的」とされがちなフィールドの人々の生活世界は西欧の基準では計り知れない広い領野を持ち、また西欧の基準では計りえない秩序が存在することをつきとめるのではないだろうか。西欧の基準とは、「理性」「目的合理性」「自立した個人」「個人主義」「自律性」「効率性」といったものも含まれる。さらにポスト・モダンの文脈で出てくる「脱構築」もそれに加わるだろう。これらの基準は、研究者がフィールドに出る際に必ず持っていく分析道具であるが、こうした基準を日常生活という切り口によってキャンセルし、「フィールドにいる人々は西欧の基準では思いもしない巧妙な技で秩序を作っている」ことを明らかにするだろう。こうした知見は、「土着性」というこれまた手垢にまみれた思考をもキャンセルすると考えられる。

　こうした意外性に満ちた人間洞察は、おそらく経済的にも政治的にも極限状態のなかにおかれたアフリカの人々の「非日常の日常」を見て得られたものなのかもしれない。いずれにしても人間であることすらあやうい状況下にいる人々の作る生き延びるための狡知を掬い取る松田先生の姿勢は、ある種の「泥臭さ」「人間らしさ」を肯定し、体系的にまとめるという理論と現実の往還を成し遂げるものといえる。そうした姿勢は、繰り返しになってしまうが、研究者が解き明かそうとする世界に「投げ込まれて」いて、同時代に流行っている理論や思想に絡め取られかねないという意識を持っていたからこそと思える。

　ここで、松田先生から学んだことは、研究者とは全てを疑いうるが、全てを疑いうる研究者の姿勢（ドグマや欲望）をも疑わなければならないということだ。

4 「境界線上を生きる」人たちから学ぶ。

では、「境界線上を生きる」人たちに目を転じてみよう。

ここでは、「性同一性障害」や「トランスジェンダー」と呼ばれる人たちの生に特に注目する。

①彼ら・彼女らが生きる境界線とは何か。

では、これらの人たちが生きる地点は、いったい何処にあるのだろうか？

まずは「男性」と「女性」という境界線上である。では、「男性」と「女性」という境界線とは何だろうか。一言に「男性」といっても、セックス（生物学的性差）が「男性」であることと、ジェンダー（社会的性差）が「男性」であることとは全く違う。一口に「男性」といっても、それは男性としてのセックスと男性としてのジェンダーに分けられるのである。同様に「女性」といっても、女性としてのセックスと女性としてのジェンダーに分けられる。これだけを鑑みても、すでに四つの境界線がある。さらにアイデンティティが「男性」であったり、「女性」であったり、あるいはどちらでもなかったりする場合を考えると、性差は、二つではなく、多元的であることがまず、指摘できるだろう。彼ら・彼女らは複数の境界を生きている。

以上のようなことを勘案すると、「性同一性障害」「トランスジェンダー」とされる人々のアイデンティティは、セックスとジェンダーという境界線上にあるといえる。そして、これらの人たちが生きる地点も、セックスとジェンダーという境界線上に存在する。具体的に言えば、アイデンティティが女性である「性同一性障害」「トランスジェンダー」とされる人は、セックスは男性であるがジェンダーは女性（あるいは女性に近い性）、あるいはセックスもジェンダーも女性にしたいという思いを抱いていることになる。

いずれにしても、彼ら・彼女らはアイデンティティが、「生まれ育てられた性」とは異なるので、どうしてもマジョリティの人なら一貫しているセックスとジェンダーのつながりに境界線を引かざるをえない存在である。彼ら・彼女らの生きる境界線とは、セックスとジェンダーという境界線上である。

②本質主義、構築主義、反構築主義（反・反本質主義）

彼ら・彼女らの生きる境界線とは、セックスとジェンダーという境界線であった。

そして、彼ら・彼女らは自分のアイデンティティに沿うように、セックスとジェンダーを変えてゆく。アイデンティティが女性なら、セックスとジェンダーも女性にするというのがその一例である。この場合境界線は、アイデンティティに沿うような形で、引き直されたり、接合されたりする。こうしたセックスとジェンダーの一貫性を求める性のあり方は、本質主義と呼ばれることがある。「男性として生まれたなら、男性の性役割をする」という場合、セックスとジェンダーの一貫性という思考が背景にあるが、こうしたセックスとジェンダーの一貫性を求める思考を本質主義という。他方で、本質主義を批判する形で登場したのが構築主義である。

構築主義とは、セックスとジェンダーの一貫性を自明視する考えを翻し、セックスはジェンダーだとまでいう。ジェンダーは確かに社会構築物である。だが構築主義によれば、セックスという差異は自然が作り出したものという観念に覆われることで、自明視されているジェンダーだという。そのため、セックスはジェンダーだ、という革命的な思考を構築主義は導き出した。

もっとも、本稿はこうしたセックスはジェンダーだ、という考えをとらないという意味で、どちらかといえば反構築主義、反・反本質主義の立場をとる。何故かといえば、ここで無視されているのはアイデンティティという差異だからである。アイデンティティはセックスでも、ジェンダーでも「ない」。もっとも、言説分析の流れをくむ学説によれば、アイデンティティは言説が作った構築物とされるが、本稿はこうした考えも取らない。というのは、「性同一性障害」「トランスジェンダー」とされる人々は第二次性徴や生理反応（自慰行為など）を有する身体への違和感（セックスへの違和感）をきっかけに自らのアイデンティティを問うことがあるためだ。構築主義には身体が生理反応を持ち、人のアイデンティティに影響を与えるものだという考えがないのだ。生理反応への違和感では、男性と女性で絶対的な違いがある。さらに、セックスのレベルでは、男女の間には多元的な差異が存在し、男女の性差を決定づけるものはまだ判然としないと見た方がよいだろう。そのため、セックスはジェンダーである、という主張は、構築主義が考えるものとは別に、実際事実を言い当てているのかもしれない。こうした事情に構築主義は目をつぶったままだ。

構築主義はまるで身体を単なる石や机などのような物質としてしか見ていないのだろうか。言説分析の確立者のミシェル・フーコーは、明らかに身体を単なる物質とは見ていなかった。さもなければ、規律規範権力や生権力というアイデアは浮かんでこなかったろう。そうした学説的なことを勘案しても、現在の構築主義は、フーコーの考えたように身体が実際に息をし、生理反応を持つ生きた存在である、という事実に迫っていないように見えてならないのだ。構築主義が生理反応を有するセックスとしての身体にアプローチできるかどうかが、セックスはジェンダーだというキーポイントになるはずなのだが、それは果たして可能なのだろうか。

松田先生は、本質主義への無批判な回帰は学説的な後退であると指摘されたが、本稿が構築主義を的確に批判したうえで、反構築主義という学説を正当な形で唱えているかには自信がない。しかし、どう見ても「性同一性障害」「トランスジェンダー」が「特殊な本質主義」であるという認識にとどまらざるをえないのが現状である。これは、本稿の「ドグマ」「欲望」なのかもしれない。つまり、彼ら・彼女らのアイデンティティは、「社会的に構築された」ものではないというものだ。何度もの論文の相談に乗ってくださることで、松田先生は以上のような研究を進めてゆくうえでの「ドグマ」「欲望」にいつのまにか気づかせてくださった。

5　結語に変えて——本稿の「欲望」「ドグマ」

彼ら・彼女らのアイデンティティが社会構築物ではないという考えは、本稿の「欲望」「ドグマ」であるかもしれない。だが、社会構築されたものであるならば、「選択」という行為によって再構築することが可能なはずだ。例えば、社会制度などを、「選択」することで変えてゆく、というように。同様に、自分の性のアイデンティティを社会構築物と考えるならば、「トランスジェンダー」「性同一性障害」とされる人々は、自分の性的アイデンティティを「男性」から「女性」へと恣意的に変えていると考えることも可能なはずだ。だが、ＬＧＢＴに理解を深めようとする人なら、そうした考えを取る人はまずいないだろう。

ではここまで行ってきた自分の研究の中で、性的アイデンティティの占める布置を述べて、議論を終えてみたい。

ここで参考になるのが、先述したラディカル・フェミニズムと言説分析に影響を受けたポスト構造主義からの、「トランスセクシュアル」への批判である。両者は共に、異なる立場にいるはずなのに、いざ結論を導き出すと「トランスセクシュアル」を批判する点で共通している。つまり、「性別適合手術」を受けて、性的アイデンティティに沿う身体へと変わってゆく彼ら・彼女らを批判する点で一致している。この場合、重要なのが、これらの「トランスセクシュアル」を批判する論者は、相互に対立する方法論で同一の結論を導き出していることだ。

具体的には、ラディカル・フェミニズムからの「トランスセクシュアル」への批判は、家父長的な医療制度が生み出した「トランスセクシュアル」は、男性の抱く「女性の身体」のイメージに沿って作られた「男が作った女」なのだというものである。そして、こうした家父長的なシステムにとらわれない形で、女性は本来の女性のアイデンティティを取り戻すことが必要だと論じる。ここでは女性を男性の支配から解放するには、「男性」と「女性」

の間に存在する権力関係を、女性が解消するという考えがある。ここには「男女」という差異を恣意的に定める思考が存在する。というのも、そもそも「女性の身体」と「男性の身体」には確かに大きな相違点はあるが、男女の間にはセックスのレベルで考えても多元的な差異があるからだ。セックスのレベルでの「男女」の差異は、ラディカル・フェミニズムが考えるようなものでもなく、意外とはっきりしない。そして、家父長制から解放されて女性の本来のアイデンティティを取り戻すといっても、理論的前提となっている「男女のセックスの上での性差」がゆらいでいるために、「男性」と「女性」の間に存在する権力関係を解消するという考えは、意外と成立しにくいのだ。

こうした理論のゆらぎの中で、性的アイデンティティの占める位置もゆらいでいる。というのも、「セックスの上での性差が多元的だ」という見方を入れてしまえば、「トランスセクシュアル」の女性の性的アイデンティティと、そうでない女性の性的アイデンティティの差異もあいまいにならざるをえない。

そして、言説分析によって「トランスセクシュアル」を批判する議論は、ラディカル・フェミニズムよりも薄氷を踏んでいる。言説によって「トランスセクシュアル」の性的アイデンティティが構築されるという時、この理論は性的アイデンティティという性的差異は権力が具体的な形をとったものと考えている。これは差異というものを嫌う思想に結びつきやすい。

言説分析と比較的距離が近いクィア理論は、特にそうだ。クィア理論は性的アイデンティティを権力関係が具体的な形をとった差異と見る。こうした差異を撹乱するのが「トランスジェンダー」であるという主張する論者もいるが、こうした撹乱という言葉の背後にあるのは、男女という差異を権力が物象化したものとして考える思考である。こうした思考では、権力＝男女という差異という「ドグマ」が存在する。そして性的差異を撹乱して解体するという実践的な処方箋が導き出される。この場合、男女という差異を解体することで、権力関係をなくすという思考が背景に存在する。

ここで問題なのは、性的差異を否定する思想だ。この思想は、性的差異（性的アイデンティティ）そのものを権力関係の産物だと考える。そのため、性的差異を肯定した上で、どう男女間の平等性を担保するのかという考えがない。むしろ、差異を否定し、解体した時点でジェンダーに関する問題は解決されるかのような観念的な見通しが透けて見える。ここで不可視になるのは、「トランスジェンダー」「性同一性障害」とされる人々の生存の危機をどう解消するかという問題である。具体的には、雇用の問題だ。

松田先生とのお話の中で、学ぶことができたのは、こうした雇用の問題などの「泥臭い」問題にアプローチできるようになったことだ。

もし松田先生との出会いと議論がなければ、これまで本稿で行ってきた理論批判も、雇用などの問題なども、研究の俎上に上がってきたかどうか自信がない。また、自分の「欲望」「ドグマ」を探りながら研究を進めていこうなどとは考えもしなかったろう。

「性的アイデンティティ」への注目、理論への疑念、雇用への着目、研究上の「欲望」「ドグマ」の探索といったことは、松田先生が提示してくださった「日常生活」というキーワードからだった。現実なり世界のあり方を説明するには、現実や世界にアプローチする切り口が必要だ。そうした切り口となるキーワードが松田先生の提示する「日常生活」という言葉だった。とかく理論に重きを置きがちな議論をする癖が残る本稿であるが、それでもそもそも本稿がなるには、「日常生活」というキーワードなしには、何も書けなかったろう。すべてはこの言葉から始まった。

在日コリアンのダブルスタンダード性をめぐって

金　泰泳（井沢泰樹）

はじめに

紋切り型の書き出しになってしまい恐縮だが、本稿において「在日コリアン」とは、日本による朝鮮半島への植民地支配によって直接的間接的に日本に渡航することになった人びととその子孫を指す。国籍は韓国、朝鮮、日本、その他の国籍である。そして筆者はここで以下の語句を付け足したいと思う。すなわち、「多くの場合、母語が日本語で、〝母名〟は日本名であるところのエスニック集団である」と。

在日コリアンは通名である日本名で生活している人が多い。二〇〇二年に大阪市がおこなった「外国籍住民施策検討に係る生活意識等調査」では民族名（本名）の使用状況について、韓国・朝鮮籍、中国籍、その他の国籍の人々にたずねている。そのうち、韓国・朝鮮籍者について、「いつも民族名を名のっている」「民族名が多い」「日本名が多い」「ほとんど日本名を名のっている」「回答なし」の割合はそれぞれ七・九％、七・五％、二五・〇％、五六・二％、三・四％であった。ここで「日本名が多い」と「ほとんど日本名を名のっている」を合わせると八一・二％を占め、在日コリアンの多くが日常生活の中で通名を使用していることが浮き彫りになっている。

また二〇一四年に在日本大韓民国青年会が実施した「第四次在日韓国人青年意識調査」の結果を見てみると、日本人の前では「通名」を使用していると答えた者が全体の七〇％にのぼった。これらの調査結果から概ね八〇％近くが「通名」を使用しているという結果がでている。先に、多くの場合、〝母名〟は日本名であると述べた所以である。筆者は日本生まれ日本育ち日本国籍の在日コリアンである。二〇〇九年まで韓国籍であったが日本国籍を取得した。外国人は日本の戸籍がないため、そのときはじめて戸籍ができた。と同時に戸籍名を、大学一年生まで使用していた「井沢泰樹」とした。その時点で、すでに法律が変わって、「金泰泳」を戸籍名とすることができたが、筆者は「井沢泰樹」を戸籍名とした。以来、日常生活でも、また文章を書いて発表させてもらうときにも、「井沢」と「金」の両方を併記している。「井沢泰樹（金泰泳）」あるいは「金泰泳（井沢泰樹）」といった具合にである。

この両名併記というやり方はあまり格好のよいものではないかもしれない。どちらか一つに統一したほうがよいのでは？　といった意見もあるであろう。しかし筆者としては、「金泰泳」も自分、「井沢泰樹」も自分であり、気取った言い方になるかもしれないが、それが在日コリアンの在日コリアン性を象徴しているのではないかと考えるのである。つまり、自分は「韓国人・朝鮮人」でも「日本人」でもなく、「在日コリアン」「在日韓国・朝鮮人」なのだということである。また、韓国・朝鮮人（的）でもあり、日本人（的）でもあるということである。そうしたマージナルで、ハーフな、そしてまたダブルな存在が在日コリアンである。

1　新聞報道における在日コリアンの名前表記をめぐって

近年、議論にあがる問題として、在日コリアンが事件の容疑者・被疑者となった時、報道において、その名前をどのように表記するかということが報道機関によって異なるということがある。ここでは新聞の場合を例に取るが、たとえば朝日新聞は（筆者が確認するかぎり二〇〇〇年代初頭以降）一貫して通名表記を行い、毎日新聞はケースバイケースで通名表記と本名である韓国・朝鮮名表記を分けている。また読売新聞と産経新聞は一貫して本名表記を行っている。たとえば二〇一五年一〇月に起こった、首都圏で相次いだエレベーター停止事件をめぐり、エレベーターのドアを開かないようにしたとして監禁と威力業務妨害の罪でエレベーター会社元社員が逮捕・起訴された事件があった。この事件報道では以下のように表記されている。

朝日新聞：岩本雄大容疑者（三六）＝東京都板橋区＝
毎日新聞：李雄大容疑者（三六）
読売新聞：韓国籍の無職李雄大容疑者（三六）（板橋区若木）
産経新聞：韓国籍の李雄大容疑者（三六）＝東京都板橋区＝

といったようにである。なぜこうした違いが起こるのか。筆者は上記四紙にＦＡＸで質問状を送付しその表記方法の基準をたずねた。それに対して朝日新聞社、毎日新聞社、読売新聞社からはＦＡＸで回答が寄せられた。また産経新聞社からは回答がなかったため、再度、電話で連絡をして電話にて回答を得た。以下が四社の回答である。

〈朝日新聞社〉

本名ではなく通名・通称で生活している人がおり、本名だけの表記だと、その本人だとわかりにくい場合があります。また、在日韓国・朝鮮人の場合、戦前は日本の植民地支配による同化政策の一つである創氏改名で日本風の名前を名乗ることを余儀なくされ、戦後も、日本社会での差別・偏見のため「在日」であることを知られないように通名で生活してきた人も少なくありません。こうした事情を総合的に判断し、一般に本名よりも通名・通称で生活・通用している人については、通名・通称で表記しています。

ただし、容疑者や被告に関しては、民族差別の問題など、外国人や外国出身者であることが動機などに深く関係していると判断される場合など、本名表記が必要と判断されるときは「通名（本名）」と併記したり、本名のみの表記としたりすることもあります。また、警察に取材し、通名が確認できない場合は本名表記もあり得ます。また、裁判員裁判での報道などでは、本名表記にする場合もあります。どういう表記が適切なのかは、常に議論を続けています。

〈毎日新聞社〉

毎日新聞社では、事件の被疑者、被告、被害者で区別していません。

軽微な事件のときは通名（日本名）のみで報道しています。しかし、大きな事件や「在日」であることが事件の背景にある場合で、必要と判断されるときには、通名（日本名）に本名を併記します。

〈読売新聞社〉

読売新聞は、事件報道、犯罪報道における容疑者もしくは被告等（加害者等）について実名で報道する場合、日本人であるか外国人であるかにかかわらず原則、戸籍上の氏名（外国人の場合は旅券等の公的資料に基づく氏名）で報じ、芸能人等、通称で報道する必要がある場合は戸籍名と通称を併記するケースもあります。一方、事案の内容ごとに、配慮すべき事情がある場合は通称だけを使用することもあります。

〈産経新聞社〉

在日韓国・朝鮮人の人たちが容疑者になった場合の名前については警察発表に沿っており、原則は本名報道です。

この四紙の表記方法のうち議論の的そして批判の対象となっているのは朝日新聞社の一貫した通名報道という方法である。批判にはたとえば以下のようなものがある。

在日韓国・朝鮮人による犯罪を本名ではなく通称名（以降、通名）で報道することに対して、近年多くの識者から批判の声が上がっている。一方、在日側は自分たちの犯罪行為について、「人権問題」を理由に通名報道を求めている。（中略）この通名報道の傾向が強いのがＮＨＫと朝日新聞である。特に朝日新聞では在日が犯罪容疑者となった場合、通名報道するという社内規定を設けているといわれる。通名報道されることにより、在日犯罪の実態が日本国民に正確に伝わらず、これは社会治安上の観点からも極めて問題であると言わざるを得ない。また、国民の知る権利を阻害してまで在日犯罪を隠そうとする行為は、メディアによる情報統制であり、許されない行為である［桜井　二〇〇九］。

つまりひと言でいえば、在日コリアンはいつ何をしでかすかわからない治安管理の対象であるので、その動向は把握しておく必要があるといったものである。これは言うまでもなく本質主義的な人種主義に基づくものである。一方、実は、通名報道に対する批判は、〝右寄り〟の日本人社会からだけではなく、在日コリアン当事者の側からもある。それはたとえば以下のようなものである。以下は、ある民族団体機関誌の編集長の意見である。

良いときは本名、良くないときは通名というのはダブルスタンダードではないのか。私たち民族団体は、本名を名のろうということが原則なので、報道においても本名で報道をするということが原則的な姿勢だと考えている。

筆者は朝日新聞の報道方法に賛成である。それは、罪を犯した在日コリアンの、在日コリアンとしての歴史的社会的背景を考慮に入れて報道しているのであり、「在日コリアンは何をしでかすかわからない」といった差別を助長する報道とは真逆の姿勢であると考えるからである。しかし、そうした朝日新聞の表記方法への「賛成派」の意見はなかなか表には出にくいものである。表に出やすい声高な意見は「反対派」の意見である。結果として朝日新聞の報道は誰からも褒められない「孤軍奮闘」になってしまう[1]。

2 「朝鮮人、やめてしまえ！」――民族教育における葛藤をめぐって

筆者は大学院生の頃、関西のある在日コリアン民族教育団体で活動をしていた。その団体は「民族講師」の集まりで、日本の公立小学校、中学校にあった在日コリアン児童生徒を対象とした「民族学級」で子どもたちを指導するのが「民族講師」であった。その民族学級は主に、在日コリアンの集住地域、つまり、在日コリアンの児童生徒が多く在籍する学校にあった。私もそうした学校の一つで民族講師を務めていた。

当時、在日コリアン集住地区にある中学校の教師が以下のようなことを言っていた。生徒の成績の上位層と下位層には「在日」の子が多く、中位層は日本人の子が多い。そして下位層の「在日」の子が多くなる傾向がある。また「在日」の子の中には非行に走ってしまい少年院に入る者もいるといったことである。

当時と現在では状況もまた異なるであろうが、筆者はその団体のある日の会議において、この問題を取り上げ、学力問題や非行問題への対応策を、団体としても教育課題として考えていくべきではないかと提起した。そしてそ

の場は侃々諤々の議論となった。というより、二〇人ほどいたその場のメンバーの中で、筆者のような意見は筆者一人であり、他のメンバーは皆、「民族教育で大事なのは在日の子ども同士のつながりや民族文化の習得あるいはそれを披露して民族のアイデンティティを高めることが必要なのだ」といった意見であった。そして、「学力問題、非行問題は民族教育の範疇ではない」ということが、その場の結論となったのである。「しかし、民族文化の習得も大事だが、それだけでは進路や将来に展望が持てないではないか」となおも食い下がる筆者に、リーダー的な存在のメンバーが、「大学院なんかに行ってるから学力なんて言うんだ！　そんな考え方なら朝鮮人やめてしまえ！」という言葉を筆者に投げつけたのである。

さすがにこの言葉には筆者も衝撃を受けた。同じ在日コリアンからこうした言葉を投げつけられるとは思っていなかったからである。

この「やめてしまえ！」の言葉には二つのことが含意されていると考えられる。一つは彼／彼女らにとって「朝鮮人とは何をさすのか」ということ。そしてもう一つは、「実践者」と「研究者・観察者」の間の相克の問題である。

Fordham & Ogbu（1986）はアフリカ系アメリカ人の子どもたちの低学力要因として、アフリカ系コミュニティにおける「フィクティブ・キンシップ」（Fictive Kinship）の紐帯をあげている。フィクティブ・キンシップとは「擬制的親族関係」ということであり、血縁や結婚によらない架空の親族関係に基づく社会的経済的な互恵関係を意味する。

アフリカ系コミュニティにおけるこのフィクティブキンシップの紐帯は、奴隷時代、またその後の時代の差別的体験、そして白人社会のアフリカ系アメリカ人に対するステレオタイプ化の体験を通して、白人社会に対抗する形で形成されたものであり、白人社会に対するアフリカ系アメリカ人の結束の意識であって、白人とアフリカ系アメリカ人の境界線を防御したり、それを維持しようとする集団的アイデンティティである。

アフリカ系アメリカ人の間ではお互いを「兄弟姉妹」「家族」「同胞」といった呼び方をして仲間意識を表現する。そしてこのフィクティブキンシップの紐帯においては、アフリカ系アメリカ人が白人のようなふりをすることは軽蔑の対象となる。「白人のようなふりをする」とはどういうことか。それはつまり、白人中流階層的な英語の使い方をしたり、白人中流階層的な生活スタイルで生活を送ろうとするということである。

そしてフィクティブキンシップの基準においては「真の（real）黒人」か「偽の（spurious）黒人」かの評価がなされる。「真の黒人」はアフリカ系アメリカ人としての経験や記憶そして感情を共有している「黒人らしい黒人」であり、「我々の仲間」である。一方、「偽の黒人」はそうした「黒人らしさ」を捨て去り白人社会におもねる黒人なのである。

このフィクティブキンシップの価値観の中では、学力や勉学といったことは否定的な評価を受ける。それは、学力や勉学は、単に数学や国語の点数が上がるというだけではなく、アメリカ社会での成功に必要な、白人中流階層の生活スタイルや価値観を学び取っていくプロセスだからである。そのため学力が高まるということは、黒人らしさを削り取られ、白人らしさを身につけ、そしてアメリカ社会における成功と引き替えに黒人同士の結束を捨て去り、白人社会に融合していこうとする、そうしたものとして捉えられるのである。つまりフィクティブキンシップは黒人どうしのつながりを大切に考える集団主義であり、学力や勉学はそうした集団から抜け出て、一人ひとりが社会的成功を追求する個人主義なのである。

筆者が活動していた団体における学力や進路の問題は、その団体に集う在日コリアンの人びとからすると個人主義的な課題なのであった。「在日」の子どもたちは、勉強をして成績を上げて学歴を積んで、その学歴を活用して安定した職業に就いても、結局、在日コリアンのつながりを離れ、日本人社会に埋没して生活するようになってしまうではないか、そう考えられていたのである。つまり学力や進路の問題は、在日コリアンの紐帯を崩壊させる危険性を持つものなのであり、学力や進路といった課題を主張する筆者はさしあたり、日本人社会におもねる「偽の朝鮮人」と映ったであったのであろう。彼／彼女たちは、朝鮮人であるのに朝鮮人らしくない筆者に、そして自分たちと同じ「実践者」であることを求めているのに「観察者」「研究者」であろうとする筆者に苛立ち、「朝鮮人、やめてしまえ！」という言葉を投げつけたと考えられる。

この「朝鮮人やめてしまえ！」が、筆者にとっての調査・フィールドワーク経験の原点である。「研究なんて胡散臭いものやめてしまえ！」という拒否感。自分たちが観察をされることへの居心地の悪さ。同じ在日コリアンであるはずの存在から観察をされることへの違和感。観察する側とされる側という権力関係が持ち込まれることへの警戒感。「研究する」側か「実践する」側かどちらかはっきりしろということである。また、「研究する側」とはマジョリティである日本人の役割であり、「実践する側」はマイノリティ当事者である在日コリアンの役割、そして在日コリアンだからできる役割である、という捉え方なのである。つまりこれも、「研究する在日コリアン」というダブルスタンダード性に対する拒絶感といえよう。こうした問題は過去のことであろうか。筆者はそうは思わない。現代社会でもやはり同様のことがいえるのではないかと考えるのである。

3 「ダブル」と「ダブルスタンダード」

九〇年代に入って、たとえば二つの文化の間に生まれた子どもたちを「ハーフ」と呼んでいたのを「ダブル」と呼ぶようになった。「どちらか一つの文化を十全には備えていない存在」ではなく、「二つの文化の良いところをあわせもっている」という意味である。この「ダブル」というありかたが賞賛されるのは、二つの文化の間に権力関係が存在しない、対等な関係が成り立っている場合である。そうした場合には、二つの文化や価値基準をあわせもっていることは肯定的に評価を受ける。しかし二つの文化の間に差別／被差別、抑圧／被抑圧といった権力関係が存在するとき、この「ダブル」のありかたは複雑になる。単純に「二つの文化をあわせもっていることは良いことだ」

とはならない。「おまえはどちらの文化を選ぶのだ。どちらの側に付くのだ」ということが問題視される。そしてこのとき問題になるのが「ダブルスタンダード」なのである。

「ダブル＝複合性」は、「ダブル」というありかたそのものは賛意を受けるのだが、「ダブル」に付随する複数の価値基準を行使しようとすると否定的な評価を受けることが多い。すなわち、「おまえはどちらの文化の人間なのだ」「どちらか一つにしろ」と。そして、二つの文化の間に権力関係がある場合には余計にややこしいのである。「おまえはマイノリティとマジョリティのどちらなのか」と。

ダブルスタンダードはどちらにも責任を持たないからと批判を受ける。だからだろうか、ダブルスタンダードはマジョリティ／マイノリティどちらからも信用されない、またどちらにも所属できないことを甘受しなければならない。そしてあるときには「差別者」の側に与することもありうるリスクを負う。

在日コリアンの場合もこの「ダブルスタンダード」は許されない。二つの基準を自分の生きやすさに合わせてコリアン性と日本人性を出したり引いたりすることは許されないのだ。それは姑息で卑怯なやり方だという誹りをうける。在日コリアンはずっと、「どちらか一つを選べ」と言われてきた存在である。「良いときには本名（韓国・朝鮮名）、良くないときには通名（日本名）」。つまり、良いときには在日コリアンであることを誇示して、良くないときには日本人のふりをする、それはおかしいのではないか。そうした二重基準ではなく、良いときも良くないときも一貫して本名を使うべきだ、コリアンであることを表明していくべきだ、そうした意見がある。

この意見は正論だと思うが、それは在日コリアンのおかれている現状とかけ離れてはいないだろうか。何らかの民族コミュニティに所属している、あるいはコミュニティと接点を持っている人であれば一貫して本名を使うことは可能かもしれない。しかし多くの在日コリアンはそうした状況にはなく、一人ひとりが孤立して生活しているのが現実である。それに良いときには在日コリアンであることを誇示して、良くないときには日本人のふりをしなければいけないのは、在日コリアン自身が望んでそうしているというよりは、日本社会における状況がそうさせるのである。それを、「良いとき……良くないとき……」といった二重基準を取ることは在日コリアン自身が選んだ「ご都合」であるという批判は酷ではないだろうか。それでも日本人社会は、そうした差別に抗って在日コリアンであることを前面に出して生きることを要求する。そうした「あるべき在日コリアン像」を要求する。

在日コリアンの在日コリアン性とは言語でも名前でもない。このダブルスタンダード性こそが在日コリアン性なのだ。韓国・朝鮮に行き、韓国・朝鮮語ができないと本国の人びとからは韓国・朝鮮人のくせに言葉もできないのかといわれる。韓国・朝鮮語を話せるか話せないかということが、その人の人格の優劣の基準となるのである。

在日コリアンは根源的にダブルスタンダードな存在である。そして、それをいつも、「どちらか一つにしろ」と選択を迫られてきた。そうした在日コリアンの「ダブルスタンダード性」と朝日新聞社の通名報道とは相通ずるものを持つ。つまり、通名報道はたしかに朝日新聞社の主体的な選択によっておこなわれていることではあるが、その責任は朝日新聞社にあるというよりは、在日コリアンのダブルスタンダード的な生のあり方に寄り添おうとすれば必然的に通名報道と本名報道という選択をせざるをえないということである。

差別と向き合っていくためには在日コリアンは一枚岩でなければいけない。その内部が多様だと一枚岩になれない。そのため仲間意識や結束力が必要とされるのである。その仲間意識・結束力といった本質性を高めていくために韓国・朝鮮語や韓国・朝鮮名が必要となってくるのである。

しかし韓国・朝鮮語や韓国・朝鮮名はあくまで手段であり道具であり生きていく上での戦術なのだが、それ自体が目的となる。それが在日コリアンを拘束する結果となるのである。ひとは欠乏感を持っているときに、何かをもってその欠乏感を満たそうとする。在日コリアンにおけるそれは言語であり名前だと筆者は考えている。

だから筆者は最近はこう述べるのである。「在日コリアンとは、日本の朝鮮半島に対する植民地支配によって日本に渡ってくることになった朝鮮人およびその子孫であり、多くの場合は日本語が母語であり、〝母名〟は日本名であるところの人びとである」と。

日本人の前ではこう言い、韓国・朝鮮人の前ではああ言う。そうした〝二枚舌〟はやはり卑怯な態度だろうか。在日コリアンがあるときには本名で、この人は韓国・朝鮮人であると紹介され、あるときには日本人のように紹介される。それは卑怯で姑息なことなのであろうか。私はそうは思わない。それはマイノリティがこの差別社会を生きていく上での戦術だ。

しかしこうした「卑怯だ、姑息だ」という批判は、先ほどもみたように日本人社会からだけではない。当の在日コリアンからもあるのである。それは在日コリアンの立派な姿ではない。あるべき在日コリアン像ではないということだろうか。しかし私は、これが在日コリアンの生を生きづらくしていると思う。

在日コリアンの生きづらさはまず日本社会における差別である。最近ではヘイトスピーチが象徴的な問題としてある。次に日本社会から在日コリアンに求められる、「あるべき在日コリアン像」のプレッシャーである。これは日本人社会から多い。在日コリアンに対して共感を持ってくれる人たちのなかには、「在日コリアンの立派さ」を求める傾向がある。韓国・朝鮮名を〝堂々と〟使い、〝誇りをもって〟生き、ヘイトスピーチなどの差別に〝毅然として闘う〟、そうした在日像、在日コリアンにおけるドミナントストーリーを求める傾向がいまだにあると思う。そして最後が在日コリアン内部における、「あるべき在日コリアン像」のプレッシャーである。これはウィル・キムリッカの「対内的制約」に相当するといえよう(2)。

「ダブルスタンダード」に対する批判、それは受け止めながら生きていくということである。なぜなら自分の生に誰も責任を持ってはくれないからである。自分の生に責任を持つのは自分だけである。

結論をいえば、「ダブルスタンダードは許される」と開きなおるつもりはないし、「ダブルスタンダードは許されない」と卑下するつもりもない。あえていえば、「ダブルスタンダードを生きざるをえない」のである。

では筆者はどうであろうか。筆者は韓国・朝鮮名そして日本名を両名併記するという方法をとっている。両名併記と言うのはかっこいいものではない少々不恰好な形かもしれないが、おそらくこれから先もこの表記方法をとっていくであろうと思っている。それは自分自身の民族のアイデンティティも、観察者であるか実践者であるかと言うアイデンティティも、どちらか一つを選び取る事はできるものではないからである。そういう意味で静かにしかし積極的にダブルスタンダードを行使していきたいと考えている。

注

（1）そうしたところ、二〇一九年八月に、窃盗容疑で現行犯逮捕された後、入院していた警察病院から逃走した男が韓国籍であったという事件が起こった。この事件の容疑者の名前について各紙の表記方法をみると、四紙すべて韓国籍ということを公表し、朝日新聞は本名、毎日新聞は通名、読売新聞は本名、産経新聞は通名＋本名で表記していた。

従来、一貫して通名表記をおこなってきた朝日新聞も本名で記載しており、毎日新聞は通名で表記をしている。この朝日新聞の「本名表記」への転換の理由について明確な理由を筆者は把握していない。今後は他紙同様、パスポートあるいは「特別永住者証明書」または「在留カード」に記載され、警察発表された名前を報道することになったのか、あるいは社として一定の指針は示しつつも、記事を書く記者の主体性に任せるのか、どういう方針となったのかを知ることができていない。

ただ、漏れ聞いたところでは、今後は、他紙同様、パスポートあるいは「特別永住者証明書」または「在留カード」に記載され、警察発表された名前を報道することという「方針転換」になったとは聞いていないとある社員の方から聞いた。いずれにせよ先の朝日新聞社からの回答にもあったように、「どういう表記が適切なのかは、常に議論を続けている」というのが実情のようである。

（2）ウィル・キムリッカは、民族やエスニック集団による権利要求を「対外的防御（external protections）」と「対内的制約（internal restrictions）」に区分している。前者は集団間に関する要求で、「主流社会の行使してくる経済的・政治的権限を制約する権利」であり、後者は、集団内の要求で「集団の連帯あるいは文化の純潔性の名の基に、ある集団がその成員の自由を制約する権利」である。

参考文献

ウィル・キムリッカ『多文化時代の市民権――マイノリティの権利と自由主義』晃洋書房、一九九八年。

大阪市外国籍住民施策有識者会議「外国籍住民施策検討に係る生活意識等調査概要版」大阪市、二〇〇二年。

桜井誠『反日韓国人撃退マニュアル』晋遊社、二〇〇九年。

在日本大韓民国青年会「第四次在日韓国人青年意識調査」調査概要と基礎集計、二〇一四年。（https://www.seinenkai.org/ishikichosa）

Fordham, Signithia & Ogbu, John U. 1986. 'Black students' school success : Coping with the "burden of 'acting white'",Urban Review 18 (3).

〈謝辞〉一九九七年三月、私は博士後期課程に在籍していた。後期課程は三年過ぎたが博士論文はできていなかった。そして、論文を執筆する意欲も見通しも立っていなかった。内心、大学院をやめることを考えていた。そしてそのことを松田先生に相談した。しばらく私の話に耳を傾けてくださっていた松田先生は、「もう一年だけがんばってみちゃ、どうだ。おれもサポートできるところするし」と言ってくださった。正直、涙が出そうであった。かなり追いつめられていたからである。

そして九八年三月、松田先生のご指導をいただき、なんとか博士論文を完成させることができた。また、この一件の前もその後も、これまでいろいろな局面で松田先生には多くのご援助をいただいてきた。今回、こうやって私のような者が原稿を寄せさせていただけるのも、まさに松田先生のおかげです。ここにあらためて心より御礼申し上げるしだいです。

〝関わる〟意味を考える

阿形恒秀

松田くんとの出会い

松田素二くんとの縁は、一九七四年に京都大学文学部に入学したときに同級となったのがきっかけである。大学卒業後は、実際に顔を合わせる機会は少なくなったが、賀状のやり取りは現在に至るまで続いている。

学生時代の松田くんの印象として思い浮かぶのは、『飽くなき向上心』と『溢れんばかりの広島愛』と『意外な繊細さ』だ。

私が初めて松田くんの下宿（今熊野あたりだったか……）に泊めてもらったとき、彼は「わしは、精神的にも肉体的にも、今日一日を生産的にすごしたという実感がないと満足できんのじゃ」とつぶやいたことがあった。『飽くなき向上心』とは、この言葉に象徴される彼のライフスタイルのことである。今日はまだ精神的に何もなしえていないと思ったら未読の本を開き、肉体的に何もなしえていないと思ったら腕立て伏せをする、そんな生き方を松田くんは自身に課していたように思う。自分の人物像を「自己に厳しい」「努力を惜しまない」「現状に甘んじない」などと評されるのは、松田くんの美学からすると、とても気恥ずかしいことだろうから、きっと「やめてくれ」と言うと思うが、でも私にとっては、学生時代の松田くんと言えば、あの言葉が真っ先に思い出されるのだ。あの夜、先に寝入った松田くんの横で、「世の中にはこんな凄い奴がいるんだ」という感動と、「それに比べて自分は……」という引け目で、なかなか眠れなかったことを覚えている。同僚や学生の前では、松田くんはそんな一面を微塵も表に出していないと思うが、文化人類学における彼の業績を見ると、そんなスタイルを貫いてきたに違いないと私は思っている。

私たちの間での会話では、松田くんは広島弁を使い続けた。たとえば「ぶち、はぶてる」という方言に、「それ、ほんまに日本語か?」と突っ込んでも、誇らしげにその意味を説明し、〝ものもらい〟のことを〝めぼ〟と言うので、「そんなん、変やん。大阪では〝めばちこ〟って言うで。」と返しても「そのほうが変じゃ。〝めぼ〟が正しいんじゃ。」と言われ、その気迫に押され大阪弁への自負が揺らいだこともあった。また、彼は熱烈なカープファンだった。私たちが二回生になった一九七五年の一〇月一五日、広島カープは後楽園球場で巨人に勝利し、球団創設以来初のリーグ優勝を果たした。私は南海ホークス（現ソフトバンクホークス）のファンだが、松田くんに影響されセリーグではカープを応援するようになった。「大下・三村・ホプキンス・山本・衣笠・シェーン・水谷・水沼・外木場」などの名前は今でもスラスラと出てくる。さらに、松田くんの『溢れんばかりの広島愛』に裏打ちされた何よりも深いこだわりは、「反核・反戦」だった。このことについては後述する。

最後の『意外な繊細さ』についてだが、彼の姿、とりわけアフリカでの活動の様子等を知る人は、多少のことでは動じない逞しさや細かなことを気にしない大らかさというイメージを持っておられると思う。もちろんそれも松田くんのパーソナリティの核ではあるのだけれども、実は細やかな感受性も彼は併せ持っていた。今はどうだか知らないが、彼は卵が苦手だった。ピラフに混じっている炒めた卵の小片をスプーンで選り分けていたような記憶もある。食物アレルギーでも偏食でもない。ある時、理由を聞くと、彼は、「生命を感じさせるから」という趣旨のことを言った。何かの拍子に、〝生命の源〟としての卵の本質を感じ取り、単なる食材として摂食することができなくなったようだ。このような彼の繊細さの背景には、「生命への畏敬」の念があったのだろうと思う。

朝鮮人被爆者の支援運動

二回生になって、私は、松田くんに誘われて、同じ文学部一組の者五人で「原水爆禁止問題研究会」を結成した。松田くんは、広島の惨禍に対する深い痛みを抱いていた。また、彼は、アメリカ帝国主義による原爆投下のねらいが、「これ以上犠牲を出さないように戦争を終わらせる」ことなどではなく、ソ連などを意識して核兵器の圧倒的な破壊力を見せつけ「戦後の国際政治における主導権を握る」ことだったと捉えていた。そして、そんな身勝手な理由で、広島の多数の市民（非戦闘員）を無差別に巻き込み一九四五年末までに約一四万人の命を奪った〝国際法違反〟ともいえる暴挙に強い憤りを持っていた。

しかし、その一方で彼は、「平和な街ヒロシマが原爆投下によって一瞬のうちに灰になった」「唯一の被爆国民として平和を訴える」などの当時の平和運動の主張に疑問を抱いていた。当時の広島は本当に〝平和な街〟だったのか。松田くんは、日清戦争が始まった一八九四年に初めて大本営（大日本帝国軍の最高統帥機関）が置かれたのが広島であること、一九四五年当時の広島には陸軍兵器廠・陸軍被服廠などの軍事施設や三菱重工業広島造船所などの軍需工場が存在していたことを教えてくれた。広島は〝軍都〟であったという歴史を棚上げにしてはいけない……、それが松田くんの考えだった。また、当時の広島には、強制連行・強制徴用によって日本に連れてこられた朝鮮人、あるいは日本帝国主義の植民地支配の結果、朝鮮半島での生活が立ち行かなくなり日本に移住した朝鮮人が数多く存在していた。広島・長崎の〝二つのきのこ雲〟の下で被爆した朝鮮人は約七万人と推定されている。これは日本人被爆者数の一割を超える数である。だから、日本人は〝唯一の被爆国民〟なのではない。そんな視点で、被害の側面だけでなく加害の側面も踏まえた反核・反戦の論を立てないと、本当の意味での平和は実現できないというのが彼の考えだった。このように、〝戦争〟〝平和〟という問題に〝関わる〟際にも見られた「物事をラディカルに（根源的に）問う知性」を私は松田くんから学んだ。文化人類学の研究においても、彼はきっと、そのような知性を存分に発揮して活躍してきたのだろうと思う。

〝大きな物語〟と〝小さな物語〟

私たちが「原水爆禁止問題研究会」として朝鮮人被爆者問題に〝関わる〟活動を始めるにあたって、戒めとしていたことがあった。それは、「政治的利用主義に陥らない」ということだった。これは、「華青闘告発をどう受けとめるか」という問題意識から導き出されたテーマだった。

華青闘（華僑青年闘争委員会）とは、出入国管理体制の強化に反対する在日中国人の青年が一九六三年に結成した団体である。華青闘は、当初は日本人の諸運動体と連携していたが、一九七〇年の七月七日に開催された「盧溝橋三三周年・日帝のアジア再侵略阻止人民大集会」において、日本人の運動の姿勢を告発し、決別宣言を行ったのである。その主意は、今の私の言葉で表現するならば、「日本人の活動家は自分たちのめざす社会変革という〝大きな物語〟の中のパーツとして観念的に在日外国人の問題に言及しているだけで、当事者のリアルな苦境・苦悩という〝小さな物語〟に関与しようとしていないではないか」という批判だったと思う。言うまでもないが、〝小さな物語〟とは、「些細な問題」という意味ではなく「大切な細部の問題」という意味である。

私たち「原水爆禁止問題研究会」は、具体的活動としては、草の根で地道に朝鮮人被爆者支援に取り組んでいる市民運動に加わるようになった。それは、当時の既成の平和運動が、先に述べたような「広島の被害性のみに焦点を合わせた論理」しか持ち合わせておらず、残念ながら朝鮮人被爆者の問題に取り組もうとはしなかったからであるが、それ以上に、華青闘告発を踏まえて、「実際に朝鮮人被爆者と向き合う」ことを重視したからだった。

しかしながら、私たちは、「かわいそうな人たちに対する慈善事業」を行うために市民運動に加わったわけではなく、華青闘告発を受けとめつつ反核・反戦の運動を展開することをめざしていた。そのため、市民運動の中でしばしば〝大きな物語〟と〝小さな物語〟の統合という難問に直面することになった。ある社会問題への〝関わり〟という一点で行動を共有する市民運動では、当然のことながら、〝関わり〟の意味についての各自のとらえ方は多様だ。だから、単純化して言えば、「私と○○さん」というような「〝関わり〟のミクロ重視派」と、「××問題の社会的意義」というような「〝関わり〟のマクロ重視派」の溝が生じることがある。

私は主に、「韓国の原爆被害者を救援する市民の会」の活動に参加した。そして、協力・共同の積み重ねの中で、会員であるキリスト教徒の方、学校の先生方、ジャーナリストの方等との信頼関係を築いていった。しかし、活動の在り方については、「韓国の被爆者団体や個々の被爆者への援助」重視か、「署名等の大衆運動や対政府交渉」重視かという、めざす方向性の違いが存在していた。そして、まだ二〇代で統合の知恵を持たぬ私は、当時、市民の会の会長を務めておられた松井義子さんに対しても、「ぼくたちは個々の被爆者と個人的に親しくなるために活動しているのではない」などとストレートな意見をぶつけたこともあった。しかし、内村鑑三の無教会主義の精神を継承しておられた松井さんは、そんな私のとがった言葉にもじっと耳を傾けてくださった。そして、論議の最中にときどき席を立たれ、「これ、おいしいのよ、召し上がって。」とお菓子などを出してくださることもあった。今、思えば、「肩の力を抜いて……」というメッセージであったのかもしれない。

また、私たちは、朝鮮人被爆者の孫振斗さんの裁判闘争を支援する市民運動にも参加した。福岡で孫さんの支援に取り組んでこられた伊藤ルイさんは、朝鮮人被爆者の支援運動の歴史の中で、松井さんと並ぶ象徴的な存在である。ルイさんは、頭でっかちな議論や、孫さんという生身の人間との〝関わり〟から遊離した議論をする者に対しては、その欺瞞性を射貫くような上目使いの鋭い眼差しを向けられた。一九九六年に亡くなられたルイさんの記録映画「ルイズその旅立ち」のパンフレットの中に、大杉栄（ルイさんの父）の次のような言葉が引用されていた。

「運動の理想は、そのいわゆる最後の目的の中に自らを見出すものではない。理想は常にその運動を伴い、その運動とともに進んで行く。理想が運動の前方にあるのではない。運動そのものの中にその型を刻んで行くのだ。」

人を大切にする社会を展望する運動であるのであれば、運動そのものが人を大切にする中で進められるものでなくてはならないということだろう。この言葉を知って、私はルイさんの眼差しの意味が腑に落ちた気がした。

このように、「原水爆禁止問題研究会」の活動の中で、私たちは、〝大きな物語〟と〝小さな物語〟の統合というテーマを考え続けていたように思う。そして、それは、おそらく松田くんがその後の研究の中で考えたであろう、文化人類学のフィールドワークにおける「調査『する』側と調査『される』側」の関係性というテーマとも通底していたのではないかと推測する。そしてまた、私の場合も、高校教師として三〇年間、学校現場というフィールドでの生徒との〝関わり〟の中で模索し、現在は教員養成大学で考え続けている「教師と児童生徒との関係性」というテーマとも、間違いなくつながっている。

これらの問題を考えることは、近代科学の方法論を問い直す営みでもあるだろう。哲学者の中村雄二郎さんは、「近代科学の客観性は、基本的に、主観と客観、主体と対象の分離・断絶を前提している。だから、そこで捉えられる事物はいきおい独立性・自律性のつよいものになるが、そのような事物の捉え方のもとでは、客観や対象とは、主観や主体の働きかけを受け被る、単なる受け身のもの、受動的なものでしかない。つまりそこでは、事物の側からのわれわれに対する働きかけ、われわれの側からいえば受動になるような作用は一切無視され、無いものとされている。」と、「科学の知」が対象との関係の切断を前提としていることを指摘している〔中村雄二郎　一九九二、臨床の知とは何か〕。

また、私たちが京大在学中に教育学部でユング心理学等を教えておられた河合隼雄先生は、ユングのアフリカ旅行時の次のようなエピソードに言及しておられる〔河合隼雄　一九九二、心理療法序説〕。

「ユングはアフリカに旅行したとき、朝日を拝む部族の人々に対して、昼間に太陽を指さして、あれが神かと訊くが誰も肯定しない。そのような問答を繰り返した後に、ユングは彼らにとって、朝日が昇ってくる『光の来る瞬間が神である。その瞬間が救いをもたらす。それは瞬間の原体験であって、太陽は神だといってしまうと、その原体験は失われ、忘れられてしまう』と気づくのである。太陽を自分から切り離した対象として、それが神であるか、神でないのか、という問いを発しても、アフリカの人々には問いそのものが理解されないのである。朝日が昇ること、そのときの自分の内的体験、それらは分かち難く結びついていて、全体としての体験が『神』と名づけられるのである。」

「科学の知」とは異なるこのような「神話の知」は、松田くんの専門分野においては基本的・常識的な問題なのではないかと思う。そして、私は私で、「科学の知」に席巻され続けている教育学の世界で、「臨床の知」を軸とした教育論を探り続けていきたいと考えているのである。

児童生徒理解

私は現在、鳴門教育大学教職大学院の生徒指導コースで、生徒指導・教育相談・人権教育等を専門領域として研究・指導にあたっている。その際に軸にしている観点は、「個との丁寧な〝関わり〟」だ。

「一人一人の児童生徒を大切に」という言葉は教育現場でもよく聞かれるが、それは情緒的な文脈で使われていることが少なくない。そこで私は、「児童生徒理解」を鍵概念にして、学生・院生に「一人一人を大切にする」ことの意味を説明している。とりわけ、近年は教育の世界でも、競争原理・成果主義・操作的人間観・自己責任論・マネジメント論等による〝大きな物語〟に偏重した考え方（これらは実は真正な意味での〝大きな物語〟にとっても役に立たない代物がほとんどだが……）が幅を利かせている。そんな風潮を苦々しく思っている私は、密かに「告発」の気持ちを込めて、教育における〝小さな物語〟を大切に扱うべきだと主張しているのだ。松田くんがフィールドワークを大切にしているように、統計的な数値のエビデンスよりも具体的な事例やエピソードの分析のほうがはるかに重要であると説いているのだ。

二〇一七年八月四日の徳島新聞のコラムで、私は、北山修さんの「聖なる一回性」という言葉などを引用しながら、

時評 とくしま

阿形 恒秀
鳴門教育大教授
大阪の高校に勤務、指導主事・校長などを経て、2011年から現職。専門は生徒指導。

平均点に縛られる愚かさ

学力テスト考

全国学力・学習状況調査（学力テスト）について、文部科学省は児童生徒の状況を把握・分析し教育施策や教育指導の改善・充実に活用することが目的であり、数値データを上昇させることが主たる関心事とならないようにと指摘している。

しかし一部には、地方公共団体や学校別の順位を基に、その上昇に向けて発破を掛ける首長や校長が散見される。

例えばある中学3年生のクラスの風景。Aさんは成績が急降下。2年までは目立たない生徒だったが、3年になり教師や親への言葉使いが荒くなり、髪や服装も乱れ、授業をエスケープするようになった。担任はAさんとの話し込みや家庭訪問を通じて、生徒指導に努めている。

Bさんは1年時から成績が振るわない。文章を読む際に隣の行が目に入ってスムースに読めないという「学びづらさ」を抱え、特に国語が苦手。担任はBさんの学習を支援するさらなる特別なサポートを検討している。

Cさんは非常に成績が優秀。有名高校・大学に進学し将来は医者に…という親の期待に応えるべく頑張っているが、時折暗い目になりふさぎ込む。担任は「優等生の息切れ」を心配し、教育相談的な援助のタイミングを見計らっている。

現場の先生方が向き合っているのは、このようなそれぞれの物語を抱えた一人一人の生徒たちの集合体である。なのにその平均点に目を奪われ、他の地方公共団体や他の学校より下位ではないかと迫るような指導は、Aをさらに反発させ、Bをさらに戸惑わせ、Cをさらに追い詰めることにもなりかねない。

児童生徒の学力の向上を願わない教師などいない。しかし同時に、現場の先生方は個々の生徒たちのそれぞれの「できる」「できない」の意味を丁寧に考えながら、一人一人をどう支援するかにエネルギーを注いでいるのである。

東日本大震災の直後、ビートたけしはこう語った。「この震災を2万人が死んだ一つの事件と考えると、被害者のことをまったく理解できないんだよ。1人が死んだ事件が2万件あったってことなんだよ。本来、悲しみっていうのはすごく個人的なものだからね」

また、精神科医・ミュージシャンの北山修さんは、臨床家として「聖なる一回性」という視点を大切にされている。患者さん一人一人の経験・苦悩・喜びを、その人にとっては一回限りの聖なるものであると捉え敬意を失わないことが重要であるという考え方だ。

35人の学級であれば「35人の成績という一件の課題」があるのではなく、「私の成績という課題が35件ある」のだ。学力問題を論じる者は、学習の「聖なる一回性」を見失ってはいないか、その見識が問われるのだ。

個との具体的な〝関わり〟によって「児童生徒理解」を深め信頼関係を築くことが何よりも重要であると書いた。ちなみに、「学校教育における教師と生徒の信頼関係」とは、マリノフスキの言う「現地調査における調査者と現地の人々とのラポール」とほぼ同義であるだろう。そして、調査者がラポールを構築したと思っていても、「それは独りよがりであることもあるのではないか」「調査する側の権力性を隠蔽する甘言ではないか」という議論が社会学や人類学でなさ

れていることを知り、興味深く思った。フーコーが看破したように、近代社会における学校というシステムは監獄と同質の権力構造を持つ側面もあるわけで、教育に携わる私たちも、そんな〝原罪〟を自覚したうえで、「学校が監獄にならない」ために、「教師が抑圧者にならない」ために必要十分な条件とは何かを考え続けることが大切だと改めて感じた。

「児童生徒理解」の要点とは、児童生徒に対する共感的理解である。ただし、「共感とは何か」とは決して簡単な問題ではない。京都産業大学・京都教育大学教授の角田豊先生（京都大学教育学部ご出身）は、「受容すればそれでよいのか？」「情動伝染との区別は？」「同情との違いは？」などの問いを立てて、共感とは何かを考察されている［角田豊、一九九八、共感体験とカウンセリング］。ちなみに私は、教師と生徒（カウンセラーとクライエント）の〝関わり〟を通じて双方の内面に同型の問題が布置される状態に至ることが共感であるとイメージしている。

岩田慶治さんが、フィールドワーク論において、調査「する」側と調査「される」側が「ともに自由になる」という考え方を示され、松田くんがそれに共鳴していることを知り、勝手な思い込みではあるが、私の共感論の裏付けをもらったような気持ちになった。私は、共感を考える題材として、落語作家の小佐田定雄さんが紹介している、桂枝雀の「ともに笑う」という考え方を取り上げることがある。枝雀さんは、高座で笑いの世界を生み出す境地について、「お客さまを笑わせているのではなく、笑われているのでもなく、ともに笑っている」と語ったらしい。そんな「ともに笑う」と、「ともに自由になる」との符合に、何だか嬉しい気持ちが湧きおこった。そして、本学の学長である山下一夫先生（京都大学教育学部ご出身）に教えていただいた、サン・テグジュペリの「愛するということは、おたがいに顔を見あうことではなくて、いっしょに、同じ方向を見ることだ。」［サン＝テグジュペリ、一九三九、人間の土地］という言葉が改めて思い起こされた。

「神田川」のメッセージ

私たちは華青闘告発を、〝大きな物語〟に目を奪われ〝小さな物語〟をないがしろにすることへの警句として受けとめた。けれども、だからと言って、〝大きな物語〟を考えなくてよいと考えたわけでもなかった。だから、一方で私たちは、〝小さな物語〟に埋没して〝大きな物語〟を考えようとしない在り方に陥ってはいないかと自問していたように思う。私の専門の生徒指導・教育相談の隣接領域であるカウンセリングについて、そこから学ぶことは決して少なくないものの、私にとって自分のパラダイムの軸になりえないのは、それが〝大きな物語〟を含めないことで成り立っている専門性であると思えるからだ（セラピーとしてはその専門性が一定有効であるとは思うが……）。

七〇年代フォークの名曲の一つに『神田川』（かぐや姫、一九七三）がある。そのサビの部分の歌詞は「若かったあの頃、何も怖くなかった、ただ、あなたの優しさが怖かった」だ。当時高校生だった私は、この部分の意味を、「優しい人と巡り合い共に暮らす中で、あまりに幸せすぎて、いつか何かが変わっていくことが怖いということを歌っているんだ」と思い込んでいた。ところが、そうではなかった。二〇一五年にNHKで放映された「団塊スタイル〝神田川〟にこめた青春～南こうせつ～」の中で、作詞者である喜多條忠さんは、「怖かった」の意味をこう話された。当時二六歳だった喜多條さんは、学生運動が盛んだったころに同棲していた女性のことを思い出しながら『神田川』を作詞したそうだ。ただし、当初の歌詞には「あなたの優しさが怖かった」という言葉はなかったという。けれど、「じゃあ、『怖いものはなんだろうな』と思った時に……、当時、学生運動に行って……、僕らも時々デモ行ったりしていて……、命からがら、帰ってきて……、彼女がエプロンをして、カレーライスのタマネギなんかを刻んで炒めたり……、その後ろ姿を見て……」

自分が求めている世界は、こういう温かい幸せなのかなと思ったそうだ。そして、喜多條さんは続けてこう話した。

「俺が本当に帰りたい世界は、こういう温かい幸せなのかなと思った時に、逆に、それじゃあ多分いけないんだろうなというふうに思ったんですよね。だから、『ただあなたの優しさが怖かった』っていうのを付け加えたんですね。」

驚いた。「ただ、あなたの優しさが怖かった」というのは、幸せな、平穏な、小市民的な〝日常〟に埋没してしまいそうで「怖かった」という意味であることを知った。幸せな〝日常〟を「多分いけない」と問い直す感覚は、今の時代ではあまり理解されないような気がする。でも、私は本当に感動した。たとえどんなに不安で、つらくて、泣き出したい気分でも、多少の無理は承知の上で小市民的な在り方を拒絶しようとしていた若い時のこだわり、小市民的だと言われることを最大の屈辱だと感じていた若い時のこだわりが蘇った。そして、『神田川』が、新たな意味を付与されて〝大きな物語〟と〝小さな物語〟の統合を考える上での、私の大切な青春ソングとなったのだった。

松田くんに影響されながら

一〇年ほど前から、私は卵の〝胚〟や白いひも状の〝カラザ〟が何となく気になり始め、調理の際には箸で取り除くようになった。理由は、松田くんと一緒で、「生命を感じさせるから」だ。そんなことも含めて、私の内面の深層に刻印された松田くんの影響は本当に大きいものなのだと改めて思う。

〝大きな物語〟と〝小さな物語〟の統合（学生時代であれば止揚と言っただろうか）という課題の解決は、未だ道半ばである。かつては「原水爆禁止問題研究会」で松田くんと共に考えたこの課題を、これからも、松田くんが文化人類学の世界で考え続けているであろうことを励みに、私は私で教育学の世界で考え続けていきたいと思う今日この頃である。

起て、老いたる者よ、いまぞ日は近し……。

●あとがき

「奇妙」な本の成り立ち

松田素二

この本にはいろいろ「奇妙」なことがある。まず編者でも執筆者でもない人間があとがきを担当するという構成からして「奇妙」だ。「普通」であれば、この本を編集したひとたちが、この本の誕生の秘話とか、堅実につづけられてきた研究会の報告とか、編集担当者への感謝とかを短くまとめるはずだ。また構成ということでいえば、固い学術論文から、柔らかい講話調のもの、私的なエッセーから赤裸々な告白、さらには特定個人への「ヨイショ記事」まで一貫性のないスタイルも「奇妙」ではある。これが特定個人の退職記念出版ということであれば、さらに奇妙さが増す。「普通」であれば、教育機関で師事したことがある「弟子すじ」の人たちが（喜んでであれ、いやいやでであれ）執筆者に名を連ねることになるが、この本には、その特定個人の「大先輩」や「同級生」や、フィールドで長年お世話になりお礼を言わなければならない方々までもが著者に含まれている。こうした「奇妙」さは挙げようと思えばまだまだ（無限とはいえないまでも）相当指摘できる。

私は一九七〇年代に学生時代を送り、一九八〇年代から今日まで、大学で教え、アフリカや日本でフィールドワークを続けてきた。それはなにかを解明したり取り組んだりするライフワークをみつけて、それ一筋に粉骨砕身したいと思い詰めたものでもなかったし、教えることや研究することが大好き（！）というものでもなかった。それはごく自然な選択だった。もちろん、あとからもっともらしい後付けをすると、感動的な「私の履歴書」になるのかもしれないが、そのようなものとは対極にあるものだった。

したがって長い大学教員歴はあるものの、ちゃんとした講義ノートや体系だったシラバスなども無縁だったし、そもそも「講義」そのものを担当したことも数えるほどしかなかった。また長いフィールドワーク歴はあるものの、のちのち資料価値が出るようなきちんとしたフィールドノートすら数少なく、大半は、手帳や紙切れに走り書きしたようなものだった。

この「奇妙」な本は、こうした私の奇妙な教育・研究生活のなかで出会い、交わった友人たちの「思い」や「考え」の一端をまとめたもののようだ。私自身は、この本の企画や執筆者の人選などの過程からまったく無関係だった。原稿が集まったので「あとがき」を書いてください、と編者から当然のように依頼された一〇月二二日まで、この本のことはほとんど知らなかった。先述したように、こうした軌跡を「ごく自然」な選択とした私にとっては、退職もまた「ごく自然」な時の区切りであり、特別な意味は感じていない。したがって、「最終講義」とか「退職記念の会」あるいは（「弟子」すじのひとたちによる）「退職記念出版」などはありえない選択だった。そのことを感知したこの本の編者たちが、巧妙かつ精力的に、この本のイメージをつくり執筆者を選んで依頼したというのがこの「奇妙」な本の誕生の経緯だったのである。

私が「ごく自然」という感覚に惹かれるのは、私自身のもつ教育、研究、調査についての志向（希望あるいは欲望）があるのかもしれない。それは、教育や研究、調査やフィールドワークという「実践」を、いかに明快な論理で説明したり構築したりできるかを問うのではなく、そこにいかに「日常」を作り出せるのかを希求するというものだ。フィールドワークは、そこで何かを知り学ぶという点も重要だが、フィールドでの生活を「ごく自然」な日常にするということの方が私にとっては大切なことだった。

たとえば半年間や一年間、フィールド調査に出かける学生や、留学などを予定する学生には、いつも、「そこで暮らしてそれがごく自然な日常となるような状態」を作ってほしい。追加していうなら、「何かを学んだり、調査したりすることよりもそっちを意識してほしい。それができれば大成功」と伝えてきた。こうして振り返ってみると、私自身も、教育・研究の世界に身を置く人間としては「奇妙」だったのかもしれない。この本は、こうした「奇妙」な人間が、三〇数年間のあいだで生きる軌跡を重ねたり交わったりしたひとたちからの応答の一部であるようにも思われる。

以下、登場順に、この交錯の経緯について一言ふれて、この「奇妙」な本の「奇妙」なあとがきとすることにしよう。まず冒頭に特別寄稿してくだった磯部先生は、私が二〇代後半で、はじめて助手として就職した大阪市立大学の大先輩教員で、編者の一部や私のような礼儀知らずの連中は「聖《セント》磯部」と呼んでいた。もちろん聖《セント》の称号は「生まれてから嘘をついたことがないのでは」と信じさせる真摯・謙虚・正直というご性格由来ではあるものの、社会意識とりわけ道徳・倫理意識についての透徹した思想によるものも大であった。主著の一つである『道徳意識と規範の逆説』で展開した緻密で大胆な逆説論は、現実に対する規範的制御のメカニズムを明らかにした。この特別寄稿では、ひとともの、精神と物質の二元論を、「情報」と「コミュニケーション」の視野から超克する提案をされている。編者からの「異例」の依頼に対して、ご寄稿いただいたことを深く感謝します。

次に登場する川西史子さんは、私の大学時代の同級生だ。彼女のことをみんなが「ココ」と呼ぶので今もその呼び方しかできない。ココとは奇妙な縁で軌跡が交錯している。大学で同級だったという縁だけで、一回生の夏休みに、男女数名でココの自宅（善通寺）に宿泊し、うどん打ちを経験させてもらったのだが、なぜ、こんなことになったのか、今誰に聞いても記憶がない（のちに大学生の娘の親を経験したものからいうと、これを表現するのに「大迷惑」では不十分すぎる）。大学卒業後、まったく別の方向に進んでいたのだが、偶然、娘の保護者会で再会（子どもたちが同級生）、さらにココの連れ合いのドクター川西が、それまでの勤務医としてのポジションを捨ててアフリカで医療ボランティアを志すという快挙の相談でまた出会った。その後、アフリカから戻ったドクターの新たな職場である青森のハンセン病の国立療養所では、園誌『甲田の裾』の編集の裏方でも活躍していた。

林さんは、大阪市立大学の二部（昼間は働き夕方一八時から二一時過ぎまで講義を受ける）で知り合った。私は二部の少人数で洞察深い議論ができる演習が大好きで、いろいろなことを学んだ。その熱意に惹かれて一部（昼間部）の学生からも受講生が何人もでてきたほどだ。卒業後、協力隊に参加しマレーシアで勤務、その後、カンボジアや東ティモールなどで開発援助の現場に身を置いた。林さんは、その一方で、サセックス大でのMA、外務省の国際開発機構（FASID）などの研究員などを経験して、現場と研究の二つの世界をみながら、独自の現場主義を編み出しつつある。

大野さんは、四〇歳を前に関西学院の大学院に入学し、京都大学に移動して五〇歳を超えて研究者となった。五年間の世界放浪、自転車で世界一周、五大陸最高峰制覇（高額のためエベレストは断念）といった「華麗」な経歴をもとに、探検、スポーツ、観光の人類学的研究の領域で独自の世界を切り開きつつある。こうした経験から「破天荒」な挑戦が、いともたやすく既成のシステムに包摂されるメカニズムを冷徹にみる眼を大切にしている。

古村さんは、大阪大学大学院で社会学の学位を取得した、地域社会学、とりわけ離島の地域社会学で知られているが、その前は京都大学の大学院でバタイユの研究をしていた。バタイユは、「破壊のさまざまな形態に熱狂的に参加すること、異質な要素を噴出させて激しい興奮状態を引き起こしたいという欲求」に注目した思想家だ。古村さんのフィールドワーク過激主義にはこのバタイユ的な秩序破壊欲望が潜んでいるようだ。「怪人」と言われるゆえんである。

川西健登さんは一章のココ（川西史子さん）のお連れ合いで、大学の先輩でもある。もっぱらドクター川西と呼んでいるのだが、前述したように、大病院の管理職を辞めてウガンダに単身医療ボランティアとしてわたり、その後、青森のハンセン病療養施設の園長さんとして活動された。人間と人間はいかに人種、民族、宗教などが異なっていても繋がり連帯することができる存在であることを自らの実践によって証明してきた方でもある。それは本文のなかで引用している、キリスト教の牧師であり、反戦平和運動や性的マイノリティの権利擁護のための活動家としても著名なウィリアム・コフィンの言葉「人間相互の連帯は、ひととひとが人為的に作りだすものではない。私たちはそこにすでにあるということに気づけばよい」を実行しているように思われる。ご寄稿ありがとうございます。

次に出てくるケニアの友人たち、エラム・オディンガ、モニウィル・アンビチェ、ベナード・オプド、グラディス・マレシは、一九七九年以来の親しい仲間である。オプドとマレシは、ナイロビ郊外の「スラム」、カンゲミ地区の長屋で一緒だった。当時は二人とも独身だったが（グラディスは二人の子持ちのシングルマザーだった）後に結婚して今はナイロビから三〇〇キロほど西のリフトバレーに住んでいる。オディンガとアンビチェは、当時、西ケニアの山村の小学生だったが（年齢は一〇代半ばだったが）今は、孫もいる長老として、西ケニア在住である。彼らの一族は『呪医の末裔――東アフリカ・オデニョ一族の二十世紀』の主人公でもある。

彌重さん（学生時代から私は下の名前で桃子さんと呼ぶことが多かった）は、京大の別の研究科の院生だったときに、熊野実習に参加したことで知り合った。この本も「奇妙」だといったが、桃子さんもそれに負けず「変」な学生さんだった。手作りの着物やカバンをもってひょうひょうとキャンパスやフィールドを歩く姿は印象的だった。大学院修了後、和歌山の梅農園や民宿などを経て、熊野の山村の地域おこし協力隊として採用されたときに、熊野実習で再会した。その後、結婚して熊野の漁村に移ったが、彼女もひょうひょうとしてマイペースに見える反面、繊細で傷つきやすく、あまりにも不器用で真面目過ぎる性格は、いろいろなしんどさをもたらしながら、それとともに生きる術を少しづつ作り出しているようだ。

田原さんも、林さん同様、大阪市立大学の二部の授業で一緒だった。当時は保健所に勤めながら、医療化への厳しく鋭い批判をもって積極的に授業や授業後の飲み会に参加していた。その後、ガーナのアシャンティ王国の都クマシ地域で伝統医療を調査して博士論文にまとめた。私は彼女をウガンダにおけるＪＩＣＡプロジェクトに推薦した縁で、何度か彼女のフィールドにも訪問した。田原さんは、稀有なフィールドワーク能力の持ち主で（考察・分析はともかく）、フィールドで暮らす調査対象の人たちがつねに調査者である彼女を「自分たちの側の人間」と確信させる。その能力は、日本の漁村調査でも実証されている。

梅屋さんは、呪術や災因論を専門とする社会人類学者だが、彼とも、田原さん同様、ウガンダのＪＩＣＡプロジェクトで一緒だった。梅屋さんのフィールドワークの手法も独特なものだ。田原さんは相手からつねに「自分たちの側」としてみなされるが、梅屋さんの方法はもう少し複雑で、相手側と自分との世界の距離感を一方で意識しながら、他方でそれをところどころで乗り越える穴を持っている。前者を律するのは理性であり、後者は忘我（とくに梅屋さんの場合、かってはアルコールだったが）によって乗り越えられ対象との混淆が生じる。これが梅屋流のフィールドワークのエッセンスだろう。

坂井さんも大阪市立大の二部で行った演習の常連だった。その後、京大のアジア・アフリカ地域研究大学院に進学してからは、学会で出会うくらいだったが、ケニアの地方都市の市場で行った詳細なマーケット研究は、捉えにくいインフォーマルな経済活動におけるひととものの流れを精確に把握し、そこで編み出される生の技法や道徳を見事に描き出している。

仲尾さんは、京大では珍しく学部でケニアの私のフィールドを訪問してくれたチャレンジングな学生だった。タンザニアの首座都市、ダルエスサラームの路上で物乞いをする障害者という現実的にも倫理的にも多くの困難を抱えた「難しい」テーマに真正面から向き合ってきた。その過程で出身地の福島の故郷が「帰還困難地域」となり、いろいろな葛藤を経験して、「困難に直面した人は、いかに楽しく、前向きに生きることができるか？」というシンプルだが根源的な問いに答えることを自らに課した。そうしたなかで、対象への距離感と没入意識のバランスをとりながら自分の立ち位置をつくりあげようとしている。

久保さんは、熊野実習の大恩人である。二〇年以上前に、大学の同級生だった寺口瑞生さん（当時、松阪大学）にサポートをお願いして熊野地域調実習「地域に学ぶ」を開始したとき、地域を考える市役所の若手職員の代表格だった久保さんは、いまは市会議員となっている。一貫して年三度の実習には必ず同席し、宿泊をともにしながら、学生の疑問に答えたり学生をたきつけたりしてきた。今でも多くの実習参加者は、久保さんの熱血指導を語る。今回のご寄稿とともに、この間の無私のサポートに対して心から感謝します。

アムリットさんは、ネパールの首都カトマンズにあるもう一つの旧王都パタンにある、一二世紀に建立された由緒正しいゴールデンテンプル（ヒラニャ・ヴァナル・マハヴィハール寺院）を守護する家系で、寺院のすぐそばで写真館を経営している。私は友人の都市調査プロジェクトのメンバーとして、また地元の大学の院生指導の一環として何度か訪問するなかで知り合った。優れた写真家であり文章家であるアムリットさんを招いてシンポジウムも実施し、アフリカからのゲスト（ルワンダ虐殺博物館の学芸員）とともに、日常と調査の関係について興味深い報告をしてくれた。

森田さんとの付き合いは長い。彼が一年生でとった学部横断の少人数ゼミで、たまたま私が開講する順番があたった授業に参加した。それから三年生で社会学専修に進学し、卒論、修論、博論とずっと関わってきた。森田さんは一貫して学校教育の多様化・多線化に関心をもって、学部時代には不登校生徒対象のフリースクールにボランティアとして関り、その関心の延長上に地域社会が学校運営に関わるコミュニティスクールにも研究のウィングをひろげていった。熊野実習では躊躇なくコミュニティスクール開設期の尾呂志学園に関わり、インタビューや参与観察をつづけてきた。地元の方々の信頼もとても厚く、彼の調査スタイルが想像できる。

高さんは韓国の済州島出身で、京都大学で学位を取得後、今は、母校済州大学で教員をしている。高さんのテーマは、済州島民が一九四八年に経験した悲劇的な大虐殺（四・三事件）についての集合的記憶である。高さんは、当事者の嘆きや憤り、正義を求める闘いという側面に加えて、当事者が集合的記憶を操作し構築する創造的側面に注目し、台湾の二・二八事件、沖縄戦という二〇世紀中葉の東アジア島嶼部に生起した大量殺戮を比較しながら考察した。これは当事者や社会活動実践家からは、多くの議論や批判を受ける可能性があると同時に、これまでみえなかった当事者の世界の厚い記述に道を開くものだろう。

戸梶さんは「性的マイノリティがカミングアウトすることの困難」を、たんに支配的ジェンダー―セクシュアリティ意識からの同調圧力に還元するのではなく、そこにより根源的な人間像の構築をめぐるネオリベラリズム的拘束をみとめ、この問題を通して、現代世界におけるネオリベラリズム批判を展望しようとする（もちろん偽カミングアウトの倫理的問題についてはここではふれていないが深い洞察がある）。戸梶さんはもともと哲学出身で、より具体的な社会の矛盾に関りながら、より実践的で深化した理論探求を目指して苦闘してきた。

翁さんは京都大学の修士課程に入学して以降、世代的に他者化されてきた「高齢者（老人）」に着目してきた。博論では、独特な対応方針を採用している、認知症専門施設への長期にわたる参与観察にもとづき、当事者、医療関係者、介護者、家族などがある種の「演劇的空間」を創出し、それぞれの役割を共有することで、通常の施設のような「他者化」を回避可能な状況が作られることを考察した。同じように、ここでは老人の性的欲望や性的能力についての他者化基準（「枯れた」「老いらくの恋」）を相対化しながら包摂する意識を分析の俎上に載せている。

土屋さんは、産業廃棄物処理施設や原発のような「ＮＩＭＢＹ」施設を研究する環境社会学者だが、その関心は大学院時代から一貫して、意見や立場の相違を乗り超えるさいの合理的で科学的事実と知見にもとづいた「公論形成」の困難を指摘し、それを支える人間観と社会観を批判してきた。こうした「正しい議論」そのものが政治化され政治過程に組み込まれることを踏まえたもう一つの可能性を探求する旅をつづけている。土屋さんは、前出の大野さんとともに、熊野実習では経験豊富なチュータードライバーとして、学生の実地指導を担当している。感謝。

木原さんは、関西学院大学で学位を取得したのちも、兵庫県を中心に教育研究活動をつづけている地域社会学者である。博論では岡山県の笠岡沖にうかぶ白石島をフィールドにして、小さな島社会が時期を限って大挙して訪れる観光客とどう共存していくかは、もっともホットなイッシューである夏祭り（盆踊り）を題材にして分析した。木原さんのフィールド調査の持ち味は、研究者の視点と住民市民（非研究者）の視点が同じ認識のなかに同居している点だろう。前者が勝てば無味乾燥な、地元の生活から乖離した「分析」になるし、後者が前面にでると「地元自慢や地域レポート」になってしまう。木原さんのフィールドワークは後者に基点を置きながら絶妙なバランスをとるものだ。

高見さんは、前出の久保さんと同じく、二〇年以上つづいている京都大学社会学研究室の「熊野実習」の現地サポーターであり、実習のたびに宿舎でのミニレクチャやその日の活動報告への的確なコメントをしてくださる恩人である。熊野生まれで東京での勉強と就職を経て熊野にUターン、まだ今ほどインターネットが普及していない時期から、地域の企業、公的機関のホームページ作りなどの仕事を担当。近年は東紀州地域の総合情報ポータルサイト「くまどこ」を立ち上げ、運営の中核を担っている。長年のサポート、感謝しています。

松居さんは、私が京都大学に赴任してきた直後から、社会学研究室の事務統括の職員としてずっとお世話になっている。教務、経理、総務的な仕事をすべてこなすだけでなく、大所帯の学生、院生、留学生の相談やカウンセラー役それに困難処理掛も教員以上に迅速丁寧に行ってきた。卒業生も教員ではなく松居さんに会いに研究室に訪問するケースが圧倒的に多い。さらに熊野実習や「アフリカ潜在力」プロジェクト、ネパールのコミュニティセンター建設・維持運動など幅広い事業の事務局の中心的役割を果たしてきている。ありがとうございます。

福浦さんは、北タイをフィールドとして霊媒師と同居しながら長期にわたる参与観察を実践してきた人類学者である。私は、共同調査プロジェクトで何度か北タイに行き、そのたびに福浦さんとドライバー兼調査支援者のウィトゥーンさんと一緒に行動した。コミュニティが自主的に厳格な規則をつくって守ろうとするコミュニティフォーレストの現場や、限られた河川の水をめぐって宅地開発業者と農民が対立する現場、さらには長年タイに居住しながら十全な市民権を付与されない山岳少数民族の村々を訪問し、一緒に生活環境主義的な実践を収集したことを思い出す。彼は、学部時代は仏文で、バタイユ研究を志ざし、苦労しながら紆余曲折を経て今は研究者として活躍している。

中川さんは、本文でも書いているように、大阪市立大学に助手として赴任した時、はじめて接した学生だった。当時は同じ二〇代で、教員としての自覚も自信もない私は、好奇心旺盛で率直な物言いの彼らによって育てられたような気がする（教員のものまねをしていかに笑いを取るかという吉本文化の洗礼も受けた。中川さんの私の物まねには私も思わず笑った）。彼は探検部でケーヴィングが専門ということで、卒業前には西ケニアの私のフィールドにある巨大な洞窟にするするとはいりこみ、前出のオディンガやモニウィルを驚愕させた。彼らはいまも友人である。京都の出版社に入社してからは、社会学、人類学関係の多くの出版を引き受けてもらった。感謝しています。

伊地知さんとは、彼女が大阪市立大学の大学院に入学してからすぐに私が異動したので、大阪市大時代の付き合いは短いものだったが、在韓被爆者の裁判支援や在日コリアン関係の研究会などで一緒することが多く、家族ぐるみの付き合いが続いている。伊地知さんのフィールドワークも独特である。それはこの文章の冒頭で述べた「ごく自然」に日常を営むこと自体がフィールドワークの出発点であり核心であることを、そのまま証明しているタイプのフィールドワークなのである。

谷合さんは、大学時代にたちあげた社会運動サークル仲間で、それ以降、さまざまな運動つながりでお世話になっている。卒業後は、大阪の社会運動協会、そしてエル・ライブラリー（大阪産業労働資料館）の責任者として八面六臂の活躍。人類学仲間が社会運動系の調査をすると必ずインタビューで出てくるので思わずうれしくなる。大学院で図書館学を勉強し運動資料のためのアーカイブ研究のために刻苦奮闘している。

岩谷さんは、彼が京大の文化人類学の大学院時代からの知り合いである。研究テーマは、灘の酒蔵、応援団、映像人類学、性的マイノリティと多彩だが、既存の社会システムの基準とは別のやり方やあり方をそこから見出そうとする狙いは共通している。研究の対象とするひとびとの内部の多様性と不均質性と、外部からの一元的表象に対抗するための便宜的一枚岩化の葛藤への地道な着目は社会理論全体が直面する問いへの応答でもある。

田多井さんが、京大の大学院で一貫して取り組んできたのは、「性同一性障害」「トランスセクシュアル」「トランスジェンダー」についての、ドグマ的理解と認識への批判であった。性的役割の固定化批判や男性優位主義、さらには異性愛主義、性差別主義批判という社会学や人類学的研究では前提になる思考が、ドグマ化して、性的マイノリティの生を否定したり生きづらくさせるメカニズムの遍在を問題化する。そのうえで、「境界線上を生きる」人たちの生から学ぶという提案は説得的である。

金（井沢）さんは、田原さん、坂井さん、林さんと同様、大阪市立大学の二部で一緒だった。教育学を専攻した金さんとの出会いは、授業ではなく、韓文研・朝文研の活動であり、私は顧問として「朝鮮語の正規単位化」に関わった。その後、金さんは大阪大学で博士号を取得した。金さんがつねに問題化してとらえるのは、日本社会のリベラル勢力に存在する「あるべき在日コリアン像」のもつプレッシャーである。多様で日常的な在日像のなかに相互理解の手がかりを見出そうとする金さんのポジションは当初批判を呼んだものの、多くの共感者支持者を生み出した。

最後の阿形さんは私の大学の同級生で同じ朝鮮人被爆者支援サークルのメンバーでもあった。私たちはいつも、童顔な彼を「あがちゃん」と呼んでいたが、卒業後は、高校教員となり解放教育や生徒の心のケアの確立のために尽力し、教員を中途で退職してからは大学で教育学を講じている。あがちゃんは、西日本各地で起きている、いじめによる生徒の不幸な自死の第三者による検証委員会のメンバーとして、生徒の権利擁護のために今も活躍している。

以上、かんたんに執筆者と執筆内容について述べてきたが、冒頭で説明したように、じつに多彩なひとたちが多種多様なスタイルで文章をつづっていることを再確認することができた。最初は「なんじゃこれ」と思われた方も、この異質な文章の連続をたどってみると、一つの大きな物語をそれぞれに思い描くことも可能になるかもしれない。考えてみると、これは自分の数十年間の生の軌跡としては、たいへん光栄なものではないだろうか。特に、何かを研究すること、教育することに、秀でていたわけでもないひとりの教員、研究者が、これだけ多層でばらばらなひとびとから支えられ、そのつながりのなかに身を置いてきたことは、ただただ感謝しかない。この「奇妙」な本にこの指とまれしてくれた執筆者のみなさん、執筆はしていないけれどこの輪のなかにいた無数の友人に心からの感謝の気持ちを伝えます。ほんとうにありがとうございました。

	African Virtues in the Pursuit of Conviviality: Exploring Local Solutions in Light of Global Prescriptions, eds. Gebre Yntiso, Itaru Ohta & Motoji Matsuda, Langaa,
	『改訂新版　新書アフリカ史』宮本正興と編著、講談社。
	『興亡の世界史　人類はどこへ行くのか』福井憲彦、杉山正明などと共著、講談社学術文庫。
	The Challenge of African Potentials: Conviviality, informality and Futurity, eds. Yaw Ofosu-Kusi & Motoji Matsuda, Langaa.
	Subsistence Living Within the Market Economy: African Potentials for Survival in a Western Kenyan Mountain Village Ochiai, in T., M. Hirano-Nomoto & D.E. Agbiboa eds. *Predicaments and Potentials in Africa: Convivial Perspective on Humanities Series* vol.3, Langaa RPCIG, Bamenda, Cameroon, 予定

2017			
2018			
2019			
2020			
2021	「まつだ祭」初開催、京都大学大学院文学研究科退職		

○この頃から眼鏡を探すことが多々。近くの文字を読むときは眼鏡を外した方が読みやすい（老眼？）ため、外して置き忘れる。いっしょに探して見つけると、とても感謝された。が、しょっちゅうなので、またかと内心思っていた。遺失物ベスト3は、眼鏡、財布、スマホだった（松居）。 ○直近で失くした眼鏡は長女からのお下がりだった（伊地知）。	『日常人類学宣言！』（世界思想社） 「暴力の舞台としてのストリート：2007－8年ケニア・ポスト選挙暴動を事例として」（関根康正編『ストリートの人類学』国立民族学博物館調査報告80）
○NHK高校講座「世界史」は、再放送され続けていた。当時、毎週月曜日に通うお好み焼き屋さんがあった。ある晩、いつものカウンターに座って「生中！」と叫ぶと、大将がうれしそうに「京都大学の松田先生ですね」と言った。深夜のテレビで松田さんを見て驚いたという。 情けない笑いを浮かべてうなずいていた松田さんは、その以降、決してそのお好み焼き屋さんに行こうとはしなかった。顔が知られることを恐れた松田さんは、「世界史」の講師役を大先輩に押しつけてNHKからの逃亡を果たした（田原）。	「理不尽な集合暴力はいかにして裁かれるか：2007年ケニア選挙後暴動の軌跡」（『アフリカレポート』50号　JETROアジア経済研究所）
○アフリカ調査の帰路、セミナー参加のためにネパールに到着。アムリットさんに、カトマンズにスラムがあるかと聞いていた（松居）。	「苦難の自分史を翻訳する術：あるコンゴ難民のライフ・ヒストリーを事例にして」（真島一郎編『20世紀〈アフリカ〉の個体形成：南北アメリカ・カリブ・アフリカからの問い』平凡社）
	『ケニアを知るための55章』（津田みわと共編著、明石書店）
	『コリアンディアスポラと東アジア社会』鄭根植と共編著、京都大学学術出版会。
	『アフリカ社会を学ぶ人のために』（編著、世界思想社）
○還暦を祝って、大学院を修了し大学教員になった人たちが中心になってシンポジウムと祝賀会を開催。松田先生から学んだことをどう活かせているのか、数名が報告。おおよそ100名の卒業生が集まった。たくさんの社会学教員を輩出していることに改めて感無量だった（松居）。	「アフリカ史の可能性」（佐藤卓己編『岩波講座現代　5巻　歴史の揺らぎと再編』岩波書店）
	『紛争をおさめる文化：不完全性とブリコラージュの実践（アフリカ潜在力シリーズ第一巻）』（野元美佐と共編著、京都大学学術出版会）

2009			
2010			
2011			アムリット・バジュラチャリヤ
2012			
2013			
2014			
2015	「マツカンシンポ」（松田先生の還暦を祝う会）開催		
2016			

○先生に出会った私は、「たたいくん」ではなく、「のろいくん」と呼ばれていた（田多井）。	『呪医の末裔：東アフリカ・オデニョ一族の二十世紀』（講談社） 『観光と環境の社会学』（古川彰との共編著、新曜社）
○ NHK 高校講座「世界史」を 2007 年まで担当。「ヨーロッパによる植民地支配：アフリカの近代」と「困難と苦悩のさきに：アフリカの現代」を講義。初のテレビ出演で、番組中に時間を気にして時計を見る目がキョロキョロしたり、アシスタントとの掛け合いがぎこちなかったり、見る側もハラハラドキドキ（伊地知）。	「日常のなかの都市性：あるケニア人一族の 100 年間の都市経験から」（関根康正編『〈都市的なるもの〉の現在：文化人類学的考察』東京大学出版会）
○関西学院大学の院ゼミ初参加日に初めて松田先生とお会いしました（木原）。 ○大学院生の時になんとなくとった熊野調査実習の授業の担当教官が松田先生でした（彌重）。	「人種的共同性の再評価のために：黒人性再創造運動の経験から」（『人種概念の普遍性を問う：西洋的パラダイムを超えて』竹沢泰子編 、人文書院）
○私自身が松田先生に直接お会いしたのはウガンダに行く前、2006 年 12 月下旬、千里阪急ホテルで田原さん梅屋さんも来ていただいた時が最初です。ウガンダ渡航の直前になって、受け入れてくれることになっていた病院施設からキャンセルの連絡が来て途方に暮れていた時、松田先生が「アフリカの原則はまず行くことです。そしてそこで何とかするのです。たいていの場合はなんとかなります。万一なんともならない時は、それはそれで良い経験をしたと考える」という内容の手紙を下さって深く励ましていただいたこと、あれがすべてです。「そこでなんとかする」というコメントに、20 歳代からアフリカを身をもって経験している松田さんの強さ大きさを感じた（川西健登）。 ○「えー単位は、言ってくれればあげますから」の一言から始まった一般教養科目に出席したのが始まりです（仲尾）。	『ミクロ人類学の実践』（田中雅一との共編著、世界思想社）
○京大社会学教室では新入生歓迎ソフトボール試合が恒例行事だった。レギュラー選手の松田先生だったが、張り切りすぎて肉離れを起こした。それからソフトボール試合は消滅した。バットとボールは今も研究室に残っている（松居）。	「過去の傷はいかにして癒されるか：被害を物語る力の可能性」（棚瀬孝雄編『市民社会と責任』）
○伊地知紀子先生が私を松田先生の研究室へ連れて行ってくださった。伊地知先生の順次通訳のおかげで、韓国語しかできなかった私と松田先生との出会いが実現できた（高）。	「グローバル化時代における共同体の再想像について」（『哲学研究』584 号）

2003			田多井侪喜
2004			
2005			木原 弘恵、彌重桃子
2006			川西健登、仲尾友貴恵
2007			
2008			高誠晩

○大学院進学に際して指導教官になっていただきました。それ以来の学恩は計り知れないものがあります（福浦）。 ○共に、在外被爆者を支援し、弁当も食べた仲で、私は『ハーレクイン』を読む姿を隠れて見た唯一のゼミ生だ（翁）。 ○このころ現在の家に引っ越したのでは。その時も手伝いました（竹村）。 ○寺口さんが「京都大学の松田が、社会調査実習のフィールド探してるんで協力してくれるかな」…ということから始まったお付き合いです。初めて会った時から、人の話を聞いていないのかなと…「そうかわかった…」と言いつつ、適当に解釈している人…という印象でした。その後、地名を間違う…地名の読み方を間違う…そして人の名前を適当に覚える…という特技も発見しました。それ以上に驚いたのが、古川彰大先輩に「お前なあ…」と言ってのける強心臓…（久保）。	「ナイロビの住民組織：開発戦略と生活戦略」（幡谷則子編『発展途上国の都市住民組織』、アジア経済研究所）
○大学院の面接試験でした。提出論文に対して松田先生からいただいたコメントに、とても勇気づけられたことを覚えています（戸梶）。	*Urbanisation from Below: Creativity and Soft Resistance in the Everyday life of Maragoli Migrants in Nairobi*, Kyoto University Press. 『新書アフリカ史』（宮本正興との共編著、講談社新書）
○博士課程進学後、松田ゼミに出席させてもらったのが初めで、初めての出会いは自己紹介で終わる（岩谷）。	『抵抗する都市: ナイロビ　移民の世界から』（岩波書店）
○ゼミの授業で松田さんが教室に入ってきたのだが、まさかおっさん（私）が大口を開けてぼけーっと座っているとは思いもよらなかっただろう（大野）。 ○覚えていないのですが、場所は熊野、きっとT先生、F先生、Kさんと一緒の時だったはず（推理）です（高見）。	
○新入生対象の「ポケゼミ」の席。高校生気分が残るなか、寡婦殉死等を題材に長時間討論した記憶は鮮明です（森田）。 ○実習で熊野を走った時、追い越し車線から詰め寄ると、車は松田さんの運転だ。以来「伊勢路の暴れん坊」である（土屋）。	『アフリカの都市的世界』（嶋田義仁、和崎春日との共編著、世界思想社）
	『エスノグラフィー・ガイドブック：現代世界を複眼でみる』（川田牧人との編集、嵯峨野書院） 『現代アフリカの社会変動：ことばと文化の動態観察』（宮本正興との編著、人文書院）

1997		三重県熊野市・御浜町地域調査(〜現在に至る)	久保智、翁和美、福浦一男
1998			戸梶民夫
1999			岩谷洋史
2000			大野哲也、高見守
2001			森田次朗、土屋雄一郎
2002	京都大学文学部教授		

○伊藤公雄さんの紹介で松田さんのいる大学院に、ということで大阪市立大学へ。院試の時に私の卒論を持って走る姿は今も鮮明。黒の皮ジャケットでした（伊地知）。 ○西ヶ原にあったAA研、日野瞬也さんの共同研究会でした。デニム姿で腰が低かったのが印象的でした（梅屋）。 ○部屋（研究室）が雑然としてました。非常に。今は違うかもしれませんが。基本的には片付けられない人ではないかと。よく探し物してたし。研究室といえば，異常に寒がりで，冬は暖房を暑いくらいにしてました。アフリカにいる気になるからな，とわけのわからないことも。尹さんだったか，ホールのケーキを持ってきたときに，切るものがなくて，定規で切ろうとして止められてましたね（竹村）。 ○粥見町の宿舎でアイスクリームを食べ尽くした学生が行方不明になった。みんなで河原を懐中電灯で照らしながら探し歩き、もう警察へ連絡すべきかと思っていた時、その学生が宿舎の誰も使わない部屋の押し入れで寝ていたのが発見された。松田さんは泣きそうになっていた（伊地知、山口、林、田原）。	「方法としてのフィールドワーク」（米山俊直、谷泰編、『文化人類学を学ぶ人のために』世界思想社） 「村主導の浜の開発」（鳥越皓之 、嘉田由紀子編『水と人の環境史』）
	Soft Resistance of the Everyday Life: A Life Strategy of the Maragoli Migrants in Kangemi, Nairobi, *Senri Ethnological Studies* no.31, National Museum of Ethnology.
	Urban Tradition as a Creative Process in Africa, in Cohen.A.P. & K.Fukui eds. *Humanising the City? Social Contexts of Urban Life at the Turn of the Millennium*, Edinburgh University Press. 「アフリカ社会の形成と展開」（杉本尚次、中村泰三編『変動する現代世界のなりたち』晃洋書房）
○「松田先生との出会いは、あまり覚えていない」。本文の一行目です。詳しくはそちらを（古村）。	「アフリカ都市生活誌序説：アーバンライフはいかに語られるか」（福井勝義、井上忠司、祖田修編『文化の地平線』世界思想社）
	「人類学における個人、自己、人生」（米山俊直編『現代文化人類学を学ぶ人のために』世界思想社）
○私が社会学研究室に入って間もなく、松田先生から休講の連絡を受けた。補講はいつですかと聞き返したら、適当なことを言われた。その後、そんな質問をしなくなった（松居）。	『都市を飼い慣らす：アフリカの都市人類学』（河出書房新書）

1991	大阪市立大学文学部助教授	学生調査実習粥見町	伊地知紀了　梅屋潔
1992		学生調査実習「現代日本文化のウチとソト」	
1993	京都大学文学部助教授		
1994		愛知県上矢作川地域調査	古村学
1995		愛知県上矢作川地域調査	
1996		京都府大江町調査実習	松居和子

○二部の授業は研究室で、紅茶を飲みながら、のんびりやっていました。机の上のブランデーも、気前よく入れてくれました（田原）。	第11章「都市人類学」（米山俊直、祖父江孝男、野口隆編『（新版）文化人類学事典』ぎょうせい出版）
	「ある一族の移住史：アフリカにおける民族生成の多元的メカニズム」（『人文研究』第40巻9号、大阪市立大学文学部）
○アフリカの長期出張された後は、髭もじゃで教授会に出ておられたのをチラッと見かけました。ゼミ形式の授業中、貧乏ゆすりが激しくて、そばにいた学生は時々手で押さえたくなると言ってました（林）。 ○アフリカの長期出張から帰ると、スワヒリ語で話しかけてくることがあった（田原）。 ○タイにしたら？って、松田さんがお金みつけてきてくれた。民博の田辺さんに紹介してやるからって、田辺さんのところ松田さんが良く連れて行ってくれた（山口）。 ○寺田町から豊中への引っ越しを手伝いに行ったら、部屋に小さなブランコがあった（竹村）。 ○竹村さんが松田先生のモノ真似をしているのを、私も含め学部生たちはよく真似してました（林）。	「必然から便宜へ：生活環境主義の認識論」（鳥越皓之編『環境問題の社会理論』御茶ノ水書房） 「フィールドワーク再考：フィールド理解の非定型化のための一試論」（『季刊人類学』第20巻3号、講談社） 「語りの意味から操りの力へ：西ケニアのフィールドワークから」（田邊繁治編『人類学的認識の冒険：イデオロギーとプラクティス』同文館）
○「俺が、一年に一度もせんウェーバーの話をしてるときに、竹村があの顔で笑いながら、ピヨピヨと入ってきたんや。天罰だと思った」「学生に『先生、教室に入って来る時、教卓をつっきって、そのまま窓から飛び出しそうな顔をしてますね』って言われたんや」(田原)。ピヨピヨ、よくいってましたね～(竹村)。講義が熱かったそうです。(山口)。 ○２部の授業は二つ、１つは「社会学特講」 松田さんがテーマ提供。難民、援助、ボランタリズム、科学、ヌア族の親族、異文化理解における相対主義、在韓被爆者、研究者としてのポジション、ラディカル・フェミニズム再考、など。もう一つは「社会学調査演習」。 ○大阪市立大学の「朝鮮語正規外国語単位化」運動で多くのご助言をいただきました。おかげで「朝鮮語」は91年度から正規外国語として認められました(金)。 ○スワヒリ語を教えてもらう科目（本当はもっとお堅い科目だったはず？）で、ケニア都市部の面白さを教わり、それ以降「アフリカ」の虜になってしまいました（坂井）。 ○毎回一般教養『社会学』の授業では目から鱗がボロボロで、帰り道でどれ程落としたかわかりません（林）。	「拘束と創造：アフリカ都市出稼ぎ民形成のダイナミズム：ケニア、マラゴリ人の場合」（『歴史学研究』第612号、青木書店） A Formation Process of Urban Colony of the Maragoli Migrants in Kangemi, Nairobi, *African Urban Studies* vol.1, ILCAA.

1987	大阪市立大学文学部講師	磯部卓三先生丹後網野町地域調査実習	山口智、田原範子
1988		滋賀県長浜市垣籠調査実習（現地チューター嘉田由紀子先生、寺口瑞生先生）	
1989		長浜市久美浜	
1990			金泰泳（井沢泰樹）坂井紀久子、林泰子

奇妙なエピソード	書き物いろいろ（ごく一部）
○京都大学文学部1組で松田くんと同級に。前屈が苦手で、専門の三段跳びと走幅跳で体を反らしたからだと言っていた（阿形）。 ○大学で同じクラスになったから。詳しくは本文で(川西史子)。	
○松田さんは足を怪我して（骨折？）松葉杖をついていました（谷合）。	
	「ナイロビにおける出稼ぎ民居住区の形成過程：その母村と都市コロニーとの関係」（『季刊人類学』13巻3号、講談社）
	「アフリカ都市出稼ぎ民の再部族化現象：ナイロビのマラゴリ人出稼ぎ民の事例から」（『アフリカ研究』第23号、日本アフリカ学会）
○吉井藤重郎先生からの服装指導があり、ネクタイ・ジャケットを着用するようになる（松田）。 ○合宿への道中、先生が「合宿後に剣山に登るんだって？　これ寝袋?」と私のザックをぐいと掴んだ、のが初対面（中川）。	「アフリカの都市と農村：ケニアの都市農村関係を理解するために」(『国際農林業協力』第7巻2号)
	「アーバン・エスニシティ論構築のための一試論」(『ソシオロジ』第29巻3号、社会学研究会)
○ほとぼりがさめてきたので、ネクタイ・ジャケットをやめる（松田）。	「生活環境主義における知識と認識」(『人文研究』第38巻11号、大阪市立大学文学部)

エピソード年表 (仲間たちの出会いと笑いの軌跡)

	ごく自然な時の区切り	日本の現場	執筆者との出会い
1955	誕生		
	いろいろありました		
1974	京都大学文学部入学		阿形恒秀、川西史子
1977		米山俊直先生と天神祭り調査を始めた。	
1978		米山俊直先生、古川彰先生と共に、広島県山県郡芸北町での農村集落調査(国土庁の委託調査)	谷合佳代子
1979	京都大学大学院入学・ナイロビ大学留学		ベナード・オプド、グラディス
1980			エラム・オディンガ、モニウィル・アンビチェ
1982			
1983			磯部卓三
1984	大阪市立大学文学部助手	吉井藤重郎先生他全教員で阿波踊り調査	中川大一、竹村一夫
1985		大藪寿一先生と横浜寿町の調査	
1986			

「はじめに」を書くと卒倒するかもしれないというので、無理強いはせずに「おわりに」だけ書いていただきました。

◎土屋　目次が出来上がり、テーマの多様さに驚きました。各部のタイトルを相談しながら、どうしたら一冊にまとまるのだろうかと先の見通しをつけることができなかったなかで、いまは、筆者のみなさんの原稿を読ませてもらい、「なるほど、こうなるのか」と納得しています。いろいろな意味でインパクトのある出来栄えに仕上がったのではないでしょうか。執筆者の「思い」や「こだわり」、編集者のみなさんの「愛」をこれほど身に染みて感じた作業は、はじめての体験でした。魅力的な描写や論述からは、筆者と松田さんとの人間的で学問的な「おもしろい」関係が垣間見られるはずです。編集にあたって、このような場に誘ってくださったみなさんに感謝しています。

◎林　私は本企画の終盤で少しだけお手伝いをしたに過ぎません。まず、この画期的な企画を形にしてくださったオリジナルメンバーの編者の皆さまに感謝申し上げます。

松田先生の講義や指導いただいた内容は、その時点でも興味深いものでしたが、その後の人生の節目節目に「ストンと落ちる」感触があり、年齢を重ねてなお噛みしめ味わえるものとなっています。そう「一粒で二度おいしい」感じでしょうか。そして本書を読むことによって、他の執筆者の経験を共有でき、新しい一粒目を頂戴したり、三度目の味を楽しめそうです。本書を手に取られた方々に、何か新しい味わいがあれば幸いです。

◎松居　松田先生が学部生のころから今に至るまでどこかでつながった人たちによって本書が出来ています。懐かしいなと感じる方も、そんなことがあったのかと驚かれたり、納得されたりするやもしれません。

出版をお願いしたのは、大変寛容なご対応をいただいた風響社の石井社長さんでした。企画をお話ししたときに、「インスパイアされた者たちによる多声合唱、というところでしょうか。お決まりの「記念論文集」とは別物の、奔放な内容を期待しております。」と言って、背中を押して下さいました。

まさしく多種多様な原稿をちょっとドキドキしながら風響社さんにお見せしたところ、即座に、「原稿が多様でしたので、とりあえずゲラの形に整理してみました。組んでみると、全貌が見えてきて、これで行けるのではと思いました。」との嬉しいお返事でした。感謝しかありません。

ひょっとしたら、これを手にした方が、こんなこともあった、と思い出されているかもしれません。次回はぜひご一緒に。

編集後記

◎伊地知　先日、私が勤務する大阪市立大学で松田さんに講義をしてもらいました。昨年度から新規開講した「平和と人権」というリレー形式の全学共通科目です。テーマは「アフリカの紛争解決の知恵から考える」。「アフリカで紛争や民族対立の調査もされるなかで、身の危険が降りかかることや怖い思いをしたことがあったのではないでしょうか」という質問が出ました。「私は逃げようと思ったらいつでも逃げられる、援助も受けようと思えば受けられます。調査は決してニュートラルな関係ではありえないし、調査することの倫理的な問題を考える必要があります。調査や取材をする人がどういう立場にいたのかを考えてください。誰もがすごく悩んで正解のないポジションにいたのだと思います」と松田さんは応えてくれました。フィールドワークにおける decency を探求する佇まいを、ずっと後ろから見ていたのだと改めて思ったのでした。

◎大野　2005年、アジアを旅する日本人の調査をしているときのことだった。中国・雲南省で体調を崩した。その時はまだ体が動いたので、夜行バスを乗り継いでベトナム、ラオスを経由して馴染みのあるタイ・チェンマイまで移動した。到着した時には体調が悪化していて、病院に転がり込むと、すぐにレントゲン検査。写真を見た看護師が医師にそれを渡す前に僕に一言。「あなた、肺炎よ。両肺が真っ白だわ」。入院はせずに安宿で伏せっていると、翌日だったか、突然、松田さんと福浦さんが登場。なぜ、あなたがここに？　松田さんは、「俺はなんでもお見通しやで」と言って、僕の無事を確認すると颯爽と去っていった。摩訶不思議。

◎田原　原稿がほぼ集まった2020年10月22日、松田さんにメールで「はじめに」と「おわりに」の執筆依頼をすると4日後、返信がありました。

な～～んと。みんな原稿を書いているのに驚愕。しかし一番驚愕というか恐怖したのは、次々繰り出す「ヨイショ」の嵐。まったく別人の話を聞いているようでした。これを人の目に触れさせるのですか？　まじめな論文やこれを書くのについやした労力を思うと「ボツ」とは決して言えませんし、感謝感謝なのですが、ひとことでいうと「恥ずかしいの三乗」でしょうか。

本書に関わったゆかいな仲間たち（50音順）

阿形恒秀（あがた　つねひで）　鳴門教育大学教職大学院生徒指導コース教授
アムリット・バジュラチャリャ（Amrit Vajracharya）　ネパールでエスノフォトグラファー
磯部卓三（いそべ　たくぞう）　大阪市立大学名誉教授
伊地知紀子（いぢち　のりこ）　大阪市立大学にいます
岩谷洋史（いわたに　ひろふみ）　姫路獨協大学教員
梅屋　潔（うめや　きよし）　神戸大学大学院国際文化学研究科教授、挿絵担当
エラム・オディンガ（Ellam Odinga）　ナイロビでメッセンジャー出稼ぎ生活を経て、西ケニアのビヒガ県ケロンゴ村で農業
翁　和美（おう　かずみ）　現在は京都にある大谷大学を拠点に飛び回っています
大野哲也（おおの　てつや）　桃山学院大学教員
川西健登（かわにし　たけと）　国立ハンセン病療養所を定年退官後浪人中
川西史子（かわにし ふみこ）
木原弘恵（きはら　ひろえ）　関西学院大学社会学部非常勤講師
金　泰泳（きむ　てよん）・井沢泰樹（いざわ　やすき）　東洋大学社会学部教授
久保　智（くぼ　さとし）　熊野調査現地世話人（熊野市議会議員）
グラディス・マレシ（Gladis Maresi）ナイロビで家事労働者の出稼ぎ生活を経てリフトバレー地域のナンディ県チェプソノイ村で農業
坂井紀公子（さかい　きくこ）　金沢星稜大学人文学部教員､専門分野はアフリカ地域研究（おもにケニアとウガンダがフィールド）
坂部晶子（さかべ　しょうこ）　名古屋大学人文学研究科准教授、装丁画担当
高　誠晩（こそんまん Koh Sung Man）　済州大学社会学科助教授
高見　守（たかみ　まもる）　熊野調査現地世話人（ネットファーム代表）
竹村一夫（たけむら　かずお）　大阪樟蔭女子大学学芸学部教授・副学長、年表に登場
田多井俊喜（たたい　としき）　京都大学非常勤講師
谷合佳代子（たにあい　かよこ）　エル・ライブラリー（大阪産業労働資料館）館長
田原範子（たはら　のりこ）　羽曳野丘陵地にある四天王寺大学の教員です
土屋雄一郎（つちや　ゆういちろう）　京都教育大学教員
戸梶民夫（とかじ　たみお）　京都大学文学部行動文化学系ゼミナール非常勤講師
仲尾友貴恵（なかお　ゆきえ）　国立民族学博物館外来研究員、京都大学非常勤講師など
中川大一（なかがわ　だいいち）　1986年から出版社勤務
林　泰子（はやし　やすこ）　国際開発コンサルタント、関西学院大学非常勤講師など
ベナード・オプド（Benard Opudo）　ナイロビで雑業の出稼ぎ生活を経て、リフトバレー地域のナンディ県チェプソノイ村で農業と製粉所
福浦一男（ふくうら　かずお）　桐蔭横浜大学教員
松居和子（まつい　かずこ）　2018年京都大学を退職後、オフィスまつい（代表）
松田素二（まつだ　もとじ）　京都大学大学院文学研究科教員、紹介は本文1～30章参照。
モニウィル・アンビチェ（Moniwill Ambiche）　ナイロビで日雇い労働の出稼ぎ経験を経て、西ケニアのカカメガ県シャンボコ村で農業と農村雑業
森田次朗（もりた　じろう）　中京大学現代社会学部教員
彌重桃子（やしげ　ももこ）　主婦
山口　智（やまぐち　さとし）　年表に登場

編著者について

私たちは、松田先生に教えを請うという志をもっていたはずだった。ところが、松田さんを囲んで一緒に飲んだり食べたりしているうちに、いつのまにか身についたのは、松田さんのものまねだった。しだいに松田さんの友人たち、フィールドの仲間たち、松田さんのライフワークである「韓国の原爆被害者を救援する市民の会」に関わる人たちや在韓被爆者の方たちとも知り合うことになった。

こうして世代も仕事も地域も超越した奇妙な仲間が生まれてしまった。別名は、「松田病にかかった人たち」（風響社の石井さん命名）である。病の程度は、軽症・中症・重症・難症とさまざまだが、こんな私たちが「本を作りたい」と言ったら、松田さんは「雑草本か？」と即座に名づけてくれた。（仲間たち一同）

雑草たちの奇妙な声　現場ってなんだ ?!

2021 年 3 月 18 日　印刷
2021 年 3 月 28 日　発行

編著者　松田素二とゆかいな仲間たち

発行者　石 井　雅
発行所　株式会社　風響社
東京都北区田端 4-14-9（〒 114-0014）
Tel 03(3828)9249　振替 00110-0-553554
印刷　モリモト印刷

ISBN978- 4-89489- 295-8 C1039